20%
24%
15%
China
June 2005

Jenseits vom Mittelmaß

Hermann Scherer

Hermann Scherer baute mehrere Unternehmen auf, die zum Marktführer wurden oder sich auf Anhieb unter den Top 100 des deutschen Handels platzierten. Auch in weltweiten Rankings von über 10.000 Verkäufern belegte er Spitzenplätze. Als Experte für Marketing, Verkauf und Unternehmenserfolg gibt er sein Know-how als Unternehmensberater und Hochschuldozent, in Vorträgen und Seminaren weiter.

Die Süddeutsche Zeitung schreibt: »Er zählt zu den Besten seines Faches. Seine Seminare sind gefragt – bei Marktführern und solchen, die es werden wollen.«

www.hermannscherer.com

ISBN 978-3-89749-910-2

Unter Mitarbeit von Dr. Petra Begemann,
Bücher für Wirtschaft + Management, Frankfurt am Main, www.petrabegemann.de

Umschlaggestaltung, Satz und Layout: Verena Lorenz, München,
www.verena-lorenz.de

Druck und Bindung: Salzland Druck GmbH, Staßfurt

Bildnachweis:
Alle Bilder von fotolia außer
Imagesource S. 19, S. 159, S. 267, S. 296, S. 297, S. 314;
SPO S. 36, S. 62, S. 116, S. 156, S. 198, S. 352 (Porträt V. Lorenz);
Anja Wechsler S. 4, S. 350; Bernd Müller S. 19, S. 311, S. 339;
Verena Lorenz S. 19, S. 297; Sigi Müller S. 144, S. 145;
Hartmuth Schröder S. 352 (Porträt P. Begemann)
Illustrationen: Verena Lorenz, Brigitte Heckmann, fotolia

7. Auflage 2015

www.gabal-verlag.de

Jenseits vom Mittelmaß

Unternehmenserfolg im Verdrängungswettbewerb

Hermann Scherer

Was macht Ihr Angebot außergewöhnlich?
Was unterscheidet Sie von allen Mitbewerbern?
Was tun Sie, um den Logenplatz im Kopf Ihres Kunden zu erobern?
Und was, um dort dauerhaft zu bleiben?

Wenn Sie gerade zögern, halten Sie genau das richtige Buch in den Händen: Eine Streitschrift gegen das Mittelmaß und ein Plädoyer für ungewöhnliche Wege, mutige Entscheidungen und leidenschaftliches Unternehmertum. Denn was auch immer Sie herstellen oder anbieten – Ihr Kunde kann aller Wahrscheinlichkeit nach unter mehreren Alternativen wählen. Weshalb sollte er sich ausgerechnet für Sie entscheiden? Heute, morgen und hoffentlich auch übermorgen? Sagen Sie jetzt bitte nicht: »Weil wir gute Qualität, exzellenten Service und hohe Kompetenz bieten!« Das behauptet Ihre Konkurrenz auch. In den meisten Fällen haben alle miteinander recht, und genau da liegt das Problem: Viele Unternehmen bieten guten Durchschnitt und daher unterm Strich nicht mehr als Mittelmaß. Gleichheit im Angebot führt auf Kundenseite zu Gleichgültigkeit und auf Anbieterseite nicht selten zu einem ruinösen Preiskampf. Es ist daher nicht die Frage, ob Sie sich verändern müssen. Die Frage ist, ob Sie schnell genug sind.

Die Ansatzpunkte für Veränderungen sind zahlreich. Für dieses Buch habe ich die 25 wichtigsten Bereiche ausgewählt, in denen Marktführer sich von ihren Mitbewerbern abheben. Das macht 25 Möglichkeiten, Dinge anders und besser zu machen – von der Eroberung der Aufmerksamkeit in einer immer unübersichtlicheren Welt über kreative Formen des Netzwerkens und der Unternehmenskooperationen bis zur Etablierung eines echten Expertenstatus. Betrachten Sie die 25 Möglichkeiten als Ideenbuffet: Picken Sie sich das heraus, was für Ihre Branche und Ihre Unternehmenssituation passt – und setzen Sie es konsequent um. Das kann die Informationsfibel sein, mit der Sie sich als Topexperte im Gedächtnis potenzieller Kunden verankern, die Erweiterung Ihrer Angebotspalette durch die Lösung des für Ihren Kunden zentralen »Problems daneben« oder die Schaffung völlig neuer Märkte durch die radikale Neudefinition Ihres Produktes. All das ist keine graue Theorie: Sie werden in diesem Buch einen Schweißgerätehersteller kennenlernen, der durch ein »Buch vom Schweißen« zum Marktführer avancierte, eine Gruppe von Ofenbauern, die durch einen originellen Holzlieferservice dem Branchenriesen sehr erfolgreich Paroli bietet, und einen Zirkus, der sich in einer Zeit des Zirkussterbens zum internationalen Erfolgsmodell entwickelte. Sie werden erfahren, warum man manchmal auch schlechter sein muss als die Konkurrenz, wie Sie dem Entscheidungsroulette schriftlicher Angebote entgehen oder wie Ihnen das Internet allen Unkenrufen zum Trotz ein kräftiges Umsatzplus bescheren kann. Kurz: Sie werden die Spielregeln für die Pole-Position in den Märkten von morgen kennenlernen!

Immer für Sie da!
Ihr

AUFMERKSAMKEIT

Wer nicht auffällt, fällt weg

POSITIONIERUNG

Differenzieren statt verlieren

EMOTIONALES MARKETING

Ihr Logenplatz im Kundenkopf

SERVICE

Die Extra-Meile von heute ist der Standard von morgen

Jenseits vom Mittelmaß

25 M

für Ihren

INNOVATIONEN

Plädoyer für Probleme

CQ – CHANCENINTELLIGENZ

Erfolgspotenziale aktivieren

VON DEN BESTEN PROFITIEREN

Next Practice statt Best Practice

NETZWERKSTATT

Networking für Fortgeschrittene

KOOPERATIONEN

Kontrakte durch Kontakte

ÜBERZEUGUNGSKRAFT

Kommunikation in der Zuvielisation

ANGEBOTSOPTIMIERUNG

Sind Sie unwiderstehlich?

KOMPETENZDARSTELLUNG

Was nützt es, gut zu sein, und keiner weiß es?

odule

nternehmenserfolg

MOTIVATION

So haben Sie Ihren inneren Schweinehund im Griff

LEIDENSCHAFT

Nicht im Unternehmen, sondern am Unternehmen arbeiten

TRANSFERINTELLIGENZ

Seien Sie nicht Wissensriese und Umsetzungszwerg!

VERHANDELN

Sie bekommen nicht das, was Sie verdienen, sondern das, was Sie verhandeln

VERKAUFSPSYCHOLOGIE

Die zwölf Phasen des Verkaufsgesprächs

BEGEHRLICHKEITS-ENTWICKLUNG

Verkaufen im Verdrängungswettbewerb

MARKTMACHT

Neue Wege zu neuen Kunden

WEB 3.0

Das Internet als Umsatzmultiplikator

INTELLIGENTE PR

So spricht man über Sie – auch in der Presse

EXPERTENSTATUS

Bekanntheitsgrad hebt Nutzenvermutung

FÜHRUNG

Mutiges Management für die Märkte der Zukunft

GUERILLA-MARKETING

Querdenken und Regelbruch

MARKE

Logo + Assoziation = Marke

1 | AUFMERKSAMKEIT

Wer nicht auffällt, fällt weg

Werden Sie von Ihrer Zielgruppe
wahrgenommen?
Und wie
werden Sie wahrgenommen?

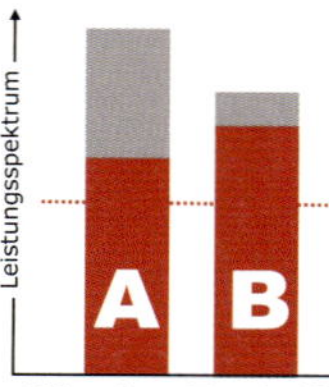

Wer entscheidet?

»Der **ABSOLUT WICHTIGSTE EINFLUSSFAKTOR** in jeder Verkaufssituation ist das **GESCHLECHT** des Kunden, und am allerwichtigsten ist dabei, ob der Verkäufer so kommuniziert, dass es zum Geschlecht des Käufers passt.«

Wahrnehmung von Präsentationen

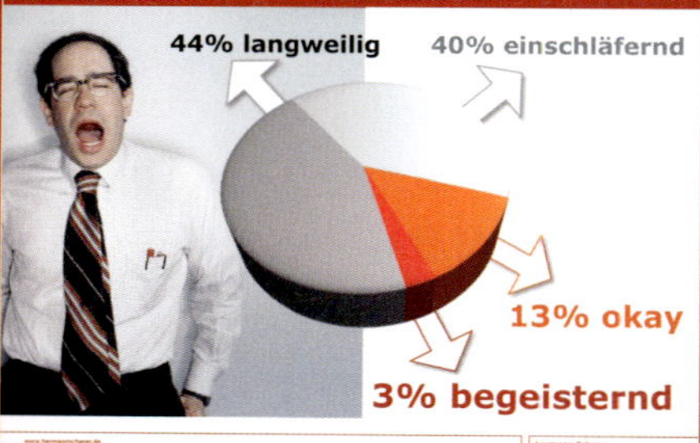

23

2 | POSITIONIERUNG

Differenzieren statt verlieren

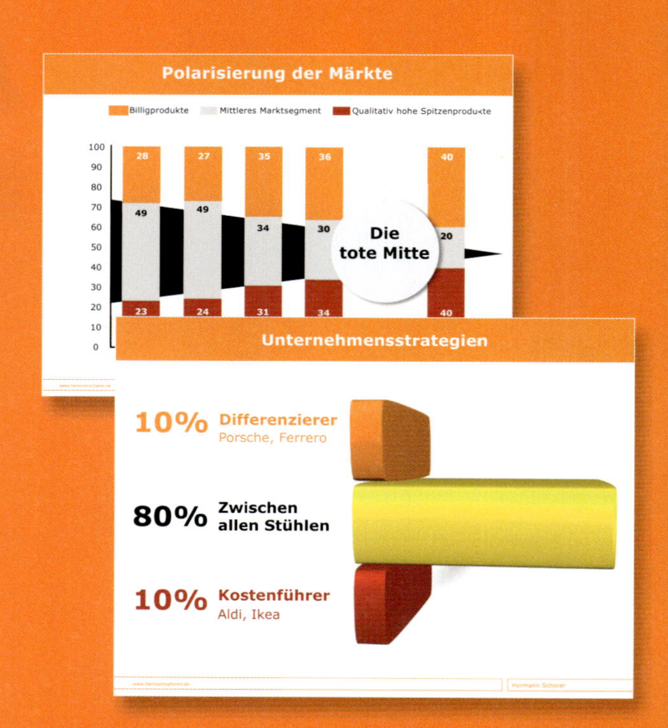

»Der häufigste strategische Fehler ist Imitation.«

35

3 | EMOTIONALES MARKETING

Ihr Logenplatz im Kundenkopf

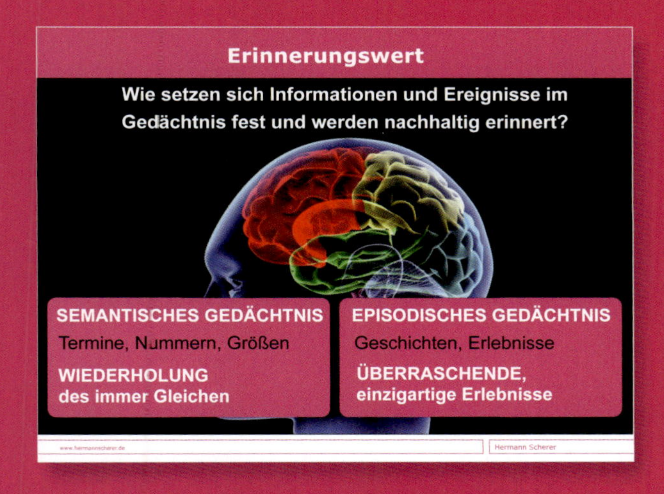

»Facts tell, stories sell«

Auch Begriffe wie Präzision oder Seriosität bedürfen einer emotionalen Darstellung.

43

4 | SERVICE

Die Extra-Meile von heute ist der Standard von morgen

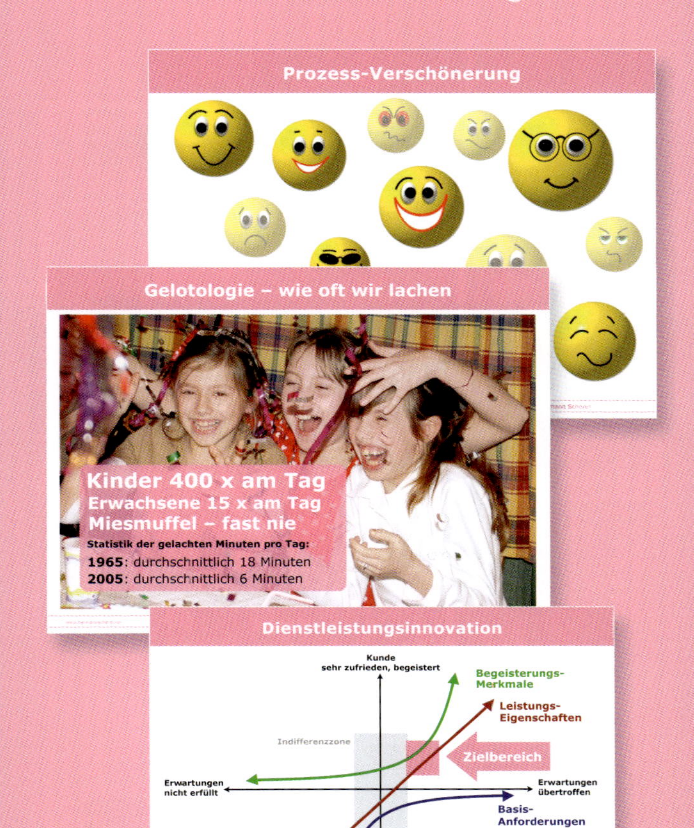

»Wir lösen die Probleme unserer Zielgruppen, bevor diese merken, dass diese Probleme bestehen.«

49

5 | INNOVATIONEN

Plädoyer für Probleme

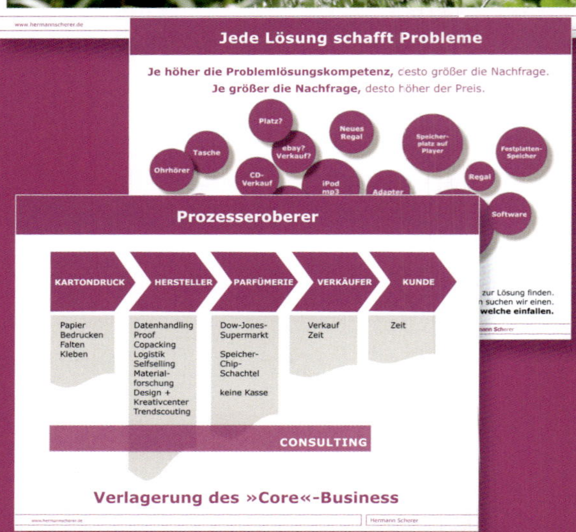

Welche Prozesse können Sie erobern?

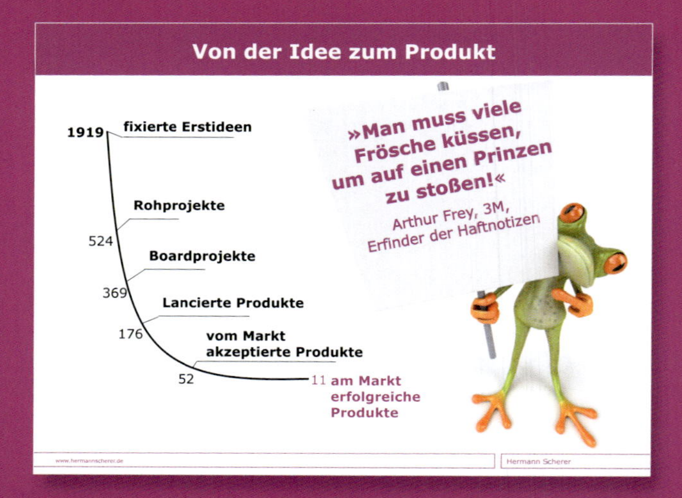

61

6 | CQ – CHANCENINTELLIGENZ

Erfolgspotenziale aktivieren

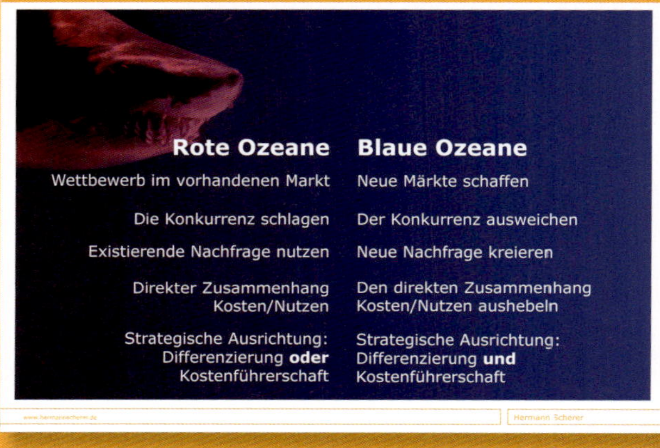

Wo liegt Ihr Blauer Ozean?

69

7 | VON DEN BESTEN PROFITIEREN

Next Practice statt Best Practice

Differenzieren statt verlieren!

77

8 | NETZWERKSTATT

Networking für Fortgeschrittene

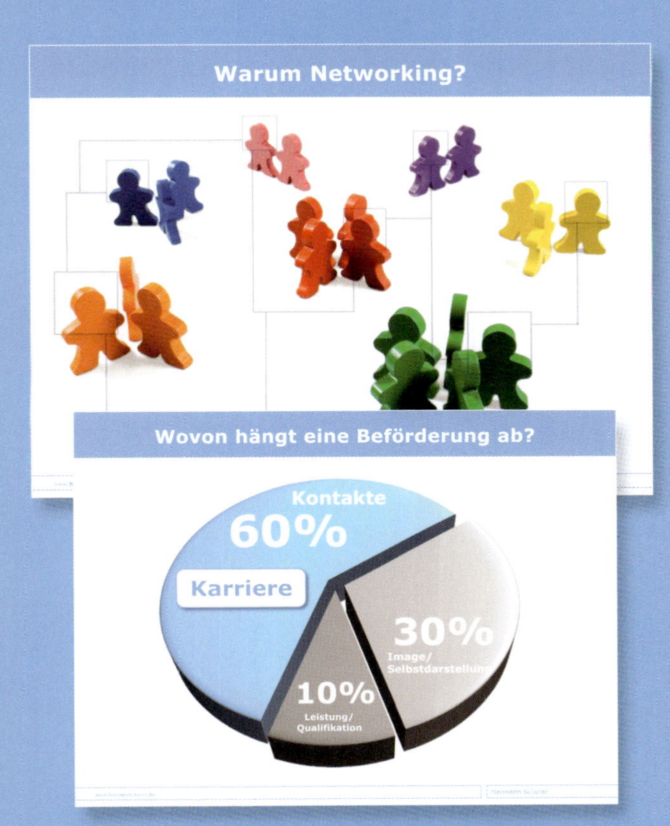

Wie gut sind Sie vernetzt?
Wen kennen Sie?
Und viel wichtiger: Wer kennt Sie?

93

9 | KOOPERATIONEN

Kontrakte durch Kontakte

Wer ist Ihr Komplementärpartner?

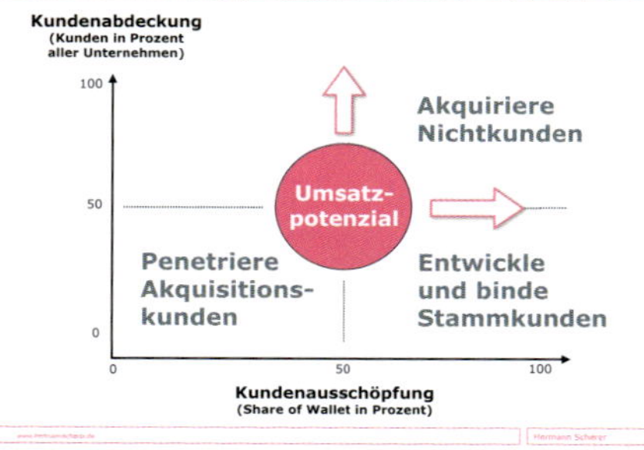

107

10 | ÜBERZEUGUNGS-KRAFT

Kommunikation in der Zuvielisation

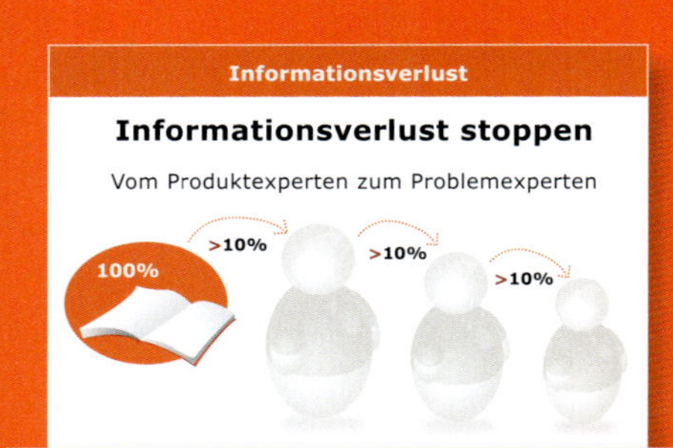

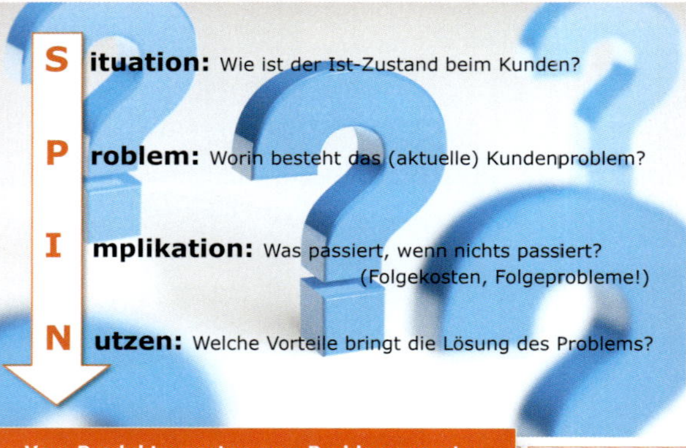

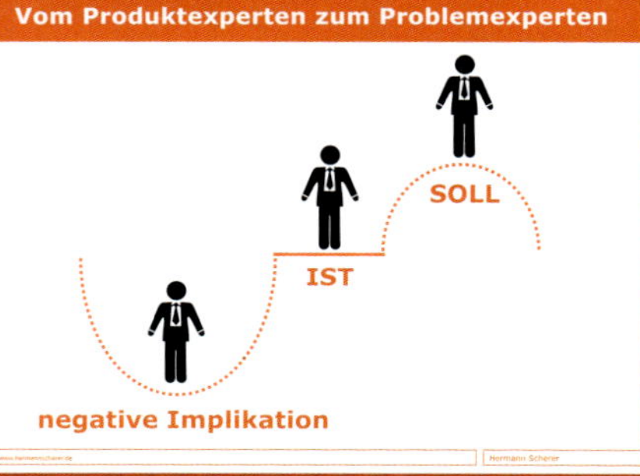

Problemerkennungskompetenz lässt Problemlösungskompetenz vermuten!

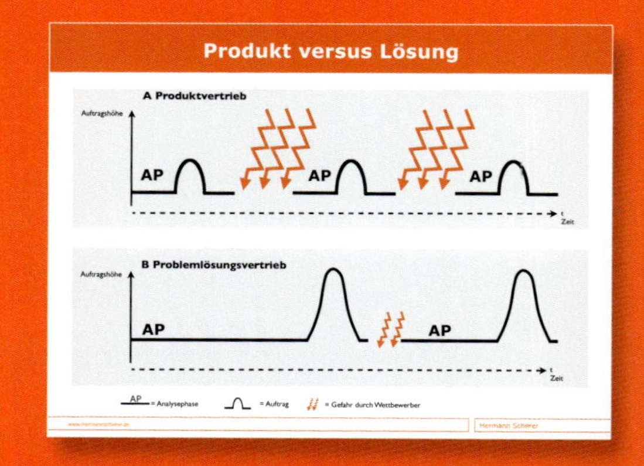

115

11 | ANGEBOTS-OPTIMIERUNG

Sind Sie unwiderstehlich?

Ist Ihr Angebot tatsächlich unwiderstehlich?

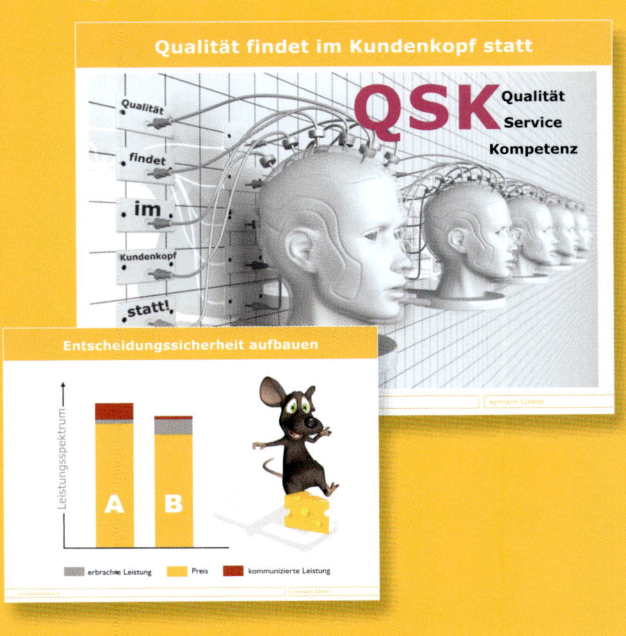

125

12 | KOMPETENZ-DARSTELLUNG

Was nützt es, gut zu sein, und keiner weiß es?

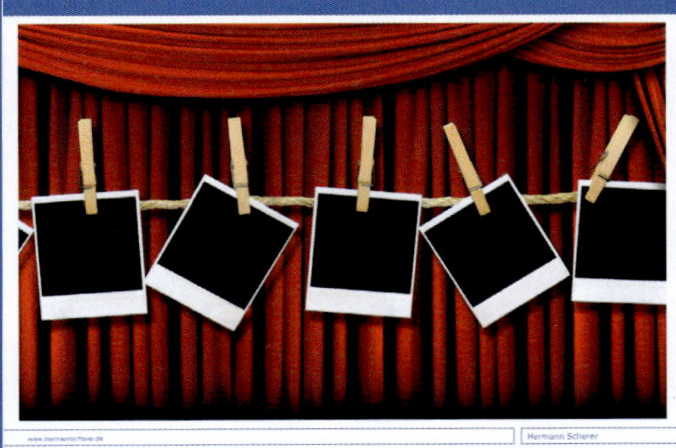

»Wer da war, *entscheidet darüber,* ***wer hingeht.«***

147

13 | MARKE

Logo + Assoziation = Marke

Warum schmeckt Coca-Cola besser als Pepsi?

1. Probanden-Durchgang: Bilder
2. Probanden-Durchgang: teilweise Bilder mit Markennamen

Resultat:
Im Gehirn leuchten neue Areale auf.

Ziel:
Den direkten Weg in den Kopf des Konsumenten finden.

Hermann Scherer

Wofür steht Ihre Marke?

155

14 | GUERILLA-MARKETING

Querdenken und Regelbruch

»Kreativität ist die Währung der Zukunft.«

165

15 | FÜHRUNG

Mutiges Management für die Märkte der Zukunft

Was tun Sie, um Ihre Mitarbeiter an sich zu binden – auch emotional?

175

16 | EXPERTENSTATUS

Bekanntheitsgrad hebt Nutzenvermutung

Was haben Sie in den letzten zwei Jahren getan, um den Status eines Experten zu erreichen?

183

17 | INTELLIGENTE PR

So spricht man über Sie – auch in der Presse

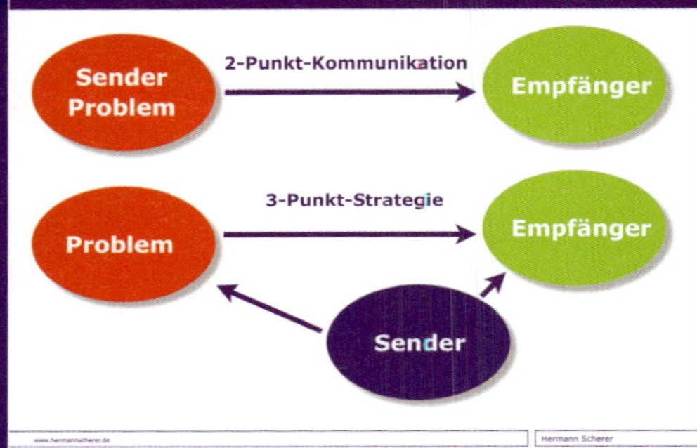

Aus welchem Anlass könnte die Presse über Sie berichten?

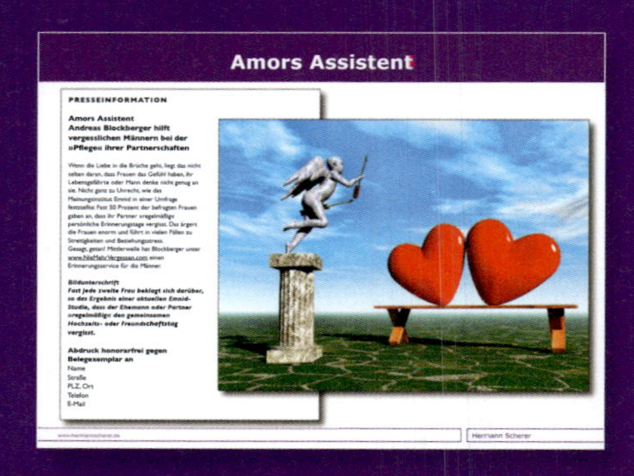

18 | WEB 3.0

Das Internet als Umsatzmultiplikator

Ist Ihr Internet-Auftritt up to date?

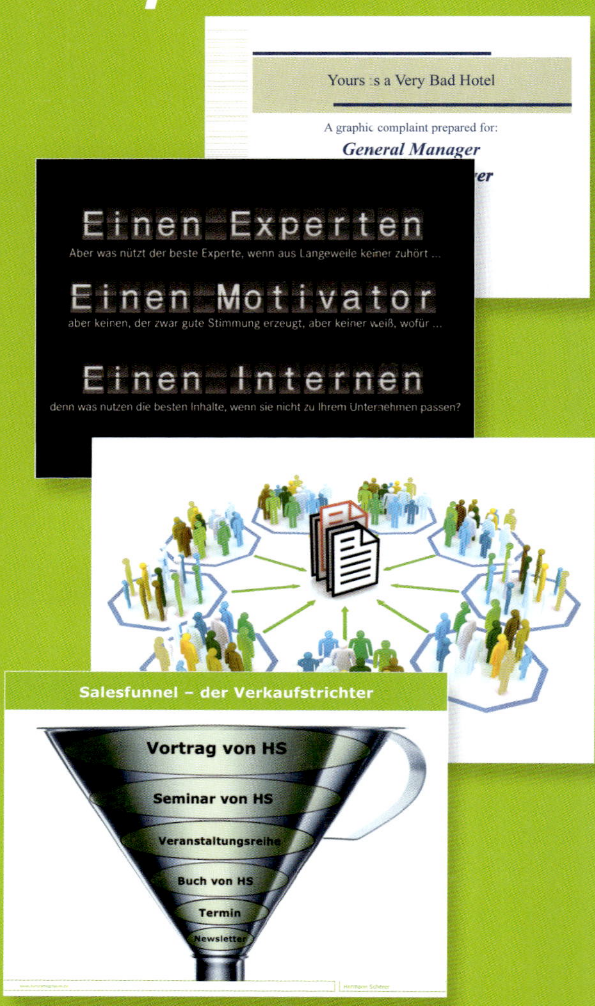

19 | MARKTMACHT

Neue Wege zu neuen Kunden

Was könnte Ihr Trojaner sein?

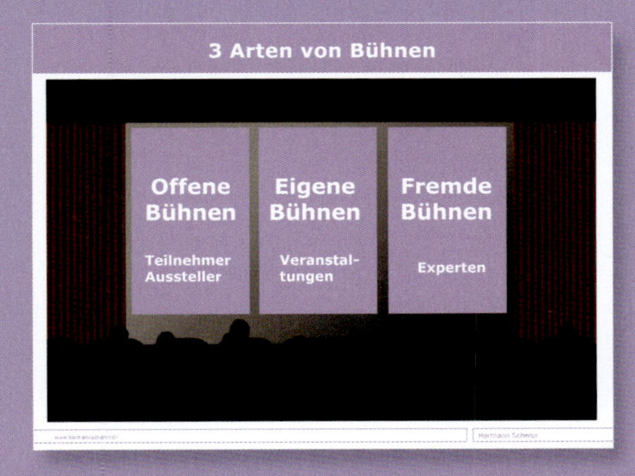

235

20 | BEGEHRLICHKEITS-ENTWICKLUNG

Verkaufen im Verdrängungswettbewerb

Wo sehen Sie das größte Optimierungspotenzial in Ihrer Begehrlichkeitsentwicklung?

Starten Sie dort – und zwar jetzt!

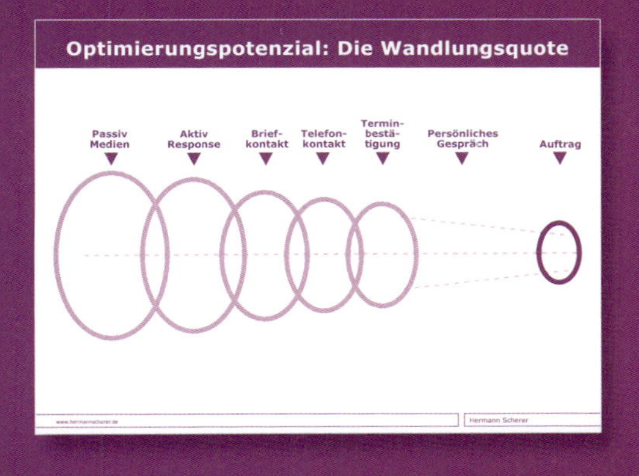

251

21 | VERKAUFS-PSYCHOLOGIE

Die zwölf Phasen des Verkaufsgesprächs

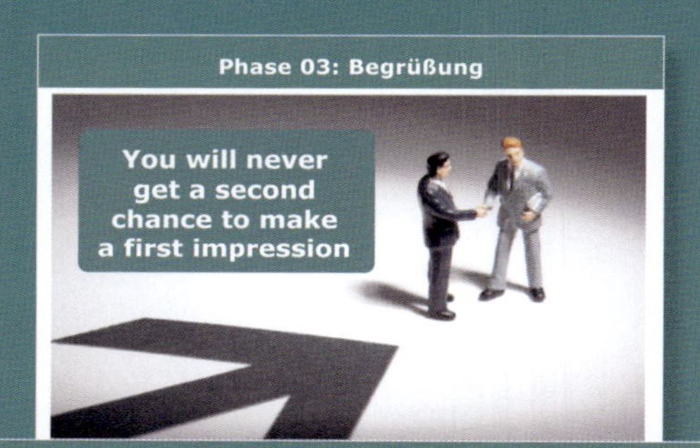

261

22 | VERHANDELN

Sie bekommen nicht das, was Sie verdienen, sondern das, was Sie verhandeln

Das Prinzip der heißen Kartoffel

Warum Sie nicht gleich jedes Problem als Ihr Eigentum betrachten sollten.

»Auch die Pause gehört zur Musik.«

277

23 | TRANSFERINTELLIGENZ

Seien Sie nicht Wissensriese und Umsetzungszwerg!

295

24 | LEIDENSCHAFT

Nicht im Unternehmen, sondern am Unternehmen arbeiten

Welche Ideen verfolgen Sie mit Leidenschaft?

305

25 | MOTIVATION

So haben Sie Ihren inneren Schweinehund im Griff

Ganz schön gewitzt …

»Vernunft« ist die beste Tarnung der Bequemlichkeit

Der Glaube an die Unmöglichkeit des Vorhabens schützt die Berge vor dem Versetztwerden.

Wer weiß, wo man wirklich hinkäme!?

Warnung! Gehen Sie einfach davon aus, dass Ihr Schweinehund manchmal gerissener ist als Sie selbst.

313

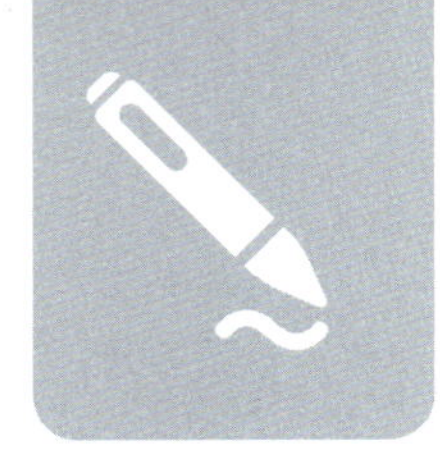

MODULFRAGEN

Alle Fragen aus dem Buch für Sie zum Ausfüllen.

320

HERMANN SCHERER

Profil

»Er zählt zu den Besten seines Faches. Seine Vorträge und Seminare sind gefragt – bei Marktführern und solchen, die es werden wollen.«

Süddeutsche Zeitung

199 cm
Redner für Ihren Erlebnisvortrag

84.000
Zuschauer/Zuhörer in 2008

101.322
verkaufte Bücher in 2008

337

WEITERFÜHRENDE LITERATUR

351

AUFMERKSAMKEIT

Wer nicht auffällt, fällt weg

»Enten legen ihre Eier in aller Stille. Hühner gackern dabei wie verrückt.

Was ist die Folge?

Alle Welt isst Hühnereier«, stellte Henry Ford schon vor über 150 Jahren spöttisch fest. Ginge es ausschließlich nach Leistung, müssten eindeutig die Enten den Schnabel vorn haben – schließlich ist ein Entenei um ein Vielfaches größer und schwerer als das durchschnittliche Hühnerei. Nur verstand es die Konkurrenz im Hühnerstall eher, die Aufmerksamkeit der Kunden auf sich zu ziehen. Im Klartext: Es genügt nicht, gut zu sein, wenn niemand davon weiß. Das wusste der amerikanische Autofabrikant, einer der erfolgreichsten Unternehmer seiner Zeit.

Fords Einsicht gilt heute mehr denn je. Jedes Jahr kommen Tausende neuer Angebote auf den Markt. Die weitaus meisten davon (über zwei Drittel) floppen. Denn »eigentlich« braucht niemand noch eine Büro-Software, das x-te Modemagazin für die moderne Frau von heute oder eine weitere Biersorte. Der durchschnittliche Supermarkt einer deutschen Kleinstadt wäre für jeden, der erstmals und unvorbereitet dort hineinstolperte, eine einzigartige Reizüberflutung. Wie sollte man sich unter den über 20.000 Produkten, die dort gelistet sind, zurechtfinden? Deshalb informieren clevere Hersteller darüber, dass ihre Praline mit der edlen »Piemont-Kirsche« gefüllt oder ihr Bier mit »Felsquellwasser« gebraut sei. Nebenbei bemerkt: Auch andere Biere werden mit Felsquellwasser gebraut, und nicht einmal die gesamte Kirschenernte aus dem Piemont würde ausreichen, um die bekannte Kirschpraline herzustellen.

Bei der alltäglichen Konkurrenz um die Aufmerksamkeit des Kunden geht es jedoch um mehr als nur um clevere Marketingstrategien – es geht darum, den Nutzen, den Sie Ihrem Kunden bieten, eindeutig und möglichst umfassend zu kommunizieren. Ob Sie Augenoptiker sind oder Finanzberater, ob Sie Fenster fertigen oder Teile für die Computerindustrie: Wer im immer härteren Wettbewerb am Markt bestehen will, muss es verstehen, sein Leistungsspektrum bestmöglich zu verdeutlichen (oder zumindest besser als die Mitbewerber). Wer das nicht schafft, läuft Gefahr, ganz vom Markt zu verschwinden. Das ist Verdrängungswettbewerb. Dabei kommt es gar nicht darauf an, die ultimative Produktrevolution, das gänzlich Neue zu bieten. Es genügt oft vollkommen, die aktuellen Möglichkeiten etwas erfolgreicher in den Köpfen der Kunden zu verankern als die übrigen Anbieter. Simples Beispiel: Unternehmen, die im großen Stil Heizungen warten, bieten in der Regel einen Notdienst an Feiertagen – und verstecken das irgendwo im Kleingedruckten. Cleverer wäre eine fettgedruckte Headline über dem Angebot: »Wir lassen Sie nicht im Stich – auch nicht an Weihnachten!«

Das ist wie in der bekannten Geschichte mit den zwei Campern, die in der Tiefe der kanadischen Wälder auf einen riesigen, erkennbar schlecht gelaunten Grizzly stoßen. Während der eine verzweifelt die Hände ringt, schlüpft der andere blitzschnell in seine Turnschuhe. »Das bringt nichts, du kannst nicht schneller sein als der Bär«, schluchzt der Erste. Darauf sein Mitcamper: »Muss ich ja auch nicht. Ich muss nur schneller sein als du!«

Was nützt es, gut zu sein, wenn keiner es weiß?

Interesse + Aufmerksamkeit

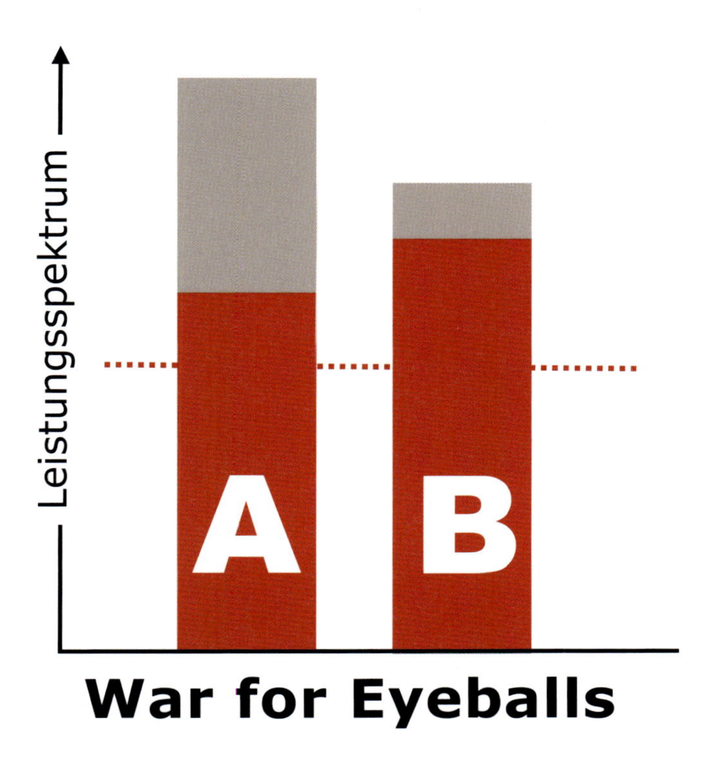

tatsächliches Leistungsspektrum  Ihnen bekanntes Leistungsspektrum

www.hermannscherer.de | Hermann Scherer

Interesse + Aufmerksamkeit | Angenommen, wir haben zwei Dienstleister, zwei Produkte, zwei Unternehmen, A und B. Unterstellen wir weiter, die beiden sind im Preis identisch, aber A bietet, wie Sie sehen, ein höheres Leistungsspektrum als B. Wo würden Sie einkaufen? Das versteht sich fast von selbst: natürlich bei A. Gehen wir eine Stufe weiter und schauen wir uns an, was der Kunde erwartet. Das zeigt die rote, gestrichelte Linie. Wo wird er einkaufen? In der Regel wiederum bei A, nach dem Motto: »Umso besser, wenn ich mehr für mein Geld bekomme.« In der Schnäppchengesellschaft nimmt der Kunde eben mit, was er bekommen kann. Gehen wir noch eine Stufe weiter: Die rote Fläche zeigt das an, was vom Verkäufer, vom Unternehmer als Nutzen kommuniziert wurde. Wofür würden Sie sich jetzt entscheiden? Natürlich für B – obwohl A besser ist.

Fazit: Wir haben einen doppelten Wettkampf. Wir haben den Wettkampf um die Qualität – und wir haben den Wettkampf um die Kommunikation der Qualität. Was nützt es denn, gut zu sein, wenn niemand es weiß? Was nützt es, besser zu sein, wenn andere sich besser verkaufen? Viele Unternehmer glauben, dass Qualität allein ausreicht, um am Markt erfolgreich zu sein. Dabei führen uns Werbung und andere verkaufsfördernde Maßnahmen täglich vor Augen, dass dem nicht so ist. Schmecken Fruchtgummis besser, nur weil Heidi Klum sich diese im Werbespot zwischen die Fußzehen klemmt? Steigert es den Nutzen eines Produktes, wenn der Händler vorn am Eingang einen roten Teppich ausrollt und hinten Champagner kredenzt? Das glaubt nicht einmal der wohlmeinendste Kunde. Aber Aufmerksamkeit ist knappes Gut, das von Unternehmen erkämpft und zum Teil auch erkauft werden muss.

Buchtipp: Mehr zum Thema lesen Sie in meinen 10 Büchern in einer Box »30 Minuten – Von den Besten profitieren«.

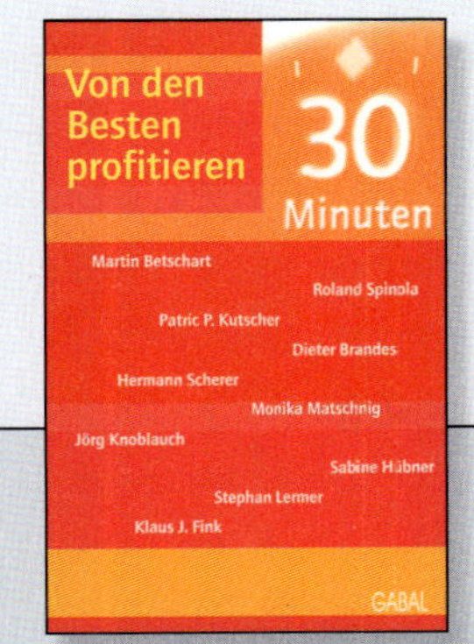

»Die Ökonomie der Aufmerksamkeit folgt neuen Gesetzen, die radikal anders sind als die des Geldes und der materiellen Güter. An deren Stelle treten Werte wie Beachtung, Anerkennung, Berühmtheit, Einzigartigkeit und Hype, mit denen die immaterielle Wertschöpfung der Marktteilnehmer vergütet wird. Aufmerksamkeit ist eine rare, kostbare Ressource ...«

Michael H. Goldhaber

Entscheidungsprozess

1. Primäre Kriterien	2. Sekundäre Kriterien	3. Budget
Bedarf Nutzen Qualität	Zusatznutzen Schlüsselinformation **Qualitätssurrogate**	Preis

Entscheidung

Wenn alles gleich gültig ist, dann ist alles gleichgültig!

www.hermannscherer.de | Hermann Scherer

Entscheidungsprozess | Nach welchen Kriterien entscheidet sich ein Kunde für ein bestimmtes Produkt? Noch vor 50 Jahren gaben in der Regel Bedarf, Nutzen und Qualität den Ausschlag, dazu noch der Preis. Das funktioniert heute nicht mehr. Der Markt ist in fast allen Segmenten mit Angeboten überschwemmt, die Ähnliches leisten und Ähnliches kosten. Die Stiftung Warentest hat beispielsweise festgestellt, dass sich elektrische Rasierapparate für Männer in den letzten Jahren nicht mehr verbessert haben – nicht, weil die Entwickler versagt haben, sondern weil die Rasierer eben schon alles rasieren, was zum Zeitpunkt der Rasur gewachsen ist (obwohl uns manche Firmen ja glauben machen wollen, dass es Rasierer gäbe, die die Haare, die erst morgen wachsen, heute schon rausziehen, abschneiden und den Rest zurückschnalzen lassen). Gerhard Schulze, Professor für empirische Sozialforschung an der Universität Bamberg, hat schon in den Neunzigerjahren des letzten Jahrhunderts auf die »Endlichkeit des Fortschritts« hingewiesen. Irgendwann gibt es bei Qualität oder Nutzen absolut nichts mehr zu verbessern. Kein Wunder, dass manche Rasierapparate heute aussehen, als kämen Sie direkt aus einer Ferrari-Werkstatt, und selbst Bügeleisen immer futuristischer im Design werden.

Kunden beurteilen Produkte immer mehr nach Kriterien, die mit der eigentlichen Produktqualität immer weniger zu tun haben – entweder weil die »Hard Facts« identisch sind oder weil die Qualität für den Käufer im Detail ohnehin nicht nachzuvollziehen ist. Fachleute sprechen von »Qualitätssurrogaten«, Qualitätsersatzstoffen also, insbesondere bei Dienstleistungen, die »intangibel« (nicht greifbar) sind. Wenn Sie zu einem neuen Arzt gehen, bilden Sie sich schon an der Empfangstheke ein Urteil. Wie großzügig, modern, hell wirkt die Praxis? Wie freundlich ist das Personal? Kommt Ihnen als Erstes eine Sprechstundenhilfe mit blutverschmiertem Kittel entgegen, beginnen Sie schon an Ihrer Wahl zu zweifeln. Über die medizinische Kompetenz des Arztes sagt all das nichts aus. Und selbst im Sprechzimmer sind Sie weiter auf sekundäre Indizien angewiesen: Wie zugewandt ist der Arzt? Wie stark geht er auf Ihre Fragen ein?

Qualitätssurrogate

- Anzahl der Kunden
- Anwenderfreundlichkeit
- Außenauftritt
- Auszeichnungen
- Bekanntheitsgrad
- Claim
- Corporate Design
- Design
- Empathie
- Engagement im sozialen Bereich
- Entscheidungssicherheit
- Erscheinungsbild der Mitarbeiter
- Farbe des Produkts
- Freundlichkeit der Mitarbeiter
- Größe oder scheinbare Größe
- Gütesiegel, Zertifizierungen
- Image
- Innovationsgrad
- Internetauftritt
- Klingelton des Telefons
- Logo
- Mitarbeiterzahl
- Netzwerkzugehörigkeit
- Patent- oder Markenrechte
- Präsente für Kinder
- Problemverständnis
- Pünktlichkeit
- Referenzen
- Sauberkeit
- Schnelligkeit der Reaktionen
- Service
- Umweltengagement
- Verbandszugehörigkeit
- Wartezeiten
- Wegbeschreibung
- Welche Prominenten kaufen?
- Welche Zielgruppe wird angesprochen?
- Wer benutzt diese Produkte noch?
- Wer benutzt diese Produkte noch nicht?

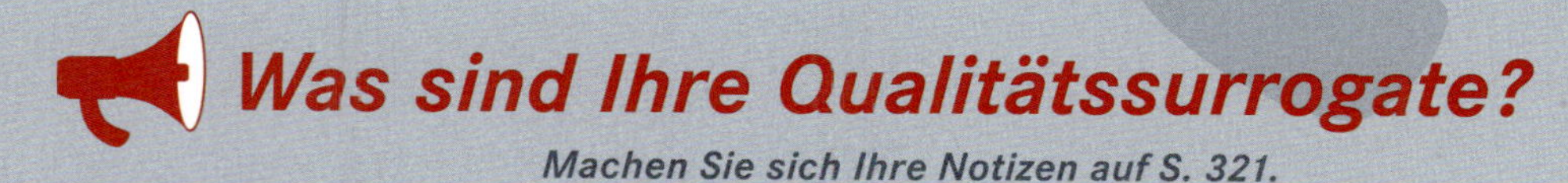

Zuvielisation

www.hermannscherer.de | Hermann Scherer

Zuvielisation | Wir leben in einem Zeitalter des »Zuviels«. Über 3.000 Werbebotschaften prasseln täglich auf uns ein. Während unsere Urgroßeltern noch bei Kerzenschein in Ruhe ein Buch lasen oder gleich mit den Hühnern zu Bett gingen, können wir jeden Abend zwischen Dutzenden von Fernsehsendern, Hunderten von Zeitschriften, Millionen von Internetseiten wählen, vom Kneipen- und Kulturangebot in der näheren Umgebung ganz zu schweigen. Online-Händler versorgen uns rund um die Uhr mit Angeboten, unser Briefkasten quillt über von Werbeprospekten, Spam verstopft unsere E-Mail-Postfächer. Stress pur, vor dem mancher bereits in die Konsumverweigerung flüchtet, während der Nachbar womöglich den Überblick verliert und shoppt bis zum Offenbarungseid.

Der multioptionale Kunde im Stress | Jedes Jahr kommen neue Produkte auf den Markt, zusätzlich zur Vielzahl der ohnehin schon vorhandenen Angebote. Wie viele davon kann ein potenzieller Kunde überhaupt aufnehmen – schon rein optisch? Forscher wissen seit langem, dass die menschliche Wahrnehmung erwartungsgesteuert und höchst selektiv ist. Was wir nicht erwarten, sehen wir oft nicht einmal. Welche absurden Ausmaße das annehmen kann, zeigt ein Experiment an der Kasse einer Tankstelle. Während des Bezahlens bückt sich der Kassierer nach einem heruntergefallenen Kugelschreiber. Allerdings taucht nicht er selbst wieder auf, sondern ein anderer, unter dem Tresen verborgener Mitarbeiter. 80 % aller Kunden bemerken nicht, dass ihr Gegenüber sich »verwandelt« hat. Selbst wenn der zweite Mitarbeiter eine Frau ist, werden nur 38 % stutzig. Das lässt erahnen, warum mancher lebenslang Single bleibt …

Der multioptionale Kunde im Stress

Diese Informationen müssen nicht nur produziert und angeboten, sondern auch verarbeitet und konsumiert werden!

7.336 verschiedene Artikel im durchschnittlichen Supermarkt.
28.290 verschiedene Artikel im durchschnittlichen SB-Warenhaus.
24.000 neue Artikel pro Jahr im Lebensmitteleinzelhandel.
über 1.000 Buchneuerscheinungen pro Woche.
über 1 Mio. lieferbare Buchtitel in Deutschland.
über 200 neue Düfte pro Jahr. 10 % überleben das erste Jahr.
über 170 neue deutsche HCP pro Monat!

customer stress

www.hermannscherer.de | Hermann Scherer

Werden Sie von Ihrer Zielgruppe wahrgenommen? Und wie werden Sie wahrgenommen?

Machen Sie sich Ihre Notizen auf S. 321.

Unterscheidung Wahrnehmung und Realität | Schauen Sie sich das Fußballfeld auf der Folie genau an und zählen Sie alle Bälle, die Sie sehen. Fertig? Ist Ihnen sonst etwas an dem Fußballfeld aufgefallen? Wie viele Bälle es sind, habe ich nie gezählt – interessant ist, dass viele nicht bemerken, dass die Tore unterschiedlich groß sind. Können Sie sich vorstellen, dass Sie sogar einen ausgewachsenen Gorilla übersehen? Die meisten Menschen sind sich ziemlich sicher, dass ihnen das niemals passieren würde. Der Gegenbeweis ist leicht anzutreten. Es gibt ein 20 Sekunden langes Video, in dem spielen einige Leute Ball. Bevor der Film anläuft, werden die Zuschauer aufgefordert, die Zahl der Ballkontakte der Mannschaft mit den weißen T-Shirts zu zählen. Mitten im Spiel läuft unerwartet ein Mann im Gorillakostüm durch das Bild. Er schaut sogar in die Kamera und trommelt sich auf die Brust. Am Ende des Films gehen die Meinungen über die Zahl der Ballkontakte der weißen Mannschaft weit auseinander. Aber 95 % der Zuschauer sind sich auf Nachfrage einig: ein Gorilla? Der war da definitiv nicht im Spiel! Fazit: Die menschliche Wahrnehmung ist höchst selektiv, unsere Aufnahmefähigkeit begrenzt. Was wir nicht erwarten, sehen wir möglicherweise gar nicht. Und umgekehrt: Wer ein silbernes Cabrio kaufen will, wird plötzlich viele entdecken: selektive Wahrnehmung.

»Der Kunde vergleicht uns mit der Konkurrenz und stuft uns entweder als besser oder als schlechter ein. Das geht nicht sehr wissenschaftlich vor sich, ist jedoch verheerend für den, der dabei schlechter abschneidet.«

Jack Welch

Duden | Sprachforscher haben errechnet, dass wir von den 120.000 Wörtern im Duden im Schnitt nur 2.000 verschiedene pro Tag verwenden. Frauen sind dabei mit 23.000 Wörtern täglich fast doppelt so redselig wie Männer. (Wenn Sie jetzt meinen, für diese grundsätzliche Erkenntnis müsse man kein Wissenschaftler sein, haben Sie zweifellos recht. Aber immerhin kennen wir jetzt die genauen Zahlen ...) Was besagt diese Statistik? Zum einen macht sie in dramatischer Weise erneut klar, wie stark unser Gehirn auf Entlastung setzt, nicht nur bei Wahrnehmung und Aufmerksamkeit, sondern auch in der Kommunikation. Zum anderen verdeutlicht sie aber auch, wie unterschiedlich die weibliche und die männliche Hälfte der Menschheit sind – zwei riesige und in sich natürlich sehr heterogene Zielgruppen. Tragen Sie dem in Produktentwicklung und Marketingstrategie eigentlich Rechnung? Wie sichern Sie sich die Aufmerksamkeit der Frauen?

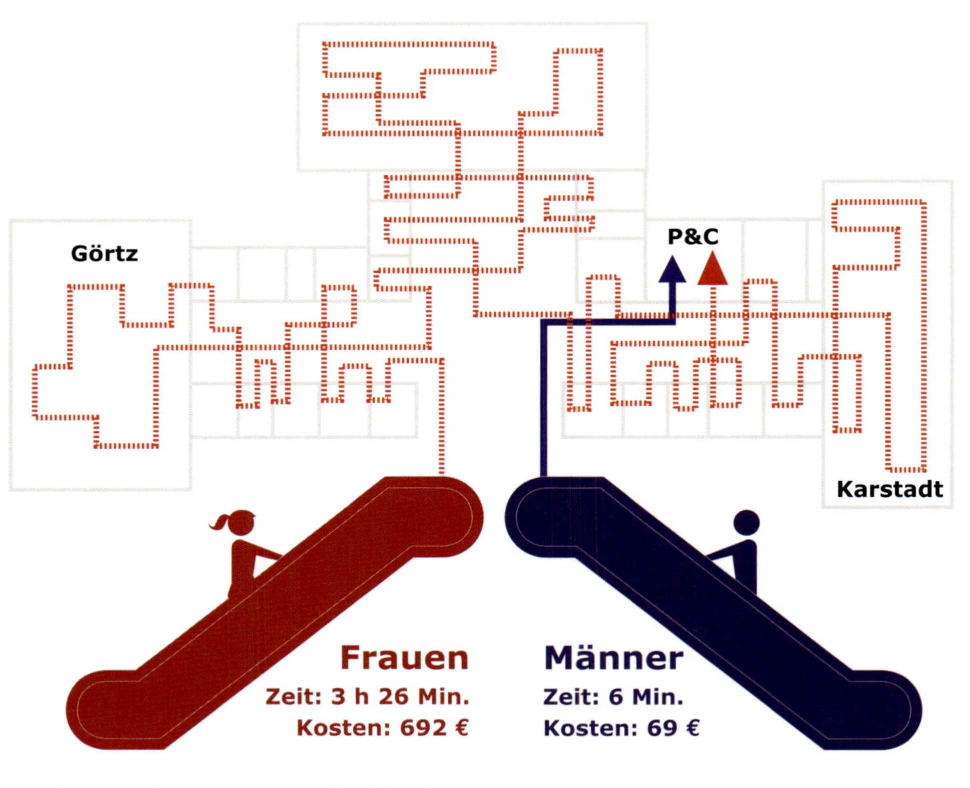

Auftrag: »Geh zum P&C und kaufe eine Hose!« | Männer sind bis heute Jäger, Frauen Sammlerinnen. Okay, das Horten alter technischer Geräte in Kellern und auf Dachböden durch die Herren der Schöpfung (»Kann man alles noch mal brauchen ...«) ist eine Ausnahme. Beim Einkaufen gilt aber die obige Regel, wie ein Versuch bei P&C zeigt: Der Auftrag »Geh zum P&C und kaufe eine Hose!« wird von Männern im Schnitt in 6 Minuten erledigt und schlägt mit 69 Euro zu Buche. Hose »erlegt«, und ab nach Hause. Frauen brauchen für dieselbe Aufgabe im Schnitt fast 35-mal so lange, nämlich drei Stunden und 26 Minuten. Beim »Sammeln« machen sie gleich noch ein paar Umwege durch benachbarte Shops und Läden und geben insgesamt 692 Euro aus. Fazit: Männer geben pro Minute mehr Geld aus, unterm Strich gesehen aber erheblich weniger als Frauen. Und das gilt nicht nur für Mode. 80 % der Kaufentscheidungen werden heute von Frauen getroffen, sagen Experten.

»Vergessen Sie Indien,
vergessen Sie China,
haben Sie Respekt vor der größten Weltmacht:
Frauen.«

Headline in der britischen Zeitschrift Economist, April 2006

»Weltmacht«
»Der absolut wichtigste Einflussfaktor in jeder Verkaufssituation ist das Geschlecht des Kunden, und am allerwichtigsten ist dabei, ob der Verkäufer so kommuniziert, dass es zum Geschlecht des Käufers passt.«
Jeffery Tobias Halter, Selling to Men, Selling to Women, 2006

Frauen sind der Mehrheitsmarkt

Die US-Journalistin Fara Warner hat errechnet, dass sich die Hälfte der amerikanischen Privatvermögen im Jahr 2010 in den Händen der Frauen befinden wird – 13 Billionen US-Dollar; in Zahlen: 13 000 000 000 000. Selbst da, wo das Geld nicht auf ihrem eigenen Konto liegt, bestimmen Frauen ganz wesentlich über das verfügbare Haushaltseinkommen. Machen Sie den Selbsttest: Wer gibt bei Ihnen zu Hause das Geld aus? Wer entscheidet, dass neue Möbel fällig sind, wer schreibt die Einkaufszettel, wer redet beim Wunschauto ein gewichtiges Wort mit? Auch für Management-Guru Tom Peters gehört die Zukunft den Frauen: Sie zeichnen für die meisten Geschäftsgründungen verantwortlich, sie sind die besseren (weil sozial kompetenteren) Führungskräfte und sie holen langsam, aber sicher bei den Gehältern auf.

In der Wirtschaft setzt sich diese Erkenntnis erst allmählich durch. »Frauen werden vernachlässigt«, titelte im September 2005 das Magazin Focus. Das zielte nicht auf heimische Beziehungskrisen, sondern auf die deutsche Autoindustrie, die seit Jahren mit einer schwachen Nachfrage kämpft. Heute ist jeder dritte Autobesitzer eine Frau, vor zehn Jahren war es erst jeder vierte (und für den Kauf von Auto eins und zwei siehe oben). Als Zielgruppe haben die Automobilhersteller Frauen dennoch nicht im Visier. »Es gibt keine gezielte Ansprache von Frauen, das Fahrzeug steht im Vordergrund«, so eine BMW-Sprecherin im Focus, und auch bei DaimlerChrysler wollte man 2005 »grundsätzlich nicht nur einzelne Zielgruppen ansprechen«. Merkwürdig – bis heute dachte ich, die gezielte Ansprache von kaufkräftigen Zielgruppen sei das Herzstück guten Marketings.

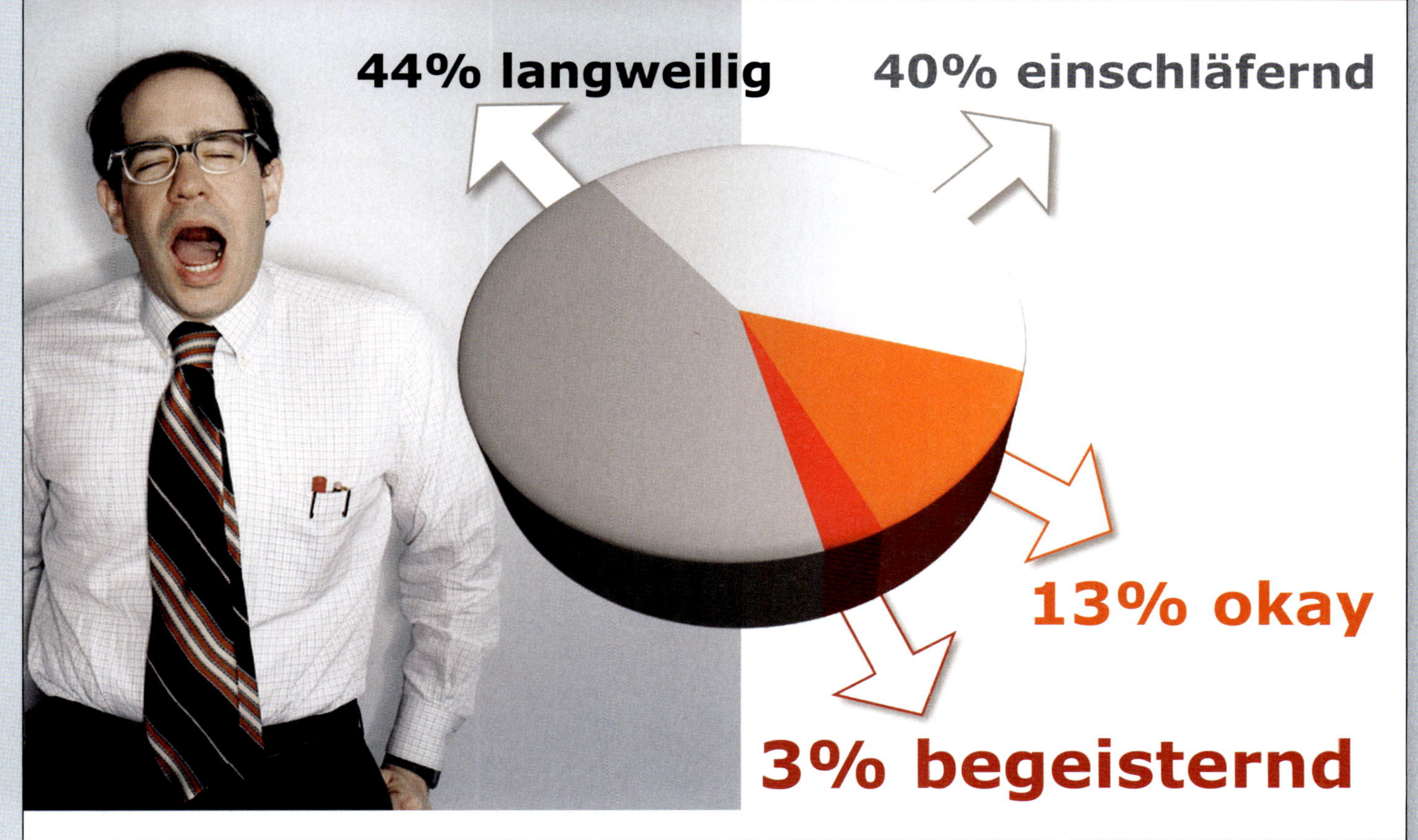

Wahrnehmung von Präsentationen | Haben Sie was zu sagen – oder lesen Sie nur Folien vor? Tag für Tag wird in Tausenden von Präsentationen nach dem immergleichen Ritual die Welt in Bullet Points erklärt: Headline → fünf Punkte → nächste Folie. Kein Wunder, dass die Zuhörer laut Wall Street Journal in 40 % aller Fälle dahindämmern und sich 44 % schlicht langweilen. Nur 3 % aller Präsentation erreichen ihr Ziel, die Aufmerksamkeit des Publikums: Sie begeistern.

»Die Überflussgesellschaft hat einen Überfluss an ähnlichen Firmen, die ähnliche Mitarbeiter beschäftigen, mit einer ähnlichen Ausbildung, die ähnliche Ideen haben, ähnliche Dinge produzieren mit ähnlicher Qualität«, so die Management-Vordenker Kjell Nordström und Jonas Ridderstrale. Man sollte hinzufügen: »... und diese Ideen und Produkte auch noch in ähnlicher Weise an die Frau oder an den Mann bringen wollen.« Unten sehen Sie das typische Ergebnis. Präsentationen, die einschläfern, Werbung, die am Kundeninteresse vorbeigeht, die immergleichen Produktmerkmale und Verkaufsstrategien – damit sind die Märkte des 21. Jahrhunderts nicht zu erobern. Womit können Sie die Aufmerksamkeit Ihres Kunden fesseln? Machen Sie es lieber nicht wie der Professor eines Augenlaserzentrums, der in einem Informationsvortrag von 90 Minuten 63 Minuten über die Gefahr des Erblindens sprach. Frage aus dem Publikum: »Wie hoch ist denn die Gefahr des Erblindens beim Lasern?« Professor: »1:1.000 000. Ist bei uns noch nie vorgekommen.« Zuhörer: »Warum reden Sie dann über eine Stunde darüber?« Der Vortragende: »Ich wollte es halt mal angesprochen haben.«

POSITIONIERUNG

Differenzieren statt verlieren

Vor einiger Zeit schrieb das Manager Magazin in seiner Onlinebörse:

»Deutsche Unternehmen versinken im Mittelmaß.«

Deutschland ist Europas stärkste Wirtschaftsmacht. An der Leistung der Großkonzerne hierzulande kann dies aber nicht liegen. Ein Ranking der Business Week zeigt, dass es die deutsche Wirtschaftselite nicht einmal in die europäische Top 20 schafft und die Leistung der deutschen Großunternehmen zuletzt weit hinter der europäischen Konkurrenz zurückgeblieben ist. In Zusammenarbeit mit den Marktanalysten von Standard & Poor's beurteilt die amerikanische Wirtschaftszeitschrift Verkaufserfolge und Aktienrendite der 350 größten börsennotierten Unternehmen Europas. Deutschland, obwohl stärkste Wirtschaftsmacht in Europa, bringt es nur auf vier Positionen unter die Top 50. Bestes deutsches Unternehmen ist der Münchener Autohersteller BMW auf Platz 21. An dieser Diagnose hat sich bis heute nichts geändert, wie nahezu wöchentliche Meldungen über Stellenabbau und unerlässliche Kostensenkungen traurig belegen. Wer sein wirtschaftliches Heil in der Mitte sucht, beim Durchschnittsprodukt zum Durchschnittspreis, sitzt immer öfter in der Klemme. Dabei spielt es keine Rolle, ob er Lebensmittel verkauft, Handys oder Führungsseminare, ob er ein Fitnessstudio betreibt, eine Firma für Gebäudereinigung oder eine Hotelkette.

Warum stecken so viele Branchen im Mittelmaß fest? Die zentralen Ursachen der in vielen Marktsegmenten vorherrschenden Gleichmacherei: Man schaut, wie's die anderen machen, und orientiert sich vorrangig daran. Marktbeobachtung und Benchmarking verleiten zur Nachahmung, zur Kopie. Doch eine Kopie wird im Wettbewerb um den Kunden niemals ganz oben auf dem Siegertreppchen stehen.

Konsumforscher warnen inzwischen vor der »toten Mitte«, deren Marktanteile seit Jahren schrumpfen und wo über den Preis ein teilweise ruinöser Wettbewerb ausgetragen wird. Die Gleichheit im Angebot führt bei den Kunden zur Gleichgültigkeit und macht den Preis zum primären Entscheidungskriterium. Kein Wunder, dass sich traditionelle Möbelhäuser tagtäglich wahre Rabattschlachten liefern, während Ikea auch ohne das Superschnäppchensonderangebot mit Zusatzgeschenk von der Kaffeemaschine bis zum iPod gute Zahlen schreibt. Und auch der edle Designerladen mit Angeboten für kaufkräftige Individualisten muss sich in der Regel nicht um seine Kundschaft sorgen, denn das Premiumsegment boomt ebenso wie der Markt der Preiswertanbieter. Damit sind die Auswege aus der toten Mitte benannt. Die Erfolgschancen liegen jenseits vom Mittelmaß, sie warten nur darauf, entdeckt zu werden. Dafür bedarf es Fantasie, Mut und Risikofreudigkeit. Wie sagte Marketing-Guru Philip Kotler einmal treffend: »Ein Marktführer muss lernen, die Innovation zur Routine zu machen.«

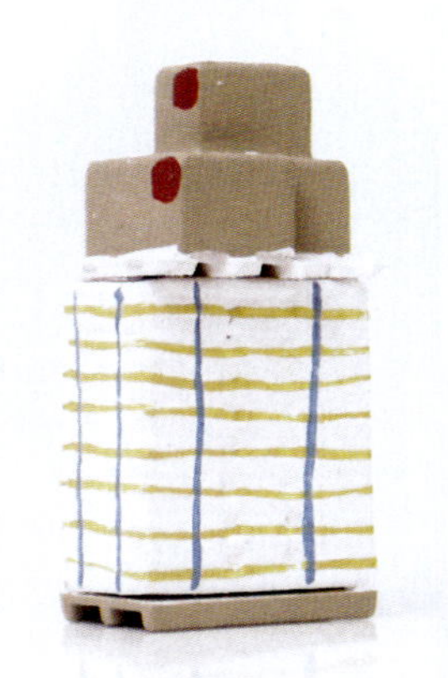

Luxus/Status versus sparen | »Geiz ist geil«, immer noch. Der Kunde »ist doch nicht blöd« und daher auf der Jagd nach Schnäppchen. Stimmt das wirklich? Nur teilweise. Denn während Discounter gute Geschäfte machen, boomt auch das Luxussegment. Ein handgefertigtes Handy der britischen Marke Vertu ist kaum unter 4.000 Euro zu haben; die exklusivsten Modelle sind streng limitiert und kosten über das Fünffache. Und obwohl die Automobilindustrie seit Jahren schwächelt, hat Porsche mit dem 450 PS starken Cayenne einen echten Coup gelandet.

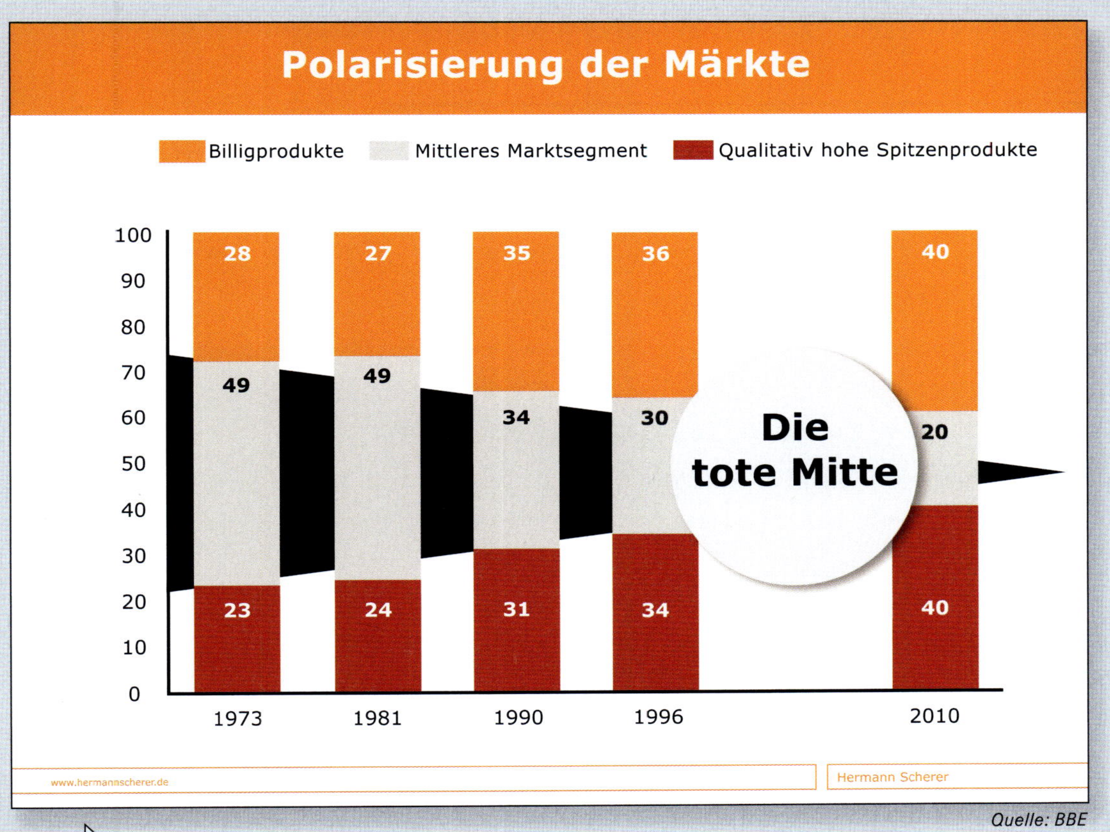

Quelle: BBE

Die Polarisierung der Märkte | »Die tote Mitte« nennen Marktforscher das mittlere Preissegment. Der Absatz durchschnittlicher Waren zu durchschnittlichen Preisen hat sich in den letzten 20 Jahren halbiert. Parallel dazu wächst der Anteil von Billigprodukten ebenso wie der exklusiver Spitzenprodukte. Wer auf die goldene Mitte setzt, läuft mehr und mehr Gefahr, im Mittelmaß zu versinken. Warenhäuser bekommen das gerade empfindlich zu spüren: Selbst ein erfahrener Topmanager wie Thomas Middelhoff stemmt sich vergeblich gegen diesen Trend. Die Alternative: raus aus der dicht besetzten Mitte mit ihren Kannibalisierungstendenzen und mutig andere Wege gehen. Die Devise muss lauten: differenzieren oder verlieren! Die Zukunft gehört Unternehmen, die ihren Kunden etwas Besonderes bieten, sei es Exklusivität, seien es Servicequalität oder Ersparnis an Zeit und Geld. Der Konsument von heute verhält sich dabei hybrid und lässt sich in keine Schublade mehr pressen. Er kauft heute beim Discounter und gönnt sich morgen im Delikatessengeschäft das Besondere; er trainiert in der unschlagbar günstigen Fitnesskette, legt im Urlaub aber Wert auf ein exklusives Ambiente.

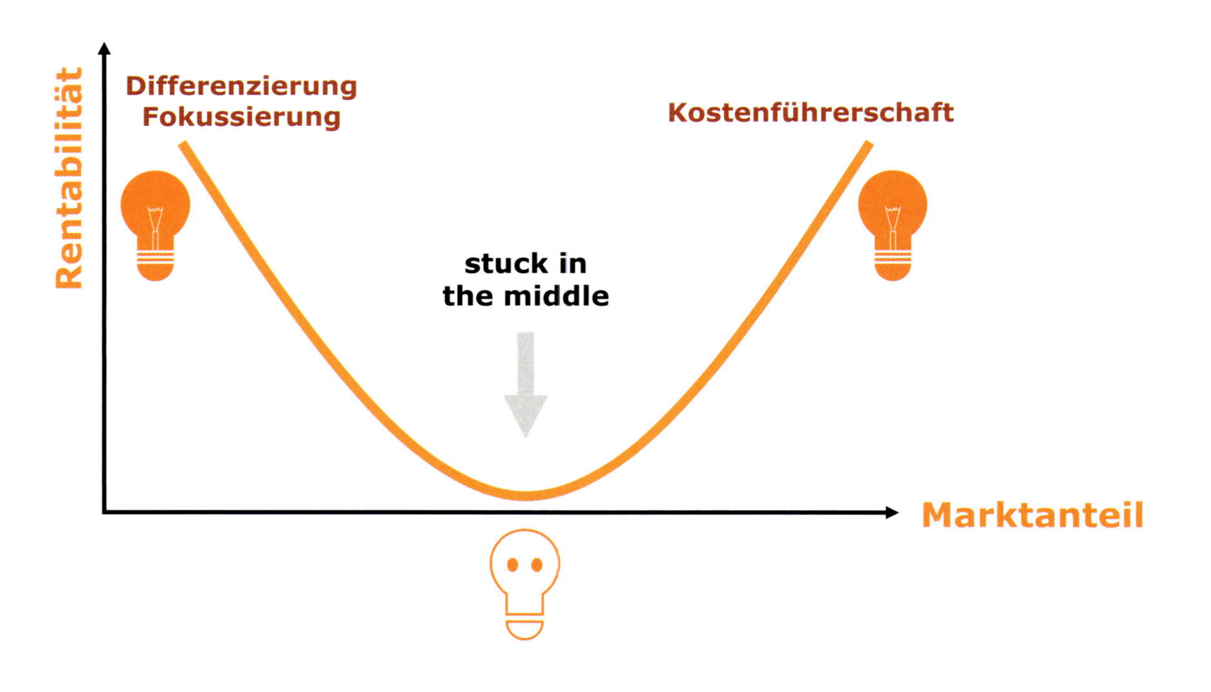

Wettbewerbsstrategien nach Porter | Michael E. Porter gilt als einer der weltweit führenden Managementstrategen. Er lehrt an der Harvard Business School. In der bekannten »Porter-Kurve« unterstellt er einen U-förmigen Zusammenhang zwischen Marktanteil und Rentabilität. Damit begründet er seine Typologie erfolgreicher Wettbewerbsstrategien: Differenzierung, Fokussierung und Kostenführerschaft. Ein Unternehmen kann demnach entweder auf Nischen- und Premiumangebote setzen (Folge: geringer Marktanteil/hohe Rentabilität) oder auf Kostenführerschaft mit günstiger Ware (Folge: hoher Marktanteil/hohe Rentabilität). Ein Anbieter, dem es nicht gelingt, seine Strategie in eine der zwei Richtungen zu entwickeln, sitzt »zwischen den Stühlen«.

»Der Kern jeder Strategie besteht darin, eine andere Position einzunehmen als die Mitbewerber.«

»Der häufigste strategische Fehler ist Imitation.«

Michael E. Porter

Wie lautet Ihre Strategie?

Machen Sie sich Ihre Notizen auf S. 321.

Unternehmensstrategien

10% **Differenzierer**
Porsche, Ferrero

80% **Zwischen allen Stühlen**

10% **Kostenführer**
Aldi, Ikea

www.hermannscherer.de | Hermann Scherer

Quelle: Horx, Matthias: Future Fitness, Frankfurt a. M. 2003, S. 137

Die tödliche Mitte | Solange Unternehmen nur das bieten, was alle bieten, werden sie auch nur das bekommen, was alle bekommen: durchschnittliche Aufmerksamkeit, durchschnittliche Umsätze, durchschnittliche Gewinne. Überdurchschnittliche Erfolge erzielen diejenigen, die ausgetretene Pfade verlassen, Branchengesetze hinterfragen und mutig neue Wege gehen. Eine Fluchtachse aus der »toten Mitte« ist der Preis: unschlagbar günstig sein. Das funktioniert, wenn dahinter eine durchdachte Strategie steckt, die Gewinne nicht marginalisiert – das Aldi-Prinzip. Zweite Fluchtachse: Service. Exzellenter Service ist mehr als ein freundliches Lächeln; er bedeutet, überzeugende Lösungen für Kundenprobleme zu liefern. Findige Unternehmer lösen sogar Probleme, die der Kunde noch gar nicht bemerkt hat. Die Palette reicht vom Fischer-Dübel bis zum iPod. Plötzlich kann man auch dort etwas aufhängen, wo das bislang nicht ging, und seine Lieblingsmusik selbst zusammenstellen und jederzeit griffbereit haben. Wie die Luxusstrategie funktioniert, macht Vertu im längst gesättigten Handy-Markt vor. Und dass auch Emotionen und Erlebnisse ihren Preis haben, weiß jeder, der schon einmal einen Abend in einer gerade angesagten »In-Location« verbracht hat.

Auch im Markt geht es um »survival of the fittest«. Leider wird dieses Darwin-Zitat meist missverstanden: Es sind nicht die Stärksten, sondern die Anpassungsfähigsten, die überleben.

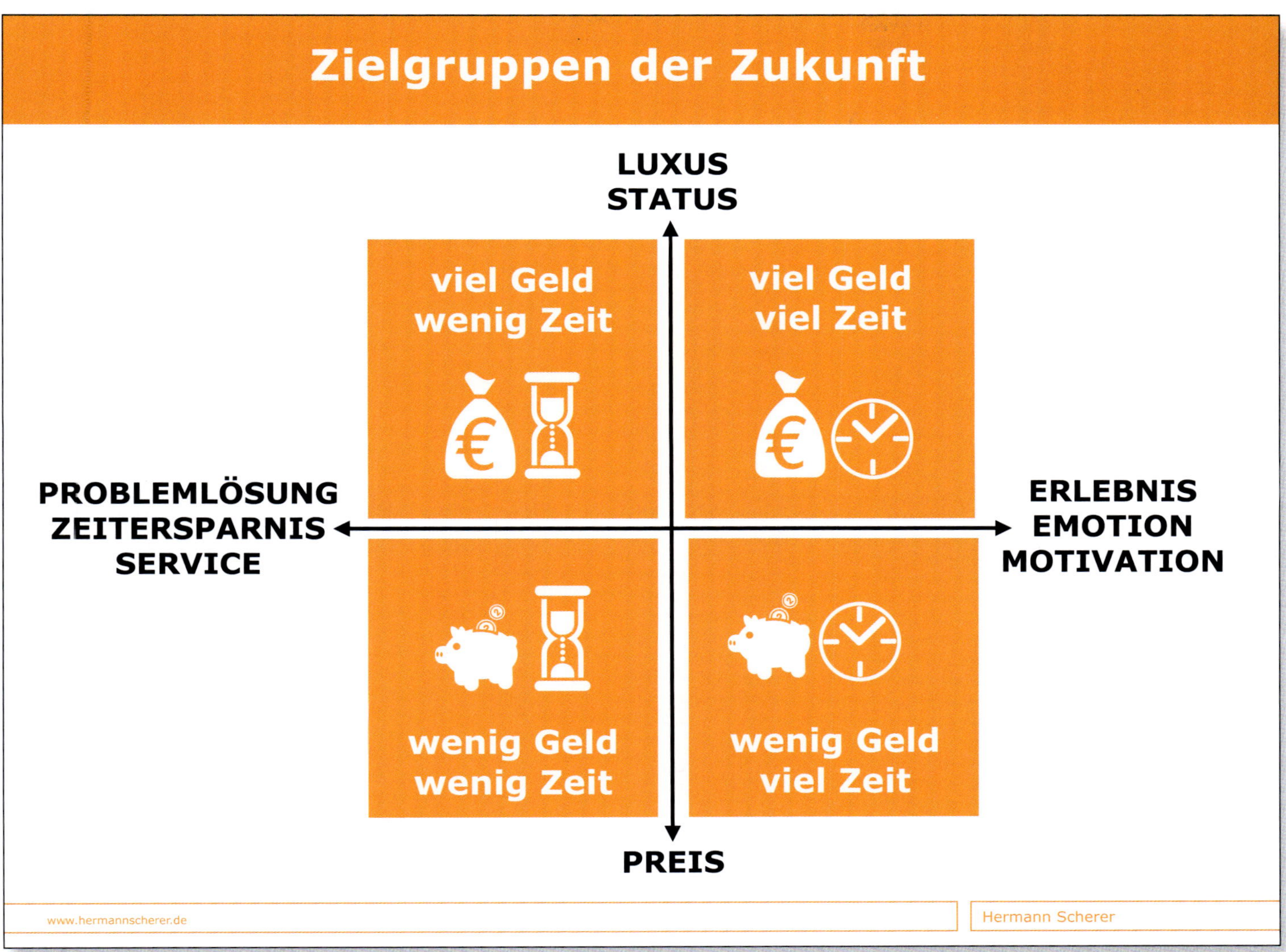

Quelle: Horx, Matthias: Future Fitness, Frankfurt a. M. 2003, S. 137

Zielgruppen der Zukunft | Trendforscher Matthias Horx ist Experte dafür, gegen den Strich zu denken und vertraute Schubladen zu verlassen. Diese ebenso einfache wie geniale Zielgruppensystematik stammt aus seinem Buch »Future Fitness«. Nimmt man Zeit und Geld als wichtigste private Ressourcen, wird deutlich, welche Kundenmotive Unternehmen ansprechen können. Das simple Raster fächert eine ganze Reihe von Möglichkeiten auf: Neben dem Premiumsegment für kaufkräftige Zielgruppen und dem Discountermodell für Menschen mit wenig finanziellem Spielraum kann der Faktor Zeit die Fantasie der Marketingexperten beflügeln. Was für eine Reise bucht beispielsweise ein Topmanager oder erfolgreicher Unternehmer für die wenigen kostbaren Ferientage im Jahr? Und wie sieht dagegen der Traumurlaub eines wohlhabenden Privatiers aus? Mit der verfügbaren Zeit wächst der Hunger nach intensiven Erlebnissen: Das kann für den kaufkräftigen Kunden die exklusive Studienreise in die Antarktis sein, aber auch das abenteuerliche Ökotraining im südafrikanischen Buschcamp für ein junges Publikum mit wenig Geld. Welche Servicelösungen lassen das Herz gut situierter Kunden höherschlagen? Das mag das Luxusappartement mit umfangreichem Housekeeping-Service für den Manager mit der 60-Stunden-Woche sein oder auch die exklusive Maßschneiderin, die zur Stoffauswahl und Anprobe ins Haus kommt und die inzwischen lange Wartelisten führt. Ihr Atelier ist nur einen Steinwurf entfernt von der türkischen Änderungsschneiderei, die für kleines Geld ändert und ausbessert und so weniger zahlungskräftigen Kunden den nächsten Kleiderkauf erspart. Sie merken es: Die Zukunft hat längst begonnen!

»Der beste Weg, die Zukunft vorauszusagen, ist, sie zu gestalten.«

... eine Erkenntnis, die dem Friedensnobelpreisträger Willy Brandt, der Schriftstellerin Sophia Bedford Pierce und dem vielfach preisgekrönten Informatiker Alan C. Kay gleichermaßen zugeschrieben wird.

Welche Zielgruppen wollen Sie verstärkt erreichen?

Machen Sie sich Ihre Notizen auf S. 322.

EMOTIONALES MARKETING

Ihr Logenplatz im Kundenkopf

»Facts tell, stories sell«,

lautet eine amerikanische Verkäuferweisheit.

Manche Verkäufer haben dennoch eine Vorliebe für technische Daten, die neuesten Raffinessen der Produktentwickler und präzise Sachinformationen, die eigentlich nur Fachleute einschätzen können. Ob sie damit zum Kunden durchdringen, ist mehr als zweifelhaft. Wahrscheinlicher ist da ein Effekt wie kürzlich im Handyladen um die Ecke, wo der Verkäufer einer Kundin in einem nicht enden wollenden Wortschwall die imposanten Möglichkeiten der neuesten Handygeneration erklärte und dabei immer wieder auf dem technischen Wunderwerk in seiner Hand herumtippte. Die Kundin schaute erst hilflos, dann zunehmend genervt. Als ihr Gegenüber endlich einmal Atem schöpfen musste, nutzte sie ihre Chance. »Aber die Farbe ist scheußlich! Gibt es das auch in Blau? Nein? Dann vielen Dank!« – sprach's und verließ den Shop. Qualität findet im Kundenkopf statt. Was Sie Ihren Kunden nicht vermitteln können, kann auch keine Wirkung entfalten. Wenn Ihre Botschaften einfach vorbeirauschen, haben Sie das Problem, nicht der Kunde. Der kann einfach woandershin gehen.

Wie man bleibende Eindrücke hinterlässt und sich einen Logenplatz im Kundenkopf sichert, weiß die moderne Hirnforschung längst. Ihr verdanken wir nicht nur die Entdeckung der unterschiedlichen Funktionen der rechten und der linken Gehirnhälfte, die mit dem Nobelpreis ausgezeichnet wurde, sondern die ebenso epochale Unterscheidung von »semantischem« und »episodischem« Gedächtnis. Wir erinnern uns an das, was oft genug wiederholt wird (etwa beim Vokabellernen), oder das, was uns emotional bewegt, überrascht, amüsiert hat (etwa besonders traurige oder besonders schöne Ereignisse in unserem Leben). Im ersten Fall füttern wir unser semantisches Gedächtnis, im zweiten öffnet sich unser episodisches Gedächtnis und macht den Moment im wahrsten Sinne »unvergesslich«.

Wie brennen Sie sich ins Gedächtnis Ihrer Kunden ein? Wenn es Ihnen gelingt, mit unvergesslichen Momenten oder überraschenden Effekten einen hohen Wahrnehmungswert Ihrer Marke, Ihrer Produkte zu erreichen, belohnen Ihre Kunden Sie mit einem bleibenden Erinnerungswert. Kultmarken sind nicht ohne Grund häufig eine Spur witziger oder frecher oder exklusiver als der Mainstream. Und findige Kreativität ist nicht auf die Marketingabteilungen großer Unternehmen beschränkt. So warb ein lokaler Möbelhändler im süddeutschen Raum vor einigen Jahren in ganzseitigen Zeitungsanzeigen mit dem Slogan: »Wohnst du schon, oder schraubst du noch?« Bevor die Unterlassungsklage des bekannten schwedischen Möbelhauses einging, hatten schon etliche Tausend Zeitungsleser geschmunzelt und sich gemerkt, wer da so rotzfrech einen Branchenriesen attackierte. Vom nachfolgenden Presserummel, der den Mann bundesweit bekannt machte, einmal ganz zu schweigen …

Erinnerungswert

Wie setzen sich Informationen und Ereignisse im Gedächtnis fest und werden nachhaltig erinnert?

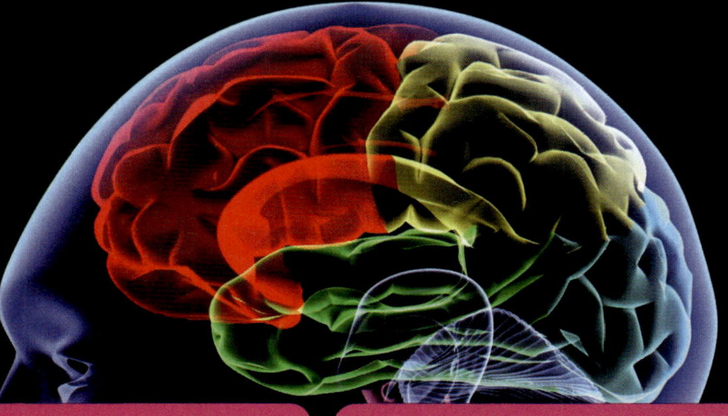

SEMANTISCHES GEDÄCHTNIS
Termine, Nummern, Größen
WIEDERHOLUNG
des immer Gleichen

EPISODISCHES GEDÄCHTNIS
Geschichten, Erlebnisse
ÜBERRASCHENDE,
einzigartige Erlebnisse

www.hermannscherer.de | Hermann Scherer

Erinnerungswert | Was haben Sie am 11. September 2001 gemacht? Ich bin mir ziemlich sicher, dass Sie noch genau wissen, wo Sie waren und was Sie taten, als die Meldung vom Terroranschlag auf die Zwillingstürme des World Trade Center Sie erreichte. Zweite Frage: Was haben Sie am 11. September letzten Jahres gemacht? Kein Grund zur Sorge, sollten Sie ratlos die Achseln zucken. Das geht den meisten Menschen so. Unser Gedächtnis ist kein neutraler Speicher, der Daten sammelt wie ein Elektronengehirn. Wir erinnern uns vor allem an zwei Arten von Dingen dauerhaft: Fakten, die sich durch permanente Wiederholung festgesetzt haben, und überraschende, einzigartige Erlebnisse, die stark emotional besetzt sind. Die ersten speichert unser semantisches Gedächtnis, die zweiten wandern nahezu unauslöschlich ins episodische Gedächtnis. Deshalb kennen viele Vertriebsmitarbeiter lange Artikelnummern auswendig, die sie jeden Tag verwenden, und deshalb erinnern wir uns an Nine/Eleven, an den ersten Kuss oder daran, wie uns der Mathelehrer damals beim Schummeln erwischte.
Auch Ungewöhnliches und Überraschendes passiert die Tür zum episodischen Gedächtnis. Die Werbekuh von Milka fräst sich in unser Gedächtnis, eben weil sie lila ist. Eine schwarzweiße hat es da erheblich schwerer. Gute Werbung bietet aus ebendiesem Grund witzige oder spannende Geschichten. Doch Sie brauchen nicht unbedingt einen Millionenetat, um sich im episodischen Gedächtnis Ihrer Kunden zu verankern. Ein Autohändler deponiert auf dem Beifahrersitz des Neuwagens eine aufwendig verpackte Flasche Champagner und wünscht prickelnden Fahrspaß. Daran erinnert sich der stolze Besitzer wahrscheinlich noch in zehn Jahren (und hat es x-mal weitererzählt). Ob er damals die Fußmatten dazubekam oder nicht, hat er dagegen längst vergessen.

Emotionales Marketing

Wie stellen Sie Ihr Unternehmen unter vielen Mitbewerbern dar?

Beschreibung Ihres Partners:
Haarfarbe
Lieblingsessen
Geburtstag
Telefonnummer

- **Wie präsentieren Sie sich?**
- **Wie sexy sind Sie?**
- **Wie einladend sind Sie?**
- **Wie lassen sich Fakten WIRKUNGSVOLL verpacken?**

www.hermannscherer.de | Hermann Scherer

Emotionales Marketing | Echte Marken wurzeln nicht nur in sachlichen Botschaften, sie lösen Assoziationen aus, wecken Emotionen. Denken Sie an Marlboro, Rolex oder Persil: Welche Bilder kommen Ihnen in den Sinn, welche anderen Attribute? Vermutlich Cowboys, Freiheit und Abenteuer, Luxus und blütenweiße Hausfrauenträume. Wer nur Fakten reiht, bleibt blass. Machen Sie einen kleinen Test und notieren Sie Namen, Geburtsdatum, Frisur und Lieblingsessen Ihrer Partnerin oder Ihres Partners. Geben Sie mit diesen Eckdaten eine Kurzbeschreibung. Wenig sexy, oder? Eine Birgit, die am 13.08. Geburtstag hat, ihre Haare schulterlang trägt und gerne Pizza isst, wird Ihren Zuhörer kaum in Ihren Bann schlagen. Doch warum sind dann viele Unternehmensbroschüren exakt nach diesem Muster gestrickt? »Wir sind die O. Meier GmbH, gegründet am 02.08.1879 von unserem Ururgroßvater Ottokar Meier. Als Spezialist für XYZ zählen wir zu den Weltmarktführern. Firmensitz ist seit 1954 Musterstadt in Südbaden und drei LKWs haben wir auch noch ...«

Wie können Sie Ihr Produkt emotionalisieren?

Machen Sie sich Ihre Notizen auf S. 322.

Auch Begriffe wie Präzision oder Seriosität bedürfen einer emotionalen Darstellung.

Auch ein Mercedes kann Fahrfreude bringen

www.hermannscherer.de | Hermann Scherer

Auch ein Mercedes kann Fahrfreude bringen | Werbung, die Spaß macht und hängen bleibt: ein echter Hingucker. Der Autovermieter Sixt setzt ebenfalls auf eine witzige Provokation. Er bildete beispielsweise einen orangefarbenen Müllwagen der Marke Mercedes ab und fragte darunter: Wieso fährt eigentlich nur Ihr Müll Mercedes und Sie nicht?

Höchste Zeit für Kellogg's SPECIAL K, 99 % fettfrei

www.hermannscherer.de | Hermann Scherer

Höchste Zeit für Kellogg's SPECIAL K, 99 % fettfrei | steht auf dem Schildchen, auf dem man eigentlich den Namen des großzügigen Stifters der Parkbank vermutet. Wetten, dass die Dame dieses Produkt so schnell nicht mehr vergisst?

SERVICE

Die Extra-Meile von heute ist der Standard von morgen

»Wir sind schon ein merkwürdiges Volk, wenn wir mit Freude Maschinen bedienen, aber jedes Lächeln gefriert, wenn es sich um die Bedienung von Menschen handelt«,

wunderte sich einst der frühere Bundespräsident Roman Herzog. In der Tat: Wir sind ein merkwürdiges Volk. Ein Volk, in dem Bücher mit kryptischen Titeln wie »senk ju vor träwelling« monatelang auf der Bestsellerliste stehen, weil sie offenbar kollektive (Null-)Serviceerfahrungen bestätigen (Untertitel: »Wie Sie mit der Bahn fahren und trotzdem ankommen«). Ein Volk, auf dessen wenig ausgeprägte Servicementalität eine große amerikanische Fluglinie ihre Passagiere bereits während der Reise schonend vorbereitet (»Besuchern aus den USA kommen Verkäuferinnen/Verkäufer sowie Bedienungspersonal von Restaurants und Gaststätten als unterkühlt und abweisend vor. Dieses Verhalten ist für das Dienstleistungsgewerbe in Deutschland normal und nicht unhöflich gemeint«). Und ein Volk, das seinen Busfahrern und Schaffnern schon mal zweitägige »Lächelkurse« verordnet und sich das, wie die Berliner Stadtverwaltung in den Neunzigerjahren, Millionen kosten lässt. Wer in der letzten Zeit mal in Berlin war, weiß, dass Langzeitwirkungen in manchen Fällen ausgeblieben sind. (Übrigens: Ein damaliger Kursleiter berichtet von langen Diskussionen, ob ein Zugschaffner auf die Fahrgastfrage »Wie komme ich in den Zoo?« lapidar mit »Als was?« antworten dürfe. Gut ein Drittel der Berliner Angestellten fand das »korrekt und angemessen«, so das Nachrichtenmagazin Der Spiegel.)

Guter Service erschöpft sich jedoch nicht im freundlichen Lächeln, und wirklich exzellenter Service ist mehr als das Erfüllen von Kundenwünschen. Unternehmen, die sich im Verdrängungswettbewerb mit großem Erfolg positionieren, befriedigen Kundenwünsche, von denen der Kunde gar nicht weiß, dass er sie hat: Sie lösen Probleme, die der Kunde noch gar nicht als solche wahrgenommen hat. In diesem Kapitel werden Sie einige dieser kreativen »Problemsucher und Problemräuber« kennenlernen. Denn es gibt sie, die Oasen in der ausgedörrten Servicewüste. Dabei gilt auch in puncto Kundenservice das Motto vom Stillstand, der Rückschritt bedeutet. Was können Sie morgen noch besser machen als heute? Denn was immer Sie Gutes tun – Sie werden Nachahmer finden. Die Extra-Meile von heute ist der Standard von morgen.

Prozessoptimierung | Außergewöhnlicher Service ist das Ergebnis stetiger Veränderungsbereitschaft: Was können Sie morgen noch besser machen als heute? Und übermorgen besser als morgen? Lippenbekenntnisse wie »Der Mensch steht im Mittelpunkt« reichen dafür nicht aus. Das haben immerhin auch die Kannibalen behauptet … Verändern Sie Ihre Prozesse zum Besseren oder professionalisieren Sie Ihre guten Prozesse.

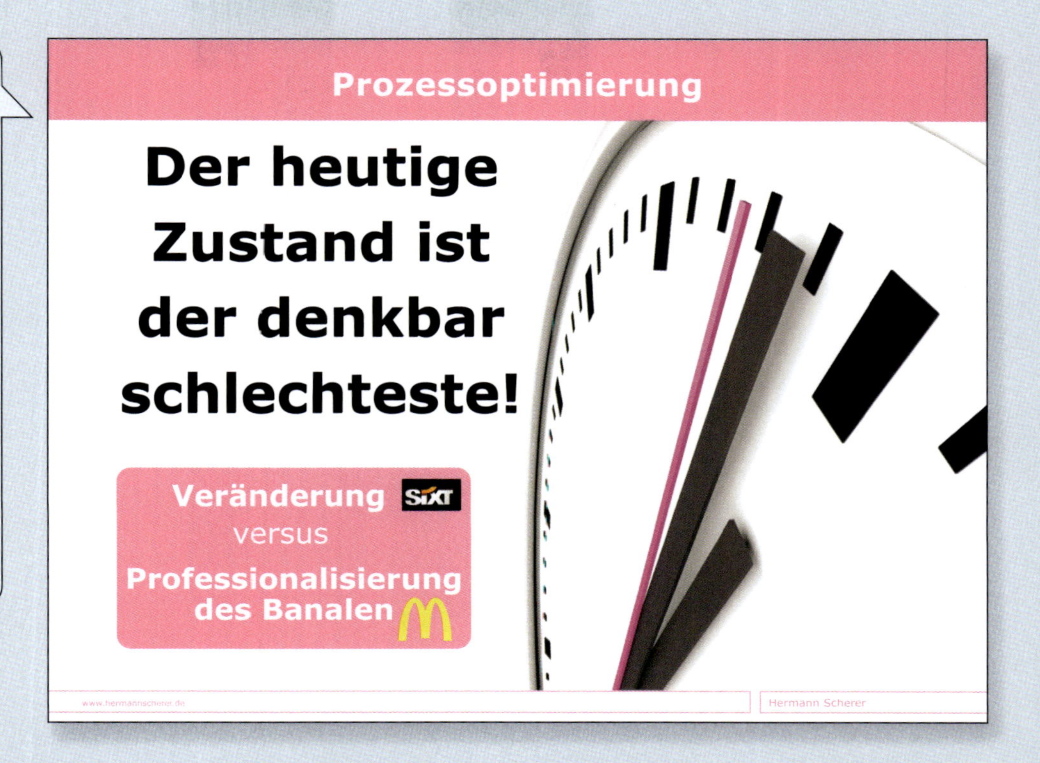

Service | ist nicht gleich Service. Der Minimalservice besteht in prozessverschönernden Maßnahmen, vom Lächeln bis zum routinierten »und einen schönen Tag noch«. Auch wenn es in diesem Basisbereich durchaus Nachholbedarf gibt, werden Sie allein damit Ihre Kunden kaum noch hinter dem Ofen hervorlocken. Stufe zwei ist die Prozess-Erleichterung – alles, was das Leben Ihrer Kunden leichter macht, zum Beispiel Onlineangebote wie der Ticketverkauf im Internet. Stufe 3, Prozess-Veränderung, bedeutet, neue, weiter reichende Lösungen zu entwickeln – etwa das Gemüsekisten-Abonnement des Biobauern, der seinen Kunden wöchentlich nicht nur saisonale Ware frei Haus liefert, sondern auch noch die Rezepte und den ergänzenden Einkaufszettel dazu. Das erzeugt Aufmerksamkeit. Prozess-Eliminierung schließlich packt Kundenprobleme an der Wurzel, beispielsweise wenn aufwendige Lagerhaltung im B2B-Bereich durch zuverlässige Just-in-time-Lieferung überflüssig gemacht wird.

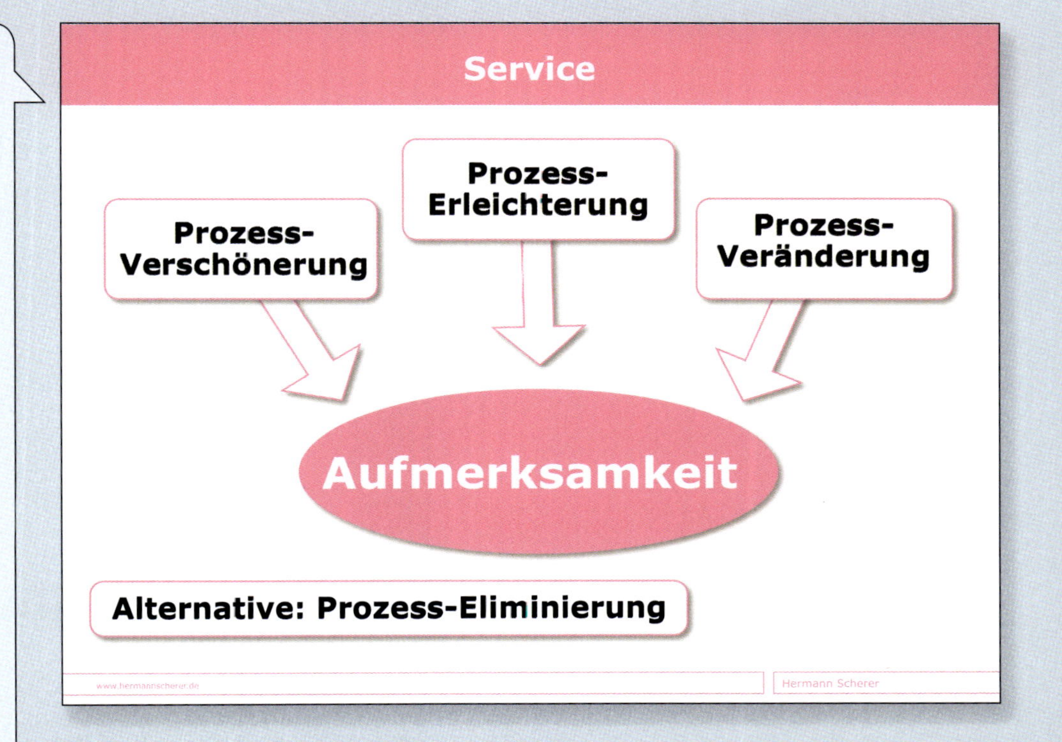

Echter Service heißt: täglich im achtsamen Umgang mit Menschen dazuzulernen.

Service in Deutschland

Hinweis der Northwest Airlines USA an Fluggäste, die Deutschland besuchen:

Besuchern aus den USA kommen Verkäuferinnen/Verkäufer sowie Bedienungspersonal von Restaurants und Gaststätten als unterkühlt und abweisend vor. Dieses Verhalten ist für das Dienstleistungsgewerbe in Deutschland normal und nicht unhöflich gemeint.

Northwest Airlines: Bildschirmeinblendung und Zusatzerklärung bei Tickets

www.hermannscherer.de | Hermann Scherer

Service in Deutschland | Mit dieser Warnung bereitet eine US-Fluglinie Ihre Kunden vorsichtig auf das deutsche Service-Verständnis vor. Gern wird dem entgegengehalten, die lächelnde Freundlichkeit der Amerikaner sei »aufgesetzt«. Doch mir ist oberflächliche Freundlichkeit lieber als individuelle Unfreundlichkeit.

Kundenverlust

70%

durch unfreundliche bzw. nicht unternehmens-orientierte Mitarbeiter

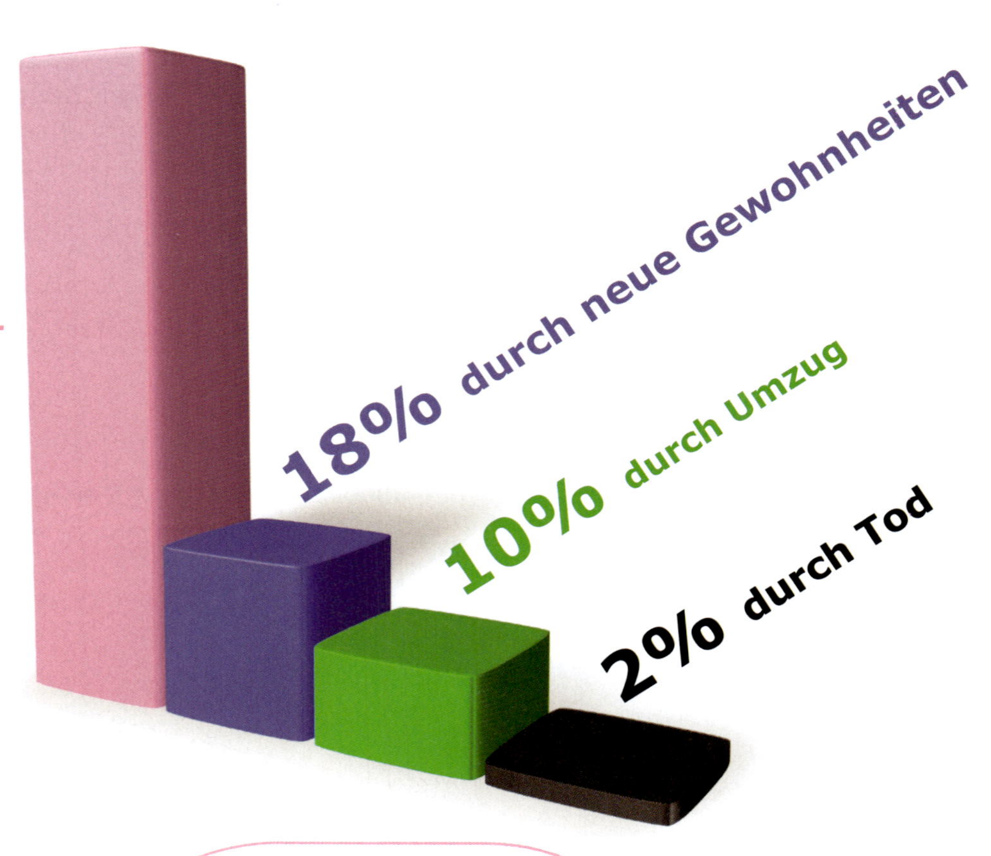

www.hermannscherer.de | Hermann Scherer

Quelle: Deutsches Marketingbarometer

Erst Fachkenntnis gepaart mit Soft Skills führt zu Spitzenleistung.

Prozess-Verschönerung | Wer als Europäer das erste Mal in den USA ein Restaurant betritt, riskiert einen Kulturschock. Da kommt im Frühstückslokal eine Dame auf den Gast zu und begrüßt ihn mit einem strahlenden »Good morning darling, I love you«. Auch wenn der Gast weiß, dass es nicht stimmt, tut das gut (gerade, wenn man im Einzelzimmer geschlafen hat …). Und wenn es abends dann heißt: »Hi, I am Karen, and I make you a wonderful night tonight«, hat man sich schon an diese routinierte Herzlichkeit gewöhnt.

Gelotologie – wie oft wir lachen | Ein Lachen ist die kürzeste Verbindung zwischen zwei Menschen, sagt ein Sprichwort. Und da Verkauf ein Beziehungsgeschäft ist, wird Lachen zur lohnenden Investition. Das bestätigt auch die Wissenschaft der Auswirkungen des Lachens (»Gelotologie«): Lachen regt die Kreativität an und verschafft uns in schwierigen Situationen mehr Distanz, sodass wir die Welt in einem objektiveren Licht sehen. Neue Ideen können sprudeln, festgefahrene Verhaltensmuster werden durch Humor leichter abgelegt. Wir lernen und entscheiden leichter.

99,9 % Service

99,9 % Leistung bedeuten in den USA ...

Täglich	2 unsichere Landungen in Chicago
Stündlich	16.000 verlorene Briefsendungen 22.000 Schecks werden vom falschen Konto abgebucht
Wöchentlich	500 falsche chirurgische Eingriffe
Jährlich	32.000-Mal würde das Herz eines durchschnittlichen Amerikaners **NICHT** schlagen

www.hermannscherer.de

Hermann Scherer

Quelle: Adolf Körschges/3M

99,9 % Service | klingt gut, reicht aber nicht. Jedenfalls dann nicht, wenn Sie als Kunde das Opfer des fehlenden Tausendstels der Servicequalität sind – wenn es Ihr Konto ist, das irrtümlich belastet wird, wenn es Ihr Jobangebot ist, das leider in der Post verloren geht, erst recht, wenn Sie auf dem OP-Tisch liegen, während der Chirurg seinen zerstreuten Tag hat und sich das falsche Knie vornimmt.

Eine 100%ige Serviceverpflichtung propagierte auch Louis V. (»Lou«) Gerstner, der ehemalige Chef von American Express, mit zwei Kernaussagen: »Die Verkaufsabteilung ist nicht die ganze Firma, aber die ganze Firma sollte wie eine ganze Verkaufsabteilung sein« und »Andere Unternehmen haben eine Kundendienstabteilung, American Express ist eine Kundendienstabteilung«. Während diese Zitate öffentlich wurden, gab es eine interne Verpflichtung im Unternehmen, die besagte, dass jeder Kunde, Nichtkunde oder Noch-nicht-Kunde, der bei American Express anruft, am Ende des Telefonats ein besseres Gefühl haben solle, als er es vorher hatte.

In dieselbe Richtung zielt die außerordentlich wirkungsvolle Serviceverpflichtung der Marriott Hotels, die in zahlreichen Mitarbeiterworkshops entwickelt wurde. Mit dem Leitsatz »Ownership of the Problem« sollte sie das Servicebewusstsein vertiefen und vor allen Dingen auf neue Bereiche ausdehnen. So war es den Gründern und den Eigentümern von Marriott wichtig, einen Servicegedanken zu verankern, der über den klassischen Hotel-Service hinausgeht: Ownership of the Problem bedeutet, dass ein Marriott-Mitarbeiter in dem Moment, in dem er mit dem Anliegen eines Kunden, eines Noch-nicht-Kunden oder Nichtkunden konfrontiert wird, dieses wie sein eigenes behandelt – sich das Problem zu eigen macht. Der Slogan beschreibt das totale Commitment zur Servicequalität. Wenn Sie also beispielsweise in der Nähe eines Marriott Hotels geparkt haben und bei Ihrer Rückkehr feststellen, dass Ihre Autobatterie leer ist und der Wagen in der Winterkälte nicht mehr anspringt, und wenn Sie dann in das nächstliegende Marriott gehen, um dort den ADAC anzurufen, sollte der Marriott-Mitarbeiter, dem Sie das Problem schildern, Ihnen nicht nur die Nummer des ADAC geben oder möglicherweise selbst dort anrufen. Er sollte vielmehr alles dafür tun, damit Ihr Problem (das ja nun auch das seine geworden ist) in hervorragender, schneller Art und Weise gelöst wird. Ob es dabei schon mit einem heißen Kaffee oder Tee und einem Platz am Kamin getan ist oder eine andere Art von Unterstützung angebracht ist, hängt von der Situation ab.

Qualitätswahrnehmung | Ein Haarschnitt nach dem Muster »Cut & Go« ist heute schon für zehn Euro zu haben. Im Mittelpreissegment zahlen Sie das Drei- bis Fünffache, beim Starfriseur gerne das Zwanzigfache. An der besseren Ergebnis-Qualität allein kann es nicht liegen: Mehr als perfekt kann ein Haarschnitt nicht sein, und zaubern können auch Udo Walz und Co. nicht. Studien belegen: Die Qualitätswahrnehmung der Kunden wird bis zu 70 % dadurch bestimmt, wie eine Leistung erbracht wird (»Prozess-Qualität«), und nur zu 20 % vom eigentlichen Ergebnis. Der Kunde honoriert eben auch die richtige Inszenierung. Anlass genug, über das Wie Ihres Verkaufs und den eigenen Service nachzudenken. Ein provokantes – und sehr erfolgreiches – Beispiel gleich hier ...

»Whatever you wish, we love to say yes.«

Selbstverpflichtung eines irischen Hotels (www.themalton.com)

Kauferlebnis | Prozess-Verschönerung im mehrfachen Sinne – eine Lingerie der etwas anderen Art. »Thinking of you, thinking of me – our primary goal is your happiness«, verspricht die US-Kette exklusiver Wäscheboutiquen KIKI de Montparnasse ihren Kundinnen und Kunden. Weitere Infos unter www.kikidm.com

Was tun Sie, um Ihre Kunden zu begeistern?

Machen Sie sich Ihre Notizen auf S. 322.

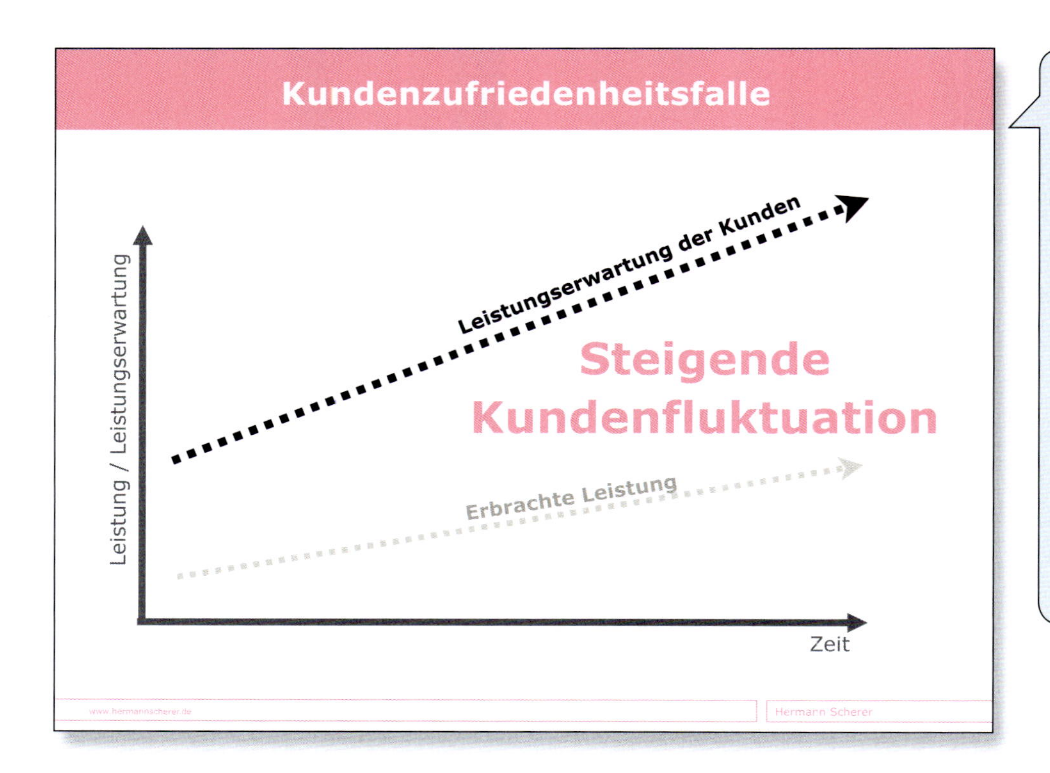

Kundenzufriedenheitsfalle | Mit der erbrachten Leistung steigen auch die Erwartungen der Kunden. Einen Kunden beim ersten Mal durch besonderen Service zu begeistern, ist gar nicht so schwer. Aber was tun Sie, damit er beim zehnten Mal immer noch begeistert ist und nicht schaut, was Ihr Mitbewerber zu bieten hat? Deshalb ist es kein Wunder, wenn Sie trotz täglich besser werdenden Services Kunden verlieren. Erwartungen steigen!

Einige Fragen zum Thema Service:

- Welchen zusätzlichen Service kann ich bieten?
- Welche Prozesse kann ich dem Kunden verschönern?
- Welche Prozesse kann ich dem Kunden vereinfachen?
- Wie wird Freundlichkeit noch mehr wahrgenommen?
- Wie kann ich noch mehr Bequemlichkeit bieten?
- Was hilft dem Kunden, Zeit zu sparen?
- Welche Probleme kann ich lösen?
- Welche Probleme hat der Kunde, die er anderswo löst?
- Was sind die Probleme »daneben«? (siehe Seite 57)

Einige Fragen an Ihren Kunden:

- Welcher Service ist Ihnen wichtig?
- Was würden Sie sich zusätzlich wünschen?
- Was bewegt Sie bei der Auswahl des Dienstleisters?
- Was schätzen Sie an ihm besonders?
- Welche Marke bevorzugen Sie?
- Woher kennen Sie diese? (ungestützter/gestützter Bekanntheitsgrad)
- Wofür steht diese Marke? (Assoziation)
- Kaufen Sie Zusatzprodukte?

Übrigens: Die Firma Sixt lädt Kunden regelmäßig ein, »Wunschwelten« zu entwickeln. Dort werden Kunden aufgefordert, Ihre Träume auszumalen. Wie sieht beispielsweise der ganz persönliche Traum der Autoübernahme am Flughafen aus? Da mag dann Miss World am Gate stehen und zum Wagen führen, der direkt vor dem Haupteingang bereitsteht. Im Radio spielt die Lieblingsmusik, im Navi ist schon die Zieladresse eingegeben, für Lieblingsgetränk und Lieblingszeitschrift ist ebenfalls gesorgt. Sie sehen: Nicht alle Träume sind gleich erfüllbar, schon angesichts des vollen Terminkalenders von Miss World – manche aber durchaus!

»Wir lösen die Probleme ***unserer Zielgruppen,*** *bevor diese merken, dass diese Probleme bestehen.«*

Motto der Fischerwerke, Hersteller für Befestigungstechnik

Kaufeinladung | Geschickte Verkäufer verkaufen nicht – sie sprechen Kaufeinladungen aus. Hier das Beispiel eines Blumenversenders: Wer auf der Homepage wichtige Jubiläen, Jahres- und Geburtstage, den Hochzeitstag ... eingibt, wird rechtzeitig per SMS erinnert und kann gleich Blumen ordern.
Weitere Infos unter www.niemehrvergessen.at

Suchen Sie das Problem daneben | »Die Welt Schritt für Schritt von Sockensorgen zu befreien«, das ist nach eigener Aussage die Mission von BlackSocks. Ein kleiner Schritt für einen Unternehmer, ein großer Schritt für die Menschheit. Zumindest für deren männliche Hälfte, die Morgen für Morgen genervt in ihrer Sockenschublade kramt, um endlich zwei zueinanderpassende zu finden. Juniorberater und BlackSocks-Mitgründer Samy Liechti bescherte die erfolglose Suche ein traumatisches Erlebnis im Anschluss an ein wichtiges Business-Meeting. Die japanischen Gastgeber luden zur Teezeremonie, und da hieß es: Schuhe ausziehen. So wurde die Idee eines Socken-Abonnements geboren: Der Kunde kann wählen, wie häufig pro Jahr er Socken zugeschickt bekommen will, ob zwei, drei, vier oder sechs Lieferungen jährlich. Alle Socken sind schwarz, er kann lediglich zwischen Kurzsocken und Kniestrümpfen wählen. Inzwischen vertreibt das Schweizer Unternehmen auch T-Shirts und Unterwäsche. Weitere Infos unter www.blacksocks.com

Auch der Schraubenhersteller Würth setzte auf das »Problem daneben« und produzierte erst einmal Sortierkästen für Schrauben, als er feststellte, wie schwierig es war, angesichts des in vielen Werkstätten herrschenden Schraubenchaos weitere Schrauben zu verkaufen. Der Einwanderer Levi Strauss hingegen verzichtete darauf, sich dem Heer der Goldgräber auf dem amerikanischen Kontinent anzuschließen, sondern produzierte aus Zeltplanen lieber strapazierfähige Hosen für die Glückssucher. Das erwies sich als Goldgrube anderer Art, denn die Levi's gibt es bis heute. Und die Fischerwerke, ein renommierter Hersteller für Befestigungstechnik, lieferte mit dem Dübel die ultimative Befestigungslösung für schwierige Oberflächen und Wände.

Welche »Probleme daneben« können Sie für Ihre Kunden lösen?

Machen Sie sich Ihre Notizen auf S. 322.

Dienstleistungsinnovation | Kluge Innovationen gehen über das hinaus, was der Kunde erwartet. Mancher Service wird beanstandet, wenn er fehlt, wird jedoch nicht gelobt, wenn er vorhanden ist. Und mancher Service wird gelobt, wenn er da ist, wird jedoch nicht vermisst, wenn er fehlt. Nur mit der zweiten Kategorie reißen Sie den Kunden aus seiner Indifferenz.

Das Kano-Modell unterscheidet fünf Ebenen der Qualität:

- **Basis-Anforderungen,** die so grundlegend und selbstverständlich sind, dass sie den Kunden erst bei Nichterfüllung bewusst werden (implizite Erwartungen). Werden die Grundforderungen nicht erfüllt, entsteht Unzufriedenheit, werden sie erfüllt, entsteht aber keine Zufriedenheit! Die Nutzensteigerung im Vergleich zur Differenzierung am Wettbewerber ist sehr gering. *Am Beispiel Auto: Sicherheit, Rostschutz.*

- **Leistungs-Eigenschaften** sind dem Kunden bewusst, sie können in unterschiedlichem Ausmaß erfüllt werden und beseitigen Unzufriedenheit oder schaffen Zufriedenheit, je nach Ausmaß. *Am Beispiel Auto: Fahreigenschaften, Beschleunigung, Lebensdauer.*

- **Begeisterungs-Merkmale** sind dagegen Nutzen stiftende Merkmale, mit denen der Kunde nicht unbedingt rechnet. Sie zeichnen das Produkt gegenüber der Konkurrenz aus und rufen Begeisterung hervor. Eine kleine Leistungssteigerung kann zu einer überproportionalen Nutzenstiftung führen. Die Differenzierungen gegenüber der Konkurrenz können gering sein, die Nutzenstiftung aber enorm. *Am Beispiel Auto: Sonderausstattung, besonderes Design.*

- **Unerhebliche Merkmale** sind sowohl bei Vorhandensein wie auch bei Fehlen ohne Belang für den Kunden. Sie können daher keine Zufriedenheit stiften, führen aber auch zu keiner Unzufriedenheit. *Am Beispiel Auto könnte dies für eine bestimmte Kundengruppe sein: Automatik-Getriebe.*

- **Rückweisungs-Merkmale** führen bei Vorhandensein zu Unzufriedenheit; bei Fehlen jedoch nicht zu Zufriedenheit. *Am Beispiel Auto könnte dies für eine bestimmte Kundengruppe eine gewisse Marke, ein Design, Bauart, Treibstoff etc. sein.*

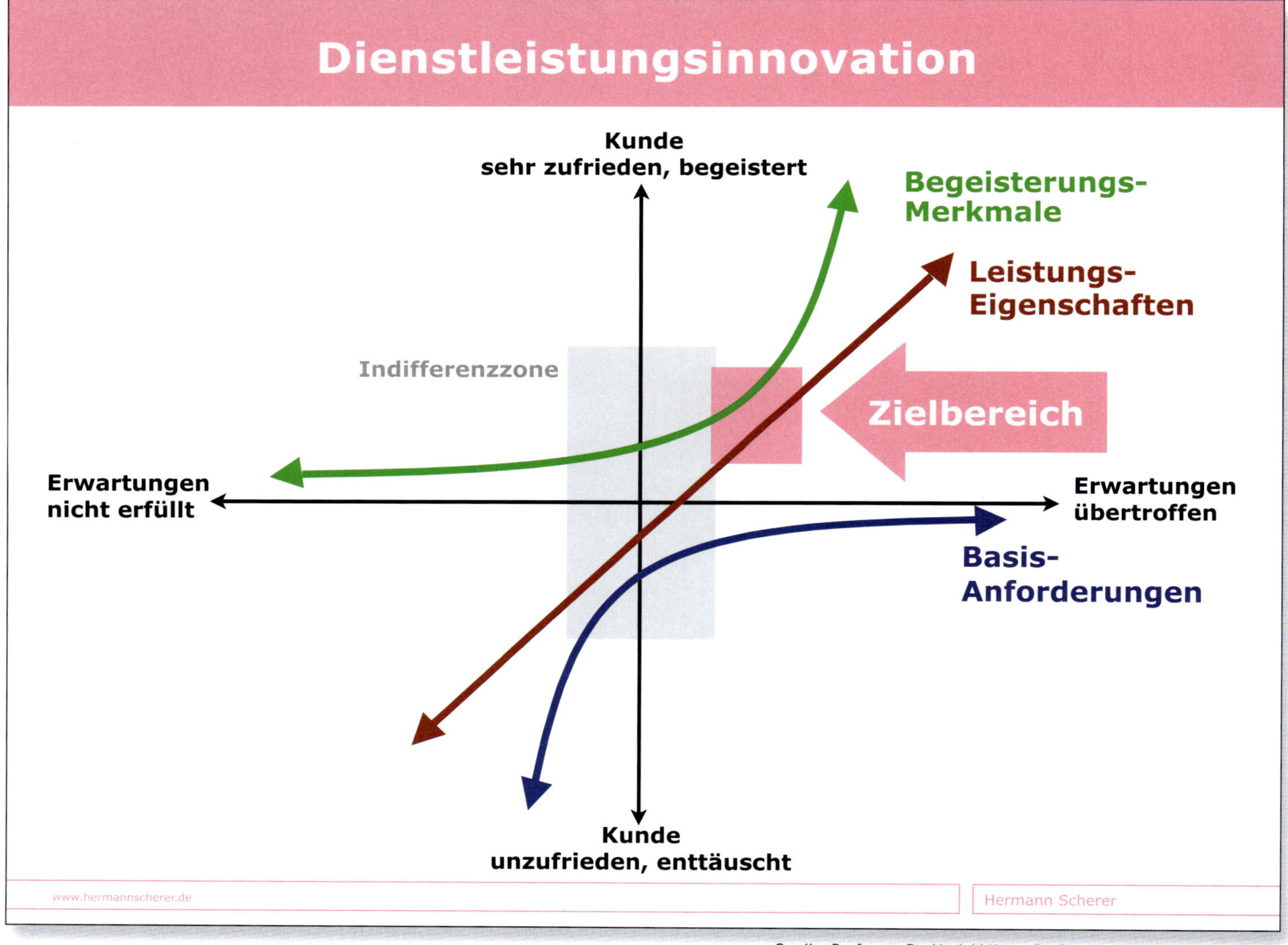

Quelle: Professor Dr. Noriaki Kano, Professor an der Universität Tokio

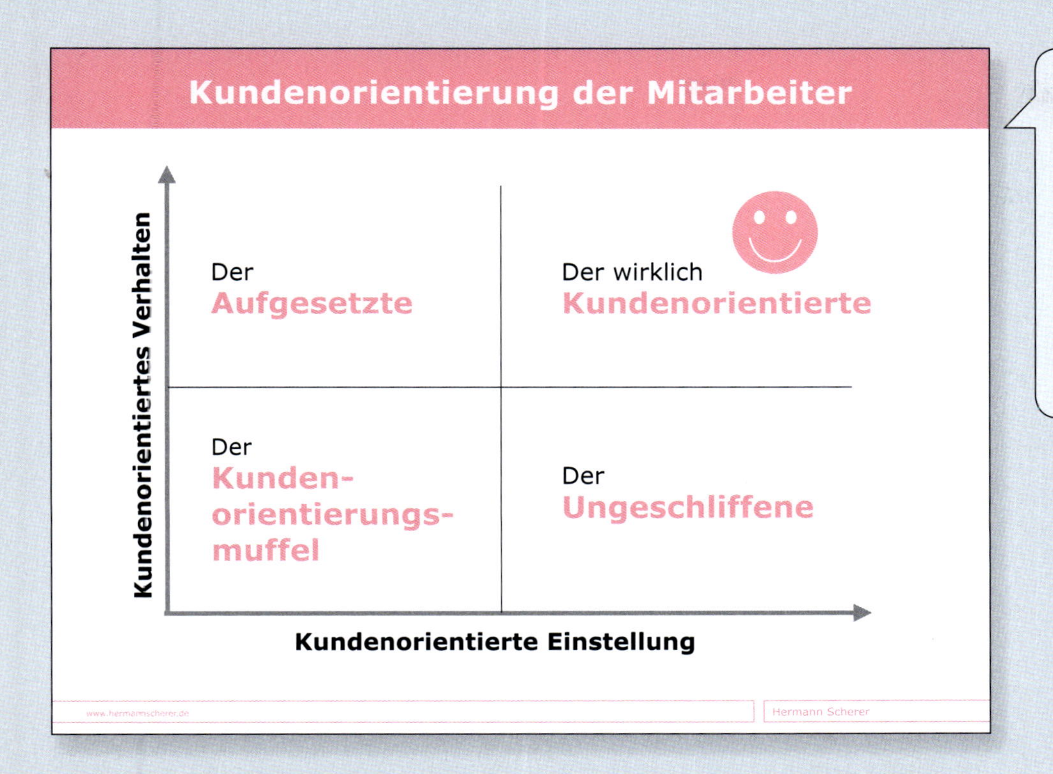

Kundenorientierung der Mitarbeiter | Wie viele Ihrer Mitarbeiter gehören zur Topkategorie der wirklich Kundenorientierten? Bilden Sie »Ungeschliffene« fort und trennen Sie sich von hartnäckigen Kundenorientierungsmuffeln. Diese schaden Ihrem Unternehmen!

Loyalität und Zufriedenheit | Wie viele Ihrer Kunden sind bereits zufrieden und an Ihr Unternehmen gebunden? Durch welche Zusatzleistungen können Sie weitere Kunden an sich binden? Gefährdete Kundenbeziehungen liegen dann vor, wenn der Kunde nur bei Ihnen bleibt, weil er keine andere Wahl zu haben glaubt. Das kann sich schnell ändern, wenn clevere Wettbewerber auftauchen.

INNOVATIONEN

Plädoyer für Probleme

»Meines Erachtens gibt es einen Weltmarkt für vielleicht fünf Computer«,

so IBM-Präsident Thomas Watson 1943. Seine grandiose Fehleinschätzung ist legendär und sicher einer der meistzitierten Belege dafür, wie schwer es echte Innovationen haben. Ein Einzelfall ist sie nicht. Um in der Branche zu bleiben: »Es gibt keinen Grund, warum Menschen zu Hause einen Computer haben sollten«, urteilte Ken Olson, immerhin Gründer der Digital Equipment Corporation, noch 1977. Inzwischen gibt es zumindest für Menschen in den reichen Industrienationen offenbar genügend Gründe, über die Anschaffung eines Zweit- oder gar Dritt-PCs nachzudenken. Oder was steht bei Ihnen im Kinderzimmer?

Die Beispiele aus dem IT-Bereich belegen zweierlei. Erstens: Innovationen, die Märkte revolutionieren, lösen häufig Probleme, von denen der Kunde bis dato gar nichts wusste. Wenn heute der PC streikt, der Internetzugang blockiert ist, haben wir subjektiv ein Riesenproblem. Die Nabelschnur zur Welt scheint gekappt – Nachrichten verschicken, Tickets reservieren, Bankgeschäfte erledigen, Infos recherchieren, all das wird plötzlich unerträglich mühsam. Unvorstellbarerweise haben wir noch vor 15 Jahren im Alltag auch ohne diese Technik »überlebt« und sie nicht einmal vermisst. Zweitens: Gerade Fachleute und Experten in einem Bereich können mit einer verblüffenden Blindheit geschlagen sein. Jede echte Innovation bricht mit den bestehenden Regeln, und wer diese Regeln virtuos beherrscht (oder sie sogar selbst erfunden hat), richtet sich offensichtlich lieber in der Kuschelecke vertrauter Gewohnheiten ein, als die Welt auch einmal aus einem ganz anderen Blickwinkel zu betrachten.

Viele Unternehmen setzen eher auf die Verbesserung des Bestehenden als auf etwas gänzlich Neues. Sie optimieren bestehende Produkte, Dienstleistungen und Prozesse. Das ist einerseits verständlich, weil Kundenwünsche oft in diese Richtung zielen. Andererseits ist es gefährlich und kann geradewegs in die Insolvenz führen. Was sich Kunden nicht vorstellen können, können sie sich logischerweise auch nicht wünschen – siehe Internet und Heimcomputer. Daraus folgt: Wenn Marktführer zu sehr auf die Bedürfnisse der Stammkunden achten, fehlt ihnen der Blick für revolutionäre Neuerungen. So absurd es klingt, Verbesserungen können Ihre Existenz gefährden, wenn Sie über dem Optimieren des Bewährten den Zug der Zeit verpassen. Das folgende Kapitel ist daher ein Plädcyer für Probleme – solche, die auf der Hand liegen und für die erfolgreiche Unternehmer pfiffige Lösungen anbieten, und solche, von denen wir bislang nichts wussten und für die noch erfolgreichere Unternehmer geniale Lösungen erfinden. Denn Innovativität bedeutet nichts anderes als Problemlösungskompetenz. Erwarten Sie also eine Ehrenrettung des »Problems«. Unternehmer leben von Problemen!

Probleme | haben keine Lobby. Wikipedia beispielsweise definiert sie als »Hindernisse, die überwunden oder umgangen werden müssen«. Es wird höchste Zeit für eine Rehabilitierung des Problems! Nicht nur, weil wir an Problemen bekanntlich wachsen, sondern weil wirtschaftlicher Erfolg im Löschen brennender Probleme seinen Anfang nimmt. Je höher die Problemlösungskompetenz, desto größer ist in der Regel die Wertschöpfung. Ich hoffe, Sie haben viele Probleme!

Jede Lösung schafft Probleme | »Als es noch keine Computer gab, gab es auch das Programmieren als Problem nicht. Als es dann ein paar leistungsschwache Computer gab, wurde das Programmieren zu einem kleinen Problem, und nun, wo wir leistungsstarke Computer haben, ist auch das Programmieren zu einem riesigen Problem angewachsen. In diesem Sinne hat die elektronische Industrie kein einziges Problem gelöst, sondern nur neue geschaffen«, sagte der renommierte niederländische Informatiker Edsger Wybe Dijkstra anlässlich seiner Auszeichnung mit dem ACM Turing Award, dem begehrten Technik-Preis der Association for Computing Machinery 1972. Die Branche lebt allerdings bis heute ganz gut davon: Mit dem Schaffen neuer Probleme generiert sie jährlich Milliardenumsätze. Es scheint schon seinen Sinn zu haben, dass es »Problem« heißt und nicht etwa »Antiblem«, auch wenn sich in den Köpfen hartnäckig ein mieses Image des Problems festgesetzt hat. Dass jede Lösung permanent neue Probleme kreiert, lässt sich an zahlreichen Produkten nachverfolgen. Wer einen iPod erstand, brauchte dazu auch Tasche und Ohrhörer, gleichzeitig wurden damit CDs (fast) obsolet, auch wenn man sich irgendwann mit CD-Regal und Player ausgerüstet hatte. Jedes neue Medium wirft zudem die Frage der Kompatibilität mit bisherigen Geräten auf, macht Adapter notwendig, und mit der steigenden Datenmenge wird mehr Speicherplatz und neue Software erforderlich. Es ist nur eine Frage der Zeit, bis der MP3-Player durch die nächste Player-Generation abgelöst wird, die wiederum neue Folge-»Probleme« aufwirft.

Jede Lösung schafft Probleme

Je höher die Problemlösungskompetenz, desto größer die Nachfrage.
Je größer die Nachfrage, desto höher der Preis.

Platz? · Neues Regal · Speicherplatz auf Player · Festplatten-Speicher · Tasche · ebay? Verkauf? · Ohrhörer · CD-Verkauf · iPod mp3 · Adapter · Regal · CD? · Lautsprecher · iTunes · MP4 · Software · Auto? · Netzkabel · Software? · Adapter-Anschlüsse

Solange es Probleme gibt, müssen wir Wege zur Lösung finden.
Wenn es keinen Weg gibt, dann suchen wir einen.
Und wenn es keine Probleme mehr gibt, dann lassen wir uns welche einfallen.

www.hermannscherer.de | Hermann Scherer

»Die Erfindung des Problems ist wichtiger als die Erfindung der Lösung; in der Frage liegt mehr als in der Antwort.«

Walther Rathenau, Industrieller (AEG) und deutscher Außenminister

Problem(er)finder

Eine Verpackung, die viele Probleme löst …

- Geschenkschachtel in zwei Sekunden
- Verschönerungsmöglichkeit mit Fix-fertig-Schleife
- Durchführbar ohne Vorkenntnisse oder bes. Fähigkeiten
- Auf kleinstmöglichem Raum lagerfähig
- Schönes Design

Wer zentrale Marktprobleme sichtbar besser löst als andere, der regt einen kybernetischen Kreislauf an, mit dem er seinen Erfolg nicht verhindern kann!

www.hermannscherer.de | Hermann Scherer

Problem(er)finder | Wie verkauft man eine Geschenkverpackung für stolze 6,80 Euro? Indem man damit zentrale Kundenprobleme löst. In diesem Fall die Probleme von Parfümerie-Ketten, in denen viel Zeit für das hübsche Verpacken der Produkte draufgeht, Zeit, die lukrativer im Verkauf eingesetzt würde. Der Weltmarktführer für das Bedrucken von Papier ließ einen Faltkarton entwickeln, der in wenigen Sekunden auch von Ungeübten in eine Schachtel verwandelt und mit einer prachtvollen, ebenfalls sekundenschnell zusammengezogenen Schleife verziert wird.

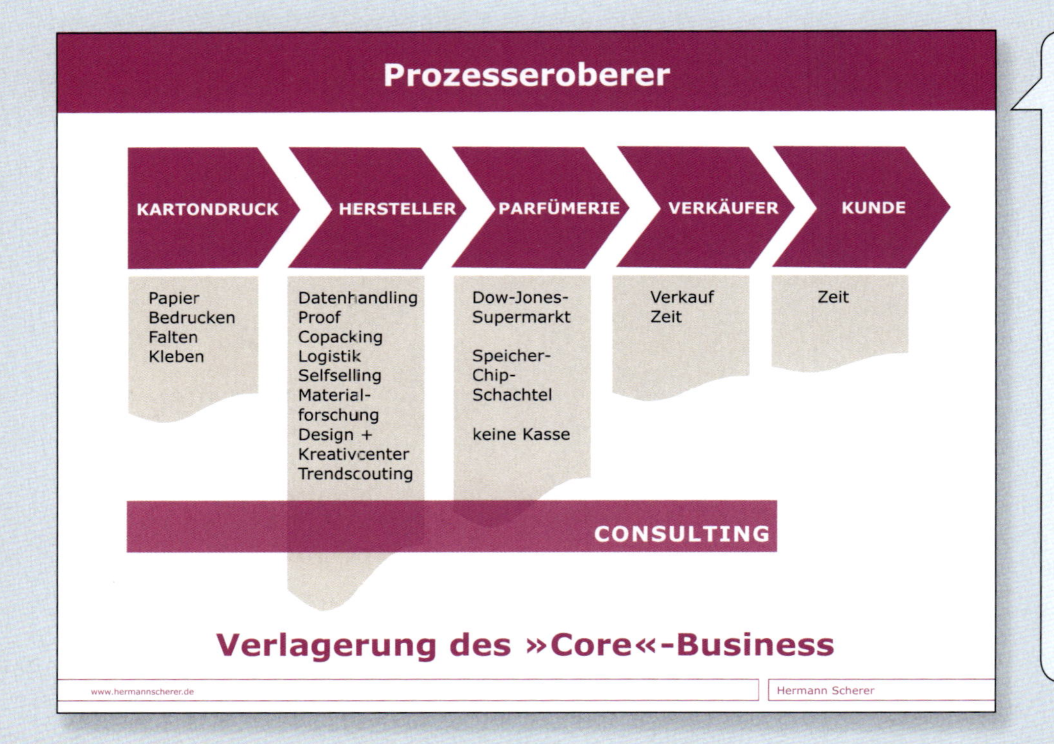

Prozesseroberer | Kreative Problemlöser machen sich die Probleme ihrer Kunden zu eigen. Sie legen die Scheuklappen ab, die gerne als Konzentration auf das eigene Kerngeschäft beschönigt werden. Gewinner sind im Fall der oben beschriebenen Geschenkverpackung der Hersteller mit einem neuen lukrativen Produkt, der Business-Kunde mit einem vereinfachten Service, der Verkäufer, der mehr verkaufen kann und weniger verpacken muss, und schließlich der Endkunde, der ebenfalls Zeit gewinnt.

Welche Kundenprobleme können Sie aufdecken und lösen?

Machen Sie sich Ihre Notizen auf S. 323.

Disruptive Technologien | Disruptive Technologien sind technische Innovationen, Produkte oder Dienstleistungen, die die aktuellen Angebote verdrängen. Diese Innovationen sind meist am unteren Ende des Marktes und in neuen Märkten zu finden und den etablierten Produkten anfangs unterlegen. Drei Beispiele:

Disruptive Technologien

Leistung

Leistungssteigerungsrate, die der Markt verlangt

Erwartete Leistungssteigerungsrate

Aktuelle Leistung einer disruptiven Technologie

Zeit

www.hermannscherer.de

Hermann Scherer

Beispiel 1: Disketten. Denken Sie an die 5,25«- oder 3,5«-Disketten und -Laufwerke. Nicht die besseren, kleineren Laufwerke haben den Wettbewerb gewonnen, sondern die CD.

Beispiel 2: Festplatten. In Bezug auf Kapazität, Zuverlässigkeit und Preis liegen heute Flash-Speicher gegenüber Harddisks weit hinten. Deshalb werden weiter Harddisks in PCs eingebaut. Weil Flash-Speicher sehr klein sind und wenig Energie verbrauchen, setzt man sie dagegen in gänzlich neuen Gebieten ein, in USB-Sticks, Digitalkameras oder in MP3-Playern. Aufgrund des großen Erfolgs in den neuen Märkten setzen nun Entwicklungen zugunsten der neuen Technologie ein: Die Absatzzahlen von Flash-Speichern steigen, wodurch die Preise fallen und die Speicher immer besser werden. Die ersten Flash-Speicher sind mittlerweile in Notebooks eingebaut und ersetzen die konventionelle Harddisk, um bald den Harddiskmarkt zu revolutionieren.

Beispiel 3: Digitalkameras. Zunächst konnten Digitalkameras qualitativ nicht überzeugen. Auflösungen unter 1 Megapixel stellten einen großen Nachteil gegenüber der klassischen Kleinbild-Fotografie dar. Doch waren auch sofort die Vorteile dieser Technologie deutlich: Das Bildergebnis ließ sich unmittelbar überprüfen, für zahlreiche Schnappschüsse entstanden keine weiteren Kosten, und die Bilder ließen sich direkt weiterverarbeiten oder kopieren. Inzwischen hat sich die Bildqualität längst verbessert, und Digitalkameras haben die analogen weitgehend verdrängt.

Klassische Leistungen werden vom Durchschnittskunden relativ einfach erkannt, verstanden und nachgefragt. Innovationen der disruptiven Technologie werden vom Durchschnittskunden in der Regel nicht sofort erkannt und nicht nachgefragt, insbesondere da sie Qualitätserwartungen anfangs meist nicht erfüllen. Denken Sie an die ersten Flach- oder Plasmabildschirme, enorm teuer und mit schlechter Qualität. Oder die erste Generation des Apple iPhone, stylish und bedienerfreundlich, doch Testberichten zufolge teuer und technisch schlechter als andere Handys. Die zweite Generation wird den Handymarkt weiter revolutionieren.

Kundentypen

Kunden sind unterschiedlich aufgeschlossen für innovative Produkte.
Das Adoptermodell des US-Soziologen Everett M. Rogers unterscheidet:

1. **Innovatoren** (ca. 2,5 % der Bevölkerung, meist junge, kaufkräftige Trendsetter)
2. **Frühadopter** (ca. 13,5 % der Bevölkerung, weniger risikofreudig als Innovatoren, aber einflussreiche Meinungsführer)
3. **Frühe Mehrheit** (ca. 34 % der Bevölkerung, eher besonnen)
4. **Späte Mehrheit** (ca. 34 % der Bevölkerung, skeptisch gegenüber Innovationen)
5. **Zauderer** (ca. 16 % der Bevölkerung, eher traditionell-konservativ)

Welcher Ihrer Bekannten hatte das erste iPhone? Und wer findet Handys bis heute überflüssig?

Welche Innovationen können Sie anschieben?

Machen Sie sich Ihre Notizen auf S. 323.

Man muss viele Frösche küssen | – in der Entwicklung neuer Produkte im Schnitt 175 –, um einen echten Prinzen zu entdecken. Für 3M hat sich die tapfere Küsserei in jedem Fall ausgezahlt. Allein mit den Post-its, den bunten Haftzetteln unterschiedlicher Größe, macht das Unternehmen Jahr für Jahr hohe Umsätze. Übrigens auch so ein Produkt, von dem wir gar nicht wussten, dass wir ohne es nicht leben können – bis es plötzlich da war.

Von der Idee zum Produkt

Quelle: mod. nach Kienbaum

Umsetzungsfalle Wissen | »Zwar weiß ich viel, doch möcht ich alles wissen«, heißt es in Goethes Faust I, und nach dieser Devise scheint auch in manchen Unternehmen und Forschungsabteilungen verfahren zu werden. Es hapert in Deutschland nicht an guten Ideen, sondern eher an einer konsequenten Umsetzung. Auch Experten betonen daher die Relevanz von Soft Skills, die eines gemeinsam haben: Sie befähigen dazu, vom Grübeln ins Handeln zu kommen.

Umsetzungsfalle Wissen

Vielen Institutionen fehlen wichtige Kompetenzen, um das vorhandene Wissen umzusetzen

Expertenumfrage: Die 10 bedeutendsten Kompetenzen

Rang	Kompetenz	Kompetenzbereich
1	Fähigkeit, Entscheidungen zu treffen	Soziale K.
2	Kommunikationsfähigkeit	Soziale K.
3	Überzeugungskraft, Durchsetzungsvermögen, Konfliktfähigkeit	Soziale K.
4	Analytisches Denken	Methodische K.
5	Anwendbarkeit der Fachkompetenz in der Praxis	Fachliche K.
6	Management von Veränderungen	Methodische K.
7	Kooperations- und Delegationsfähigkeit	Soziale K.
8	Inhaltliche Tiefe der Fachkompetenz	Fachliche K.
9	Identifikation, Bewertung und Auswahl von Lösungsmöglichkeiten	Methodische K.
10	Aktualität der Fachkompetenz	Fachliche K.

www.hermannscherer.de | Hermann Scherer

Quelle: in Anlehnung an Accenture, 2004

Deutsche Erfindungen – ausländische Erfolge | »Deutschland ist von jedem neuen Problem derart fasziniert, dass es fast schade wäre, es zu lösen«, schreibt der Hawaiianer Eric T. Hansen, der vor 20 Jahren nach Deutschland auswanderte, in seinem Buch »Planet Germany«. Fasziniert beobachtet er, dass Deutsche »unvergleichlich gut darin« seien, Fehler zu finden und Vorhaben auseinanderzupflücken. Bei ihm zu Hause hieße es dagegen, »wenn du keine bessere Idee hast, halt die Klappe und lass uns unsere Arbeit machen«. Das Ergebnis sehen Sie rechts.

Deutsche Erfindungen – ausländische Erfolge

In Deutschland erfunden ...	... aber erfolgreich vermarktet in:
Telefax (Hell, 1929)	**Japan**
Computer (Zuse, 1941)	**USA/Japan**
Kreiskolbenmotor (Wankel, 1957)	**Japan**
Elektronischer Uhrenantrieb (Diehl, 1964)	**Japan/Hongkong**
Video 2000 (Grundig, 1969)	**Japan**
Mikroprozessoren (Olympia, 1974)	**Japan**
Compact Disc (Philipps/Grundig, 1973)	**Japan**
Anti-Tumormittel »Interferon« (Bioferon, 1983)	**USA**
MP3-Standard (Fraunhofer IIS, 1998)	**Frankreich/Japan**

Bewertungsmethoden von Innovationsideen und Innovationen müssen technologische und wirtschaftliche Kriterien beinhalten, dürfen aber nicht zu restriktiv sein.

www.hermannscherer.de | Hermann Scherer

Quelle: Henzler/Späth, Countdown für Deutschland

»Die Deutschen glauben tief im Herzen, Nörgeln sei ein Zeichen überlegener Intelligenz.«

Eric T. Hansen, US-Journalist, in seinem Buch »Planet Germany«

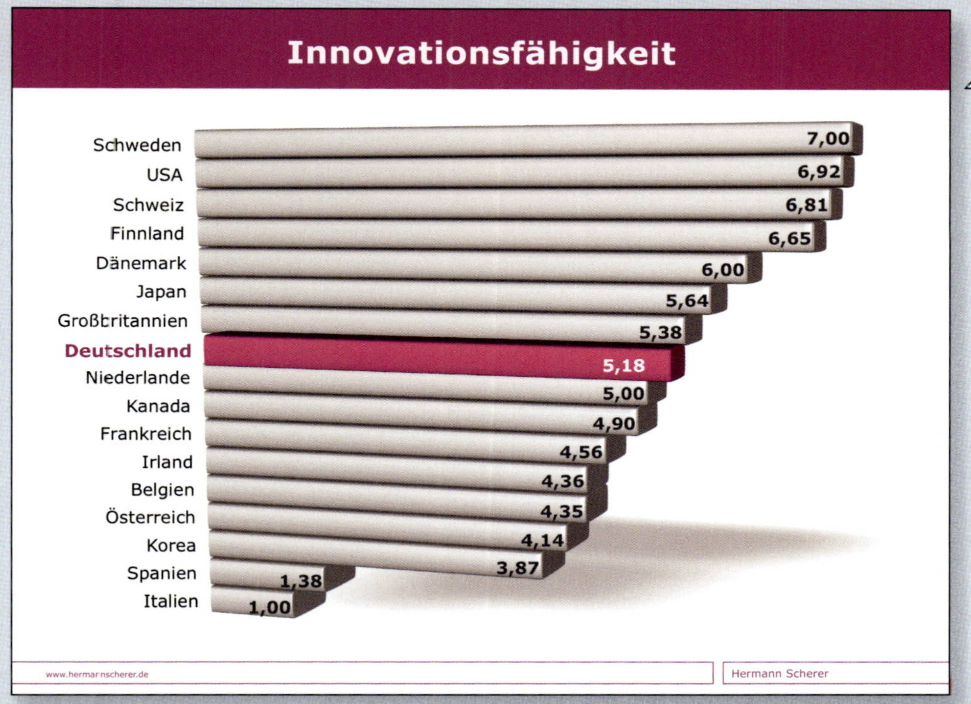

Quelle: Innovationsindikator Deutschland 2007 (Hg. BDI, Deutsche Telekom Stiftung)

Innovationsfähigkeit | Seit 2005 erstellt das Deutsche Institut für Wirtschaftsforschung im Auftrag des Bundesverbandes der Deutschen Industrie und der Deutschen Telekom Stiftung jährlich den Innovationsindikator. Mittelmaß auch hier – Deutschland liegt nur im Mittelfeld. Als »gravierende Innovationsschwächen« Deutschlands benennt die Studie unter anderem »ein Übermaß an Gesetzen und Regulierungen, eine zu geringe Ausstattung mit Risikokapital und die insgesamt wenig innovationsfördernden Einstellungen und Verhaltensweisen der Bundesbürger«. Die Schweden oder Schweizer wie auch die US-Amerikaner sind uns in puncto Innovationsfreudigkeit weit voraus.

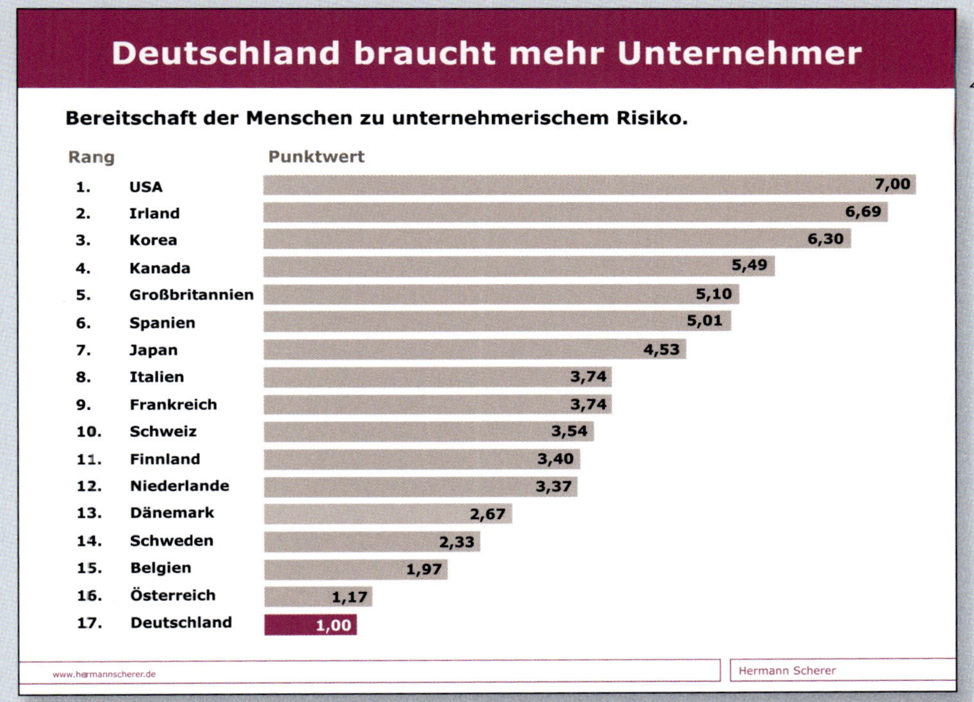

Quellen: Originaldaten Flash Eurobarometer, NSB; GEM, Berechnungen des DIW Berlin

Deutschland braucht mehr Unternehmer | »Gründer dringend gesucht«, titeln die Wirtschaftsforscher und mahnen: »Innovationen schaffen heißt Veränderung wagen. Diese Eigenschaft zeichnet besonders Unternehmer aus: Sie ergreifen Chancen, um mit neuen Produkten, Dienstleistungen oder Geschäftsideen Erfolg zu haben. Leider ist Unternehmergeist aber keine ausgeprägte Stärke der Deutschen ...« Bei unseren österreichischen Nachbarn sieht es nicht besser aus, während die Schweizer deutlich risikofreudiger sind. Höchste Zeit also für einen Mentalitätswechsel!

»Was wir brauchen, sind ein paar verrückte Leute. Seht euch an, wohin uns die Normalen gebracht haben.«

George Bernard Shaw, irischer Dramatiker und Literaturnobelpreisträger

CHANCEN-INTELLIGENZ

Erfolgspotenziale aktivieren

»Genie ist 1 % Inspiration und 99 % Transpiration«,

gab Thomas Alva Edison, genialer Erfinder und erfolgreicher Unternehmer, potenziellen Nachahmern mit auf den Weg. Auch wenn das ernüchternd nach harter Arbeit klingt: Ohne den einen Funken Inspiration bleibt der ganz große Erfolg demzufolge eher aus. Mag sein, dass es genau dieses eine Prozent ist, das uns dazu befähigt, Chancen zu entdecken und wahrzunehmen. Ich nenne das »Chancenintelligenz«.

Wie viele Chancen werden uns vom Leben zugeteilt? Bekommt jeder gleich viel? Gibt es Pechvögel und Glückskinder? Oder ist es vielmehr so, dass man bereit sein muss, sich bietende Chancen auch zu sehen und dann die erwähnten 99 % Anstrengung zu investieren, um Ideen weiterzuentwickeln und Projekte umzusetzen? Glücksforscher jedenfalls entlarven die Mär vom geborenen Pechvogel als Ammenmärchen. Dr. Richard Wiseman, ein britischer Psychologe, verfolgte acht Jahre lang die Lebenswege von 400 Menschen, die sich für geborene Glückspilze oder notorische Pechvögel hielten. Sein Fazit: Vermeintliche Glückspilze sind offener für neue Erfahrungen, haben ein großes Netzwerk, vertrauen stärker auf Eingebungen, gehen optimistischer durchs Leben und können selbst Pech noch etwas Positives abgewinnen (Richard Wiseman, So machen Sie Ihr Glück, München 2003). Man könnte auch sagen: Glückskinder gehen intelligenter mit den Möglichkeiten um, die das Leben ihnen bietet.

Chancenintelligenz bedeutet erstens, Chancen erkennen zu können, zweitens, diese Chancen auch zu nutzen, und drittens, sich Chancen aktiv zu erarbeiten. Das ist im Business mindestens ebenso wichtig wie im Leben generell. Das Erfolgsgeheimnis besteht in der Offenheit für neue Erfahrungen und Möglichkeiten einerseits und in einem zuverlässigen Warnsystem andererseits. Denn nicht jede »günstige Gelegenheit« ist eine echte Chance, der sich nachzugehen lohnt. Lassen Sie sich nicht ablenken von den Sonderangeboten des Lebens, die einfach zu haben und momentan interessant sind, Sie aber nicht wirklich voranbringen. Chancenintelligenz setzt Zielklarheit voraus. In enger werdenden und immer dichter besetzten Märkten ist diese Fähigkeit doppelt wichtig: Ein hoher »CQ« befähigt Unternehmer dazu, neue Märkte zu erschließen und damit den Kannibalisierungstendenzen etablierter Marktsegmente elegant auszuweichen. Zwei Professoren der renommierten Business School INSEAD haben dafür eine schöne Metapher gefunden: die »Blue Ocean«-Strategie. Wer sich ins unberührte Terrain neuer (»blauer«) Märkte vorwagt, lässt den ruinösen Wettbewerb der bekannten (»roten«) Ozeane hinter sich. Mehr dazu auf den folgenden Seiten.

CQ – Chancenintelligenz | Schälen Sie bitte in Gedanken eine Orange. Dann haben Sie eine geschälte Orange – logisch – mit circa 12 Fruchtspalten. Diese 12 Fruchtstücke sollen die Menge an Chancen symbolisieren, die wir im Leben bekommen. Dabei geht es weniger um die absolute Anzahl, sondern darum, was wir mit den einzelnen Anteilen anstellen. Wenn Sie von den 12 Stückchen 9 beiseitelegen, dann bleiben Ihnen noch 3. Das wäre die Menge der Chancen, in Relation zu den 12, die wir auch als Chancen sehen und erkennen. Wenn Sie jetzt noch 2 weitere Stücke aufessen, dann bleibt Ihnen noch ein Stückchen übrig. Dieses Stückchen steht für die Chancen, die wir im Leben tatsächlich nutzen.

Die meisten unserer Chancen sehen wir gar nicht, erkennen sie nicht als solche. Und selbst die wenigen Chancen, die wir wirklich wahrnehmen, nutzen wir nur zu einem geringen Teil. Viele Menschen klagen: »Ich hatte nie eine Chance!« Ob das tatsächlich zutrifft, lässt sich schwer sagen: Stimmt das wirklich, oder haben diese Menschen Chancen einfach nicht gesehen? Mancher rennt blind durch das Leben und sieht dabei den Chancenreichtum nicht – wie jemand, der den Wald vor lauter Bäumen nicht erkennt. Möglich ist auch, dass die Menschen Chancen zwar entdeckt, sich aber dann dagegen entschieden haben – schlicht falsche Entscheidungen getroffen haben, was wir alle hin und wieder tun. Und schließlich könnte es sein, dass die Betroffenen den Aufwand gescheut haben, eine vorhandene Chance tatsächlich zu nutzen. Denn Chancen sind Potenziale, die es umzusetzen gilt, keine Geschenke, die den Erfolg fix und fertig mitliefern. Die Formel lautet

Erfolg = Chance + Anstrengung, das Potenzial der Chance zu nutzen

Und selbst wenn diese Menschen tatsächlich vom Schicksal benachteiligt würden und dieses ihnen kaum Chancen zugespielt hätte, bliebe noch die Frage, wie viele Chancen sie sich selbst hätten »machen« können. Lassen Sie uns noch einmal die ganze Orange nehmen und nun die anfangs weggelegten Stückchen in Betracht ziehen. Sie stehen für all die Chancen, die uns nicht auf einem Silbertablett präsentiert werden, die wir uns aber hätten erarbeiten können.

Sind Sie offen für Neues und nehmen Chancen wahr?

Machen Sie sich Ihre Notizen auf S. 323.

Zielmagnetismus oder die fragwürdigen ...

Zielmagnetismus | Ziele sind der Kompass im Leben. Wann immer wir unsere Visionen oder Zielvorstellungen konkret genug machen, können wir sie anpeilen und umsetzen – manchmal auf direktem Wege, häufiger jedoch auf verschlungenen Pfaden, weil Hürden oder Stolpersteine den kürzesten Weg blockieren. Entscheidend ist allerdings, dabei unterwegs nicht vom eigentlichen Pfad abzukommen. Und ausschlaggebend dafür ist wiederum die Frage: Hat unser Ziel »Zielmagnetismus«? Anders gesagt: Hat es für uns genügend Anziehungskraft, sodass uns nichts Unwesentliches davon ablenken kann? Wenn wir irgendwo unbedingt hinwollen, wird unsere Kraft auch groß genug sein, dieses Ziel gegen Widerstände zu erreichen.

Nun gibt es aber eine ganze Menge von »Sonderangeboten« im Leben. Denken Sie einfach an Ihren Lebensmitteleinkauf. Normalerweise würden Sie vielleicht ganz woanders kaufen, aber dann gibt es die Läden, die mit Sonderangeboten werben. Sonderangebote haben ein paar Dinge gemeinsam. Zum einen sind sie billig (und ich sage bewusst billig, und nicht »günstig«), zum anderen dienen sie häufig dazu, die Kunden anzulocken, um ihnen am Ende an der Kasse doch mehr Geld abzunehmen, als sie mit dem Sonderangebot sparen konnten. Ich möchte gar nicht wissen, wie viele »Sonderangebotsjäger« es gibt, die durch die halbe Stadt fahren, um ein, zwei Euro zu sparen, dabei aber ganz vergessen, dass sie allein an Fahrzeit und Benzinkosten ein Vielfaches verbrauchen und überdies lästige Umwege in Kauf nehmen.

Oft erlebe ich Menschen, denen ihr Ziel so wenig klar ist, dass es eben nicht wie ein Magnet wirkt. Diese Menschen lassen sich leicht von den Sonderangeboten des Lebens ablenken – vermeintlich »günstigen« Gelegenheiten, die sie aber in Wahrheit nicht weiterbringen. Vor lauter Gelegenheiten im Leben kommen Sie gar nicht dazu, sich für ein wirkliches Angebot, ein echtes Ziel zu entscheiden. Sogar die Berufswahl ähnelt manchmal einer kopflosen Schnäppchenjagd. Viele Menschen gehen nicht dahin, wo sie wirklich hinwollen, sondern dahin, wo es gerade ein Sonderangebot gibt. Das kann heute der Verkauf von Kochtöpfen sein, morgen die Finanzdienstleistung und übermorgen wieder etwas anderes. Jedes dieser Angebote mag sogar »günstig« sein, es taugt aber nicht zum echten Ziel, das magnetisch anzieht und unserem (Geschäfts-)Leben so Schwung und Richtung verleiht.

Wie lautet Ihr Ziel,
das echten Zielmagnetismus entfaltet und Ihrem Leben (oder Ihrem Business) Richtung gibt?

Machen Sie sich Ihre Notizen auf S. 324.

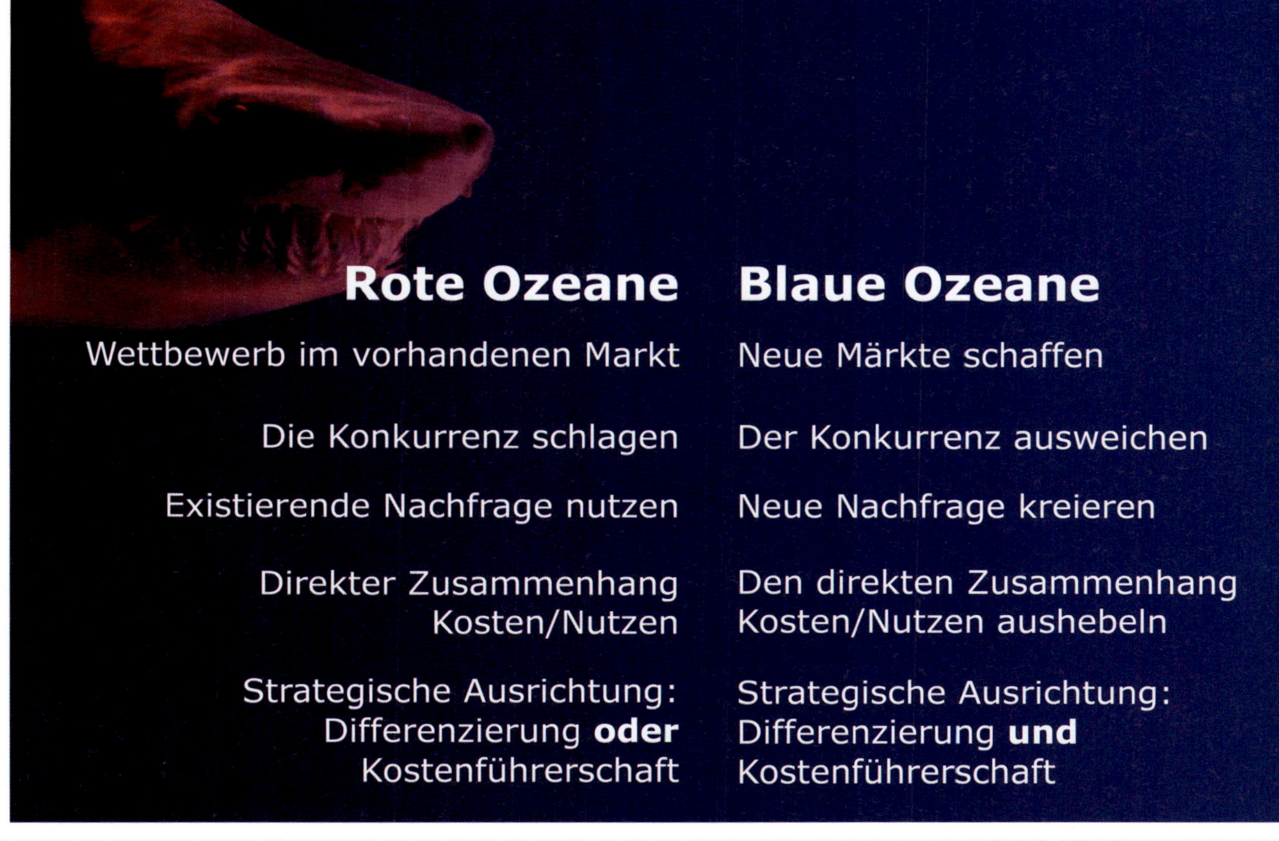

Der Blaue Ozean als Strategie | 2005 machten W. Chan Kim und Renée Mauborgne, Professoren an der renommierten INSEAD Business School in Fontainebleau, mit diesem Denkansatz Furore. Ihr Credo: »Die Konkurrenz lässt sich nur auf eine Weise schlagen: indem man aufhört, es zu versuchen.« Ihre Strategie: neue Märkte schaffen, statt sich auf den nicht selten ruinösen Wettbewerb in bestehenden Märkten einzulassen. Die »roten Ozeane« vorhandener Märkte gleichen Haifischbecken, in denen einer den anderen frisst. Wer unberührte »Blaue Ozeane« erobert, kreiert eine neue Nachfrage jenseits etablierter Produkte und zahlreicher Mitbewerber. Er nutzt Chancen, die andere nicht sehen.

Buchtipp: »Der Blaue Ozean als Strategie«, W. Chan Kim, Renée Mauborgne, Ingrid Proß-Gill

»Der Pessimist sieht Schwierigkeiten bei jeder Gelegenheit. Der Optimist erkennt die Gelegenheiten bei jeder Schwierigkeit.«

Lawrence Pearsall Jacks, britischer Philosoph, Pfarrer und Universitätsprofessor

Cirque du Soleil: Der Nutzenkurven-Vergleich | Das kanadische Unternehmen nimmt für sich in Anspruch, den Zirkus »neu erfunden« zu haben. Der Cirque du Soleil macht tatsächlich vieles radikal anders: Er verzichtet auf Stars, Tiernummern und aufwendige Akrobatik und bietet stattdessen Theaterelemente, eine in sich geschlossene Show und einen attraktiven Veranstaltungsort. Damit spricht der Zirkus eine völlig neue Zielgruppe an, die höhere Preise akzeptiert als das Familienpublikum traditioneller Zirkusse. Das Konzept geht auf: Während Traditionsunternehmen ums Überleben kämpfen, liefert der Cirque du Soleil seit 1984 »Märchen vom Fließband« (Der Spiegel), beschäftigt weltweit fast 4.000 Mitarbeiter und hat seinen Gründer, den Straßenkünstler Guy Laliberté zum Milliardär gemacht. Und das, obwohl (oder besser: gerade weil) der Cirque in mancher Hinsicht weniger bietet als seine Mitbewerber!

Der Nutzenkurven-Vergleich

Nutzenkurve von Cirque du Soleil
Nutzenkurve von Ringling Bros. and Barnum & Bailey
Kleinere regionale Zirkusse
Niedrig
Preis
Stars
Tiernummern
Verkauf von Getränken, Knabbereien und Fanartikeln
Manege mit mehreren Ringen
Spaß und Humor
Sensation und Gefahr
Einzigartiger Veranstaltungsort
Thema
Kultivierte Umgebung
Mehrfachproduktionen
Künstlerische Musik und Tanz

www.hermannscherer.de

Quelle: »Der Blaue Ozean als Strategie« von W. Chan Kim, Renée Mauborgne und Ingrid Proß-Gill

Neue Märkte: 4 strategische Felder | Das Handwerkszeug für alle, die vertrautes Terrain verlassen und neue Märkte erobern wollen: Zerlegen Sie Ihr Geschäftsfeld in seine wesentlichen Faktoren und fragen Sie sich, welche dieser charakteristischen Merkmale können Sie …

- weiter vorantreiben/steigern?
- weglassen/vernachlässigen?
- einschränken/reduzieren?
- neu erfinden/gestalten?

Die Firma Apple beispielsweise schafft es immer wieder, mit ungewöhnlichem Design und innovativen technischen Ideen Kunden jenseits des hart umkämpften klassischen IT-Marktes anzusprechen, und zwar zu verblüffend hohen Preisen (siehe iPhone oder ultradünne Notebooks). Ein anderes Umsetzungsbeispiel finden Sie auf der gegenüberliegenden Seite.

Wo liegt Ihr Blauer Ozean?

An welchen Faktoren Ihrer Branche können Sie drehen, um neue Märkte ohne Wettbewerb zu erobern?

Machen Sie sich Ihre Notizen auf S. 324.

So steigern Sie Ihren CQ!

1. Umgeben Sie sich mit interessanten Menschen – bewusst auch mit solchen, die »anders« sind als Sie, in ganz anderen Jobs arbeiten, die Welt anders sehen.
2. Blicken Sie öfter mal über den Tellerrand Ihrer eigenen Branche: Was tut sich anderswo?
3. Fragen Sie ruhig mal jemanden, der »keine Ahnung« von Ihrem Geschäft hat, nach seiner Meinung. Möglicherweise setzt er Sie in Erstaunen.
4. Saugen Sie Informationen auf: via Internet, durch Bücher, Zeitschriften, Vorträge, Seminare ... So bleiben Sie wach und beweglich.
5. »Spinnen« Sie einfach mal: Was wäre, wenn ...? (Beispiele: Wenn Sie drei Wünsche frei hätten ... Wenn Sie risikolos eine Million Euro investieren könnten ... Wenn ...) Sind Sie selbst ein eher nüchterner Typ, suchen Sie sich einen kreativen Sparringspartner.
6. Probieren Sie gelegentlich Dinge aus, die Sie »noch nie« gemacht haben.
7. Streichen Sie Sätze wie »Das kann nicht funktionieren« aus Ihrem Repertoire. Denken Sie lieber noch mal drüber nach, ob es nicht doch klappen könnte.
8. Gönnen Sie sich öfter mal eine kleine kreative Pause – lassen Sie die Gedanken einfach wandern. Im Hamsterrad fällt einem in der Regel nichts Geniales ein.
9. Und wenn Ihnen eine Idee durch den Kopf schießt: Schreiben Sie sie auf! Sofort! Morgen früh ist sie sonst möglicherweise weg.

Unternehmen Erfolg | ist mit Vortrags- oder After-Work-Vortrags-Veranstaltungen deutschlandweit mittlerweile zum Marktführer geworden. Die Nutzenkurve verdeutlicht die zentralen Erfolgsfaktoren:

- **Steigerung:** Durch prominente Redner wie Ulrich Wickert, Samy Molcho oder Hans-Olaf Henkel wurden außergewöhnliche Referenten gewonnen, und das bei vergleichsweise äußerst niedrigen Einheitspreisen.
- **Vernachlässigung:** Auf teures Drumherum (wie aufwendiges Rahmenprogramm, repräsentatives Einlassprozedere, Namensschilder und Vortragsunterlagen) wurde einfach verzichtet. Wer eine der (übertragbaren) Karten hat, ist beim Erlebnisvortrag dabei. Das Prinzip heißt »quick and easy«.
- **Reduzierung:** Die klassischen Anforderungen an die Gruppengröße wurden bis weit unter den Standard der Branche gesenkt. Statt auf Exklusivität setzt Unternehmen Erfolg auf hohe Teilnehmerzahlen. Denn ob 20, 200 oder 500 Teilnehmer zusammenkommen: Auf den Nutzwert des Vortrags hat das keine Auswirkung.
- **Gestaltung:** Unternehmen Erfolg hat das »Wissensabo« erfunden, etwas in der Branche völlig Neues. Ähnlich wie bei einem Theaterabonnement bucht der Kunde die Veranstaltungen im günstigen Zehnerpaket.

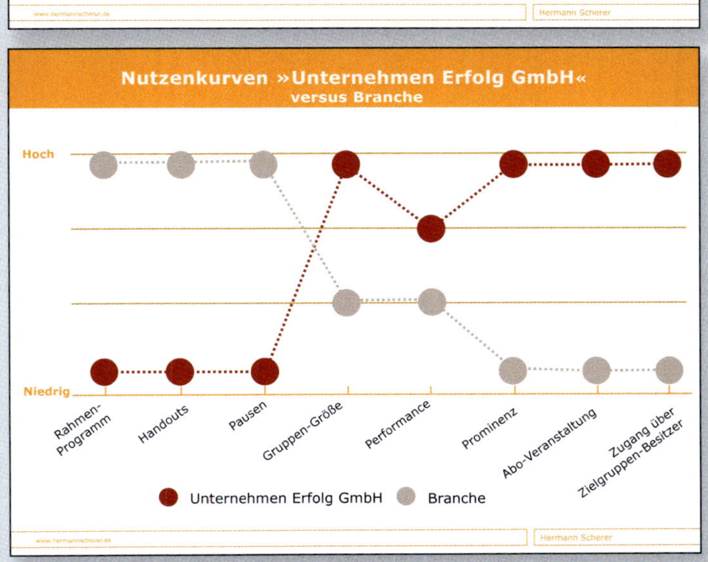

Auch Unternehmen Erfolg ist also in manchen Punkten »schlechter« als die Mitbewerber: Der Zuhörerkreis ist nicht so exklusiv, das Drumherum weniger gediegen. Dafür werden Mitbewerber bei anderen Erfolgsfaktoren übertroffen, etwa bei der Prominenz der Redner und beim günstigen Preis. **Verabschieden Sie sich also davon, in allen Punkten besser sein zu wollen! Manchmal ist es – drastisch ausgedrückt – strategisch klüger, schlechter zu sein!**

VON DEN BESTEN PROFITIEREN

Next Practice statt Best Practice

»Die Gewohnheit ist ein Seil. Wir weben jeden Tag einen Faden, und schließlich können wir es nicht mehr zerreißen«,

so der Literaturnobelpreisträger Thomas Mann. Noch drastischer urteilte sein französischer Kollege Jean Cocteau: »Die meisten leben in den Ruinen ihrer Gewohnheiten.« Auch in vielen Unternehmen richtet man sich in den Grenzen des Gewohnten behaglich ein. Ausbruchsversuche werden kaum geduldet. »Das haben wir schon immer so gemacht!«, »Das haben wir noch nie anders gemacht!«, »Das kann nicht funktionieren!« – so pfeift man Querdenker im Allgemeinen zurück. Statt etwas wirklich Neues zu wagen, optimiert man das Bestehende, macht es noch ein bisschen schneller, kostengünstiger, zeitgeistiger. Dagegen ist im Prinzip nichts einzuwenden. Nur: Im globalen Verdrängungswettbewerb reicht das immer seltener.

Next Practice statt Best Practice lautet die Devise der Zukunft. Das bedeutet kreatives Aufspüren und Entwickeln neuer Möglichkeiten, Verlassen ausgetretener Pfade. Wer den Mut dazu aufbringt, kann große Sprünge machen. Das bewies etwa Dick Fosbury, und zwar im wortwörtlichen Sinne. Fosbury revolutionierte den Hochsprung, indem er eine völlig neue Sprungtechnik kreierte, den Rückwärtssprung mit bogenförmigen Anlauf (»Fosbury Flop«). Vorher wurde das Hindernis vorwärts, mit einem Wälzer oder im Schersprung genommen. Der Rebell machte sich zunächst wenig Freunde: Sein Trainer empfahl ihm, doch lieber zum Zirkus zu gehen, die Konkurrenz lachte ihn aus – bis Fosbury wenig später einen neuen olympischen Rekord aufstellte und in Mexiko City Gold holte. Ein klassischer Fall von Next Practice. Heute springen alle wie Fosbury.

Es lohnt sich also, den Autopiloten sicherer Gewohnheiten gelegentlich abzuschalten und sich auf unbekanntes Terrain zu wagen. »Prozessmusterwechsel« nennt das Professor Dr. Peter Kruse, Change-Management-Experte und Unternehmensberater, und verhehlt nicht, dass dabei Risikobereitschaft gefragt ist. Glücklicherweise spricht sich das in immer mehr Unternehmen herum. Die Einsicht wächst, dass Kreativität ein Schatz ist und keine Bedrohung, ebenso das Angebot an Seminaren und das Interesse an Kreativitätstechniken. Ob solche Techniken der Weisheit letzter Schluss sind, mag man bezweifeln. Der berühmte Psychologe und »Flow«-Erfinder Mihaly Csikszentmihalyi war schlicht der Meinung, Kreativität setze erstens Können voraus, zweitens ein Umfeld, das Kreativität toleriere, und drittens Individuen, die im kreativen Tun Befriedigung erfahren. Das klingt eher danach, dass man die richtigen Köpfe braucht und ihnen die nötigen Freiräume geben sollte. Einige dieser Köpfe möchte ich Ihnen im folgenden Kapitel vorstellen. Machen Sie sich auf eine bunte Mischung von Querdenkern gefasst, die jedoch eines gemeinsam haben: Sie zeigen uns, wie Next Practice funktionieren kann.

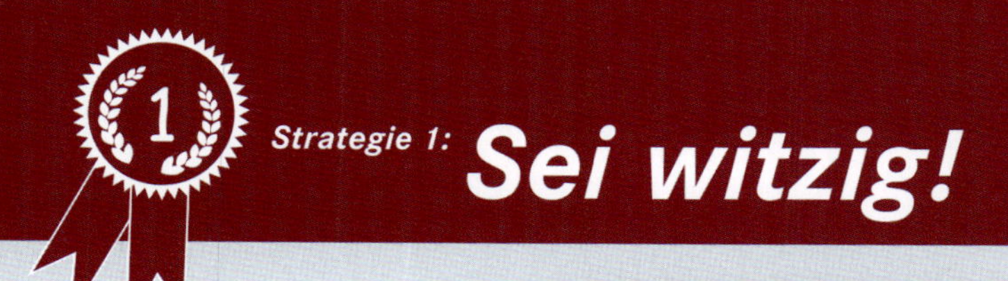

Strategie 1: Sei witzig!

Warum nicht einmal eine Kuh leasen? | Was als Service für einige Restaurantbesitzer begann, hat sich inzwischen zu einem gut gehenden Geschäft entwickelt: Eine von 150 Kühen kann jeder bei einem Zusammenschluss von Schweizer Partneralpen leasen und bekommt so köstlichen Alpkäse exklusiv von »seiner« Kuh (siehe auch Strategie 7: Kopiere die Strategien anderer Branchen!). www.kuhleasing.ch

Warum nicht einmal eine Kuh leasen?

www.hermannscherer.de | Hermann Scherer

Würden Sie mit diesen schrägen Vögeln fliegen? | Über 100 Millionen Passagiere vertrauen sich 2007 der amerikanischen Inlandsfluglinie an, die ihre Kunden mit günstigen Preisen und Humor ködert. So gibt es bei Southwest Airlines keinen Verpflegungsgutschein, wenn ein Flug nennenswert verspätet ist, sondern man hält die Passagiere mit der Wahl des hässlichsten Fotos im Führerschein oder Pass bei Laune. Dem Gewinner winkt ein Freiflug, den anderen gute Laune. www.southwest.com

Würden Sie mit diesen schrägen Vögeln fliegen?

www.hermannscherer.de | Hermann Scherer

Preiswürdig ... | Bis heute ist mir ein Rätsel, warum der Freiflug für das unvorteilhafteste Foto an jemand anderen ging. Allerdings war die Wartezeit am Flughafen selten so kurzweilig wie unter 100 Mitpassagieren, die alle darüber stritten, wer der Hässlichste war. Delaytainment (Verspätungsunterhaltung), sozusagen, wie übrigens eine Studie der Humboldt-Universität Berlin lautet.

Preiswürdig ...

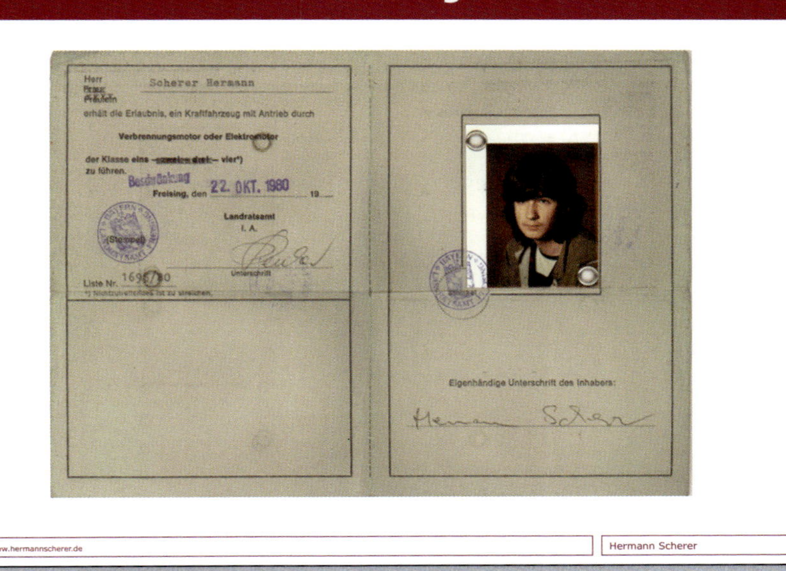

www.hermannscherer.de | Hermann Scherer

Strategie 2: Sei einzigartig!

Besuchen Sie den weltweit einzigen Milchreisshop! | »We came, we saw, we cooked« verkünden die Eigentümer stolz, denn das Geschäft geht gut, obwohl es »nur« ein Gericht gibt: Milchreis. Den aber in Dutzenden Varianten, zum Mitnehmen und dort essen. Muss man eigentlich New Yorker sein, um auf eine derart verrückte Idee zu kommen? www.ricetoriches.com

Schokolade, nichts als Schokolade ... | gibt es im Schokoladenrestaurant Max Brenner. Auch das ist einzigartig, und so erfolgreich, dass man inzwischen nicht nur am Broadway in New York, sondern auch in Australien, Singapur oder Israel zu finden ist. www.maxbrenner.com

Erfolgreiche Querdenker

Viele der Preisbrecher zählen inzwischen zu den Schwergewichten der Branche, etwa Günther Fielmann, der die Augenoptikerzunft das Fürchten lehrte, Michael O'Leary von Ryanair, der konkurrenzlos billige Flüge bot, oder Adolf Merckle, der mit Ratiopharm den Pharmamarkt revolutionierte, indem er ausschließlich auf Generika (Nachahmerpräparate) setzte. »Die ... angriffslustigen Unternehmer zählen zur wertvollsten Spezies, die die Marktwirtschaft zu bieten hat«, schrieb die Wirtschaftswoche im Juni 2007. »Wie mit hochempfindlichen Antennen erkennen sie, wo sich das Spiel von Angebot und Nachfrage nicht frei entfalten kann. (...) Fast immer attackieren Querdenker etablierte Absahner und vergällen ihnen das gute Leben auf Kosten der anderen.«

Verdammtes Mittelmaß! Dort, wo alle sind, ist wenig zu holen.

Strategie 3: **Breche Preisregeln!**

Vom Schmuddelkind zur Marke | Als das Klassiklabel Naxos 1987 an den Start geht, rümpft die Branche die Nase. Der Gründer, Klaus Heymann, verzichtet auf teure Stars und Orchester, produziert günstig und bietet Klassik-CDs zum Drittel des üblichen Preises. Heute nennt man sich stolz »The World's Leading Classical Music Label« und verkauft in 60 Ländern.
www.naxos.com

Wie billig darf eine Designerjeans sein … | »Edel & billig«, meldete das Wirtschaftsmagazin Brand eins im Dezember 2006. Gemeint sind die Designerjeans von Cheapmonday, einem jungen schwedischen Label. Mit 40 bis 50 Euro kosten sie nur ein Zehntel dessen, was man üblicherweise für eine hippe Hose hinlegen muss. Im Gründungsjahr 2004 verkaufte man 8.000 Teile, zwei Jahre später bereits 1,5 Millionen.
www.cheapmonday.com

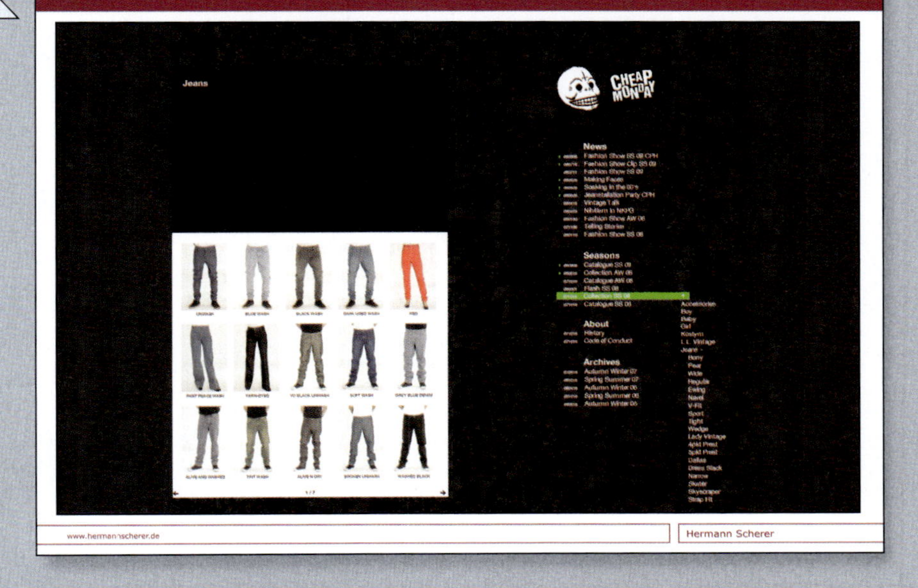

… und wie preiswert Kunst? | Stefanie Harig und Marc Ullrich ignorieren die ungeschriebenen Gesetze des Kunstmarktes und bieten Fotokunst zu erschwinglichen Preisen. Ihr Konzept: »inspirierende Kunst im Original als erschwingliche Editionen anzubieten«. Das Erfolgsgeheimnis: Die Auflagen sind limitiert, aber höher als gewöhnlich. Die Strategie geht auf, denn durch die höheren Verkaufszahlen floriert das Geschäft. Mittlerweile gibt es 12 Lumas-Galerien von Berlin über New York bis Zürich.
www.lumas.de

… und wie preiswert Kunst?

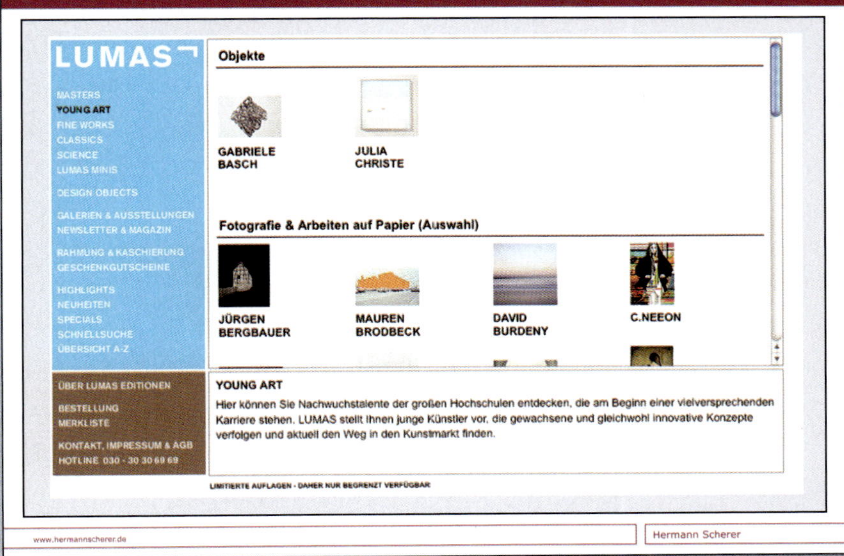

Strategie 4:

Mach dich rar!

Exklusivität pur … | Die American Express Centurion Card kann man nicht beantragen: Besonders kaufkräftige Kunden werden vom Geschäftsführer des Unternehmens persönlich eingeladen, den besonderen Service der edlen schwarzen Karte zu nutzen. Für eine vierstellige Jahresgebühr erfüllen Serviceteams dann fast alle Kundenwünsche. www.americanexpress.com

Exklusivität pur …

»Die neue American Express Centurion Card ist die wertvollste und seltenste American Express Card der Welt.

Diese Karte verschafft Zutritt zu einem erlauchten Kreis, in den nur sehr wenige Karteninhaber auf der ganzen Welt aufgenommen werden.«

www.hermannscherer.de | Hermann Scherer

… und Exklusivität für jedermann | »Not for everybody« wirbt ein sächsisches Textilunternehmen und hat es geschafft, Männerunterwäsche für jedermann so etwas wie Kultstatus zu verleihen. Dabei setzt es auf das bewährte Verknappungsprinzip: Alle 30 Tage gibt es eine neue limitierte Kollektion – laut Homepage die »Jetzt-oder-nie-Underwear«. Außerdem stützt man die Marke mit spektakulären Storys und testet die Unterwäsche auf Weltraum- und Tiefseetauglichkeit. www.brunobanani.de

(Mehr zu Storys auf der nächsten Seite!)

… und Exklusivität für jedermann

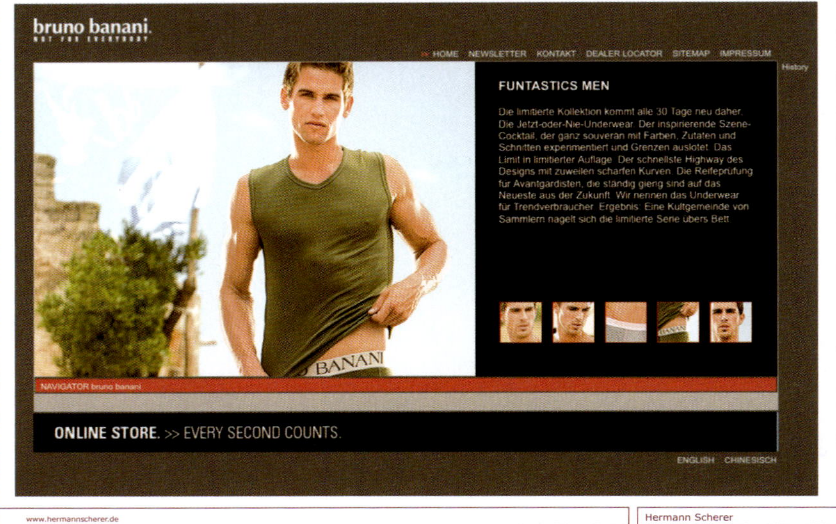

Verknappung funktioniert …

… zum Beispiel bei

Jaguar: Das Sondermodell XK Cabrio 3.5 etwa erscheint in einer limitierten Auflage von nur 300 Stück. »Meist reicht schon die Ankündigung eines limitierten Modells, um feste Bestellungen auszulösen«, meldete n-tv aus diesem Anlass im September 2008. www.jaguar.de

Panerai: Der italienische Uhrenhersteller, der ursprünglich die Kampftaucher des Landes (!) ausrüstete, bietet jedes Jahr limitierte Sondermodelle an und heizt damit die Begehrlichkeit der Uhrenfans an. So wurde eine in 150er Auflage hergestellte »Luminor 1950 8 Days«, die im Laden 16.900 Euro kostete, nur ein Jahr später bei Sotheby's für 72.800 Euro versteigert. www.panerai.com

Panini-Sticker: »Wo sind die Deutschen?«, fragte die Süddeutsche Zeitung im Vorfeld der Fußball-WM 2006 und sprach verzweifelten Sammlern aus dem Herzen, die ihr Fußballeralbum endlich komplettieren wollten. Auch wenn der Hersteller Stein und Bein schwört, es gebe keine künstliche Verknappung, sprechen die Ranglisten der begehrtesten Sammelbildchen unter www.stickermanager.de eine andere Sprache. Auch der Süßwarenhersteller Ferrero versteht das Prinzip. Wie viele Überraschungseier haben Sie schon geschüttelt (und gekauft), weil Ihr Nachwuchs eine ganz bestimmte Figur »brauchte«? www.paninionline.com www.ue-ei-portal.de

»Willst du was gelten, mach dich selten!«

Alte Verkäuferweisheit

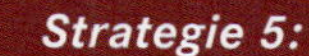

Strategie 5:

Liefere eine packende Geschichte!

Wie verkauft man ein schlichtes Notizbuch für 12 Euro?

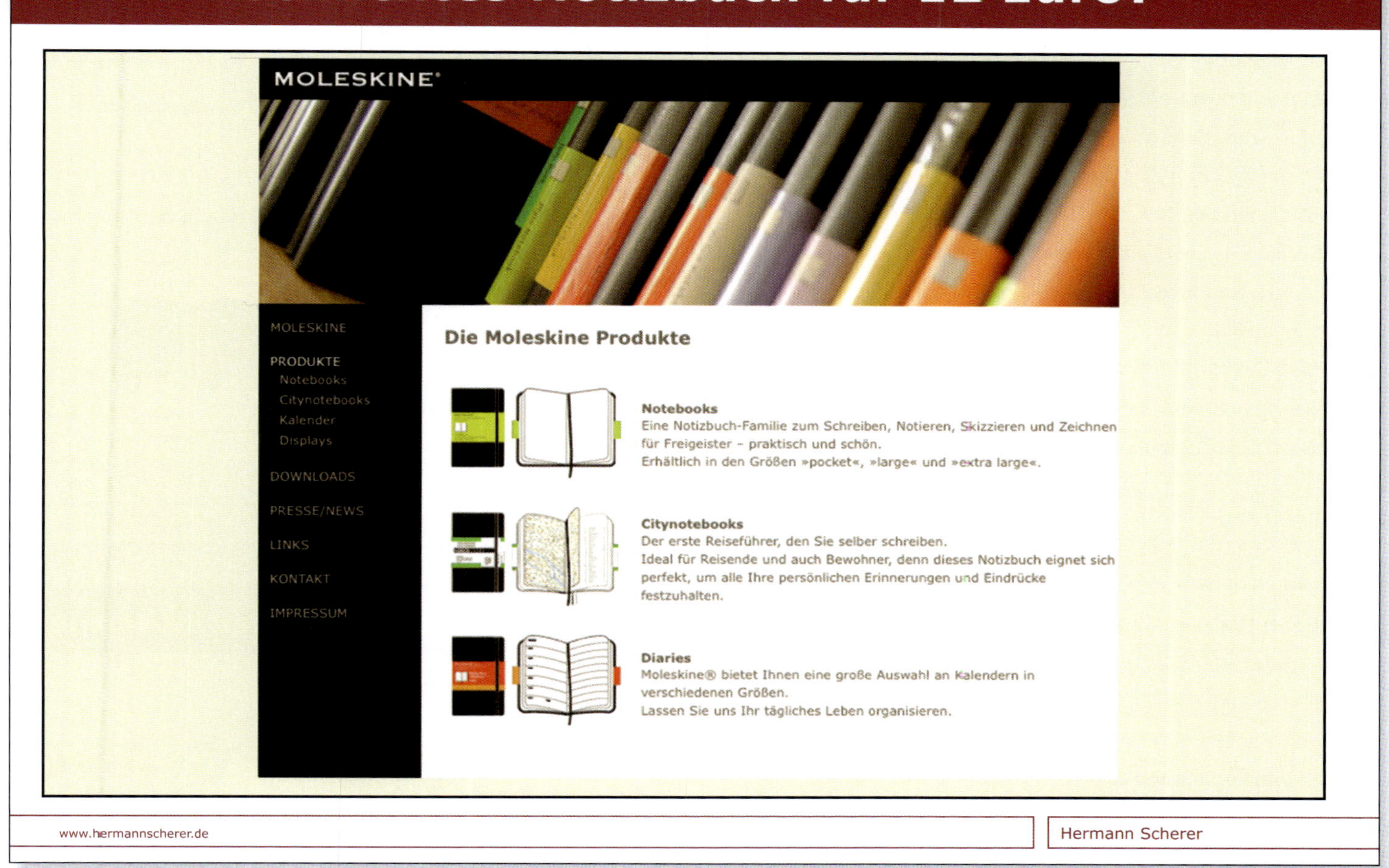

Wie verkauft man ein schlichtes Notizbuch für 12 Euro? | Fast jeder Intellektuelle, der etwas auf sich hält, kennt sie: die Notizbücher, die das italienische Unternehmen Modo & Modo unter dem Namen Moleskine vertreibt und die in gut sortierten Museumsshops, Buchhandlungen und Designläden erhältlich sind. Warum geben Menschen auf der ganzen Welt für ein unscheinbares Schreibheft mehr als zehn Euro aus? Moleskine ist eben nicht irgendein Papeterie-Artikel, sondern das »legendäre Notizbuch« der Künstler und Intellektuellen, in dem angeblich schon Van Gogh und Picasso, Hemingway und Chatwin ihre Ideen notierten. Der Reiseschriftsteller Bruce Chatwin war es auch, der die Geschichte ins Rollen brachte. In seinem Weltbestseller »Traumpfade« beschreibt er, wie er sich Jahr für Jahr in einer Pariser Papeterie mit Moleskines eindeckte, bis 1986 der Hersteller, ein Familienunternehmen in Tours, unglücklicherweise die Produktion einstellte. »Le vrai moleskine n'est plus (das wahre Moleskine ist nicht mehr)«, soll die Pariser Schreibwarenhändlerin mit dramatischer Geste verkündet haben. So redet man normalerweise, wenn große Dichter oder Denker dahinscheiden.

Ende der Neunzigerjahre stieß eine Mitarbeiterin der Mailänder Firma Modo & Modo auf diese Geschichte, so das Wirtschaftsmagazin Brand eins (02/2008). Die Story ließ sich zwar nicht verifizieren – aber umso besser vermarkten. »1998 lässt ein kleiner Mailänder Verleger das legendäre Notizbuch mit dem poetischen Namen wieder aufleben. Die außergewöhnliche Tradition wird fortgeführt, auf Chatwins Spuren geht Moleskine als Must-have erneut auf Reisen«, heißt es auf der Firmen-Homepage unter www.moleskine-buecher.de. Die Story hat alles, was man braucht, um Publikum und Käufer zu fesseln: berühmte Hauptfiguren, dramatische Wendepunkte, einen unerschrockenen Helden, der die Rettung bringt. Die Geschäfte gehen glänzend, auch durch Kooperationen mit Künstlern und großen Museen. Ein firmengesteuertes Blog im Internet verzeichnet 5.000 Besucher täglich. Und wer selbst nicht genial ist, adelt seine Gedanken eben durch das richtige Notizbuch ...

www.moleskine-buecher.de

www.moleskinerie.com (Blog)

Strategie 6:

Wende aktuelle Trends auf dein Produkt an!

Wer sagt eigentlich, dass Toilettenpapier langweilig sein muss? | Das spanische Unternehmen Renova produziert Papier in Popfarben und damit ein echtes Designprodukt. Das US-Unternehmen Method Products Inc. geht den gleichen Weg und bietet Putzmittel im Designerkleid für umweltbewusste Kunden, also Design + Öko + Hygiene. Da greifen die Lohas zu. Lohas? Lifestyle of Health and Sustainability, einer der längst angebrochenen Zukunftstrends.
www.renovaonline.net/black
www.methodhome.com

Wer sagt eigentlich, dass Toilettenpapier langweilig sein muss?

Renova
Seleccione su idioma
Inicio Condiciones Tu compra Contacto Puntos de Venta
Black Red Orange Green Azzurro Fucsia MIX
Bienvenido a Renova.
El sitio del papel fashion y único.

www.hermannscherer.de | Hermann Scherer

Zukunft Podcast – interaktives Lernen im Vertrieb | Wer sagt denn, dass betriebliche Weiterbildung eine Einbahnstraße sein muss? Die Lingner Consulting ist Experte für »Zukunftskommunikation«. Die Kommunikationsberatung optimiert 2.0-Werkzeuge und schneidet sie auf Unternehmensbedürfnisse zu. Ein Beispiel: Für die Verkaufsberater der Handelsorganisation von OPEL entwickelten Lingner-Geschäftspartner Stephan Magnus und die V-max KG Schulungsinhalte, die, vermittelt via Podcast, die Möglichkeit des direkten Austausches eröffnen. Wie das? Podcast wird zum Dialog-Medium. Die Sendungen richten sich an den praktischen Problemen der Verkäufer im Arbeitsalltag aus, und diese bestimmen das Programm entscheidend mit. Mit Feedbackschleifen überprüfen die Podcaster in regelmäßigen Zeitabständen den Nutzen der Beiträge und holen Themenvorschläge ein. Gleichzeitig entsteht so wertvoller inhaltlicher Austausch im Unternehmen: von oben nach unten, von unten nach oben – horizontal, diagonal, vertikal. Der Erfolg bestätigt das Konzept: Schon zum Ende der Pilotphase hören 94 % jede Podcast-Sendung und über ein Drittel der Hörer geben an, nach nur einer Stunde Gesamtsendezeit mehr verkauft zu haben. Dabei können die Vertriebler rund um die Uhr lernen: Auf dem Weg zur Arbeit per CD-ROM, zwischen zwei Verkaufsterminen via Handy oder per MP3-Player zu Hause entspannt auf dem Sofa.
www.lingner.com

Zukunft Podcast - interaktives Lernen im Vertrieb

PARTIZIPATION
VERTRIEB
MARKETING
FEEDBACK
WEITERBILDUNG
UNTERNEHMENSFÜHRUNG
KUNDE
VERTRAUEN
SELBSTORGANISATION
LINGNER CONSULTING NEW MEDIA
www.lingner.com

www.hermannscherer.de | Hermann Scherer

Strategie 7:

Kopiere die Strategien anderer Branchen!

Rechtsanwälte lernen von Blume 2000 | Restaurants, Blumenläden, Fitnessstudios, all das gibt es im Franchisesystem. Warum eigentlich nicht Rechtsberatung? Das fragten sich die Gründer von Legitas auch. Die Kooperation bietet rechtlich selbstständigen Anwälten einen gemeinsamen Markenauftritt und gegenseitigen Erfahrungsaustausch. Auch die Gründer von Kuhleasing schauten einfach über den Branchentellerrand: Wenn man Autos leasen kann, warum dann nicht auch Kühe?
www.legitas.de
www.kuhleasing.ch

Rechtsanwälte lernen von Blume 2000

LEGITAS

Hier finden Sie den spezialisierten Rechtsanwalt

www.hermannscherer.de | Hermann Scherer

Pike Place Fish Market: Fischverkäufer, die eine Super-Show liefern | Wer nach Seattle kommt, sollte nicht versäumen, Pike Place zu besuchen. Dieser Fischmarkt ist kein gewöhnlicher Markt, sondern eine witzige Improvisationsshow. Die Fischverkäufer scheinen bei Entertainern in die Lehre gegangen zu sein, scherzen mit den Besuchern, schleudern Fische durch die Gegend, brüllen witzige Kommandos. Das »World Famous Fishmonger Theater« können Sie live erleben: www.pikeplacefish.com/webcam.html

Fish! Der Motivations-Bestseller

Buchtipp: »Fish!« Das Buch zum Pike Place Fish Market wurde inzwischen mehr als eine Million Mal verkauft. Über den Show-Effekt hinaus ist der Markt zum Vorbild für ein Arbeiten mit hoher (Eigen-)Motivation geworden. Wenn man sogar bei der anstrengenden Arbeit in einer zugigen Fischhalle Spaß haben kann, sollte das in gut geheizten Büros eigentlich erst recht möglich sein.

Von welchen brancheneigenen und branchenfremden Unternehmen können Sie lernen?

Machen Sie sich Ihre Notizen auf S. 324.

Strategie 8:
Pflege alte Traditionen!

Handgeschöpfte Pralinen | »Entdecken Sie mit uns die Welt der handgeschöpften Frische-Pralinés und genießen Sie die außergewöhnliche Lebensqualität, die Ihnen genussvolles Abschalten mit köstlich-frischen Pralinen bieten kann«, wirbt der Pralinenclub. Gegründet wurde er übrigens von einem Elektriker und einem Betriebswirt – Querdenkertum von Quereinsteigern sozusagen.
www.pralinenclub.de

Fast wie früher beim Schneider ... | »Kostüme und Anzüge nach Ihrem Maß«, bietet Dolzer, ein expandierendes Unternehmen mit Filialen von Hamburg bis München. Auch hier besteht das Neue in einer Rückbesinnung auf alte Traditionen: Statt von der Stange kauft man (fast wie) beim Schneider – eben individuell angepasste »Maßkonfektion«. Next Practice pur. Auch in anderen Branchen entdeckt man das Bewährte neu. Handgenähte Schuhe? Schmuckunikate? Handgefertigte Delikatessen? »Manufakturen stehen vor einer Renaissance«, war im September 2007 in Brand eins zu lesen.
www.dolzer.de
www.donfinesse.de

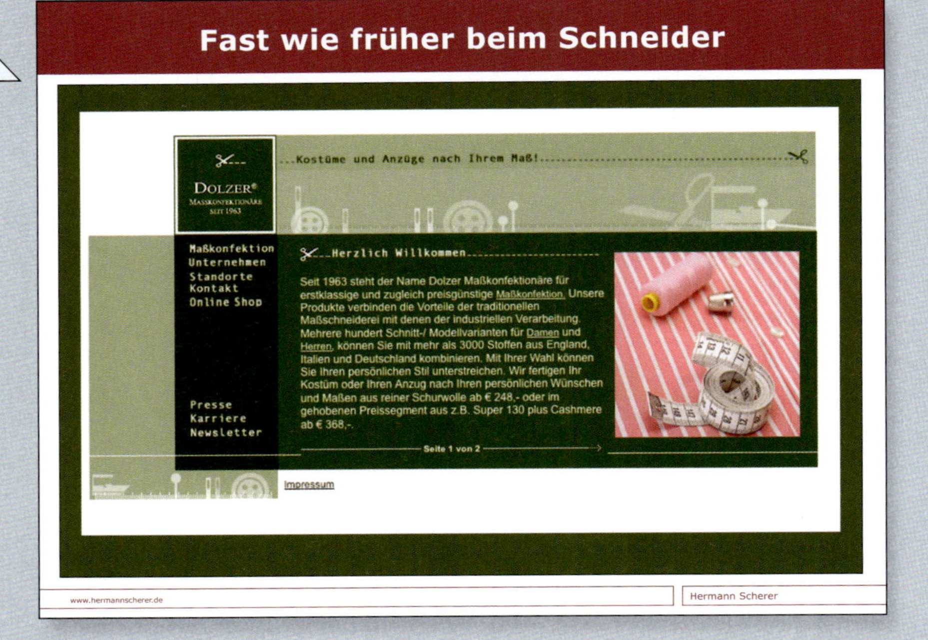

Innovation aus Pappe | »1970 gab es die letzte Innovation bei Tragetaschen. Ich bin der Meinung, es ist höchste Zeit für eine grundlegende Neuorientierung bei Tragehilfen«, so Robert Pachler. Der Österreicher gründete 2005 die erste und einzige Firma weltweit, die sich auf die Herstellung von auf Wellpappe basierenden Trolleys spezialisiert hat. Die neuen Transportmittel haben sich vor allem als auffällige Werbeträger etabliert. Kunden sind neben großen Weinhändlern unter anderem Agfa, ABB oder die Kölnmesse.
www.gocaddy.com

Strategie 9: **Erfinde etwas Neues!**

Mit System zu neuen Ideen (Folge 1)

Alle Strategien, die in diesem Kapitel vorgestellt werden, wurzeln in Kreativität. Kreativität ist selten der geniale Geistesblitz, der völlig unvorbereitet einschlägt. Ein gutes Beispiel für institutionalisierte Kreativität ist das Stuttgarter Traditionsunternehmen Bosch, weltweit die Nummer 1 unter den Automobilzulieferern und die Nummer 2 unter den Hausgeräteherstellern. Zahlreiche Erfindungen vom ersten Schwenkarmroboter bis zum ersten serientauglichen ABS-System gehen auf das Konto der schwäbischen Tüftler. Der Wissenschaftsjournalist Harald Willenbrock hat untersucht, was hinter der »Ideenmaschine« steckt (Brand eins 09/2007). Die Prinzipien, die er entdeckte, passen nicht nur auf Großunternehmen. Hier sind sie:

1. Systematik

Bosch leistet sich einen »Think-Tank« mit 1.300 »Vorausentwicklern«, die jenseits einer kurzfristigen Verwertbarkeit Ideen ausbrüten dürfen. *Denken Sie kontinuierlich über neue Möglichkeiten nach und spinnen Sie Ihre Ideen weiter.*

2. Kontinuität

Bosch lässt seinen kreativen Köpfen Zeit. *Gehen Sie nicht davon aus, dass die erste Idee gleich funktioniert.*

3. Pragmatismus

Bosch verfolgt nur Ideen weiter, die umsatzträchtig sind. Fragen Sie sich immer, ob das, was Sie vorhaben, einen Kundennutzen besitzt.

4. Mut

Bosch geht Risiken ein und verfolgt auch Wege, deren Erfolg nicht garantiert ist. No risk, no fun!

5. Konsequenz

Bosch setzt auf ein innovationsfreudiges Management (Zuteilung von Ressourcen, positive Fehlerkultur, Innovationsexperten in leitenden Funktionen). Knapp 8 % des Umsatzes fließen in Forschung und Entwicklung. Neue Ideen brauchen Freiräume – und Geld.

6. Fantasie

Bosch lässt Mitarbeiter unterschiedlicher Abteilungen in Workshops gemeinsam provokante Ideen weiterspinnen. Geben Sie dem kreativen Chaos einen festen Rahmen.

7. Glück

Bosch verfolgt viele Ideen – und hat daher manchmal die richtige Idee zur richtigen Zeit. So wurde das Anti-Blockier-System ABS von einer Randtechnik zu einem neuen Sicherheitsstandard – der missglückte »Elchtest« kam exakt zur richtigen Zeit. *Das Glück ist mit dem Tüchtigen. Je aktiver Sie Ideen verfolgen, desto größer ist die Chance, dass Ihnen manchmal auch der Zufall in die Hände spielt.*

Mit System zu neuen Ideen (Folge 2)

Einige Ingredienzien von Kreativität – Mut, Beharrlichkeit, Kontinuität – wurden auf der letzten Seite schon vorgestellt. Eine sehr effektive Methode zur Entwicklung kreativer Ideen verdanken wir dem Schweizer Astrophysiker Fritz Zwicky, der als einer der bedeutendsten Wissenschaftler des 20. Jahrhunderts gilt: den morphologischen Kasten. Für einen solchen Kasten zerlegt man ein Problem in seine Parameter und ordnet diesen Parametern möglichst viele potenzielle Lösungen zu. Auf diese Weise können verschiedene Kombinationsmöglichkeiten systematisch geprüft werden, indem man unterschiedliche »Schubladen« des Würfels öffnet (siehe Beispiel unten). Eine einfache Matrix leistet dasselbe in zweidimensionaler Form (siehe zweites Beispiel).

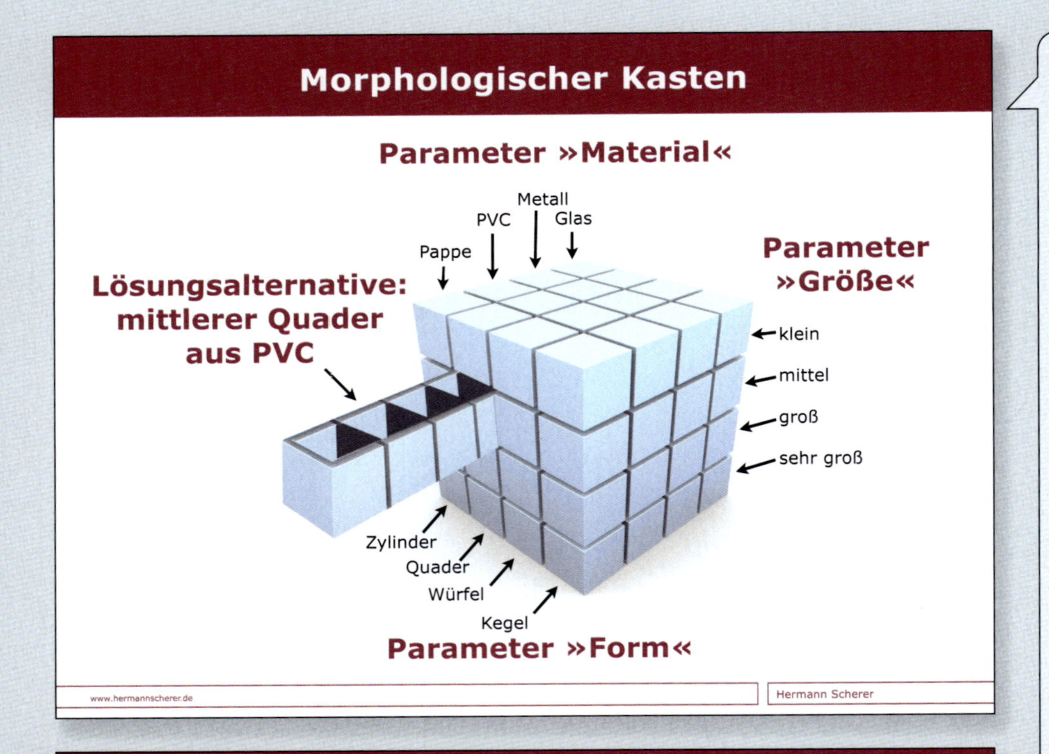

Morphologischer Kasten | Nehmen wir an, Sie stellen einen großen Würfel aus PVC her und denken über Produktalternativen nach. Die drei Parameter, die sich in diesem Fall anbieten, sind »Material«, »Größe« und »Form«. Für jedes dieser Parameter sind verschiedene Lösungen denkbar, bei der Form etwa Zylinder, Quader oder Kegel, beim Material Glas, Metall oder Pappe. Einige der zahlreichen Kombinationsmöglichkeiten werden aus verschiedenen Gründen (Kosten, Technik ...) ausscheiden, dafür rücken andere ins Blickfeld, an die man ohne die morphologische Methode vermutlich nicht gedacht hätte.

Morphologische Matrix

Planung der Jahrestagung eines Vereins — Datum: — Blatt-Nr.:

Parameter (was?)	Lösungsansätze (wie?)								
Tagungsthema	Vertrauenskultur	Entscheidungstechniken	Change Management	Mitarbeiterführung in Krisenzeiten	Konfliktmanagement	Kundenbindung	Selbstorganisation	Wissensmanagement	E-Learning
Veranstaltungsform	klassischer Vortrag	World Café	Tagung mit Workshop	Podiumsdiskussion	Fishbow!	Open Space	Event	GTG-Konzept	
Veranstaltungsmonat	Januar	Februar	Mai	Juni	September	Oktober	November		
Ort	Dresden	Berlin	München	Hamburg	Hannover	Köln	Weimar	Hameln	Regensburg
Tagungsstätte	Tagungshotel	Fachhochschule	firmeneigene Bildungsstätte	Sportschule	Gewerkschaftseinrichtung	Kongresszentrum	Verbandsheim	Jugendfreizeitheim	
Serviceangebote	Informationsstand	Büchertisch	Teilnehmersteckbrief	Kommunikationsmarkt	Internet-Raum	Entspannungsübungen	Firmenpräsentationen	Großbildleinwände	Hostessen
Teilnehmerverpflegung	Tagungsstätte	in naher Gaststätte	Catering-service	keine Verpflegung					
Eröffnungsredner	Vereinsvorsitzender	Organisation	Ehrenvorsitzender	IHK-Präsident	Landesminister	Wissenschaftler	Hochschulpräsident	Bürgermeister	Dachverband
Rahmenprogramm	Stadtbesichtigung	Museumsbesuch	Dampferfahrt	Grillabend	Busrundfahrt	Kabarettprogramm	Tanzabend	Konzertbesuch	E-Learning

www.hermannscherer.de — Hermann Scherer

Morphologische Matrix | Bei einer solchen Matrix werden Parameter und Lösungsansätze in einer Tabelle gegeneinander aufgetragen, hier am Beispiel der Veranstaltungsplanung. Zu entscheiden ist über Thema, Veranstaltungsform, Ort usw. Wenn alle Lösungsideen dazu gesammelt sind, markiert man die jeweiligen Präferenzen und kommt so systematisch zu seiner Ideallösung – im Beispiel ein Open Space in Berlin zur Mitarbeiterführung.

»Kreativität ist,
wenn aus vielen Sachen nichts wird.«

Dr. Helmut Kormann, Vorstandsvorsitzender des Maschinenbauers Voith, ein »Weltfamilienunternehmen« mit 34.000 Mitarbeitern (10.000 Patente, jedes Jahr kommen 400 hinzu).

Strategie 10:

Individualisiere!

Rosinenhasser aufgepasst! | »Im Internet können die User schon lange die Inhalte bestimmen – nicht aber auf dem Frühstückstisch.« Das wurmte drei Passauer Studenten so, dass sie MyMuesli gründeten. Am 30. April 2007 ging der Shop online, zwei Wochen später war man ausverkauft. Die Kunden können bei der Zusammenstellung ihres Lieblingsmüslis unter 566 Billiarden verschiedenen Varianten wählen. Das findige Team gewann den Gründerpreis der Financial Times Deutschland, einen Multimedia-Gründerpreis des Bundeswirtschaftsministeriums, wurde zum Start-up des Jahres 2007 gewählt und schaltete Fernsehwerbung. 2008 startete man die »Europa-Expansion«. www.mymuesli.com

Hausmarke gewünscht? | »Create your own beer, wine or water« – mit Brewtopia, einem US-Getränkeversender, kein Problem: In wenigen Minuten hat man im Internet sein eigenes Etikett entworfen und das Getränk geordert, ohne Mindestbestellmenge und Zusatzkosten, aber mit »100 % money back guarantee«. http://brewtopia.com.au/

Customizing

nennt man die Anpassung eines Serienproduktes an die individuellen Wünsche und Bedürfnisse des Kunden. Bekannt ist das bei Automobilen (»Tuning«) oder Software. Die Müsli-Erfinder oder Getränke-Dienstleister tun nichts anderes, als dieses Prinzip auf andere Produkte zu übertragen. In Zeiten der Massenfertigung wächst offenbar auch das Bedürfnis nach Einzigartigkeit.

Wie können Sie darauf reagieren?

Strategie 11:

Mache Kunden zu Fans

Wer interessiert sich schon für Fruchtsäfte!

www.hermannscherer.de | Hermann Scherer

Wer interessiert sich schon für Fruchtsäfte! | Offensichtlich sehr viele Menschen, sonst wäre das Saftblog der sächsischen Traditionskelterei Walther nicht zu einem der bekanntesten Coporate Blogs avanciert. Blog und die daraus resultierende Aufmerksamkeit der Presse haben dem Saftabsatz sicher nicht geschadet, und eine Abmahnung durch den DOSB (Deutschen Olympischen Sportbund) im Dezember 2006 brachte die Bloggergemeinde erst richtig in Fahrt. Zur Funktion eines Unternehmensblogs heißt es auf der Walther-Homepage: »Früher war alles viel besser. Früher stand der Chef noch auf dem Hof und unterhielt sich mit seinen Kunden. Viele kannte er sogar mit Namen. Und im Gespräch wurden Kritik, Anregungen und auch Lob unmittelbar ausgetauscht. Heute führt man kein Gespräch mehr mit seinen Kunden, sondern ist mit ihnen im Dialog, wie es neudeutsch heißt. Aber besser im Dialog als gar nicht mehr im Gespräch. Mit dem Weblog wollen wir noch mehr Menschen am Leben und Arbeiten in der Kelterei Walther teilnehmen lassen. Auch wenn ein Weblog den persönlichen Kontakt nicht ersetzen kann, ist es der einfachste und direkteste Weg, mit der Geschäftsführung und dem Team der Walthers zu kommunizieren oder Meinungen, Erfahrungen und Wissenswertes untereinander auszutauschen. Wir freuen uns auf ein neues Gespräch mit Ihnen.« Besser könnte auch ein PR-Profi die Sache kaum auf den Punkt bringen. Und den Kunden gefällt es. Ende 2008 hatten laut »Blogcounter« fast 300.000 von ihnen das Angebot angenommen. Wie viele davon Saft geordert haben? Keine Ahnung. Fragen Sie am besten Kirstin Walther, Firmenchefin und Bloggerin. Vielleicht per Blog? www.saftblog.de

Neugierig geworden? Unter www.top100-business-blogs.de können Sie sich einen Überblick über diese Form der Unternehmenskommunikation verschaffen. (Im Oktober 2008 rangierte der Walther-Saftblog auf Platz 25.)

Strategie 12:

Biete eine spektakuläre Location!

Eine Buchhandlung mit besonderer Atmosphäre | Bücher einmal ganz anders – im niederländischen Maastricht können Buchliebhaber in einer 800 Jahre alten Dominikanerkirche stöbern. Maastricht ist bekannt für seine umfunktionierten Kirchen – auch ein Hotel oder das Stadtarchiv sind in spektakulären Bauten untergebracht. Im Kruisherenhotel etwa logiert man in einem gotischen Kloster. Kein Wunder, dass das Städtchen jährlich 14 Millionen Besucher anzieht.
www.chateauhotels.nl

»Am Anfang stand die Idee, | einen Platz der Fantasie und der Begegnung zu schaffen«, erzählen die Betreiber des Hangar 7 auf dem Salzburger Flughafen. Neben Kunstausstellungen (HangArt) und einem Café ist hier auch das Restaurant IKARUS untergebracht. Unter dem Patronat von Eckart Witzigmann wirkt hier jeden Monat ein anderer internationaler Spitzenkoch.
www.hangar-7.com

Sie vermissen eine Strategie?
Mit Next Practice ist es wie mit der Richterskala: Die Fülle der Ideen, die die Businesswelt erschüttern können, ist nach oben offen. Ich bin chronisch neugierig: Mailen Sie mir Ihre Strategie an H.Scherer@hermannscherer.de

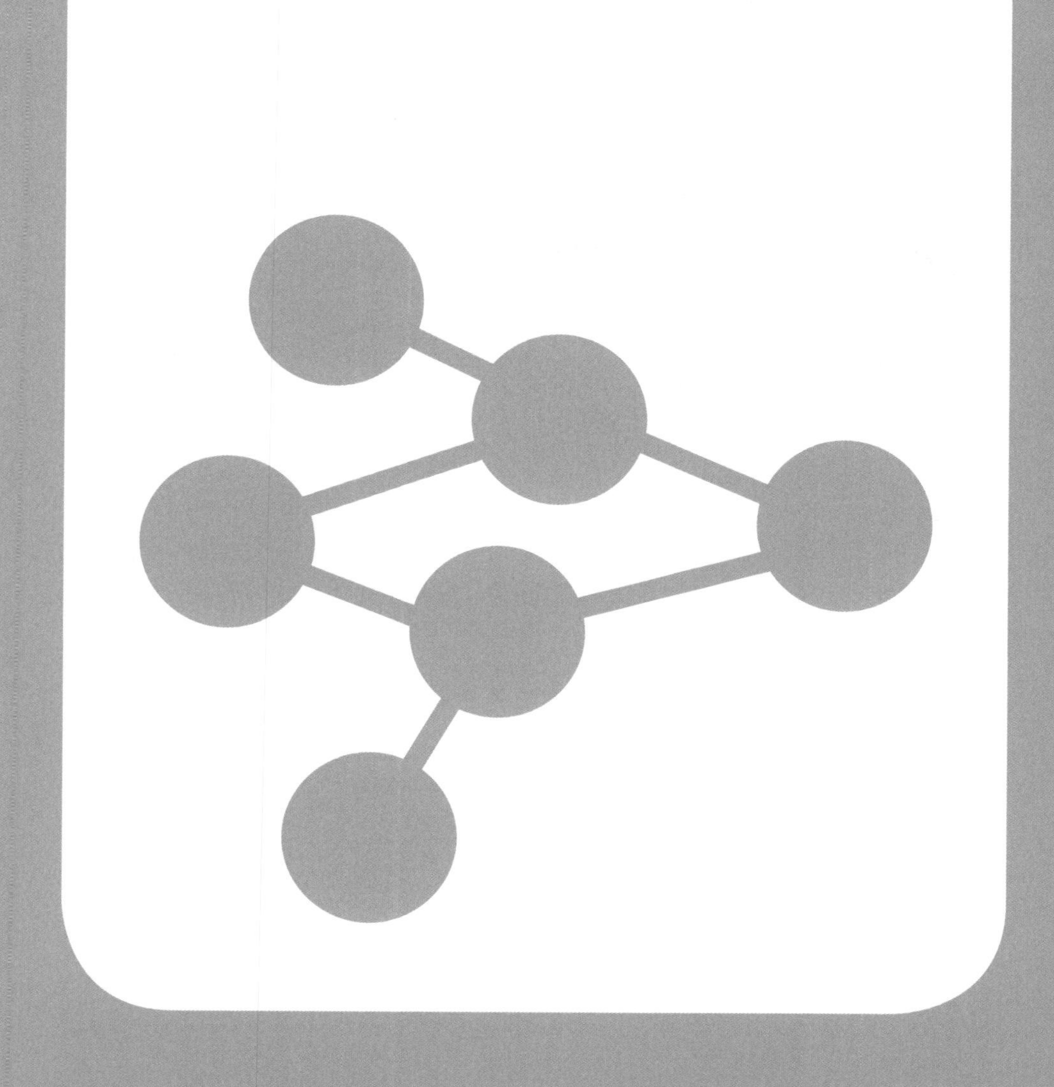

NETZWERKSTATT

Networking für Fortgeschrittene

»Who you know *is increasingly becoming more important than* what you know«,

so die Unternehmensberatung Deloitte in einer aktuellen Studie – in einer zunehmend unübersichtlichen und komplexen Welt sei immer wichtiger, wen man kenne, und nicht, was man wisse. Trendforscher wie Matthias Horx sehen das ähnlich: Für ihn ist die Zukunftsgesellschaft eine »Network Society«.

So neu, wie man hier glauben machen will, ist das Netzwerken allerdings nicht. Sollten Sie sich schon einmal gewundert haben, warum das Münchener Oktoberfest Jahr für Jahr im Festzelt Schottenhammel eröffnet wird: Die Antwort ist ganz einfach. 1950 knüpfte der schlitzohrige Schottenhammelwirt gute Beziehungen zum damaligen Oberbürgermeister Thomas Wimmer, der zum Anstich ins Schottenhammelzelt gekommen war. Er versprach dem Stadtoberhaupt schlicht die beste Brotzeit seines Lebens. Wimmer kam im nächsten Jahr wieder und begründete damit die Tradition des Schottenhammelanstichs. Und hätte das Geschlecht derer von Thurn & Taxis nicht so gute Beziehungen zum Kaiserhof unterhalten, wäre es kaum durch die Verleihung des Postmonopols steinreich geworden. Das war vor mehr als 400 Jahren. Seit Adam und Eva ist die Menschheitsgeschichte auch eine Geschichte der Beziehungen. Heute werden in den USA schätzungsweise 70 % der Jobs über Empfehlungen vergeben. Auch in Deutschland geht der Trend dahin, denn wer will schon viel Zeit und Geld in die Durchsicht ganzer Waschkörbe von Bewerbungen investieren? Und für Selbstständige gilt: Die Erfolgschance, über eine Empfehlung einen Auftrag zu bekommen, ist fast doppelt so hoch wie ohne.

Beziehungen haben wir alle. Wissenschaftler haben einmal errechnet, dass jeder Bundesdeutsche über ein Bekanntschaftsnetz von fast 1.900 Personen verfügt – vom Bäcker um die Ecke über den Ex-Kollegen bis zum Mitgolfer. Die Frage ist nur, wie gezielt man solche Kontakte zum gegenseitigen geschäftlichen Nutzen ausbaut und intensiviert. Wenn Leistungsangebot und Qualität zweier Anbieter identisch sind, gibt häufig ein persönlicher Kontakt den Ausschlag – die gemeinsame Mitgliedschaft in einem Businessclub, die Empfehlung eines Geschäftskollegen, das Gespräch am Rande einer Konferenz. Sie selbst suchen sich Ihren Architekten, Steuerberater oder Anwalt ja auch nur ungern im Branchenbuch, sondern verlassen sich lieber auf Ihren persönlichen Eindruck oder den Hinweis einer vertrauenswürdigen Kontaktperson. Womit der Volksmund einmal mehr bestätigt wird: Beziehungen schaden tatsächlich nur dem, der keine hat. In unserer Netzwerkstatt geht es daher darum, Kontakte mit System zu knüpfen, nicht zum Selbstzweck oder als offensives Ego-Marketing, sondern zum beiderseitigen Benefit. Wie Sie sehen werden, eröffnet das World Wide Web auch hier zahlreiche neue Möglichkeiten. Doch im Kern kommt es immer noch darauf an, interessiert und offen auf potenzielle Netzwerkpartner zuzugehen, sei es im Cyberspace oder beim Neujahrsempfang des Bürgermeisters.

Warum Networking? | Kurz, weil Kontakte ...

... Aufträge generieren
\+ Risiken minimieren
\+ Synergien erzeugen
\+ eigene Defizite ausgleichen
\+ Arbeitsplätze erhalten
\+ (Top-)Personal rekrutieren helfen
\+ eigene Produkte & Leistungen ergänzen
= die eigene Wettbewerbsfähigkeit stärken
und die geschäftliche Zukunft sichern

Buchtipp: »Wie man Bill Clinton nach Deutschland holt«, Hermann Scherer
Leserstimme: »Im Unternehmeralltag macht Networking Sinn und Freude, geht es doch darum, anderen zu nützen, und in einem späteren Schritt um den gegenseitigen Benefit. In dem Buch wird mit Klischees aufgeräumt und dem Networking als Funktionsprinzip der Wissensgesellschaft eine neue Perspektive gegeben.«
www.managementbuch.de

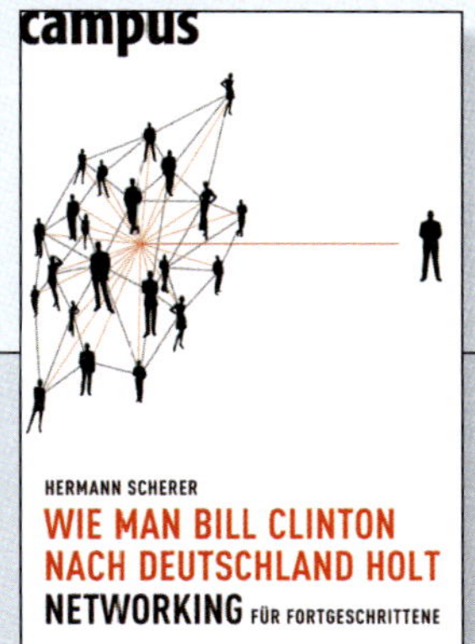

»Wie weit ein Manager aufsteigt, ist auch eine Frage seiner Verbindungen – nur mag dies kaum einer zugeben.«

manager magazin (Heft 4/2003)

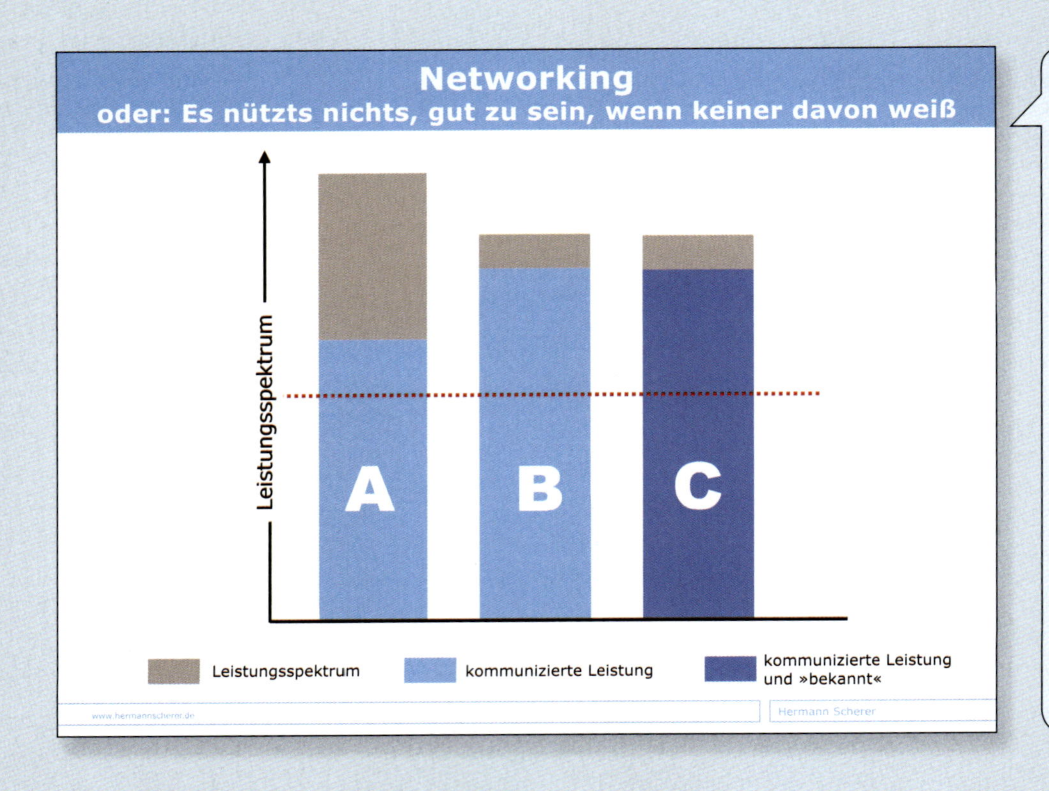

Networking oder: Es nützt nichts, gut zu sein, wenn keiner davon weiß | Haben Sie sich auch schon einmal gewundert, dass ein Mitbewerber einen wichtigen Auftrag erhielt, obwohl Sie selbst mehr zu bieten haben? Wahrscheinlich war Ihr Konkurrent einfach besser vernetzt. Oftmals geben Bekanntheitsgrad oder Empfehlungen den Ausschlag, nicht das objektive Leistungsspektrum. In der Abbildung vermarktet sich C am besten und wird aller Voraussicht nach den Zuschlag für eine höhere Zahl von Aufträgen erhalten, auch wenn A »besser« ist.

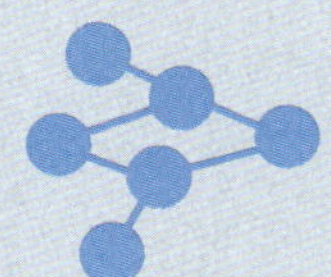

Wie gut sind Sie vernetzt?

Wen kennen Sie?

Und viel wichtiger: Wer kennt Sie?

Machen Sie sich Ihre Notizen auf S. 325.

Quelle: IBM

Wovon hängt eine Beförderung ab? | Das fragte man vor Jahren Führungskräfte bei IBM. Das Ergebnis: Fachkenntnisse machen nur 10 % des beruflichen Erfolgs aus, eine geschickte Selbstvermarktung immerhin 30 %. Aber den eigentlichen Ausschlag geben mit 60 % – Kontakte. Wie gesagt: »It's not important what you know but who you know …«

Vernetzte Progression – ein enormes Kontaktpotenzial | Lust auf ein kleines Experiment? Dann nehmen Sie bitte ein Blatt Papier im Format DIN A4 zur Hand und falten es 50-mal. Sie werden wahrscheinlich spätestens nach dem siebten Mal aufgeben, denn dann hätten Sie bereits 128 Papierschichten aufeinandergefaltet, und das würde bereits einen beträchtlichen Kraftaufwand erfordern. Beim achten Mal wären Sie bei 256 Schichten und nach 50 Mal theoretisch bei einer Dicke, die die Entfernung von der Erde bis zur Sonne überbrücken würde. Die Mathematiker nennen dies eine geometrische Progression. Bei Netzwerken potenziert sich die Zahl der Kontakte ähnlich rasant. Deshalb spreche ich von einer »vernetzten Progression«. Das »Kleine-Welt-Phänomen« belegt das eindrucksvoll – siehe unten!

Kennen Sie den? | Sehr wahrscheinlich, wenn auch über einige Stationen. Denn die Welt ist tatsächlich klein: Jeder kennt jeden um durchschnittlich sechs Ecken. Das hat ein Experiment amerikanischer Soziologen ergeben, die den E-Mail-Verkehr von 61.168 Freiwilligen aus 166 Ländern ausgewertet haben. Auf diese Weise bestätigt die Gruppe um Duncan Watts von der Columbia University in New York die bereits in den Sechzigerjahren aufgestellte »Small-World-Hypothese« auch für das weltumspannende Datennetz. Der Sozialpsychologe Stanley Milgram hatte Ende der Sechzigerjahre in einem klassischen Experiment herausgefunden, dass jeder Mensch über durchschnittlich sechs Bekannte mit jedem anderen Menschen bekannt ist.
http://smallworld.columbia.edu/watts.html

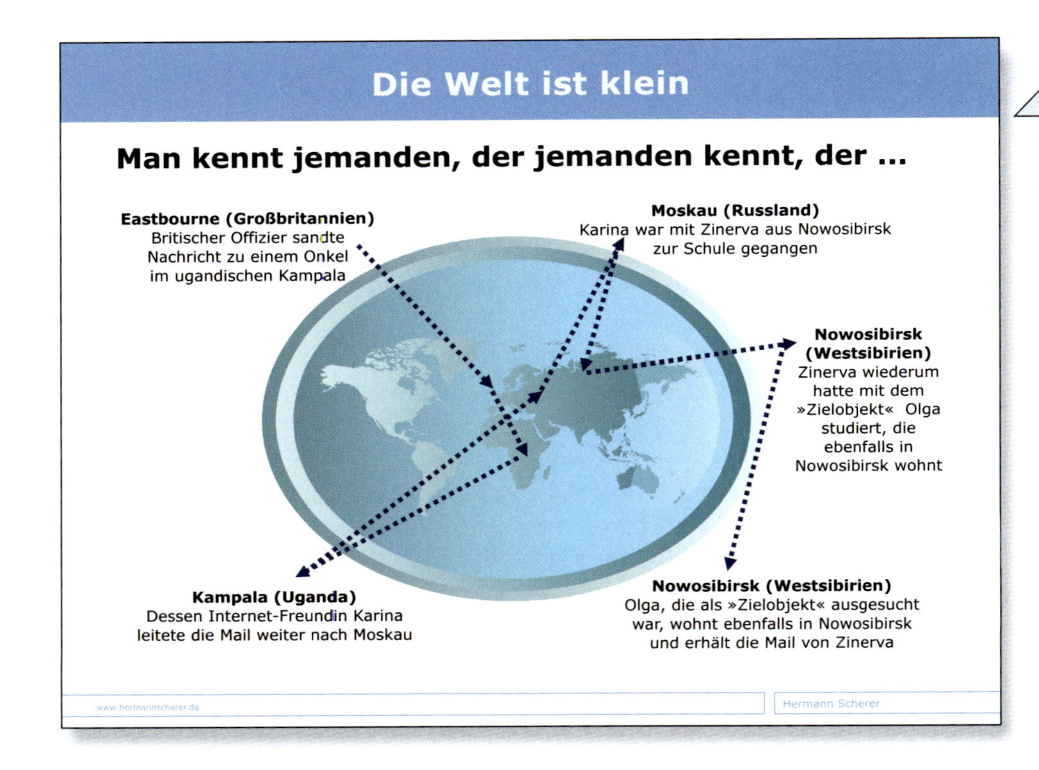

Die Welt ist klein | Die Teilnehmer des neuen Projekts von Duncan Watts sollten eine E-Mail so lange weiterleiten, bis diese einen von 18 vorbestimmten Empfängern in 13 Ländern erreichte. Von den Empfängern waren Daten wie Name, Beruf und Wohnort bekannt. Hier sehen Sie, auf welchem Weg ein britischer Offizier eine Zielperson im sibirischen Nowosibirsk kontaktierte.

Machen Sie sich Ihre Notizen auf S. 325.

Netze im Netz

Die Internet-Plattform XING ist momentan eine der am schnellsten wachsenden Seiten Europas. Ende 2008 zählte das Business-Netzwerk 6 Millionen Mitglieder, die in über 19.000 Expertengruppen weltweit miteinander diskutierten. Ich wette mit Ihnen, dass es auch zu Ihrem Geschäftsfeld eine Gruppe gibt, in der Sie wertvolle Kontakte knüpfen können. Längst wird das Netzwerk hochprofessionell für Akquise genutzt – und zwar nicht nur von Personalern und Headhuntern, die XING als Recruiting-Instrument nutzen. Drei Beispiele:

1. Eine große Geschäftsbank ist nach Branchenclustern aufgebaut. Also filtert der Verantwortliche für die Chemieindustrie über XING alle Geschäftsführer der Branche heraus. Außerdem bekommt er mit, wenn sich in diesem Kreis etwas ändert und jemand neu hinzukommt. Man begrüßt sich zwanglos mit einem »Herzlich willkommen, schön, dass Sie da sind« – und schon ist der Kontakt geknüpft. Paradoxerweise sind sich Menschen, die sich über XING kennenlernen, wohlgesinnter als solche, die sich auf der Straße treffen; das belegen Studien. Man ist ja in der gleichen Community (wie schätzungsweise 5.999.999 andere ...).

2. Die renommierte Management School St. Gallen bietet unter anderem Management-Seminare an. In einen MBA dort investiert man knapp 30.000 Euro, für ein Management-Seminar über 5.000 Euro. Dennoch werden 60 % der Verkäufe über XING vorbereitet, indem etwa über den Alumni-Club Interessenten aufmerksam werden.

3. Der Betreiber einer Tanzschule sprach mich nach einem Vortrag an: »Herr Scherer, B2B mag ja interessant sein. Nützt mir nur nichts, wenn ich mehr Kurse verkaufen will.« Wir haben kurz bei XING geschaut, wer in Mannheim wohnt und gerne tanzt. Mit ein paar Mausklicks hatte der Zuhörer 90 Tanzkurse verkauft – sein üblicher Dreimonatsumsatz in kürzester Zeit.
www.xing.com

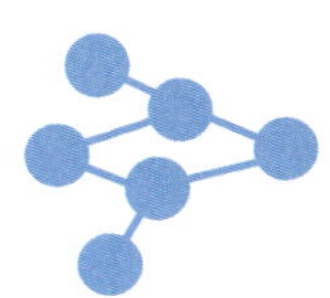

Welchen virtuellen Netzwerken können Sie beitreten?

Machen Sie sich Ihre Notizen auf S. 325.

XING macht Kontakte transparent | Wer kennt wen? Eine gute Online-Vernetzung und interessante Netzwerkpartner zählen längst zu den »Qualitätssurrogaten« (siehe S. 26), die Ihre Geschäfte befördern können.

Internet-Networking weltweit | 3 Beispiele. Die Zahl der Cybernetzwerke wächst, und es gelten unterschiedliche Spielregeln: Bei XING trägt man sich einfach ein, bei Linkedin brauchen Sie eine Empfehlung als Eintrittskarte, und Spock sammelt unabhängig Informationen – wie man sieht, nicht immer solche, die der (oder die) Eingetragene selbst präferieren würde …

Vitamin B 2.0

Interessante Websites für fortgeschrittene Networker:

www.adalis.de
www.ahk.de
www.asmallworld.net
www.Bizzlounge.com
www.Bni.com
www.delicious.com
www.Facebook.com
www.google.de
www.Kaioo.com
www.kooperationsboerse.ihk.de/kdbdiht.asp
www.linkedin.com
www.myplace.com
www.netto-forum.de
www.Netvibes.com
www.paterva.com/maltego
www.Plaxo.com
www.Qype.com
www.spock.com
www.studivz.net
www.viadeo.com
www.Virb.com
www.Wer-kennt-wen.de
www.yasni.de

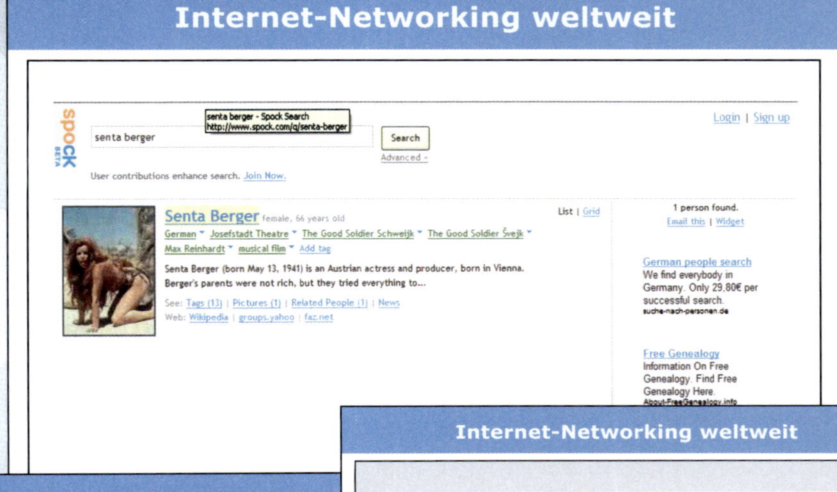

Internet-Networking weltweit

Fügen Sie mich gerne Ihren Kontakten hinzu!

Der beste Spion der Welt | – und noch dazu kostenlos. Kennen Sie Google Alerts, die Alarmfunktion bei Google? Das ideale Instrument, um zeitnah darüber auf dem Laufenden zu sein, was Mitbewerber, Kunden, Geschäftspartner tun. Sie geben Stichworte ein – etwa den Namen eines Mitbewerbers – und sobald der Name irgendwo im World Wide Web auftaucht, werden Sie per Mail benachrichtigt. Und ein Alert mit Ihrem eigenen Namen garantiert, dass Ihnen nichts entgeht, was im Netz über Sie veröffentlicht wird.
www.google.de/alerts?hl=de

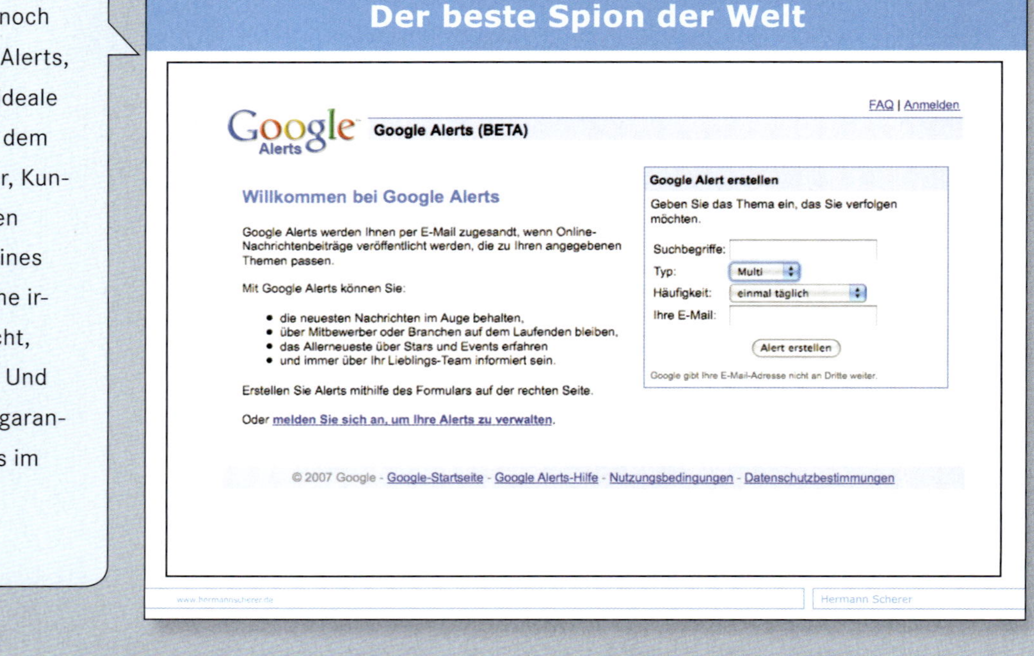

Zielgenau informiert | Einer der weiteren Services von Google – über Google News recherchieren Sie aktuelle Nachrichten exakt zu den Themen, die Sie interessieren, derzeit in 700 verschiedenen Quellen. Damit ersetzen Sie die Zufallsfunde der Zeitungslektüre durch eine persönlich zugeschnittene Recherche-Strategie.
www.google.de/news?ned=de

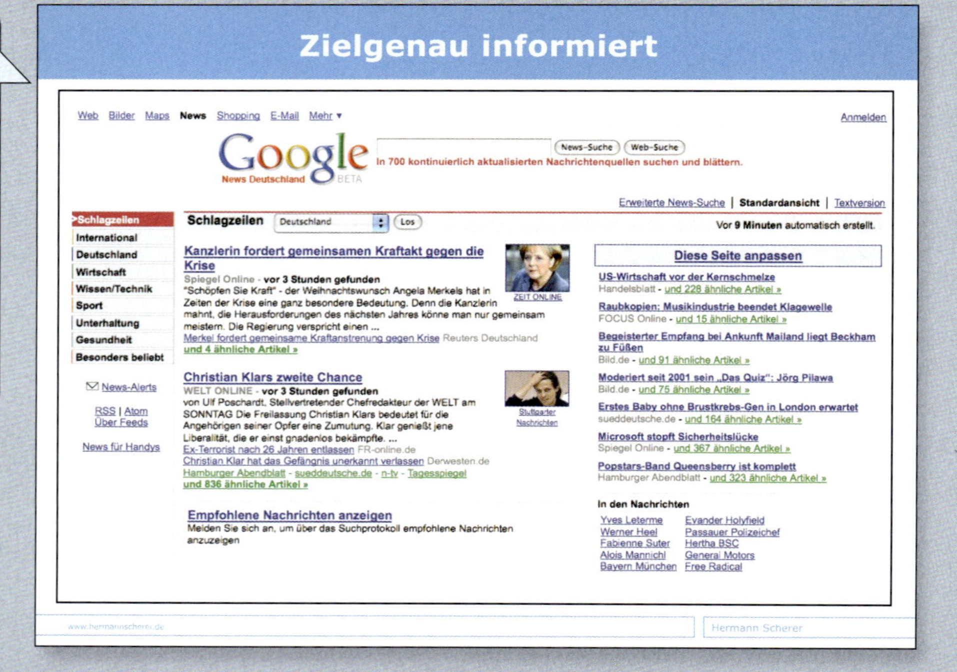

Das Netzwerktool für die Generation Spontan | Verabreden war gestern. Wer immer wissen will, wo seine Kontaktpersonen gerade sind und was sie tun, nutzt Plazes. Wenn Sie sich dort entsprechend eintragen, erfahren Sie jedes Mal, wenn Sie Ihren Rechner hochfahren oder Ihr Handy einschalten, wer sich wo gerade aufhält. So können Sie auch den glücklichen Zufall (»Serendipity«) für die Pflege Ihres Netzwerkes nutzen.
http://plazes.com

Kontakte kreativ befördern

Wer das Internet clever nutzt, ist besser informiert als andere und kann Kontakte auf fantasievolle Weise anbahnen. Beispiel: Ihre Zielperson ist leidenschaftlicher Golfer. Das verrät Ihnen ein Netzwerkeintrag. Sie könnten das nutzen, um ihm jede Woche einen Golfball zu schicken. Es wird nicht lange dauern, bis der Golfer sich bei Ihnen nach dem Grund erkundigt. Dass es sich lohnt, andere Wege zu gehen, zeigt auch das folgende Beispiel.

Keine Angst vor großen Tieren

Wie wird man CEO? Das wollte eine Kölner Abiturientin von 63 Vorstandsvorsitzenden in Deutschland wissen. Mit Erfolg: 35 Manager schrieben zurück, die meisten persönlich. Nur wenige ließen ihre Assistenten oder die Pressestelle antworten. Die Schülerin bekam mehrere Praktika angeboten, der Chef der Frankfurter Börse ließ sie nach Frankfurt einfliegen, um sie kennenzulernen. Porsche-Chef Wiedeking schickte einen Porsche, ein Modell, aber immerhin. Nicht schlecht, als 18-Jährige mit über 30 Vorständen vernetzt zu sein, oder?

Sehr geehrter Herr Dr. Bernotat,

ich bin ein 18-jähriges Mädchen aus Köln und strebe eine Führungsaufgabe in der Wirtschaft an. Ich habe gerade mein Abitur gemacht und finde es sehr spannend, später viel Verantwortung und Gestaltungsmöglichkeiten zu haben. Mein Vater ist zum Beispiel Oberarzt und übernimmt somit ebenfalls eine leitende Position.
Ebenso absolvierte ich ein Praktikum in der Sendeleitung von RTL, wodurch mein Wunsch beziehungsweise meine Vorstellungen verstärkt wurden. Auch Sie tragen viel Verantwortung und führen ein großes Unternehmen. Deshalb habe ich mir gedacht, Sie könnten mir vielleicht ein paar interessante Tipps geben, was einen guten Manager ausmacht.

Ich würde mich sehr freuen, wenn Sie sich die Zeit nehmen könnten, um folgende Fragen zu beantworten:

- Welche Eigenschaften machen einen guten Manager aus?
- Wie kann ich mich am besten auf den Beruf vorbereiten?
- Was muss ich lesen oder lernen, um CEO zu werden?
- Gab es ein besonderes Ereignis, das Sie zu der Führungskraft gemacht hat, die Sie heute sind, oder Sie dazu gebracht hat, eine solche Position erreichen zu wollen? Wenn ja, was war es und haben Sie dieses Ereignis damals auch als solches wahrgenommen?

Über ein paar Ratschläge von Ihnen würde ich mich sehr freuen.

Im Voraus bedanke ich mich für Ihre Mühe. Sie haben bestimmt viel zu tun.

Mit freundlichen Grüßen
Alisa-Michèle Kox

Quelle: Wirtschaftwoche Nr. 40 vom 23.09.2004

Zwei der Antworten:

Dieter Ammer, CEO bei Tchibo: *»Als Manager muss man gut zuhören können und Entscheidungen treffen. Dazu gehört der Mut, neue, unbekannte Wege zu gehen. Wichtig ist auch, dass man dabei ein echtes Interesse an und Respekt vor den Menschen hat. Eine Karriere kann man nicht planen. Man muss zur richtigen Zeit am richtigen Ort sein und die richtigen Menschen treffen. Dieses Glück habe ich oft gehabt.«*

Dieter Nirschl, Direktor Konzern-Personal bei TUI: *»Nach wie vor ist es unverzichtbar, eine solide Ausbildung zu haben. Es muss nicht immer ein Hochschulstudium sein, aber eine Ausbildung, die vernetztes Denken und analytische Fähigkeiten fördert, gehört dazu. Daneben erwarten wir zum Beispiel von unseren Führungskräften ein hohes Maß an sozialer Kompetenz wie Überzeugungskraft, Durchsetzungsfähigkeit, und, aufgrund unserer internationalen Ausrichtung, interkulturelle sowie sprachliche Fähigkeiten.«*

Small Talk Forschung

Eine Studie der Stanford University School of Business ging der Frage nach, wie erfolgreich MBA-Absolventen zehn Jahre nach dem Examen waren. Das Ergebnis: Die Abschlussnote sagte nichts über ihren späteren Erfolg aus, wohl aber die Fähigkeit, mit anderen Menschen ins Gespräch zu kommen. Das Talent zum Small Talken, also zum Reden über »kleine« Themen, kann große Folgen haben, unterstreicht daher Debra Fine, Autorin des Buches »The Fine Art of Small Talk«.

Machen Sie eine Netzwerk-Inventur!

- Wen kenne ich bereits? (Mind-Map)
- Wen will ich kennenlernen? Warum?
- Wer kann mein Netzwerk bereichern?
- Was kann ich für diese Menschen konkret tun?
- Was habe ich potenziellen Netzwerkpartnern zu bieten?
- Was können die Menschen für mich tun?
- Wie (und wo) kann ich diese Menschen kennenlernen? Oder: Wer könnte jemanden kennen, der jemanden kennt, der jemanden kennt, der ...?

Welchen realen Netzwerken können Sie beitreten?

Machen Sie sich Ihre Notizen auf S. 325.

13 goldene Regeln fürs Netzwerken bei Veranstaltungen

1.) Finden Sie vorher heraus, wer anwesend sein wird.
2.) Erscheinen Sie frühzeitig.
3.) Bringen Sie viele Visitenkarten mit.
4.) Suchen Sie sich passende Interessenten aus.
5.) Lernen Sie Namen auswendig und benutzen Sie sie.
6.) Rauchen, trinken oder essen Sie nicht während der Gespräche.
7.) Verschwenden Sie keine Zeit mit Nichtinteressenten.
8.) Seien Sie lebendig und fröhlich.
9.) Halten Sie sich zu Anfang und Ende nahe am Eingang auf.
10.) Verbringen Sie 2/3 der Zeit mit Ihnen Unbekannten.
11.) Erfahren Sie etwas über Ihren Gesprächspartner, ehe Sie von sich erzählen.
12.) Sorgen Sie für Rapport. Verkaufen Sie nicht bei diesem Anlass.
13.) Notieren Sie Wichtiges sofort auf der Rückseite der Visitenkarten.

Worüber Sie sprechen sollten ...

1.) Name
2.) Firma
3.) Position
4.) Verantwortung
5.) Einige der aktuellen Herausforderungen
6.) Einfluss aktueller geschäftlicher Trends auf die Firma
7.) Anlass zur Teilnahme an dieser Veranstaltung
8.) Angestrebter Kundenkreis
9.) Kurze Einführung und »30-Sekunden-Werbespot«
10.) »Wenn es etwas gibt, was ich für Sie tun kann, rufen Sie an!«

Was ist ein 30-Sekunden-Werbespot?

»Elevator-Pitch« nennen das Vertriebsleute: Stellen Sie sich vor, Sie begegnen Ihrem Traumkunden im Aufzug. Sie haben 30 Sekunden Zeit, um einen bleibenden Eindruck zu hinterlassen. Was sagen Sie? **Tipps:**

- Denken Sie »kundenorientiert«: Was interessiert Ihr Gegenüber?
- Wecken Sie gleich im ersten Satz Interesse: Nutzen Sie ein Bild oder ein Beispiel.
- Seien Sie anders: Was unterscheidet Sie von Mitbewerbern?
- Malen Sie Bilder: Beispiele und Storys bleiben besser haften als Zahlen und Fachchinesisch.
- Schließen Sie mit einer Aufforderung: Sagen Sie, wie Sie Nutzen stiften und was Sie erreichen wollen!

Netzwerk-Strategien

Verlassen Sie regelmäßig Ihren Schreibtisch!
Denn Kontakte und Verbindungen wiegen schwerer als Fleiß und Fachw ssen.

Pflegen Sie bestehende Kontakte!
Bringen Sie sich auf originelle Weise in Erinnerung. Zum Beispiel mit einer »Jetzt kennen wir uns schon 100 Tage«-Mail.

Bleiben Sie interessant!
Erzählen Sie fesselnde Geschichten, die Lust machen auf eine Fortsetzung – frei nach dem Scheherazade-Prinzip.

Fragen Sie, was Sie für Ihr Gegenüber tun können ...
... und nicht, was Ihr Gesprächspartner für Sie tun kann.

Setzen Sie auf das Prinzip des »Lern mich kennen« ...
... statt offensiv Geschäfte anbahnen zu wollen. Man wird auf Sie zukommen, wenn Sie überzeugt haben.

Nutzen Sie Bühnen!
Halten Sie Vorträge (z. B. in einem lokalen Businessclub), organisieren Sie Workshops und Seminare (z. B. für Ihre Kunden).

Engagieren Sie sich in institutionellen Netzwerken und Clubs!
Lenken Sie die Aufmerksamkeit durch aktive Mitarbeit (z. B. in regionalen Wirtschaftsverbänden oder Business-Netzwerken) auf sich.

Bringen Sie andere zusammen!
Damit bleiben Sie als wichtiger Knotenpunkt im Netzwerk positiv im Gedächtnis.

Verleihen Sie einen Preis!
Wenn Ihr Business das zulässt, stiften Sie einen Preis und verleihen Sie ihn an Menschen, mit denen Sie gerne in Kontakt kommen möchten (→ mehr in Kapitel 19 Marktmacht).

Fragen Sie Experten um Rat!
Beispielsweise, indem Sie für ein Buch um ein Interview bitten oder eine Expertenrunde organisieren (→ mehr in Kapitel 19 Marktmacht).

Organisieren Sie ein »Big Event« ...
... und bekommen Sie Presseaufmerksamkeit und Kontakte, die mit Geld kaum aufzuwiegen sind. So bin ich bis heute derjenige, »der Bill Clinton nach Deutschland geholt hat« (→ mehr in Kapitel 24 Leidenschaft).

Vertrauen Sie darauf, dass sich Großzügigkeit auszahlt!
Rechnen Sie nicht gegeneinander auf, was der eine für den anderen getan hat. Gehen Sie davon aus, dass die Gesamtbilanz schon stimmen wird.

Aus »Märchen aus 1001 Nacht«: Prinzessin Scheherazade wusste, dass der grausame König im fernen Morgenland jedes Mädchen, das er heiratete, am darauffolgenden Morgen tötete. Sie war die Einzige, die überlebte, da sie ihm spannende Geschichten erzählte, die sie erst am nächsten Tag fortsetzte. Der König, gefesselt von den Erzählungen und neugierig auf das Ende, verschonte somit ihr Leben immer bis zur nächsten Nacht. So vergingen 1.000 Nächte mit 200 Geschichten.

Don'ts für Networker

- Schlecht über Dritte sprechen.
- Vorschnelle Einteilung der Kontakte (interessant/uninteressant).
- Den Zeitaufwand unterschätzen.
- Schlechtes Benehmen.
- Beziehungen »ausnutzen« (zu früh, zu viel, zu oft ...).
- Grenzen missachten.
- Mitgliederlisten weitergeben.
- Netzwe-kkollegen schlechter als Fremde behandeln.
- Inkonsequentes Networking (»erst locken, dann blocken ...«).
- Kontakte verprellen.
- Angebote (offensives Selbstmarketing).
- Fehlende Kontinuität (»Gut Ding will Weile haben«).

Networking ist eine mittel- bis langfristige Investition in Beziehungen, kein kurzfristig wirksames Akquise-Instrument. Es geht darum, behutsam Kontakte aufzubauen, Vertrauen zu gewinnen, Möglichkeiten der Zusammenarbeit auszuloten. Wer plump oder unhöflich vorgeht, scheitert.

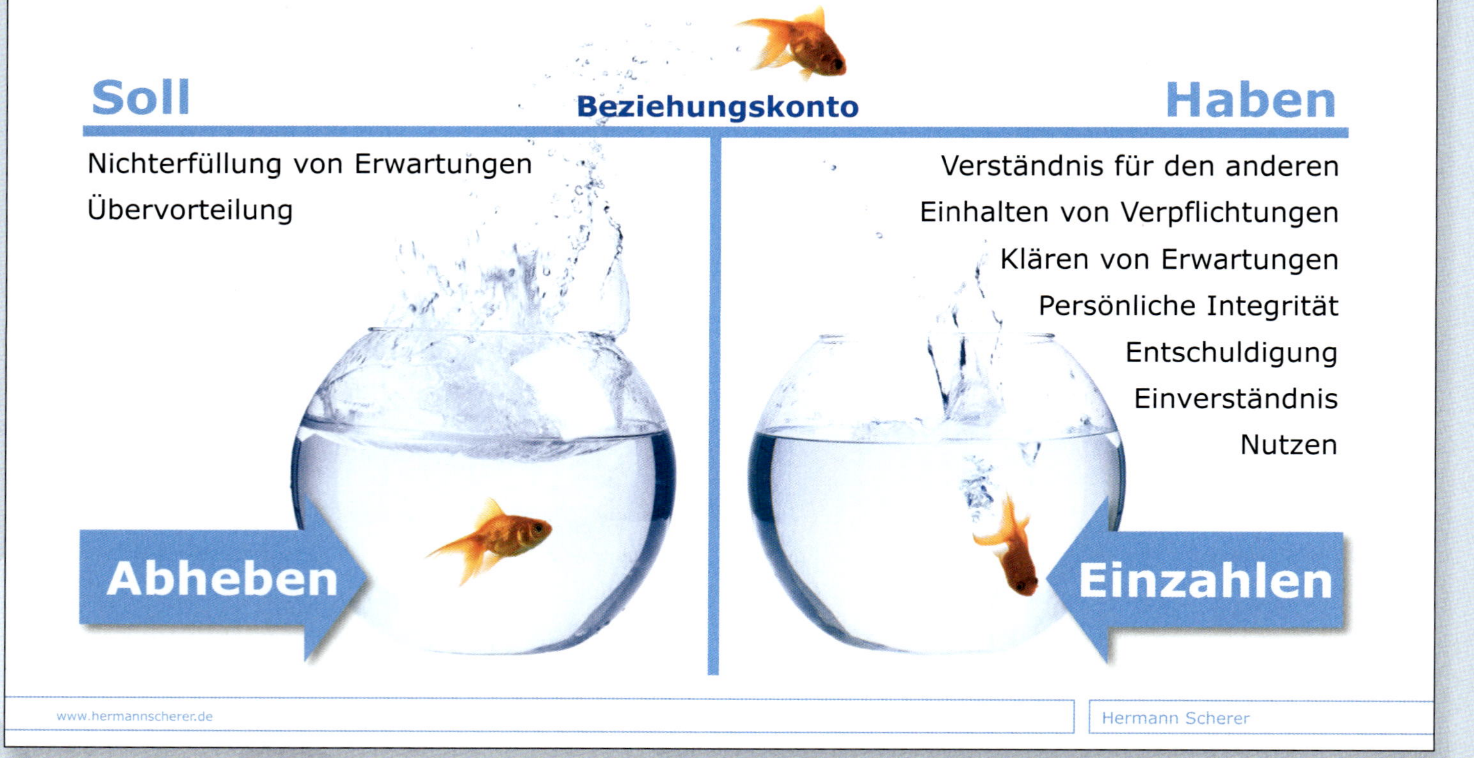

Beziehungskonto | Wie Sie sehen, sind auf einem »Beziehungskonto« immaterielle Beziehungswerte – alle vertrauensbildenden Maßnahmen – deponiert. Wer Vertrauen enttäuscht, muss aufpassen, dass er das Konto nicht überzieht.

Prozesse werden oft erfolgreich kopiert, schwer kopierbar ist die Kultur eines Unternehmens und die Beziehungen der Mitarbeiter zu deren Kunden.

Networking für Introvertierte | Viele Menschen, die im Rampenlicht der Öffentlichkeit stehen – Schauspieler, Kabarettisten, selbst Showmaster –, beschreiben sich privat als »schüchtern«. Sie sind der lebende Beweis dafür, dass sich Hemmungen überwinden lassen.

Einige zusätzliche Tipps:

- Ändern Sie nicht zuerst Ihre Einstellungen, sondern Ihr Verhalten. Gehen Sie unter Leute.
- Hören Sie auf, Ihre eigenen Ängste (vor Ablehnung, Zurückweisung usw.) in andere Menschen hineinzuprojizieren.
- Achten Sie mehr auf Äußerlichkeiten: Kleiden Sie sich sorgfältig, legen Sie Wert auf einen gepflegten Auftritt. Das stärkt das Selbstbewusstsein.
- Achten Sie auf Ihre Einstellungen. Wer sicher ist, dass ihn niemand mag, provoziert exakt diese Erfahrung (selffulfilling Prophecy).
- Trainieren Sie dort, wo Misserfolge erträglich sind. Wenn es nicht darauf ankommt, werden Sie viel lockerer sein.
- Achten Sie auf Ihre Gedanken, stoppen Sie negative Selbstgespräche.
- Besuchen Sie ein Small Talk Seminar. Dort können Sie in einer Gruppe unverfängliche Gesprächseinstiege und Ähnliches üben.
- Halten Sie Erfolgserlebnisse schriftlich fest. Führen Sie am besten ein kleines Erfolgstagebuch.

Networking für Introvertierte

- Schüchternheit kann man verlernen, Hemmungen abbauen!
- Sehen Sie die Vorteile Ihrer Persönlichkeit: Viele Menschen schätzen Zurückhaltung!
- Machen Sie einen Stufenplan für Lernerfahrungen – von einfachen Situationen zu herausfordernden!
- Engagieren Sie sich in einer Gruppe!
- Lassen Sie sich durch kleine Misserfolge nicht entmutigen (auch Kontaktfreaks sind nicht immer erfolgreich)!
- Erleben Sie, wie erfolgreich und befriedigend der Umgang mit anderen sein kann!

www.hermannscherer.de | Hermann Scherer

Und jetzt sind Sie dran | Keine Frage, systematisches Netzwerken kostet Zeit, sogar viel Zeit. Nicht immer werden Sie gleich so viel Glück haben wie der Wirt vom Schottenhamelzelt, dessen Enkel noch heute davon profitieren, dass ihr Vorfahr 1950 geistesgegenwärtig eine gute Beziehung zum Oberbürgermeister der Stadt München herstellte und so den traditionellen Anstich für immer in sein Zelt holte. Aber ich garantiere Ihnen, Ihr Netzwerk-Engagement wird sich auszahlen – und oft nicht einmal dort, wo Sie das erwartet haben. »Serendipity« (Serendipität) nennen Philosophen und Literaten zufällige glückliche Entdeckungen oder Ereignisse, die sich ergeben, während man eigentlich etwas ganz anderem auf der Spur ist. So sind beispielsweise die Röntgenstrahlen entdeckt worden. Man findet etwas, das man gar nicht gesucht hat – nur: Auch dazu muss man sich erst einmal auf die Suche machen!

Und jetzt sind Sie dran …

www.hermannscherer.de | Hermann Scherer

KOOPERATIONEN

Kontrakte durch Kontakte

»Wer allein arbeitet,

addiert –

wer zusammenarbeitet,

multipliziert«,

sagt ein orientalisches Sprichwort. Dieser Gedanke setzt sich im Business erst langsam durch, zumindest dann, wenn es nicht um Teamwork, sondern um Kooperationen zwischen Unternehmen geht. Die nächstliegende Strategie im Verdrängungswettbewerb ist es, Mitbewerber zu überflügeln – durch Produktinnovationen, durch kreatives Marketing, durch eine clevere Positionierung. Doch nirgends steht geschrieben, dass man sich die begehrte Pole-Position alleine erkämpfen muss. In klug gewählten Kooperationen addieren sich die Stärken der Partner zum gegenseitigen Benefit. So kann man beispielsweise den Kundennutzen maximieren, die Kosten senken, den Markt besser durchdringen. In der Natur sind solche Win-win-Beziehungen weit verbreitet: Überall zu Wasser und zu Lande stößt man auf symbiotische Beziehungen – laut Meyers Lexikon »das Zusammenleben artverschiedener, aneinander angepasster Organismen zu gegenseitigem Nutzen«. So schützt die Seeanemone den Clownfisch mit ihren Tentakeln vor Fressfeinden, der Fisch wiederum wehrt Feinde der Anemone ab. Und in der Pflanzenwelt hat sich die Zusammenarbeit von Flora und bestäubenden Insekten in Jahrmillionen bewährt.

Auch wenn Sie nicht gleich für die Ewigkeit planen: Es lohnt sich, gezielt die Möglichkeiten einer Zusammenarbeit auszuloten, die allen Partnern Vorteile bringt und dabei Ihre Selbstständigkeit unangetastet lässt. So gesehen sind Kooperationen nichts anderes als eine intensive und institutionalisierte Form von Networking. Jede funktionierende Kooperation setzt Vertrauen und Engagement auf der einen, Zielklarheit und eindeutige Absprachen auf der anderen Seite voraus. Ohne vertragliche Regelungen geht es nicht, ohne eine kooperative Grundhaltung aber ebenso wenig. Wie fruchtbar Kooperationen sein können, belegt eine Vielzahl von Erfolgsmodellen. Selbst Konkurrenzunternehmen können auf diese Weise voneinander profitieren, wie die überaus erfolgreiche »Star Alliance« verschiedener Fluggesellschaften zeigt. Die Lufthansa als einer der Partner wiederum perfektioniert mit ihrem Miles & More-Programm die Zusammenarbeit mit anderen Branchen: Der Kunde der Fluggesellschaft kann bei zahlreichen Unternehmen von der Hotelkette bis zum Kreditkartenanbieter Meilen sammeln, und jedes dieser Unternehmen sichert sich einen zusätzlichen Marketingeffekt. Was nicht heißt, dass Kooperationen nur etwas für die ganz Großen sind: Auch mittelständische Unternehmen und sogar der Bäcker oder Fleischer um die Ecke können durch geschickte Vernetzung ihren Umsatz steigern. Lassen Sie sich überraschen!

Kontrakte durch Kontakte

Nutzen potenzieren lautet die Devise erfolgreicher Unternehmenskooperationen. Wenn sich die richtigen Stärken addieren, kann eins und eins durchaus mehr als zwei ergeben. Die Kooperationsmodelle sind vielfältig. Fünf Strategien:

1. Kundenbedürfnisse optimal erfüllen

Wer einen Flug bucht, braucht am Zielort häufig einen Mietwagen; wer im Urlaubshotel eingecheckt hat, interessiert sich für touristische Angebote. Kluge Unternehmen steigern ihren Umsatz wechselweise durch feste Partnerschaften. Dasselbe gilt beispielsweise auch für das Karriereberatungsunternehmen, das mit einem Fachanwalt für Arbeitsrecht, einer Imageberaterin und einem Porträtfotografen zusammenarbeitet und so Klienten in beruflichen Umbruchsituationen optimalen Service bietet.

2. Neue Kunden gewinnen

Hier bietet der eine Partner dem anderen eine Plattform der Zielgruppenansprache. Im Gegenzug kann er seine Dienstleistung oder Produkte aufwerten. Das funktioniert etwa, wenn ein Möbelhaus seine Ausstellung mit »echten« Elektrogeräten aufwertet oder wenn ein Wirtschaftsmagazin eine kostenlose Audio-CD mit nützlichen Inhalten bietet und damit die Beratungsleistung eines namhaften Experten publik macht.

3. Eigene Schwachstellen ausgleichen

Statt alles selbst zu machen, wird hier ein Partner gesucht, der eigene Defizite ausgleicht. Die Vortragsreihen von »Unternehmen Erfolg« sind durch namhafte Redner, aber auch durch Pressekooperationen mit renommierten Zeitschriften von der Süddeutschen bis zur Frankfurter Rundschau groß geworden. Die Printmedien wiederum konnten so neue Kunden gewinnen, alte binden und Kompetenz im Bereich Beruf und Karriere unterstreichen.

4. Neue Produkte kreieren

Hier tun sich zwei oder sogar mehr Hersteller zusammen, um ein neues Produkt anzubieten – von der Kaffeemaschine, die mit bestimmten Pads bestückt werden muss (zum Beispiel Philips und Sara Lee bei »Senseo«), bis zur elektrischen Kinderzahnbürste, bei der das Unternehmen Oral-B für die Elektronik mit der Firma Braun, für peppige Aufmachung mit Disney und bei den Batterien mit Duracell kooperierte.

5. Imagetransfer durch Markenkooperationen

Wenn zwei Marken eine Verbindung eingehen, nützt das im besten Fall dem Image beider und fördert den Absatz. Ein Beispiel ist die Kooperation des Uhrenherstellers Breitling mit Bentley als Nobelmarke im Automobilsektor. So gibt es inzwischen nicht nur die Breitlinguhr im Bentley-Armaturenbrett, sondern auch die Armbanduhr mit Bentley-Design. Auch die Kooperationen von Textilketten mit Designern (H & M und Karl Lagerfeld oder Roberto Cavalli; Tchibo und Michael Michalsky) zielen in diese Richtung, deuten aber auch die Risiken an, wenn Luxussegment auf Discounter trifft.

Buchtipp: Mehr zum Thema lesen Sie in: Hermann Scherer, »Wie man Bill Clinton nach Deutschland holt. Networking für Fortgeschrittene«.

»Kaufen Sie bei uns einen Ofen, und Sie erhalten lebenslang Holz gratis dazu!« | Ein Beispiel für eine erfolgreiche Kooperationsidee aus meiner Beratungspraxis: Ein lokaler Ofenbauer, der durch ein großes Konkurrenzunternehmen unter Druck geraten war, konnte sogar erheblich höhere Preise für seine Öfen durchsetzen, weil er ein zentrales Kundenproblem mitlöste – die lästige Brennstoffbeschaffung. Durch die Kooperation mit einem Forstbetrieb nahm er den Käufern diese Sorge ab: Einmal im Jahr geht man zum »Wood Day« gemeinsam mit einem Förster Holz schlagen. Mittlerweile hat sich dieser Ausflug sogar zum zugkräftigen Marketingevent für Noch-nicht-Kunden entwickelt. Den Ofenkäufern ist das Angebot im Schnitt 500 bis 1.000 Euro zusätzlich wert.

Wer ist Ihr Komplementärpartner, ...

... um die Zahl der Werbekontakte zu erhöhen?

... um die Produktqualität zu erhöhen?

Machen Sie sich Ihre Notizen auf S. 326.

Komplementärpartner | Aus den USA stammt das Konzept des »Host Beneficiary«, bei dem ein Unternehmen als Gastgeber (Host) für Werbemaßnahmen eines anderen, nutznießenden Unternehmens (Beneficiary) fungiert. Wenn diese Beziehung auch umgekehrt funktioniert, haben sich zwei ideale Komplementärpartner gefunden. Ein Beispiel: Bäckermeister A sendet einen Brief an seine Kunden, in dem er die Wurst- und Schinkenspezialitäten der Fleischerei B als idealen Belag für die eigenen Brotsorten lobt. Diesem Brief liegt ein 2-Euro-Gutschein bei, den der Kunde in der Fleischerei einlösen kann. Fleischermeister B nutzt seine Adresskartei in gleicher Weise und versendet einen Brot-Gutschein. Unterm Strich profitieren beide: Sie steigern ihren Umsatz, da sich die Produktgruppen ergänzen, und haben ihre Kunden auf originelle Weise angesprochen.

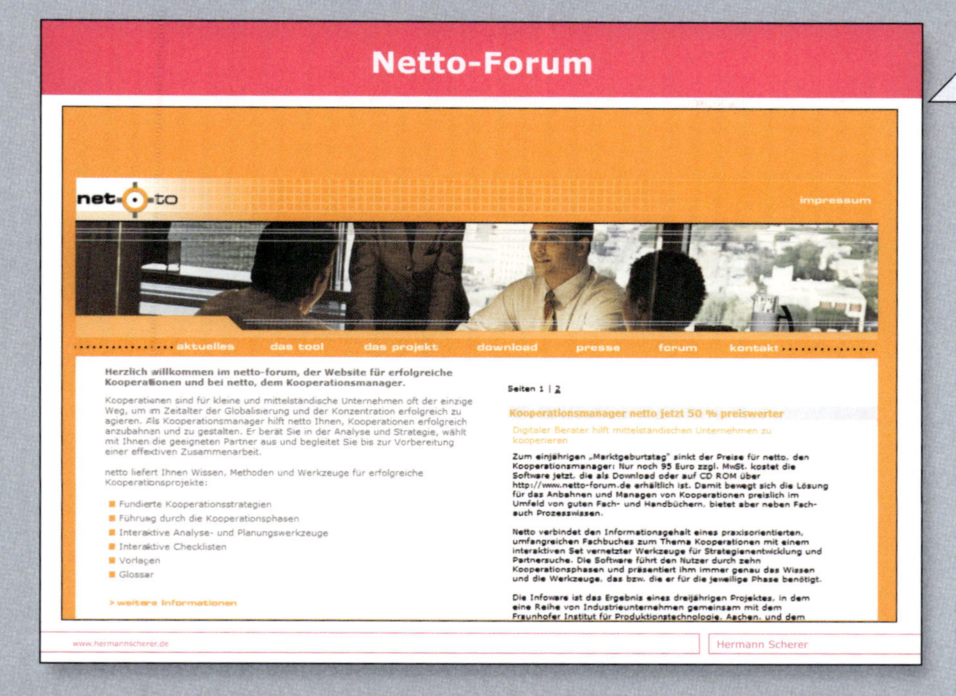

Man muss viele Frösche küssen | Wer im Internet das Stichwort »Unternehmenskooperation« googelt, erhält fast 150.000 Treffer. Hier eine Auswahl von Seiten, die Ihnen weiterhelfen:

www.netto-forum.de
bietet kleinen und mittelständischen Unternehmen Know-how in Sachen Kooperation sowie Unterstützung bei Analyse, Planung und Partnersuche.

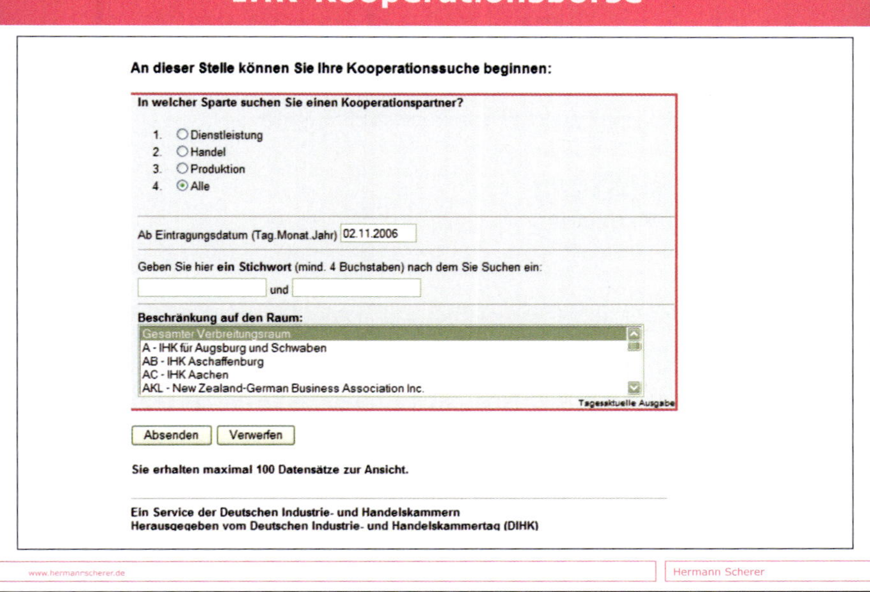

www.kooperationsboerse.ihk.de
ist ein Service der Industrie- und Handelskammern. Unternehmen können gezielt nach Partnern in einer bestimmten Sparte und Region suchen.

www.ahk.de
ist die Plattform der Außenhandelskammern, die deutsche Unternehmen bei Aktivitäten im Ausland unterstützen. Wer unter »Suche im AHK Netz« das Stichwort »Kooperationen« eingibt, erhält eine Liste einschlägiger Angebote.

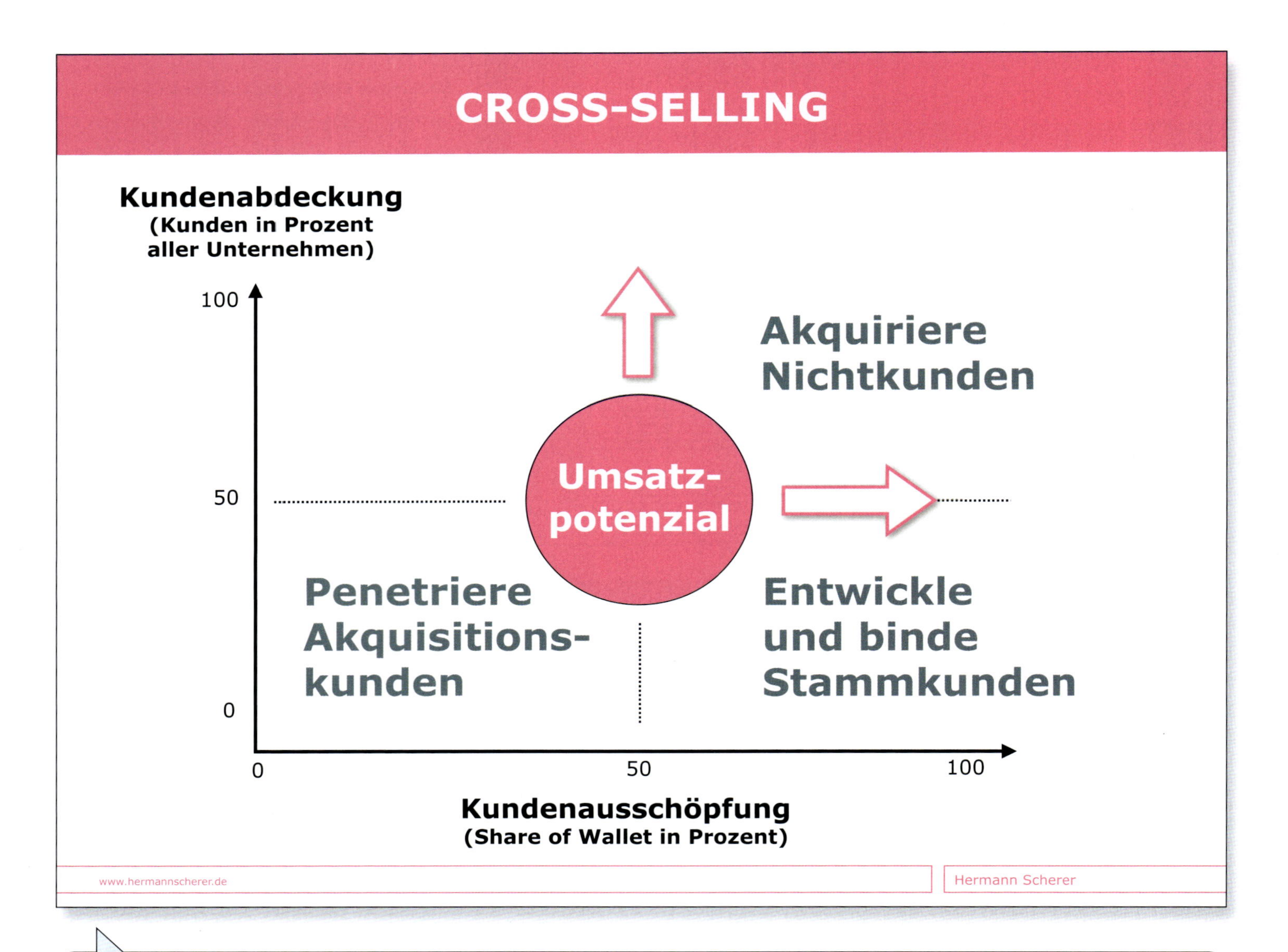

Cross-Selling | bezeichnet traditionell den Verkauf zusätzlicher Produkte oder Dienstleistungen der eigenen Angebotspalette an bestehende Kunden: Das Autohaus bietet die passenden Winterreifen zum gekauften Wagen, die Bank nicht nur das Girokonto, sondern auch die Baufinanzierung oder ein Modell der Altersvorsorge. Ein solcher Querverkauf ist ein wichtiges Instrument der Kundenbindung und Umsatzsteigerung. Unternehmenskooperationen erweitern die Produktpalette und gleichzeitig die strategischen Möglichkeiten: Cross-Selling wird eingesetzt, um Neukunden zu akquirieren. McDonald's macht es vor und verkauft in seinen Filialen die Bild-Zeitung. Die Zeitung gewinnt damit neue, jüngere Kunden, die Restaurantkette erweitert ihr Angebot sinnvoll, denn beim Big Mac lässt sich die »Zeitung mit den großen Buchstaben« rasch überfliegen. Wenn es bei Aldi Notebooks zu kaufen gibt oder im Gartencenter das komplette Buchangebot eines Ratgeberverlages für Hobbygärtner, regiert das gleiche Prinzip.

Durch welche Kooperationen könnten Sie Ihren Kundennutzen erheblich steigern, Marketingpartner gewinnen oder neue Produktideen verwirklichen?

Machen Sie sich Ihre Notizen auf S. 326.

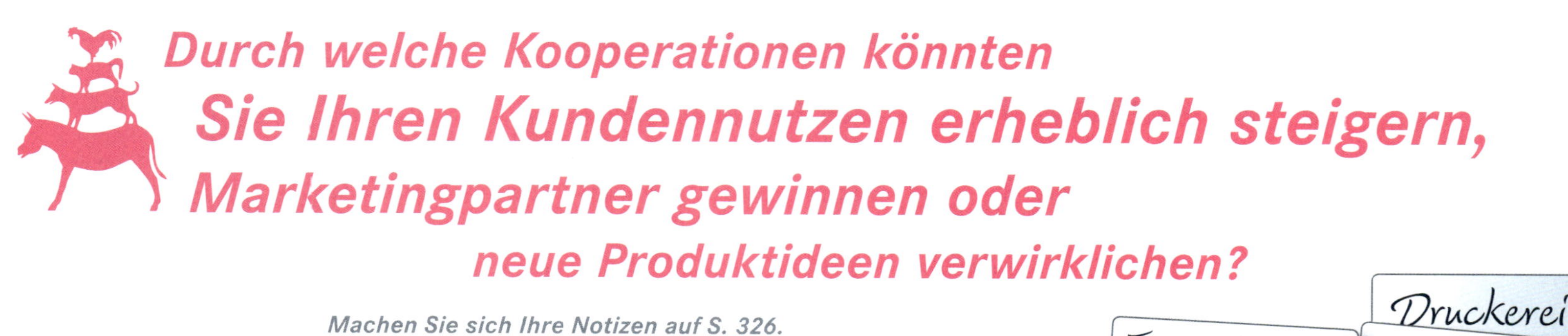

Ein weiteres Cross-Selling-Beispiel | Philips empfiehlt Nivea for Men und wahrscheinlich auch umgekehrt – oder auch nicht. Manche Kooperationen sind bewusst einseitig und werden durch Partner finanziell honoriert. Perfektioniert hat den Querverkauf das Internet-Buchkaufhaus Amazon: Bei jedem Buch, das man aufruft, werden thematisch verwandte Bücher angeboten, aber auch andere Produkte wie Hörbücher oder Musik-CDs. Außerdem ist Amazon durch umfangreiches Cross-Selling anderer Produkte (Spielzeug, Elektroartikel, Uhren und Schmuck, Computer und Software usw.) längst zum Internet-Warenhaus mutiert. Noch dazu bietet Amazon seinen Endkunden Produkte von anderen Anbietern an und spart sogar die Logistik. Amazon ist so zum erfolgreichen Komplett-Dienstleister geworden, der Kunden stetig enger an sich bindet und neue Kunden akquiriert. Extrem ausgedrückt verkauft Amazon in manchen Fällen nur noch den Platz auf der Homepage. Wie können Sie Ihre Angebote, Ihren Newsletter oder Ihre Webseite anderen Unternehmen anbieten, um daraus bare Münze zu machen?

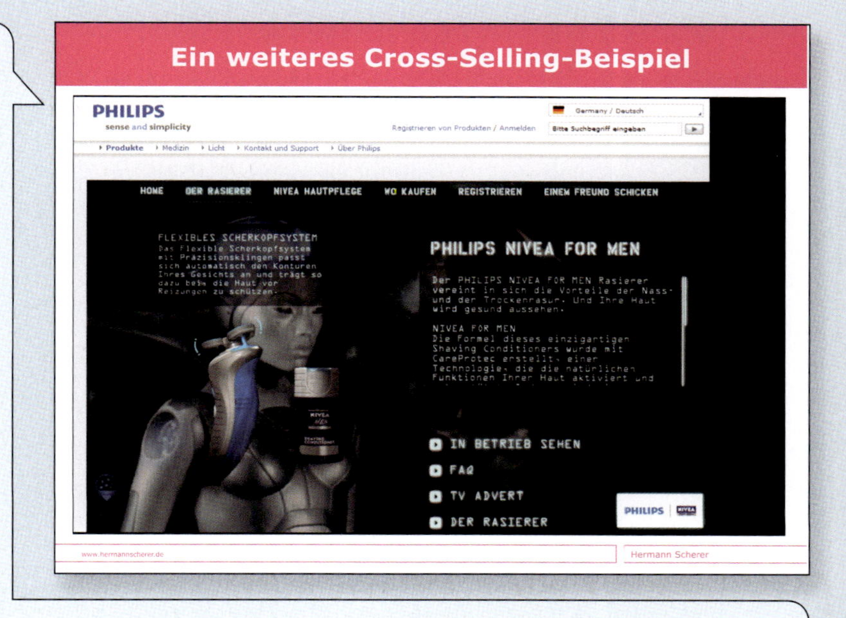

Kooperationen kreativ angehen

Die Möglichkeiten für Kooperationen sind buchstäblich grenzenlos. Preisfrage: Können Sie sich vorstellen, wie ein Versicherungsunternehmen und ein Hersteller von Kinderbekleidung erfolgreich kooperieren? Die Lösung: Mit dem Erwerb einer Strampelhose ist das Kind bei Stürzen automatisch versichert. Der Hersteller kann so bei den belieferten Textilketten einen höheren Preis durchsetzen, denn besorgte Eltern lassen sich die Kindersicherheit gern 50 Cent kosten. Und die Versicherer gewinnen junge Familien als wichtige Zielgruppe für weitere Versicherungsangebote. (Beispiel von Karl Heinz Karius, www.connection-network.de)

Wenn Sie selbst Ideen für mögliche Kooperationen entwickeln und sich dabei nicht auf das Nächstliegende (und aller Wahrscheinlichkeit nach schon anderswo Umgesetzte) beschränken wollen, machen Sie am besten ein Brainstorming. Die Fantasie der Anwesenden lässt sich dabei auf verschiedene Weise beflügeln:

1. Wunsch-Kooperationen konkretisieren
Notieren Sie auf einer Karteikarte Ihre Produkte und Dienstleistungen und Ihre Branche. Beschreiben Sie dann ein Kartenset mit Partnern aus verwandten Branchen und Unternehmen, mit denen Sie gern kooperieren würden. Mischen Sie diese Karten, ziehen Sie eine und überlegen Sie gemeinsam, wie man im konkreten Fall zusammenarbeiten könnte.

2. Ungewöhnliche Kooperationen ersinnen
Nehmen Sie wieder die Karte mit Ihrer Branche, Ihren Produkten und Dienstleistungen. Notieren Sie auf dem Kartenset alle Branchen, Produkte und Dienstleistungen, die Ihnen einfallen. Mischen Sie wieder, ziehen Sie nacheinander Karten und überlegen Sie, wie man auch hier miteinander kooperieren könnte.

3. Herkömmliche Grenzen sprengen
Nehmen Sie das Kartenset aus Variante 2, ergänzen Sie es um mehrere Karten, auf denen Ihre Branche, einzelne Produkte und Dienstleistungen stehen. Mischen Sie alles, ziehen Sie jeweils zwei Karten und lassen Sie Ihrer Fantasie freien Lauf.

Am besten notieren Sie die Ergebnisse Ihres Brainstormings auf Metaplankarten und heften sie an eine Pinnwand. Dann können Sie die Ergebnisse im zweiten Schritt sortieren und überdenken.

ÜBERZEUGUNGS-KRAFT

Kommunikation in der Zuvielisation

»Fachidiot schlägt Kunde tot«,
warnt ein bekannter Verkäuferspruch

Das Bonmot kennt fast jeder, mit der Umsetzung tun sich die meisten allerdings schwer. Denn was liegt näher, als seinen Kunden mit einer Fülle tatsächlich oder auch nur vermeintlich interessanter Produktinformationen zu ködern, in der Hoffnung, irgendwann werde er vor der erdrückenden Last der Beweise endlich kapitulieren und Ja sagen zum Angebot? Motivationspsychologisch erweist sich dieser Weg als Sackgasse. Menschen kapitulieren einfach nicht gerne: Sie nicht, ich nicht und Kunden im Allgemeinen eben auch nicht. Jedes Argument, das wir selbst gefunden haben, wiegt hundertmal schwerer als alle guten Gründe, die ein anderer uns präsentiert. Und jedes noch so rosige Verkaufsversprechen verblasst vor einem Menetekel negativer Konsequenzen: Echter Leidensdruck ist ein weitaus wirksamerer Handlungsantrieb als vage Erfolgsversprechen, wissen Psychologen. Wenn die Beinamputation droht, kann auch der schlimmste Kettenraucher plötzlich von heute auf morgen mit dem Rauchen aufhören.

Eine Erfolg versprechende Verkaufsstrategie setzt daher darauf, den Kunden seinen Bedarf selbst ermitteln und formulieren zu lassen – unter anderem, indem sie ihm die negativen Konsequenzen eines Nichthandelns deutlich vor Augen führt: Was passiert, wenn nichts passiert? Auf den folgenden Seiten werden Sie mit Spin-Selling eine bewährte Methode kennenlernen, die genau das leistet. Die Überzeugungskraft des Verkäufers wurzelt hier nicht in ausgeklügelten Argumenten, sondern schlicht darin, die richtigen Fragen zu stellen. Der Kunde überzeugt sich in diesem Prozess quasi selbst, der Verkäufer »lässt« ihn kaufen. Das verhindert übrigens auch den eklatanten Informationsverlust, der typisch ist für viele Verkaufsgespräche. Von den vielen Hinweisen, die ein Verkäufer beispielsweise im B2B-Bereich einem Einkäufer gibt, dringt im Allgemeinen nur ein Bruchteil bis zum eigentlichen Entscheider durch. Oft wird am Ende so der Preis zum primären oder sogar alleinigen Entscheidungskriterium.

Im Privaten läuft es kaum anders. Nehmen wir an, Sie wollen einige überzählige Kilos abtrainieren und informieren sich im besten Fitnessstudio am Ort. Der Trainer überhäuft Sie mit Details zu kompressionsgesteuerten Trainingsgeräten, einer Sauna nach neuestem Standard und einem TÜV-geprüften Solarium, das die gefährliche UVA-Strahlung zuverlässig minimiert. Zu Hause haben Sie bereits 80 bis 90 % dieser Informationen vergessen. Der Rest löst bei Ihrer Partnerin nur ein skeptisches Stirnrunzeln aus – und eine einzige Frage: »Und was soll der Spaß kosten?« Danach konzentriert sich die Diskussion vermutlich darauf, ob es das wert ist. Nehmen wir dagegen an, der Trainer hätte Sie errechnen lassen, welche Kleidergröße Sie in zehn Jahren tragen werden, wenn sich der Trend der vergangenen zwölf Monate fortsetzt und Sie nichts dagegen tun. Wetten, dass Ihre Überzeugungskraft daheim (und die des Trainers bei Ihnen) um ein Vielfaches höher wäre?

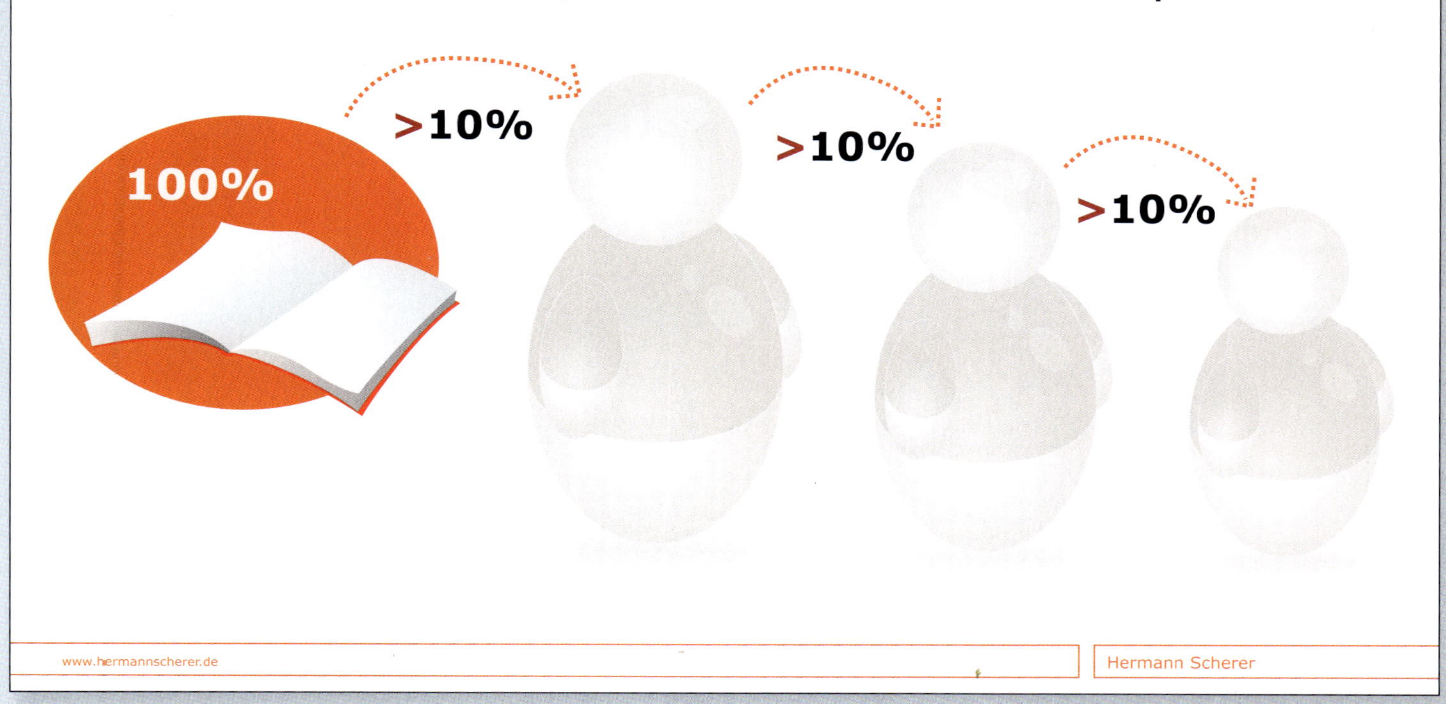

Informationsverlust | Haben Sie als Kind auch »stille Post« gespielt? Für alle, die dieses simple Kommunikationsspiel nicht kennen: Der erste Spieler flüstert seinem Nachbarn einen Satz ins Ohr, der gibt ihn leise an seinen Nebenmann weiter und so fort, bis der letzte Mitspieler schließlich laut sagt, was er verstanden hat. Lacher sind garantiert, denn das Endprodukt hat in der Regel kaum noch etwas mit dem Ausgangssatz zu tun. Die Idee, im Geschäftsleben stille Post zu spielen, würden die meisten Verkäufer weit von sich weisen, ebenso wie Einkäufer oder Entscheider. Und doch passiert genau das Tag für Tag: Viele Verkäufer sind exzellente Produktexperten, können von ihrem Fachwissen jedoch nur etwa 10 % im Verkaufsgespräch anbringen. Beim Einkäufer bleibt davon wiederum nur ein Bruchteil hängen, informiert er zusätzlich einen Entscheider, gehen noch einmal 90 % verloren. Die Restinfo am Ende der Informationskette ist so kärglich, dass viele Kaufentscheidungen sich auf ein einziges schnell nachvollziehbares Kriterium reduzieren – den Preis.

Wir können uns gegen alles wehren, was andere zu uns sagen. Wir sind machtlos dem ausgeliefert, was wir zu uns selbst sagen!

Wie stellen Sie sicher, dass beim Entscheider von Ihrem Angebot mehr ankommt als Ihr Preis?

Machen Sie sich Ihre Notizen auf S. 327.

Vom Produktexperten zum Problemexperten | Ein Kunde kauft keine Bohrmaschine, sondern die Möglichkeit, Löcher zu bohren, Bilder aufzuhängen, Schränke zu montieren oder Gardinenstangen anzubringen. Das hat sich herumgesprochen. Und doch werden die meisten Verkaufsgespräche in Baumärkten nach wie vor um die technischen Daten des Schlagbohrers kreisen, nicht darum, was Kunde oder Kundin damit vorhaben. Fest steht: Durchschnittsverkäufer erklären Produkte, Spitzenverkäufer präsentieren maßgeschneiderte Problemlösungen.

Buchtipp: Mehr zum Thema lesen Sie in meinem Buch »30 Minuten für gezielte Fragetechnik«.

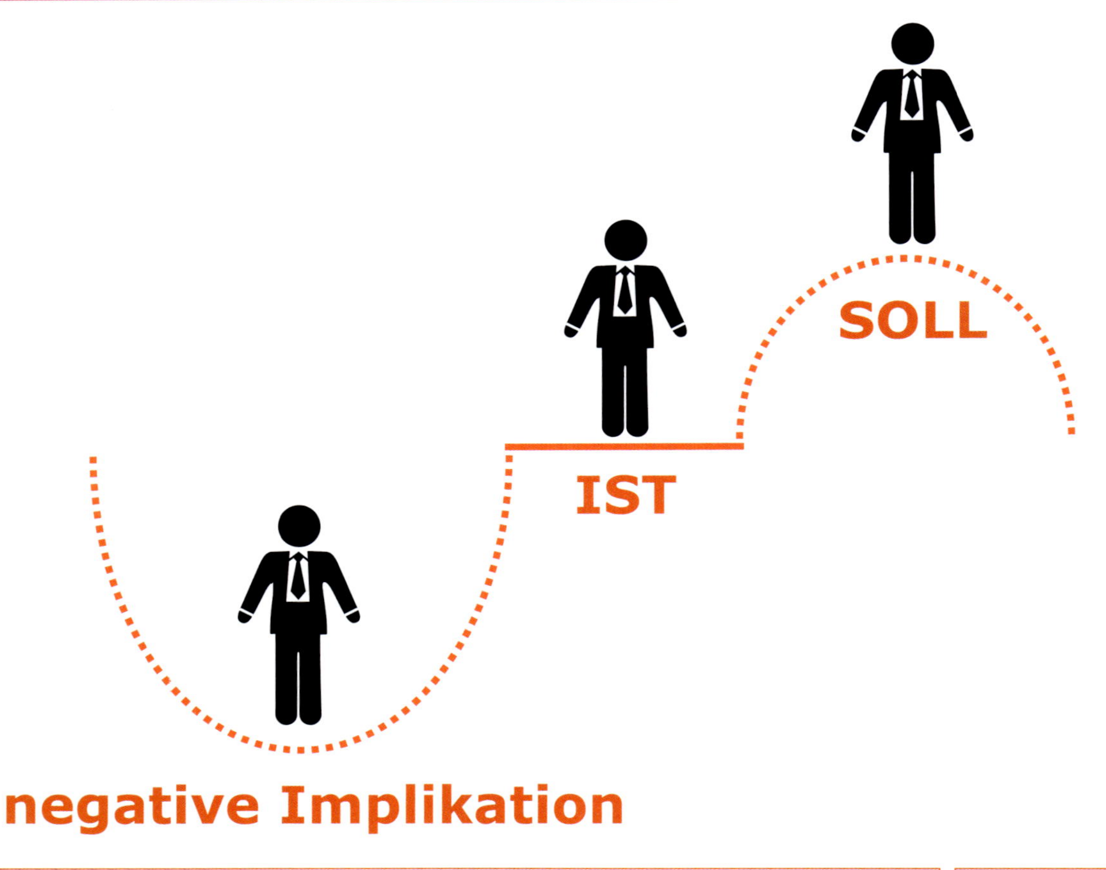

Problemerkennungskompetenz lässt Problemlösungskompetenz vermuten!

SPIN-Selling – Kunden kaufen lassen

S ituation: Wie ist der Ist-Zustand beim Kunden?

P roblem: Worin besteht das (aktuelle) Kundenproblem?

I mplikation: Was passiert, wenn nichts passiert? (Folgekosten, Folgeprobleme!)

N utzen: Welche Vorteile bringt die Lösung des Problems?

www.hermannscherer.de | Hermann Scherer

SPIN-Selling – Kunden kaufen lassen | »SPIN« steht für Situation > Problem > Implikation > Nutzen. SPIN-Selling ist eine bewährte Verkaufsstrategie, die am Huthwaite Institute in Arlington (USA) entwickelt und empirisch durch die Auswertung von mehr als 35.000 Verkaufsgesprächen abgesichert wurde. Die Forschungsresultate des Teams um den Verhaltenspsychologen Neil Rackham waren verblüffend eindeutig: Topverkäufer unterscheiden sich von weniger erfolgreichen Kollegen vor allem dadurch, dass sie andere Fragen stellen. Dabei geht es um weit mehr, als nur öffnende oder schließende Fragen zu stellen:

Situationsfragen ... analysieren die Ist-Situation beim Kunden. Tendenziell langweilen oder irritieren sie den Kunden.
Erfolgreiche Verkäufer stellen wenige Situationsfragen.

Problemfragen ... ermitteln, wo der Kunde mit der aktuellen Lösung unzufrieden ist.
Erfolgreiche Verkäufer stellen gezielt mehrere Problemfragen.

Implikationsfragen ... führen dem Kunden vor Augen, was passiert, wenn nichts passiert: Was für Konsequenzen hätte das Nichtlösen des Ausgangsproblems?
Nur Topverkäufer verstehen es, diesen Fragetyp optimal einzusetzen.

Nutzenfragen ... veranlassen den Kunden, selbst zu formulieren, wie nützlich die Lösung seines Poblems tatsächlich ist (unter anderem auch durch die Vermeidung negativer Folgekosten eines Nichtlösens).
Topverkäufer stellen im Schnitt zehnmal so viele (!) Nutzenfragen wie Durchschnittsverkäufer.

Im Kern zielt die SPIN-Methode also darauf, den Kunden nicht mit Verkaufsargumenten zu überhäufen, sondern ihn diese Argumente selbst formulieren zu lassen. Anders gesagt: Topverkäufer verkaufen nicht – sie lassen kaufen.

www.huthwaite.com

SPIN-Selling – Beispiel-Dialog

Verkäufer: (Problemfrage) »Sie haben zu viele Tippfehler?«

Kunde: (implizites Bedürfnis) »Ein paar. Nicht mehr als andere Büros, aber mehr, als ich mir wünsche.«

Verkäufer: »Sie sagen: mehr, als Sie sich wünschen. Heißt das, dass einige dieser Fehler in Kundenschreiben zu Problemen oder Missverständnissen führen, wenn Sie sie versenden?«

Kunde: »Das ist schon vorgekommen, aber extrem selten. Sehen Sie, ich kontrolliere alle wichtigen Dokumente persönlich, bevor sie unser Haus verlassen.«

Verkäufer: (Implikationsfrage) »Kostet das nicht sehr viel Zeit?«

Kunde: »Viel zu viel. Aber immerhin besser als ein Dokument mit Fehlern rauszuschicken – insbesondere, wenn es zum Beispiel um Angebotszahlen geht.«

Verkäufer: (Implikationsfrage) »Heißt das, Fehler in den Angebotszahlen haben gravierendere Konsequenzen als Fehler im Text?«

Kunde: »Oh ja, wir könnten uns zu unserem Nachteil an ein Angebot binden, bei dem wir draufzahlen – oder aber dem Kunden den Eindruck geben, wir seien entweder nachlässig oder schlampig. Menschen beurteilen uns nach solchen äußeren Eindrücken. Deshalb ist es besser, ich investiere täglich zwei Stunden in Angebotskontrolle, auch wenn ich genug anderes zu tun hätte.«

Verkäufer: (Nutzenfrage) »Angenommen, Sie könnten die Zeit für tägliche Angebotskontrollen weitgehend einsparen. Was würden Sie in dieser Zeit dann tun?«

Kunde: »Ich würde meine Büromannschaft trainieren.«

Verkäufer: (Nutzenfrage) »Und das würde deren Produktivität erhöhen?«

Kunde: »Ganz erheblich. Sehen Sie, im Augenblick habe ich Mitarbeiter, die unsere Maschinen teilweise noch gar nicht kennen – unseren neuen Grafik-Plotter zum Beispiel. Diese Mitarbeiter müssen warten, bis ich Zeit habe, diese Dinge zu erledigen.«

Verkäufer: (Implikationsfrage) »Das heißt: Die Zeit, die Sie mit Angebotskontrolle verbringen, führt zu einem Engpass, der auch andere in ihrer Arbeit aufhält.«

Kunde: »Und ob. Ich bin völlig überlastet.«

Verkäufer: (Nutzenfrage) »Dann würde also alles, was Ihren Zeitbedarf für die Angebotskontrolle reduziert, nicht nur Ihnen helfen, sondern auch die Produktivität Ihrer Mitarbeiter erhöhen.«

Kunde: »Richtig.«

Verkäufer: (Nutzenfrage) »Okay, ich sehe schon, wie die Reduzierung Ihres Aufwandes für die Angebotskontrolle den gegenwärtigen Engpass beheben würde. Würde die Minimierung der Fehlerquote sich noch in anderer Weise positiv auswirken?«

Kunde: »Sicher. Für die Mitarbeiter ist es sehr lästig, Korrekturen vorzunehmen. Von daher wäre es für ihre Motivation förderlich, wenn es weniger nachzubessern gäbe.«

Verkäufer: »Und weniger Korrekturzeit würde vermutlich auch Kosten sparen helfen.«

Kunde: »Stimmt. Und das hat in unserer Abteilung derzeit hohe Priorität.«

Verkäufer: (fasst zusammen) »Okay. Das bedeutet, dass der derzeitige Fehlerlevel zu teuren Korrekturen führt und den Mitarbeitern Motivationsprobleme bereitet. Wenn Fehler, insbesondere bei Angebotsdaten, rausgehen an Kunden, kann dies zu Folgeschäden führen. Sie versuchen derzeit, diesen weitgehend vorzubeugen, indem Sie täglich circa zwei Stunden Angebote Korrektur lesen. Doch das führt in Ihrer Abteilung zu einem Engpass und schränkt die Produktivität aller Mitarbeiter ein. Darüber hinaus hält es Sie davon ab, Zeit für das Einarbeiten und Training der Mitarbeiter zu investieren.«

Kunde: »So gesehen trifft uns der Korrekturaufwand schon sehr stark. Wir können das Problem jedenfalls nicht länger ignorieren und müssen etwas tun.«

Verkäufer: (präsentiert Nutzen) »Gut. Dann lassen Sie mich Ihnen zeigen, wie unser Textgenerator Ihnen hilft, die Fehler- und die Korrekturzeiten drastisch zu reduzieren ... .«

Fazit: Durch den gezielten Einsatz von Implikationsfragen ist ein expliziter Bedarf entstanden. Clou der SPIN-Selling-Methode: Dabei erklärt der Kunde sich selbst die Wichtigkeit und Dringlichkeit einer Problemlösung. Nutzenfragen lenken seinen Blick außerdem auf die Vorteile einer solchen Problemlösung – die der Verkäufer anschließend anbieten kann.

Leidensdruck wirkt

Die Psychologie weiß es und die eigene Erfahrung belegt es – negative Implikationen funktionieren.
Menschen reagieren immer dann zuverlässig, wenn Sie etwas vermeiden wollen.
Man besucht ein Rhetorikseminar → um sich in Meetings nicht zu blamieren.
Man hört mit dem Rauchen auf → um nicht krank zu werden.
Man erneuert die EDV-Anlage → um den nächsten Totalabsturz zu vermeiden.
Man kauft Ihr Produkt → um **???**

Welche negativen Implikationen kann Ihr Kunde durch den Einsatz Ihres Produktes, Ihrer Dienstleistung vermeiden?

Machen Sie sich Ihre Notizen auf S. 327.

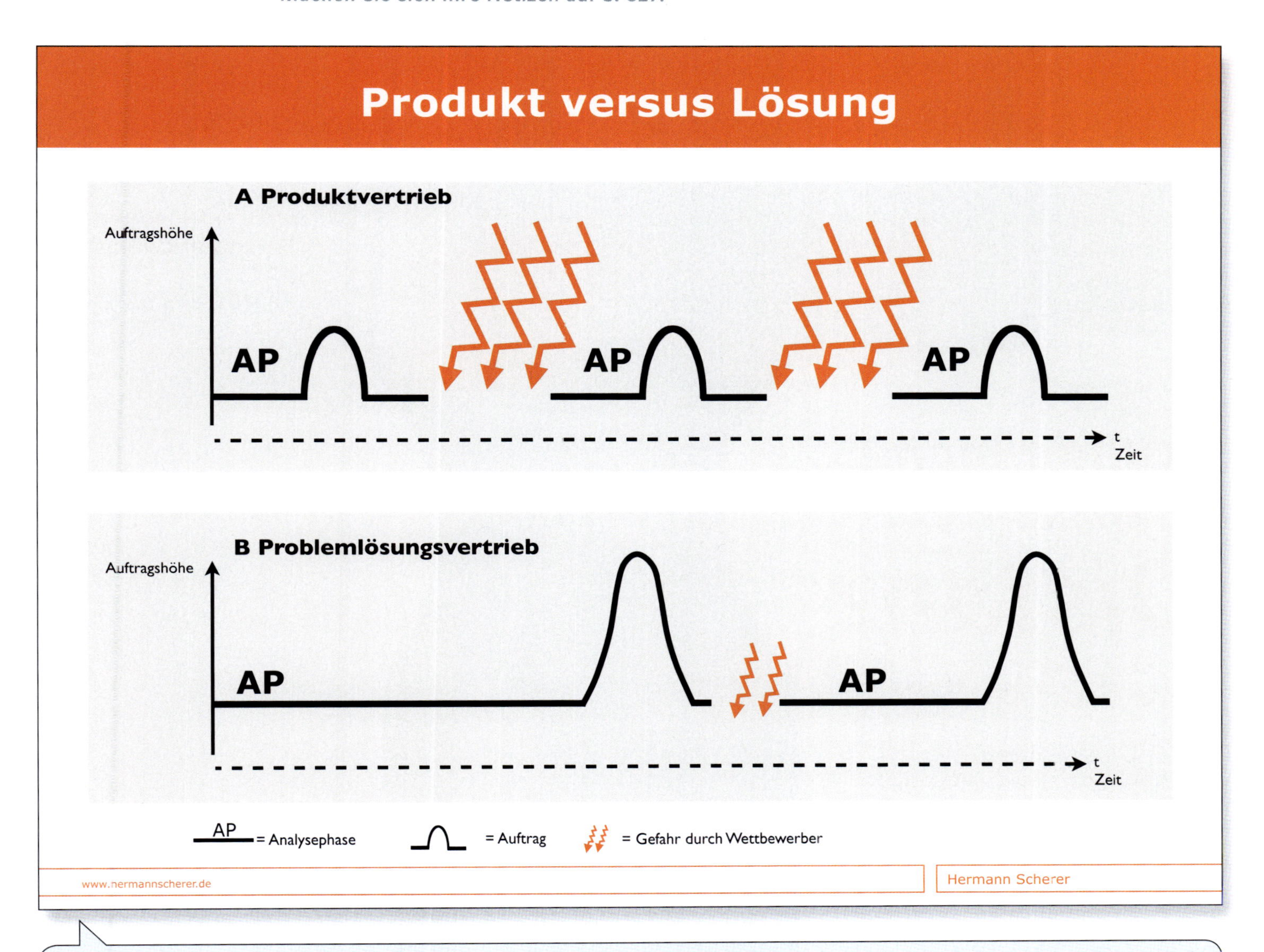

Produkt versus Lösung | Ein Verkäufer, der Lösungen anbietet statt Produkte, investiert mehr Zeit in die Analysephase. Er lotet gemeinsam mit seinem Kunden dessen Probleme aus. Was lässt den Kunden nachts nicht schlafen? Wo drückt ihn der Schuh? Welche Folgen hat dieses Problem – kurzfristig, mittelfristig, langfristig (= negative Implikationen)? Welche Vorteile bringt eine Problemlösung (= Nutzen)? Der Kunde erhält ein maßgeschneidertes Lösungsangebot. Das garantiert hohe Kundenzufriedenheit und senkt die Kundenneigung, zu einem Wettbewerber zu wechseln. Nehmen wir ein Beispiel aus der IT. Der Produktverkäufer würde sagen: »Dieser neue Server bietet die folgenden technischen Möglichkeiten: 1. ..., 2. ..., 3. ...« Der Lösungsverkäufer startet anders: »Hatten Sie schon mal Probleme mit Viren?«
Fazit: Problemlösungsvertrieb ist weniger störanfällig für Angebote der Mitbewerber und erhöht durch umfassende Analyse der Kundensituation die Upselling-Chancen.

Welche **Lösungen** bieten Ihre Verkäufer an?

Wodurch sind Sie darauf vorbereitet, die Kundensituation überzeugend zu analysieren?

Machen Sie sich Ihre Notizen auf S. 327.

»Kundennähe erfordert ***Distanz*** *zu sich selber.«*

Hermann Simon, Wirtschaftswissenschaftler und Unternehmensberater

Produktverkauf		Lösungsverkauf
Preis steht im Vordergrund	⟷	Lösung steht im Vordergrund
Außendienst ist Verkäufer	⟷	Außendienst ist eher Berater
Verkäufer muss oftmals um den Auftrag »betteln«	⟷	Die benötigte Lösung weckt den Kaufwunsch
Produkt steht im Vordergrund	⟷	Prozesse des Kunden stehen im Vordergrund
Verkäufer setzt rhetorische Kompetenz ein	⟷	Verkäufer setzt Lösungskompetenz ein
1-Gespräch-Verkauf	⟷	Mehr-Gespräch-Verkauf
Entscheidung wird in der Regel in Anwesenheit des Verkäufers getroffen	⟷	Entscheidung wird oft in Diskussionen mit anderen in Abwesenheit des Verkäufers getroffen
Weniger als die Hälfte aller »Schlüsselelemente« der Präsentation sind dem Kunden später noch in Erinnerung	⟷	Der Kunde ist sich seines implizierten Bedarfs langfristig bewusst
Hard-Selling-Verkäufer reduzieren die Wahrscheinlichkeit der Wiederholungskontakte	⟷	Lösungsverkauf erhöht die Wahrscheinlichkeit der Wiederholungskontakte
Geringes Fehlerrisiko	⟷	Größeres Fehlerrisiko
Geringe Außenwirkung	⟷	Größere Außenwirkung
Kundenbedürfnis entwickelt sich schnell	⟷	Kundenbedürfnis entwickelt sich langsam
... betrifft in der Regel nur den Kunden selbst	⟷	... entwickelt sich durch Einflüsse anderer
... enthält starke emotionale Komponente	⟷	... wird in der Regel rational abgesichert
Es gibt eine Produktvorstellung	⟷	Es gibt ein Analysegespräch
Kunde wechselt leicht zu anderem Anbieter	⟷	Kunde wechselt kaum zu anderem Anbieter
In Angeboten werden Produkte, Systeme, Anlagen und Dienstleistungen beschrieben	⟷	In Angeboten werden Einsatzmöglichkeiten und Nutzen von Produkten, Systemen, Anlagen und Dienstleistungen beschrieben
In Angeboten werden Funktionsweisen von Produkten, Systemen, Anlagen und Dienstleistungen beschrieben	⟷	In Angeboten werden mögliche Lösungsszenarien des Kunden dargestellt
Unterscheidung Preis	⟷	Unterscheidung Nutzen
In Angeboten wird mehr über das anbietende Unternehmen berichtet	⟷	In Angeboten wird das Verständnis der Prozesse beim Kunden ausgedrückt
Die Gefahr, dass sich ein Kunde ohne Rücksprache für einen anderen Anbieter entscheidet, ist aufgrund der Vergleichbarkeit der Angebote größer	⟷	Die Chance, dass ein Kunde Rücksprache nimmt und uns vorab informiert, sofern er zu einem anderen Anbieter tendiert, ist größer
Die Erfolgschancen sind in der Regel niedriger	⟷	Die Erfolgschancen sind in der Regel höher

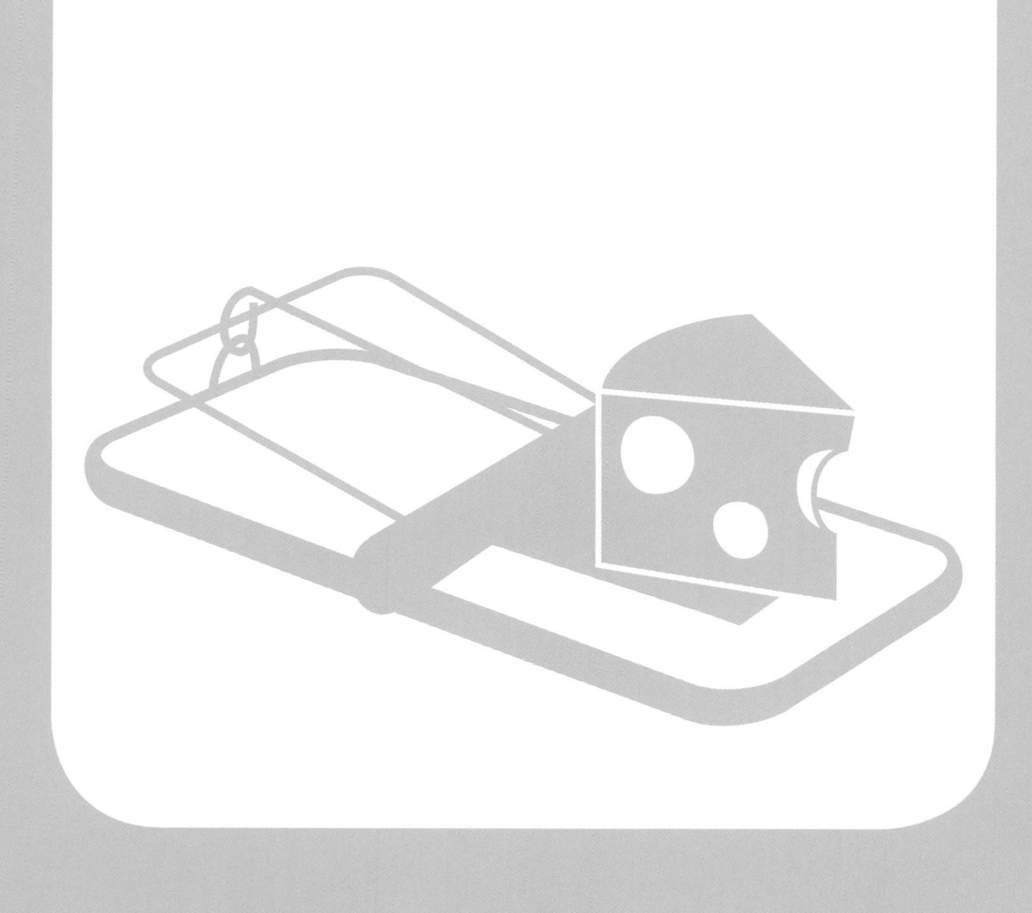

ANGEBOTS-OPTIMIERUNG

Sind Sie unwiderstehlich?

»Es ist noch nicht genug, eine Sache zu beweisen. Man muss die Menschen zu ihr auch noch verführen«,

betonte der Philosoph Friedrich Nietzsche. Ausgerechnet im Verkauf hat sich diese Erkenntnis noch nicht für die gesamte Prozesskette durchgesetzt. Da wird viel Geld für Marketing und Werbung ausgegeben, parallel dazu werden Verkäufer hervorragend (und teuer) geschult, anschließend investiert man viel Zeit in eine individuelle Kundenberatung – und wenn der Kunde dann am Ende sagt: »Klingt gut, machen Sie mir doch bitte ein schriftliches Angebot!«, kommt eine Software zum Einsatz, die ein vor Nummern und Kürzeln nur so strotzendes Papier generiert. Das ist ungefähr so sexy wie ein Strafmandat, und der ernüchterte Privatkunde kommt ins Grübeln, ob die Investition denn wirklich jetzt schon sein muss. Beim Businesskunden trägt der Ansprechpartner des Verkäufers das Zahlengrab in vielen Fällen zum eigentlichen Entscheider.

Angesichts der verwirrenden Fülle von Details legt der einfach die Zahlengräber der Mitbewerber daneben und orientiert sich schließlich an der Ziffer unten rechts – dem Preis. Sollte Ihr Angebot zufällig nicht das günstigste sein, bedeutet das: Dumm gelaufen, denn knapp daneben ist eben auch vorbei.

Wer gegen die Konkurrenz gewinnen will, dem darf nicht auf den letzten Metern vor dem Ziel die Puste ausgehen. Es lohnt sich, Zeit und Mühe in schriftliche Angebote zu investieren, um diese individuell auf den Kunden zuzuschneiden, Nutzenargumente prominent zu platzieren und Kaufüberlegungen zu bestärken. Mit attraktiv gestalteten Angeboten lassen sich höhere Preise durchsetzen, Folgeaufträge vorbereiten und insgesamt mehr Aufträge generieren. Der günstigste Preis gibt nur dann den Ausschlag, wenn der Kunde sonst keine nennenswerten Unterscheidungsmerkmale sieht.

Wer die Kundenentscheidung erfolgreich beeinflussen will, muss eins akzeptieren: Qualität findet im Kundenkopf statt! Sie können fachlich noch so präzise, sachlich noch so gut sein – wenn Ihr Kunde fachliche Details überblättert und Sachargumente achselzuckend zur Kenntnis nimmt, nützt es Ihnen wenig, dass Sie eigentlich »recht haben«. Hinzu kommt: Rationale Argumente mögen zum Denken anregen; der eigentliche Handlungsimpuls ist jedoch ein emotionaler; da sind sich Psychologen und Neurologen inzwischen einig. Und das wiederum bedeutet: Sie sollten alles daransetzen, Ihren Kunden – frei nach Nietzsche – zu Ihrer Sache zu »verführen«. Erlösen Sie Ihre Angebote also vom Mauerblümchendasein, sorgen Sie dafür, dass Sie eine begehrte Ballkönigin ins Rennen schicken. Die richtigen Stylingtipps dazu bekommen Sie in diesem Kapitel.

Kundenverführung pur | Das noble Juwelierhaus rollt seinen Kunden auch im Internet den roten Teppich aus: Es lädt ein, das Maison Cartier zu »entdecken«, und präsentiert Schmuck für die »Instants Précieux«, die kostbaren Momente des Lebens. Ein Angebot, das ganz auf Emotionen setzt und eine Aura schafft, in der der Preis nur noch eine Nebenrolle spielt.
www.cartier.de

Kundenverführung pur

Les Instants Précieux de Cartier

ENTDECKEN•

ballon bleu de Cartier

Cartier Art Magazine, "Collectors"

LESEN

Rouge Cartier magazin

ENTDECKEN

Marcello de Cartier

LA MAISON CARTIER INSPIRATION KOLLEKTIONEN CARTIER CLUB

Cartier

Hermann Scherer

Angebotsbeispiel | Zugegeben: Beim Druck einer Seminarunterlage fällt es etwas schwerer, den Kunden zu umgarnen, als beim Verkauf von edlem Schmuck. Aber muss man den Käufer gleich in Geiselhaft nehmen? »... wir erlauben uns, Ihnen nachfolgendes Angebot zu unseren Geschäftsbedingungen zu unterbreiten.« Ist es wirklich erforderlich, ihm an prominenter Position vorauseilend mit negativen Konsequenzen zu drohen? »Sofern Ihre gestellten Daten nicht verwendbar sind sowie bei Kundenkorrekturen berechnen wir DTP-Sonderarbeiten nach Aufwand.« Die abschließend ausgedrückte »Freude« über den Auftrag klingt da doch eher halbherzig, mal ganz abgesehen davon, dass diese stereotype Floskel auch bei besser formulierten Angeboten kaum Wirkung entfalten kann. Kein Wunder, dass Kunden fremdgehen, sobald attraktivere Angebote ausgesprochen werden. Attraktive Angebote rücken den Kundennutzen in den Mittelpunkt. Und das beginnt schon beim Schlusssatz, der in diesem Fall der Kundin den Nutzen »eine attraktive Trainingsunterlage, die Ihre Teilnehmer begeistern wird« in Aussicht stellen könnte.

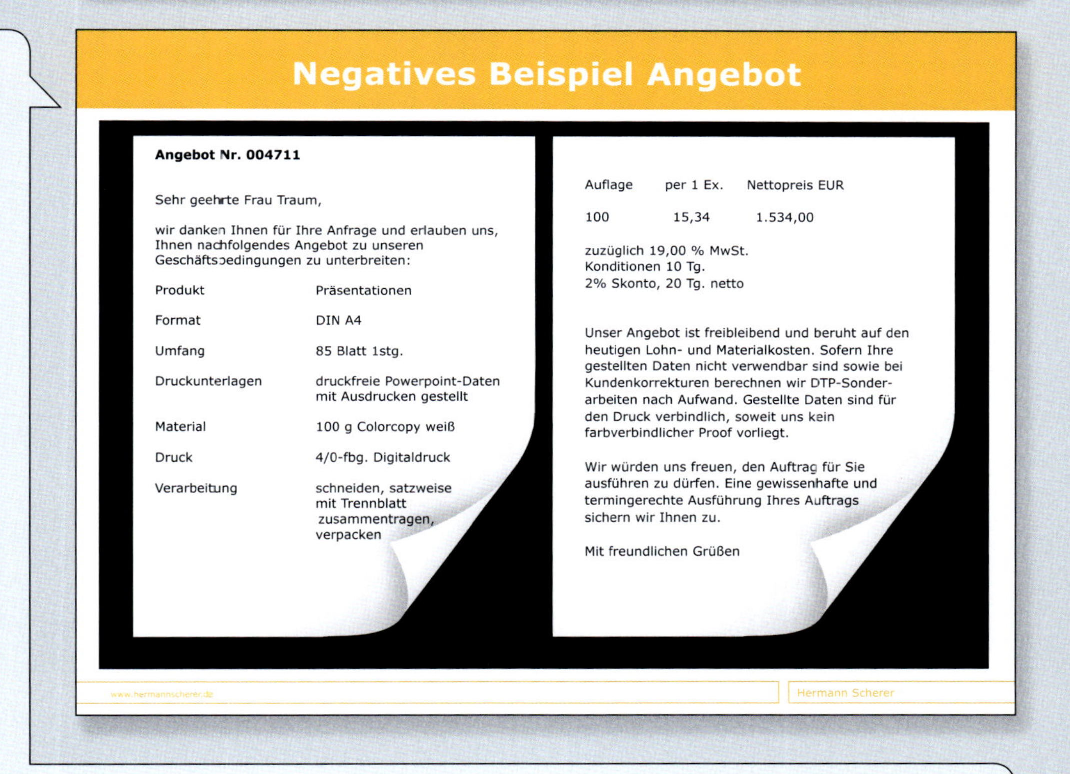

Negatives Beispiel Angebot

Angebot Nr. 004711

Sehr geehrte Frau Traum,

wir danken Ihnen für Ihre Anfrage und erlauben uns, Ihnen nachfolgendes Angebot zu unseren Geschäftsbedingungen zu unterbreiten:

Produkt	Präsentationen
Format	DIN A4
Umfang	85 Blatt 1stg.
Druckunterlagen	druckfreie Powerpoint-Daten mit Ausdrucken gestellt
Material	100 g Colorcopy weiß
Druck	4/0-fbg. Digitaldruck
Verarbeitung	schneiden, satzweise mit Trennblatt zusammentragen, verpacken

Auflage	per 1 Ex.	Nettopreis EUR
100	15,34	1.534,00

zuzüglich 19,00 % MwSt.
Konditionen 10 Tg.
2% Skonto, 20 Tg. netto

Unser Angebot ist freibleibend und beruht auf den heutigen Lohn- und Materialkosten. Sofern Ihre gestellten Daten nicht verwendbar sind sowie bei Kundenkorrekturen berechnen wir DTP-Sonderarbeiten nach Aufwand. Gestellte Daten sind für den Druck verbindlich, soweit uns kein farbverbindlicher Proof vorliegt.

Wir würden uns freuen, den Auftrag für Sie ausführen zu dürfen. Eine gewissenhafte und termingerechte Ausführung Ihres Auftrags sichern wir Ihnen zu.

Mit freundlichen Grüßen

Hermann Scherer

Blueprint des Informationsflusses im Verkauf | Der Verkaufsprozess im B2B-Bereich einmal schematisch dargestellt: Ein gut vorbereiteter Verkäufer schreibt, fasst telefonisch nach, präsentiert die Leistungspalette, liefert seiner Ansprechpartnerin passgenaue Nutzenargumente und vergisst auch die persönliche Note nicht. Alles bestens. Oder?

Informationsverlust | »Einmal selbst sehen ist mehr als hundert Neuigkeiten hören«, sagt ein japanisches Sprichwort. Die moderne Gehirnforschung bestätigt diese Erkenntnis. Je stärker wir selbst bei einer Sache involviert sind, desto besser setzt sie sich im Gedächtnis fest. Von dem, was wir lesen, behalten wir auf Dauer gerade mal ein Zehntel. Gesprochene Informationen verankern sich bereits etwas besser im Gedächtnis. Kommen Bilder oder Demonstrationen dazu, steigt die Behaltensquote auf immerhin 50 %. Optimistisch geschätzt, bleiben der Einkäuferin von einer durchschnittlichen Angebotspräsentation also maximal 30 bis 40 % im Gedächtnis. Die Vergessenskurve des Psychologen Hermann Ebbinghaus (siehe Seite 297) zeigt zudem, wie dramatisch schnell wir neu Erfahrenes und Gelerntes vergessen. Nach knapp einer Woche schrumpft unser Erinnerungsvermögen danach auf etwas mehr als 20 %. Vier von fünf Argumenten des Verkäufers hat sein Gegenüber also schnell vergessen.

Informationsverlust: Was beim Entscheider ankommt

Informationsverlust: Was beim Entscheider ankommt | Der Verkäufer hat ein schriftliches Angebot geschickt, im schlimmsten Fall das übliche Zahlengrab. Dieses Angebot leitet die Einkäuferin an den Entscheider weiter. Der hat in der üblichen Alltagshektik kaum Zeit, sich einen Reim auf Abkürzungen, Produktnummern und Fachchinesisch zu machen. Also orientiert er sich am Offensichtlichsten: am Preis. Und selbst wenn er seine Einkäuferin noch kurz persönlich spricht, hat diese nur noch einen Bruchteil der mündlichen Argumente des Verkäufers parat. Der einzige Weg aus dieser Preisfalle: ein schriftliches Angebot, das für sich spricht! Konkret: ein Angebot, das Nutzenargumente auf den Punkt bringt, dabei individuell auf den Kunden zugeschnitten ist und jeder Zielgruppe (Einkäufer, Anwender, Entscheider, Berater) passgenau die richtigen Informationen liefert.

Buchtipp: Eine Fülle von konkreten Beispielen, Checklisten und Tipps für unwiderstehliche Angebote finden Sie in Hermann Scherer, »Das überzeugende Angebot. So gewinnen Sie gegen die Konkurrenz« Frankfurt 2006.

Sprechen Ihre Angebote für sich?
Und damit für Ihr Unternehmen?

Machen Sie sich Ihre Notizen auf S. 328.

Qualität findet im Kundenkopf statt | QSK steht für Qualität – Service – Kompetenz. Das ist der klassische Dreiklang, den fast alle Unternehmen ihren Kunden versprechen. Ein großes Trainingsinstitut lieferte mit einer Umfrage unter Führungskräften 1998 bis 2000 dafür einen empirischen Beleg. Auf die Fragen nach dem Nutzen der Produkte und Dienstleistungen antwortete mehr als die Hälfte der Befragten exakt mit diesen drei Begriffen. Ich rede daher auch von der »QSK-Falle«: Was jeder bietet, taugt nicht als Alleinstellungsmerkmal, sondern rauscht ungehört vorbei. Sie brauchen Argumente, die im Gedächtnis bleiben!

IDEE IDEE IDEE
IDEE IDEE IDEE
IDEE IDEE IDEE
IDEE DIE IDEE
IDEE IDEE IDEE

DIE IDEE | »Vorsprung durch Technik« (Audi), »Fly high. Pay low.« (German Wings) oder »Gut, besser, Paulaner« (Paulaner Brauerei) – erstaunlich, wie geschickt gute Werber sich in die Köpfe der Kunden einschleichen. Doch dahinter steckt harte Arbeit. In der Werbebranche munkelt man, dass im Schnitt die 71. Idee den Durchbruch bringt, nach ungezählten Tassen Kaffee und vielen erfolglosen Anläufen. Gehen Sie also lieber nicht davon aus, dass Ihnen die ultimativen Nutzenargumente für Ihre Kunden einfach so in den Schoß fallen …

»Der Kunde hat immer recht.«

Gordon Selfridge (US-Kaufmann und Gründer von Selfridges)

Per Mind-Map Nutzenargumente generieren | In einem Beitrag für die Zeitschrift salesprofi unterstrich Dr. Irene Glöckner-Fulme die Bedeutung einer kundenorientierten Argumentation:

- 50 % der Kunden sehen »keine Nutzenargumente« und »keine überzeugenden Kaufgründe« als größtes Manko der Anbieter;
- 49 % der Kunden finden es störend, wenn Verkäufer zu viel reden, zumeist über sich und ihr Angebot und zu wenig über die Vorteile für den Kunden;
- 82,8 % der Unternehmen kennen die Kaufgründe ihrer Kunden nicht.

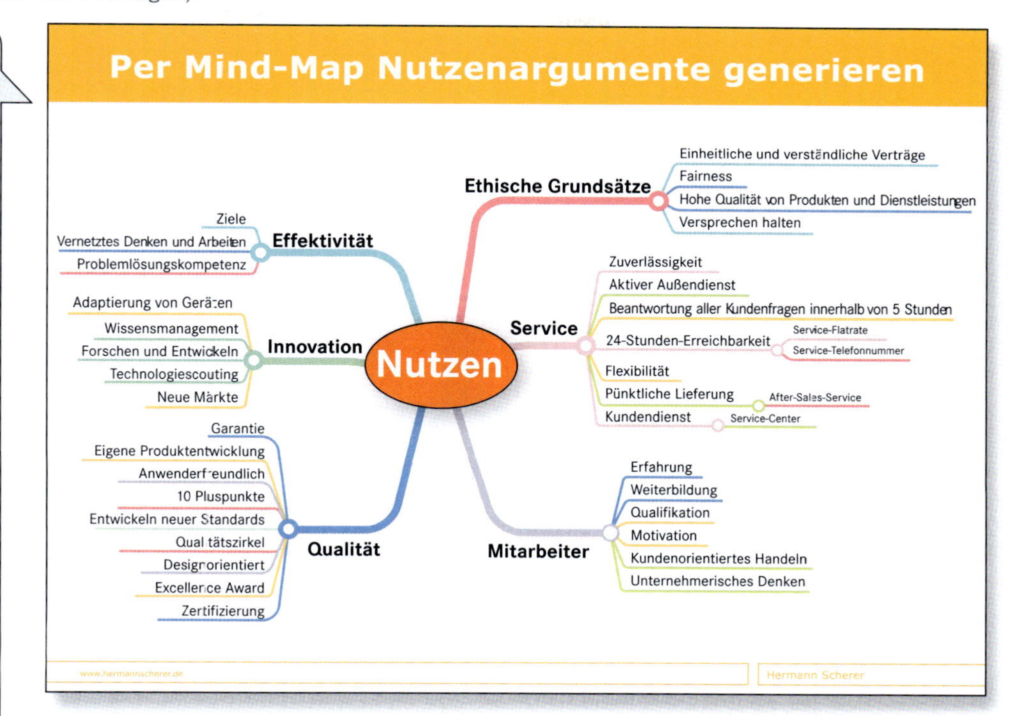

Nutzen Sie die Mind-Map-Methode, um die Worthülsen »Qualität«, »Service« und »Kompetenz« in konkrete Nutzenargumente für Ihre Kunden herunterzubrechen. Was etwa heißt »Service« für Sie? (Z. B. Expresslieferung, Installation vor Ort ...) Und welchen Nutzen hat Ihr Kunde davon? (Z. B. bei Expresslieferung kein Umsatzausfall.) Mit weniger als 80 Nutzenargumenten sollten Sie sich nicht zufriedengeben, bevor Sie die zündendsten für den Einsatz in der Kundenakquise auswählen!

Gedächtniskunst: Mnemo-Techniken | Es genügt nicht, eine Fülle von exzellenten Nutzenargumenten zu haben, wenn im entscheidenden Moment das Gedächtnis versagt. Nutzen Sie professionelle Merktechniken, um sich zentrale Aussagen einzuprägen. US-Unternehmen machen ihre Mitarbeiter so binnen eines Tages fit für den Verkauf und stellen sicher, dass sie Hunderte von Details und Dutzende Storys parat haben, um Kunden zu überzeugen. Ich habe in einer US-Firma gearbeitet und weiß aus eigener Erfahrung: Es funktioniert. »Sorry, ich bin neu hier« wird als Verkäuferausrede in solchen Unternehmen nicht akzeptiert!

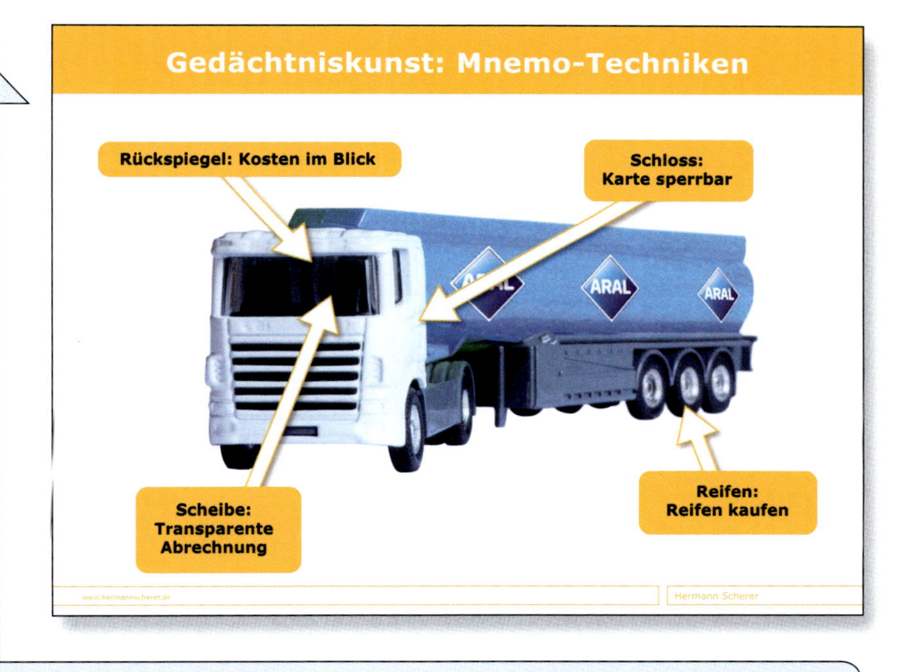

Ebenso können Sie Mnemo-Techniken einsetzen, um Ihre Nutzenargumente im Gedächtnis Ihrer Kunden zu verankern. In einem Workshop mit der Firma Aral suchten wir nach einer Methode, die Vorteile der Aral-Tankkarte potenziellen Firmenkunden wirksamer zu präsentieren als die Mitbewerber etwa von Esso oder Shell. Schließlich hatten wir die zündende Idee, die Leistungen mithilfe eines in der Präsentation eingesetzten Spielzeug-Tankwagens im Kopf des Gegenübers zu verankern. Die Aral-Karte konnte auch zum Reifenkauf eingesetzt werden *(> Reifen des Spielzeugwagens);* sie war extrem sicher gegen Missbrauch *(> Sicherheitsschloss des Tankwagens);* sie verzeichnete alle Käufe der Vergangenheit *(> Rückspiegel)* und erschwerte so den Missbrauch des Dienstwagens usw. Mit dieser spielerisch-konkreten Produktpräsentation erzielte das Unternehmen sehr gute Erfolge.

Einige versierte Trainer bieten Gedächtnistrainings an, etwa www.markus-hofmann.de

Der erste Eindruck zählt | Das gilt auch für Angebote. Kommt Ihres auf lappigen Blättern daher oder ist es auf gutem Papier optisch ansprechend gestaltet? Wie aufwendig und umfangreich ist es? Eine Fülle von (Zusatz-)Material in einer schönen Kladde verleiht Ihrem Angebot auch inhaltlich mehr Gewicht. Nicht nur das Angebot unterliegt dem ersten Eindruck, auch die Art, wie und wo Sie es präsentieren. Der Weltmarktführer von Schleppliften lädt die Entscheider zur Angebotspräsentation immer vormittags in das Kino vor Ort ein und präsentiert mit einer Tüte Popcorn und Filmen über die Schleppliftanlagen das Angebot.

Schriftliche Angebote verschönern | Es gibt zahlreiche kostengünstige Möglichkeiten, Ihre Angebote optisch aufzupeppen. Anregungen bekommen Sie im gut sortierten Bürofachhandel oder auch im Internet. Viele Dienstleister bieten heute neben der Möglichkeit, die übliche Loseblattsammlung durch eine benutzerfreundliche Bindung zu ersetzen, gute Ideen, um das Angebot aufzuwerten.
www.schoenherr.de

Der Mini-Werbespot | Stellen Sie sich vor, Sie sitzen im Flug nach New York, Business-Class, und kurz vor dem Ziel erwacht Ihr Nachbar – wie sich herausstellt, Ihr Traumkunde von der XYZ AG. Er wendet sich Ihnen zu und fragt: »Was machen Sie eigentlich beruflich?« Wer Interesse wecken will, hat jetzt eine griffige Antwort parat – einen Satz, der aufhorchen lässt. Mein persönlicher Werbespot lautet: »Wir steigern Ihren Umsatz, in der Regel um 20 %, wenn Sie wollen, schriftlich garantiert.« Wie lautet Ihr Satz? Wenn er funktioniert, wird Ihr Nachbar nachhaken: »Sagen Sie mal, wie machen Sie das?« In Ihrer Antwort sollte Ihnen in maximal 30 Sekunden ein überzeugender Praxistransfer glücken.

Nichts als Worte? | Wer eine edle Seeger-Tasche »teuer« findet, wird vom Hersteller eines Besseren belehrt. Eine Anregung für alle, die ihre Kunden bisher gefragt haben: »Wie viel wollen Sie ausgeben?« Wie wäre es stattdessen mit einem sanften: »Wie viel möchten Sie denn investieren?« Ein Beispiel für die Macht der Sprache, die anziehen oder abschrecken, Aufmerksamkeit erregen oder langweilen, begeistern oder skeptisch machen kann. Legen Sie Ihre Worte gegenüber dem Kunden auf die Goldwaage!

Wirksame Kundenansprache | Es gibt Wörter, die den Kunden aktivieren, einbeziehen, und solche, die ihn kalt lassen. Hier eine kleine Übersicht.

Streichen Sie das Wörtchen »man« am besten aus Ihrem Verkaufswortschatz. Es ist unkonkret und widerspricht gleichzeitig den Grundlagen der Verkaufspsychologie. Wirksamer ist eine direkte Ansprache des Kunden, die Personifizierung. Sagen Sie »Sie, ich, du«, oder nennen Sie Ihr Gegenüber beim Namen. Nehmen wir an, Ihr Kunde interessiert sich für ein modernes Multifunktionsgerät: »Mit diesem Gerät kann man drucken, faxen, scannen und kopieren« lässt ihn außen vor. »Mit diesem Gerät können Sie drucken, faxen, scannen und kopieren« bezieht ihn stärker mit ein. Und noch wirksamer wird Ihre Aussage, wenn Sie (wie die Werbeprofis) auf eine »Mehrfach-Personifizierung« setzen: »Mit diesem Gerät können Sie Ihre Texte ausdrucken und Ihre Dokumente faxen, scannen und kopieren.«

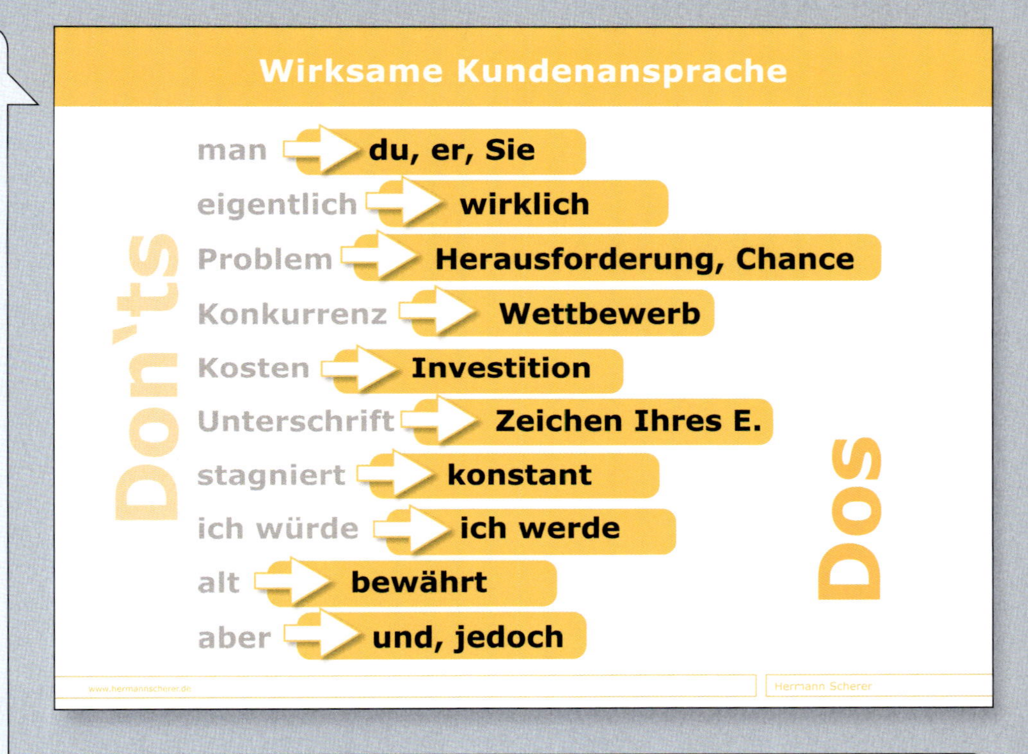

Auch Einschränkungen wie »eigentlich« oder »im Prinzip« schwächen Ihre Aussage. Der Kunde vermutet womöglich, da gebe es doch noch einen Haken. Vermeiden Sie außerdem Wörter mit negativen Konnotationen wie etwa »Problem« oder »Konkurrenz«, »alt« oder »Kosten«. Vergleichen Sie: »Dies ist ein altes System, das nur geringe Kosten verursacht« mit »Dies ist ein bewährtes System und daher eine sehr günstige Investition«. Auch Konjunktive wie »könnte, würde, müsste« relativieren Ihre Botschaft. »Aber« entwertet alles, was zuvor gesagt wurde. »Es ist gut, dass Sie sich informiert haben, lieber Kunde, aber ich würde Ihnen empfehlen ...« stößt Ihren Gesprächspartner vor den Kopf. »Es ist gut, dass Sie sich informiert haben, lieber Kunde, und ich empfehle Ihnen ...« hat eine ganz andere Wirkung. Prüfen Sie Ihr Angebot speziell im Hinblick auf die Wortwahl.

Angebotssprache = Kundensprache

Angebotssprache = Kundensprache | Wenn es ein Erfolgsrezept für kundenorientierte Angebote gibt, dann dieses: Kommunizieren Sie auf Augenhöhe, formulieren Sie so, dass Ihr Kunde Sie versteht, und rücken Sie die Punkte, die Ihren Kunden interessieren, in den Mittelpunkt. Das bewahrt Sie vor kryptischen Abkürzungen, verwirrenden Zahlenkolonnen und leeren Floskeln. Jedes Angebot sollte so geschrieben sein, dass es auch unbeteiligte Dritte (Berater, Vorstand, Anwalt) sofort verstehen.

Keyword-Selling

Entscheider-Reue oder
Entscheider-Freude

Keyword-Selling | ist eine ebenso simple wie wirksame Strategie: Wiederholen Sie bei der Formulierung von Angeboten gezielt Schlüsselworte Ihres Kunden. Wenn ein Küchenkäufer im Planungsgespräch größten Wert auf »hochwertiges Design« und »Ambiente« legt, sollten sich exakt diese Begriffe in Ihrem Angebot wiederfinden. Natürlich setzt das voraus, dass Sie genau hinhören und Ihre Texte individualisieren – ein Aufwand, der sich lohnt, denn ein Kunde, der sich optimal verstanden fühlt, kauft! Die Gesetzgebung erlaubt in manchen Ländern mehr: So ist die Saftflasche links nicht mit »mindestens haltbar«, sondern mit »enjoy by« (»genieße bis«) bedruckt.

Leseprobe

Lesen Sie einfach schnell, ohne explizit auf das einzelne Wort zu achten, den nachstehenden Text durch, und staunen Sie!

Gmäeß eneir Sutide eneir elgnihcesn Uvinisterät, ist es nchit witihcg in wlecehr Rneflogheie die Bstachuebn in eneim Wrot snid, das ezniige was wcthiig ist, ist dass der estre und der leztte Bstabchue an der ritihcegn Pstoiion snid. Der Rset knan ein ttoaelr Bsinöldn sien, tedztorm knan man ihn onhe Pemoblre lseen. Das ist so, wiel wir nciht jeedn Bstachuebn enzelin leesn, snderon das Wrot als gseatems.

Ehct ksras! Das ghet wicklirh! ;-)

Leseprobe | Selbst vor diesem Buchstabensalat kapitulieren Leser nicht – ein Beleg dafür, wie routiniert und flüchtig wir Texte im Allgemeinen überfliegen. Wenn Ihre Botschaft nicht einfach vorbeirauschen soll, reichern Sie sie doch einmal mit ungewöhnlichen Elementen an. Vorschläge auf den nächsten Seiten!

Angebote geschickt anreichern

Zeigen Sie, was Sie tun!

Auch die für Sie selbstverständlichen Prozesse werden selbstverständlich gezeigt!

Vorgespräch

Angebot

Feldbeobachtung

Statische Analyse

Dynamische Analyse

Festlegung der Trainings-/ Coachingstrategie

evtl. Beteiligung von Coachs aus dem Unternehmen

evtl. Beteiligung von externen Coachs und Spezialisten aus der Branche

Trainings-/ Coachingprozess

Evtl. Dokumentation

Evtl. Videocoaching

Kundenzufriedenheit erfassen und auswerten

Kundenerfolg

Teilnehmerauswertung Motorola · SZ · NY Research

Nachbetreuung über 0800-22-Tel.-Nr.

Nachgespräch

Nachbetreuung über E-Mail-Account

Cash for success & sicherer Erfolg

www.hermannscherer.de

Hermann Scherer

Angebote geschickt anreichern | Der Mensch ist ein Augentier und ein flüchtiger Leser, wie Sie eben an sich selbst beobachten konnten. Peppen Sie Ihr Angebot daher optisch auf! Hier das Flussdiagramm eines Trainingsunternehmens, das sich häufig dem Vorwurf ausgesetzt sah, die Tagessätze seien aber »sehr hoch«. Statt die Vor- und Nachbereitung umständlich im Text zu verstecken, entwarfen wir diesen Ablaufplan, der dem Kunden den Gesamtaufwand rund um die Präsenz bei ihm vor Ort im wahrsten Sinne vor Augen führt. Die Tagessätze sind seitdem nur noch selten ein Thema. Zusatzeffekt: Das so strukturierte Verfahren lässt sich als individuelle, hochwertige Form der Leistungserbringung schützen und bietet so ein zusätzliches Verkaufsargument.

Auch mit einer chinesischen Kundin, die Perlen vertreibt, entwickelten wir auf diese Weise ein Alleinstellungsmerkmal. Ihre besonders sorgfältige Auswahl der Perlen nach Größe, Glanz, Farbe, Herkunft usw. ließen wir unter Ihrem Namen als »CL-[Cheng-Liu-]Verfahren der 17 Schritte« beim Patentamt schützen. Seitdem dies prominent in ihren Angeboten platziert wird, ist ihr Umsatz deutlich gestiegen und das Alleinstellungsmerkmal verdeutlicht.

Kommt Ihr USP, Ihr Alleinstellungsmerkmal, in Ihren Angeboten unübersehbar zum Ausdruck?

Machen Sie sich Ihre Notizen auf S. 328.

Referenzen – oder: Wer uns Vertrauen schenkt | Gehören Sie auch zu denen, die auf Websites als Erstes die Rubriken »Kunden« oder »Referenzen« anklicken? Die meisten Menschen sind dankbar für Empfehlungen, und Referenzen sind eine Art, sich empfehlen zu lassen. Legen Sie Ihren Angeboten eine Referenzliste bei! Diese kann bestehen aus: Unternehmensnamen, Unternehmensbildern, Unternehmenslogo, Personennamen mit Position und Bild, Kundenaussagen, Vorher-nachher-Szenarios.

Eyecatcher – kleiner Aufwand, große Wirkung

Einer meiner Kunden, der Verkaufstrainings durchführt, bekommt signifikant mehr Aufträge aus der Pharmabranche, seitdem er auf seinen Angeboten ein kleines Stethoskop abbildet. Schon kleine Signale können genügen, um sich gegenüber den Wettbewerbern wirksam abzuheben, hier offensichtlich durch ein Bild, das Branchenzugehörigkeit suggeriert.

Auf einen Blick: Hingucker für Ihr Angebot

- Zeichnungen, Fotos
- Diagramme, Ablaufschemata
- Grafiken, Skizzen, Pläne
- Statistiken
- Organigramme (Zuständigkeiten)
- Filialübersicht, Servicestellen
- Prüfberichte, Testergebnisse
- Referenzlisten, Testimonials, Expertenzeugnisse
- Presseberichte
- Dankesbriefe
- Darstellung von Marktführerschaften
- Prospekte, Poster
- Vorher-/Nachher-Vergleiche
- Vorteil-/Nachteil-Bilanzen
- Wirtschaftlichkeitsberechnungen
- Schaustücke, Muster
- Proben
- 3D-Modelle
- DVDs, Videos

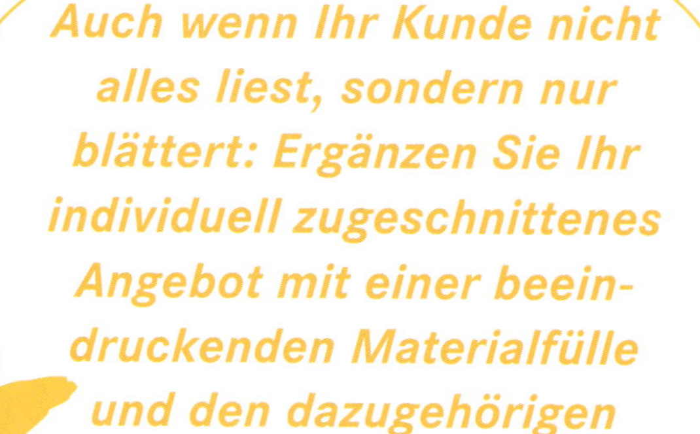

Wie zeigen Sie Ihre Referenzen auf?

Machen Sie sich Ihre Notizen auf S. 328.

Glaubensmuster | Gehen Sie davon aus, dass Ihr Kunde schon eine Meinung zu Ihnen und Ihrer Dienstleistung hat, bevor er Sie das erste Mal sieht – durch frühere Erfahrungen mit anderen Anbietern, durch Presseberichte über die Branche, durch Erzählungen von Kollegen oder Bekannten. Woran denken Sie selbst beispielsweise beim Stichwort »Handwerker im Haus«? Wenn Ihnen jetzt Dreck, Lärm und diverse Kollateralschäden einfallen, sind Sie vermutlich in großer Gesellschaft.

Glaubensmuster

Hermann Scherer

Andere Glaubensmuster:

- Finanzdienstleister denken vor allem an die eigene Provision;
- Unternehmensberater wollen konfektionierte Lösungen verkaufen;
- Seminaranbieter vernachlässigen in ihren Trainings den Praxisbezug ...

Wenn Sie in Ihren Angeboten derartige Glaubensmuster offensiv aufgreifen und glaubwürdig entkräften, steigern Sie Ihre Erfolgschancen erheblich. Ein Handwerksbetrieb, der seinen Angeboten eine ausführliche »Sauberkeitsgarantie« beilegt, hat im Wettbewerb die Nase vorn (siehe auch Seite 140). Um Kundenüberzeugungen auf die Spur zu kommen, empfiehlt die Serviceexpertin Sabine Hübner, im Unternehmen ein »Plakat der Kundendenke« aufzuhängen, auf dem Mitarbeiter ihre Kundeneindrücke notieren und das man in die Angebotserstellung einfließen lässt.

Hauptsache, der Preis stimmt? | Selbst bei öffentlichen Ausschreibungen erhält heutzutage nicht mehr automatisch der billigste Anbieter den Zuschlag. Zwar sind Länder und Kommunen gehalten, Steuermittel möglichst sparsam einzusetzen und daher im Grundsatz auf das günstigste Angebot verpflichtet. Wenn jedoch Zweifel an der Plausibilität der Kalkulation aufkommen, wird schon einmal anders entschieden, wie dieser Pressebericht zeigt. Denn was nützt die »billige« Kläranlage oder Brücke, wenn nach kurzer Zeit Mängel auftreten und kostenintensiv behoben werden müssen? »Billig« ist dann plötzlich gar nicht mehr »günstig«! Was für Städte oder Gemeinden gilt, gilt erst recht für die Privatwirtschaft, ob im B2B- oder B2C-Bereich: Argumente schlagen Rabatte! Und nur wenn Ihre Argumente für den Kunden nicht sichtbar sind, wird der Preis zum maßgeblichen Entscheidungskriterium. Ein Preis ist also nur dann aussagekräftig, wenn er in Beziehung zur gebotenen Leistung steht. Die Devise muss also lauten: Preise realistisch kalkulieren (was gerade kleine und mittelständische Unternehmen nicht selten versäumen) und im Angebot dem Kunden überzeugend deutlich machen, was er für diesen Preis bekommt.

Preis-wert? Total Cost of Ownership | Würden Sie knapp 2 Euro für eine halbvolle Plastikflasche mit Mehl, Zucker, Eipulver und Glukosesirup ausgeben? Nein? Dennoch behauptet sich das Produkt seit Jahren am Markt: Man gibt Milch dazu, schüttelt, fertig ist der Pfannkuchenteig. Und wenn man alle Kosten der traditionellen Herstellungsweise vom Einkauf der Zutaten, Aufräumen der Küche bis zum Spülen addiert, erscheint der Preis in einem anderen Licht. Ein solcher Vollkostenvergleich (Preis der angebotenen Lösung versus Preis des Verzichts auf diese Lösung) ist ein sehr überzeugendes Verkaufsargument.

Cost of one vs. Total Cost of Ownership

1. Einkauf Mehl
2. Einkauf Eier
3. Einkauf Milch
4. Einkauf Salz
5. Kaufnebenkosten
6. Arbeitskosten
7. Lagerkosten
8. Bereitstellung
9. Verbrauchsmaterial
10. Schüssel
11. Schneebesen
12. Reinigungskosten

Totalkostenvergleich | Im B2B-Bereich: Der Anbieter stellt den Zeitaufwand für Handarbeit und maschinelles Schneiden gegenüber. Die Einsparung von Lohnkosten macht sein Gerät zu einer lohnenden Anschaffung. Übrigens: Beziehen Sie in einen Kostenvergleich auch Aspekte ein, die nicht in Heller und Pfennig zu beziffern sind, z. B. Präzision, Bequemlichkeit, Sauberkeit ...

Totalkostenvergleich

Rationeller Einsatz von FEIN-Elektro-Gewindeschneidern

Zeitvergleich zwischen Gewindeschneiden von Hand und Gewindeschneiden mit einem FEIN-Elektro-Gewindeschneider unter Verwendung des jeweils gleichen Gewindebohrertyps.

Test-Material: Baustahl

Materialstärke: ca. 1,5 x Nenndurchmesser des Gewindes.

Beispiele über Zeiteinsparung bei folgenden Gewindegrößen:

Gewinde Große	Material Starke	Zeit für Handschnitt	Zeit für Maschinenschnitt	Zeitersparnis in sec. oder %
M 3	5 mm	23,8 sec	2,0 sec	21,8 sec ca. 91,8 %
M 4	6 mm	27,0 sec	2,0 sec	25,0 sec ca. 92,6 %
M 5	8 mm	25,9 sec	1,9 sec	24,0 sec ca. 92,7 %
M 6	10 mm	29,7 sec	2,3 sec	27,4 sec ca. 92,3 %
M 8	12 mm	40,3 sec	2,7 sec	37,5 sec ca. 93,0 %

Beispiel über Kosteneinsparung bei einem M 5 Gewinde

Stundensatz 45,– DM
Kosten für 1 Gewinde von Hand
(Arbeitszeit = 25,9 sec.) = 0,32 DM

Kosten für 1 Gewinde
mit FEIN-Elektro-Gewindeschneider
(Arbeitszeit = 1,9 sec.) = 0,02 DM

Zeiteinsparung 24 sec. oder 0,30 DM pro Gewinde

BEISPIEL BEI M 5

Weitere Vorteile beim Maschinen-Gewindeschnitt

Hoher Zeitgewinn,
niedrige Arbeitskosten,
geringe Werkzeugkosten,
wenig Freiraum beim Schneiden notwendig,
Maschine ist auch stationar einsetzbar,

Kostenvergleich – verdeckte Kosten | Achten Sie darauf, dass Ihr Kunde beim Preisvergleich nicht Äpfel mit Birnen vergleicht. Ein vordergründig »günstigeres« oder gleich teures Angebot kann sich durch Folgekosten als kostspieliger erweisen. Der Vertreiber von Software-Lizenzen hat dies besonders eindrücklich im Bild des Eisbergs umgesetzt. Gehen Sie nicht davon aus, dass Ihr Kunde solche Rechnungen »von selbst« aufmacht: Oft kann er Folge- oder verdeckte Kosten gar nicht einschätzen.

Kostenvergleich – verdeckte Kosten

Vermeidung der verdeckten Kosten von handelsüblicher CRM-Software

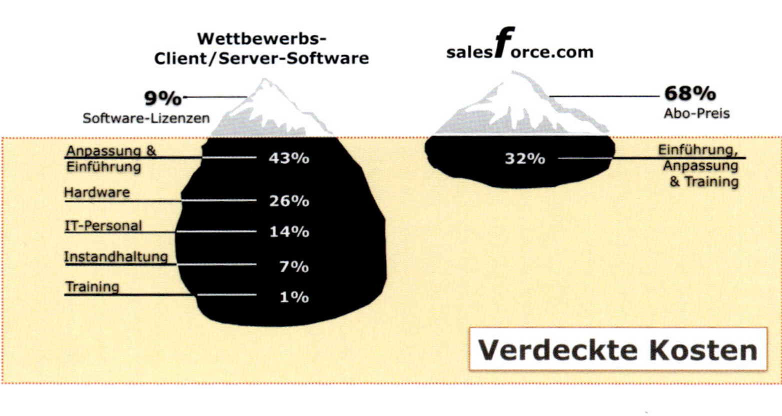

Handlungsaufforderung | Jedes Angebot sollte den Kunden zum Handeln auffordern und ihm eine komfortable Antwortmöglichkeit bieten. Neben Antwortfax, Bestellformular oder frankiertem Rückumschlag bietet sich ein terminierter Nachfassanruf an (»Lassen Sie uns am nächsten Mittwoch darüber sprechen. Gerne komme ich auf Sie zu.«) Freundliche Hartnäckigkeit zahlt sich meist aus. Weiter versteht sich von selbst, dass erteilte Aufträge sofort schriftlich bestätigt werden. Ein kleines Überraschungsgeschenk verankert Sie positiv im Kundengedächtnis.

Quantität vor Qualität | Ja, Sie haben richtig gelesen. Achten Sie auch immer auf Qualität? Ein provokativer Anreiz: Bringen Sie eine Vielzahl Ihrer Stärken mit in das Angebot ein. Das muss gar nicht heißen, dass Ihr Kunde alle Nutzenaussagen, Presseberichte, Unternehmensdarstellungen, Beispiele, Modellrechnungen, Ist-Soll-Vergleiche, Hintergrundinfos Zeile für Zeile liest. Vielleicht beschränkt er sich auf die Zusammenfassung auf der ersten Seite. Dennoch wirkt auch der »Rest«.

Auf einen Blick: Angebotsbestandteile

Heben Sie sich durch eine wertige Aufmachung und durch eine gut gegliederte Präsentation des Materials von Mitbewerbern ab. Mögliche Bestandteile Ihres Angebots:

- Anschreiben
- individualisiertes Deckblatt
- Inhaltsübersicht
- Einleitung
- Unternehmensbeschreibung
- individuell zugeschnittenes Angebot
- zentrale Pluspunkte oder Garantien (siehe Seite 141 ff.)
- »Hingucker« wie Fotos, Muster ...
- Zusammenfassung/Angebotsexzerpt für Entscheider
- Visitenkarte des Ansprechpartners
- Handlungsaufforderung und komfortable Antwortmöglichkeit (Bestellfax, -formular oder Rückantwort)
- wertige Präsentationsmappe

Achten Sie darauf, dass Ihre Selbstdarstellung zum Kunden passt: Ob Sie mit Biohotels oder Banken ins Geschäft kommen wollen, sollte sich auch in Ihrem optischen Auftritt niederschlagen.

Sind Ihre schriftlichen Angebote unwiderstehlich?

Machen Sie sich Ihre Notizen auf S. 328.

Ist Ihr Angebot tatsächlich unwiderstehlich – in Optik, Form wie Inhalt? Verlassen Sie sich nicht allein auf Ihr Urteil, fragen Sie ausgewählte Testpersonen!

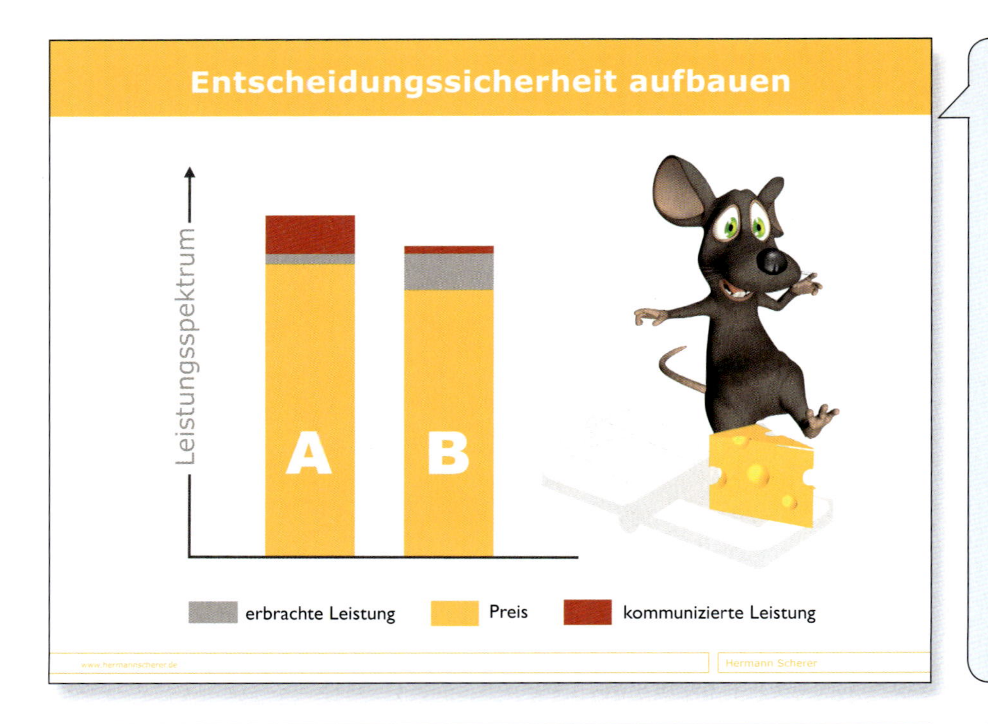

Entscheidungssicherheit aufbauen | Bei jeder Kaufentscheidung sucht der Kunde nach Anhaltspunkten, die seine Entscheidung für Sie und damit gegen die Wettbewerber erhärten. Schließlich hat er in den allermeisten Fällen Alternativen. Deshalb sollte ein gutes Angebot nicht nur Entscheidungssicherheit für Sie generieren, sondern auch Entscheidungsunsicherheit gegenüber Ihrem Wettbewerb aufbauen. Dies gilt insbesondere, wenn Ihr Produkt (A) teurer ist als das Wettbewerbsprodukt (B). Deshalb gilt es, in diesem Fall die kommunizierten – nicht die erbrachten – Leistungen zu erhöhen.

Textilversand mit absoluter Rückgabe-Garantie

1. Prinzip
Wir bemühen uns immer um die höchste Qualität unserer Produkte. Wir verbessern die Materialien und fügen Details hinzu, die andere im Laufe der Jahre weggelassen haben. Wir verringern niemals die Qualität eines Artikels, um ihn billiger zu verkaufen.

2. Prinzip
Wir kalkulieren unsere Preise fair und ehrlich. Wir nehmen nie an der üblichen Verkaufspraxis teil, die Handelsspanne künstlich zu erhöhen, um anschließend einen falschen »Ausverkauf« durchzuführen.

3. Prinzip
Wir akzeptieren jede Rücksendung, aus jedem Grund, zu jeder Zeit. Kein Kleingedrucktes. Keine Diskussion. Wir meinen genau, was wir sagen. GUARANTEED. PERIOD.®

Hermann Scherer

Textilversand mit absoluter Rückgabe-Garantie | Lands' End wirbt mit einer einzigartigen Garantie: Jedes Kleidungsstück kann zu jedem Zeitpunkt ohne Angabe von Gründen zurückgegeben werden. Das führt keineswegs dazu, dass die Kunden reihenweise alte Pullover »entsorgen«. Die Rücksendequote liegt weit unter 1%.
Die Vorteile der Rundum-Rückgabe überwiegen – ein sehr guter Weg, Entscheidungssicherheit aufzubauen!

Handwerker mit Sauberkeits-Garantie

Unsere 10 Pluspunkte

- Wir legen alle Bereiche mit Folien aus
- Wir ziehen Überschuhe an
- Wir tragen immer saubere Kleidung
- Wir verwenden saubere Werkzeuge
- Wir bringen unsere Putzbox mit
- Wir kommen in sauberen Fahrzeugen
- Wir haben Nichtraucher im Einsatz
- Wir machen Ihnen alles wie neu
- Wir entsorgen den Müll umweltgerecht
- Wir putzen da, wo Sie auch immer schon mal putzen wollten

Hermann Scherer

Handwerker mit Sauberkeits-Garantie | Diese »10 Sauberkeits-Punkte« eines Ofenlieferanten erklären wohl sein volles Auftragsbuch. Auf nur einer Seite wirkt der Anbieter geschickt negativen Glaubensmustern (wie »Handwerker machen Dreck«) entgegen.

Wie lauten Ihre zehn Pluspunkte?

Machen Sie sich Ihre Notizen auf S. 329.

Küchen clever kaufen! | Allein durch die Einführung des »RSG-Gütesiegels« und die damit verbundenen Garantien von »Wunsch-Termin« bis »Sofort kochen« konnte dieser Anbieter seinen Umsatz signifikant steigern – ohne jede Änderung bei Produkten oder Preisen konnte er durch diese Punkte die Kunden besser von der hohen Qualität seiner Produkte überzeugen. Ein Beispiel, wie man Entscheidungssicherheit herbeiführen und Entscheidungsunsicherheit gegenüber Wettbewerbsangeboten schüren kann.

Garantien – Pluspunkte | Die obigen Beispiele zeigen es: Sie müssen nicht immer das Rad neu erfinden, um Ihr Angebot attraktiv zu machen und die Aufmerksamkeit des Kunden zu erregen. Greifen Sie Basisdimensionen wie Erreichbarkeit und Qualität auf und prägen Sie griffige Formeln. Mit einer »52x7x24-Garantie« etwa stehen Sie rund um die Uhr zur Verfügung. Ihr Mitbewerber mag diesen Service auch bieten, aber wenn er ihn als »Rund-um-die-Uhr-Erreichbarkeit« im Kleingedruckten versteckt, kann er kaum dieselbe Wirkung entfalten. Was zu der Frage führt, wo Sie Ihre Pluspunkte oder Garantien unterbringen. Auf jeden Fall an prominenter Stelle in Ihrem Angebot, etwa als Deckblatt, als Anlage, als letzte Position des Angebots oder unter die Investitionssumme.

Im letzten Fall koppeln Sie Ihre Garantien und Pluspunkte direkt an die kalkulierten Kosten und werten so Ihre Leistung in unmittelbarer Nachbarschaft zum Preis auf.

Die Zeiten sind schlecht?

Es gibt immer Unternehmen, die boomen auch gegen den Trend. Und dafür braucht es keinen vielköpfigen Marketingstab, sondern exzellente Leistungen – und eine ebenso exzellente Vermittlung dieser Leistungen gegenüber den Kunden. Die »10 Pluspunkte« eines mittelständischen Handwerksbetriebs sind ein Beispiel dafür.

Wie können Sie Ihre Leistung (noch) besser darstellen?

Machen Sie sich Ihre Notizen auf S. 329.

Unser Versprechen

Tipps für Ihre Pluspunkte:

1. 52x7x24-Pluspunkt: Wir sind immer für Sie da: 52 Wochen im Jahr, 7 Tage pro Woche und 24 Stunden am Tag. **→ Finden Sie individuelle Formulierungen.**

2. Dringlichkeits-Pluspunkt: Wir garantieren Ihnen: Spätestens 30 Minuten nach Ihrem Anruf sind wir auf der Autobahn. **→ Versetzen Sie sich in die Situation Ihres Kunden.**

3. Qualitäts-Pluspunkt: Wir haben uns bewährt: Über 90 % der ortsansässigen Industriebetriebe nehmen unsere Leistungen in Anspruch. **→ Punkten Sie mit Empfehlungen.**

4. Lager-Pluspunkt: Wir können sofort starten: Über 4.000 Artikel halten wir in unserem 500 m² großen Lager ständig für Sie bereit. **→ Werden Sie konkret, nennen Sie Zahlen!**

5. Kontinuitäts-Pluspunkt: Wir setzen auf Erfahrung: Unsere Mitarbeiter sind durchschnittlich 37 Jahre alt und seit 12 Jahren »an Bord«. Sie werden von einem Team betreut, das loyal, leistungsorientiert und hervorragend aufeinander eingespielt ist. **→ Menschen machen den Unterschied. Wer sind Ihre Mitarbeiter?**

6. Ausstattungs-Pluspunkt: Wir setzen auf modernste Technik: zum Beispiel auf eine Fuhrparkflotte von 30 Fahrzeugen, mit Hubsteigern®, Montagebühnen, LKWs und Ladekran. **→ Technisch sind Sie auf dem neuesten Stand.**

7. Termintreue-Pluspunkt: Wir kennen keine Ausreden: Wir halten jeden Termin ein. Garantiert. **→ Entkräften Sie gängige Vorurteile!**

8. Zertifizierungs-Pluspunkt: Wir lassen uns testen: Wir sind das einzige von Siemens zertifizierte Unternehmen für den Bau von TSK-Schaltanlagen in Nordwest-Deutschland. **→ Liefern Sie Qualitätsbelege!**

9. Dokumentations-Pluspunkt: Wir machen nachvollziehbar, was wir tun: Vom Stromablaufplan bis zum Prüfprotokoll für Anlagentechnik dokumentieren wir unsere Leistung zu 100 %. Ihr Nutzen: messbare Zeitersparnis. Spätere Aufträge sind ohne lange Vorbereitungen durchführbar. Störungen werden sofort gefunden – und nicht nach dem Prinzip »Wer suchet, der findet«.

→ Zerbrechen Sie sich den Kopf auch über Dinge, an die Ihr Kunde jetzt noch gar nicht denkt.

10. Gewährleistungs-Pluspunkt: Wir stehen zu unserer Leistung: Auf alle Materialien der Gebrauchsteile erhalten Sie 2 Jahre Garantie, auf alle anderen Leistungen 5 Jahre (physikalische Lebensdauer vorausgesetzt).

→ Und vergessen Sie auch (vermeintlich) Selbstverständliches nicht.

Checkliste: Angebotsoptimierung

Sprache

- Arbeiten Sie mit Schlüsselworten Ihres Kunden? (Key-Word-Selling)
- Sprechen Sie Ihren Kunden direkt an, personalisieren Sie? (»Sie« statt »man«, »Ihr(e)« statt »der, die, das«)
- Verzichten Sie auf überflüssige Relativierungen (»im Prinzip«, »eigentlich«), auf negative Formulierungen (»Problem«) und auf das Anti-Wörtchen »aber«?
- Vermeiden Sie Fachwörter, Zahlenschlachten, nicht nachvollziehbare Artikelnummern, Abkürzungen?
- Verzichten Sie auf Worthülsen wie »Qualität«, »Service« und »Kompetenz«? Formulieren Sie stattdessen kundenorientierte Nutzenargumente?

Inhalt & Optik

- Rücken Sie den Kundennutzen in den Mittelpunkt?
- Geht Ihr USP aus dem Angebot hervor?
- Setzen Sie »Garantien« oder »Pluspunkte« ein?
- Bieten sich Vorher-Nachher-Vergleiche an?
- Erleichtert ein Inhaltsverzeichnis Ihrem Kunden die Übersicht?
- Haben Sie einen wirklich zündenden Begleitbrief formuliert?
- Wecken Sie positive Emotionen beim Kunden (Abbildungen, Formulierungen)?
- Kennen Sie die negativen Glaubensmuster Ihrer Kunden und entkräften Sie sie wirksam?
- Ist es sinnvoll, sich offensiv mit Mitbewerbern auseinanderzusetzen und so Entscheidungsunsicherheit gegenüber deren Alternativen zu schüren?
- Entspricht Ihr Angebot optisch höchsten Ansprüchen (Gestaltung, Einsatz von Farbe, hochwertige Aufmachung, schöne Präsentationsmappe)?
- Sorgen Sie dafür, dass Schlüsselfaktoren im Gedächtnis bleiben, z. B. durch (sprachliche) Bilder oder andere Gedächtnisanker?
- Haben Sie Zusatzmaterial beigelegt, mit dem Sie die Aufmerksamkeit Ihres Kunden erregen und sich von Mitbewerbern abheben (Muster, Proben, Bilder, CDs ...)?
- Arbeiten Sie mit Referenzen, Testimonials, Dankesbriefen, Presseartikeln?
- Runden Sie Ihr Angebot mit einer Handlungsaufforderung ab?
- Haben Sie für eine komfortable Antwortmöglichkeit gesorgt (Bestellformular, Antwortfax, frankierter Rückumschlag)?

Der Preis

- Ist Ihr Preis realistisch kalkuliert?
- Wird Ihr Preis deutlich in Relation zur gebotenen Leistung gesetzt?
- Machen Sie den Gesamtaufwand für Ihren Kunden nachvollziehbar, beispielsweise indem Sie »versteckte« Leistungen sichtbar dokumentieren (Diagramme, Ablaufpläne o. Ä.)?
- Können Sie Vollkostenvergleiche anstellen oder Hinweise auf versteckte Kosten bei Mitbewerbern einbauen?

Summa summarum

- Ist Ihr Angebot individuell auf den jeweiligen Kunden zugeschnitten?
- Haben Sie es auf den jeweiligen Kundentyp abgestimmt (wenn Sie sich direkt an den Entscheider wenden), bzw. bieten Sie für alle Kundentypen passend aufbereitete Informationen (wenn das Angebot durch mehrere Hände geht)?
- Steuert Ihr Angebot die subjektive Wahrnehmung des Kunden hinsichtlich Qualität, Leistung, Vorteile gegenüber Mitbewerbern im Sinne einer Kaufentscheidung zu Ihren Gunsten?

Auf einen Blick: die 4 Kundentypen | Kunde ist gleich Kunde? Menschen sind verschieden, das wissen wir alle. Daraus folgt aber auch: Kunden sind verschieden und wollen auf unterschiedliche Weise angesprochen werden – auch in schriftlichen Angeboten. Erfolgreiche Verkäufer berücksichtigen das. Hilfreich für eine Schulung der Menschenkenntnis sind psychologische Raster wie dieses vierstufige Modell – auch wenn natürlich niemand ein »reiner« Typ ist.

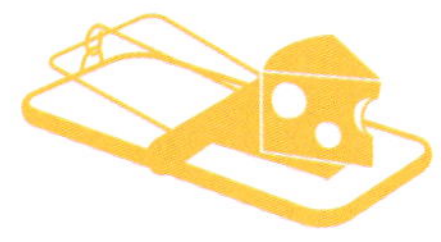

Sprechen Sie verschiedene Kunden auch auf verschiedene Weise an?

Machen Sie sich Ihre Notizen auf S. 329.

Der Analytiker | oder: Haben Sie dazu die genauen technischen Daten? Analytiker sind rationale, sehr gewissenhafte Menschen. Wenn sie nur die Zeit hätten, würden sie sich selbst in jedes noch so kleine Detail versenken. Was zählt, sind Sachargumente, nicht optischer »Schnickschnack«. Seien Sie so präzise wie möglich, beantworten Sie alle Fragen geduldig, und vor allem: Glänzen Sie mit einem dicken Anhang mit allen technischen Details, punkten Sie mit Grafiken und Datensammlungen.

Quelle: Froergl®, Sigi Müller für Sabine Hübner

Quelle: Fnoergl®, Sigi Müller für Sabine Hübner

Der Pragmatiker | oder: Wo steht das Klavier? Pragmatiker sind zupackende, ergebnisorientierte Menschen. Aufwand und Ergebnis müssen für sie in einer vernünftigen Relation stehen. Pragmatiker lieben schriftliche Angebote, die übersichtlich gegliedert und glasklar nutzenorientiert sind. Sie schätzen ferner ein Exzerpt, das das Wichtigste auf einer Seite dokumentiert.

Quelle: Fnoergl®, Sigi Müller für Sabine Hübner

Der Harmoniker | oder: Das sollten wir ganz in Ruhe gemeinsam besprechen. Harmoniker legen vor allem Wert auf das Zwischenmenschliche. Alle sollen sich wohl fühlen, keiner tut dem anderen weh. Entscheidungen fallen möglichst im Konsens. Mit zu viel Druck und Dynamik tun Sie sich hier keinen Gefallen. Stimmen Sie Ihr Anschreiben und Ihr Auftreten im persönlichen Kontakt darauf ab: Wählen Sie die sanften Töne – schlagen Sie vor, geben Sie Zeit, stehen Sie zur Verfügung.

Quelle: Fnoergl®, Sigi Müller für Sabine Hübner

Der Extrovertierte | oder: Wie sexy ist das Ganze? Extrovertierte Menschen sind außenorientiert und statusbewusst. Sie bevorzugen Produkte oder Dienstleistungen, die Ansehen und Selbstwertgefühl stärken. Eine splendide optische Aufmachung des Angebots, der Einsatz von Bildern und Farben, ein professionelles Design, Referenzen renommierter Kunden kommen dem entgegen.

KOMPETENZ-DARSTELLUNG

Was nützt es, gut zu sein, und keiner weiß es?

»Um es in der Welt zu etwas zu bringen,
muss man so tun,
als habe man es zu etwas gebracht.«

Was sich anhört wie das Erfolgsrezept eines PR-Beraters unserer Tage, riet der französische Moralist und Schriftsteller François de La Rochefoucauld seinen Zeitgenossen bereits im 17. Jahrhundert. Dabei wäre in vielen Fällen schon viel gewonnen, wenn Unternehmen und Anbieter ihre tatsächlichen Leistungen dem Kunden deutlicher vor Augen führten. Jeder Kunde ist dankbar für Kompetenzbeweise, die ihm seine (Kauf-)Entscheidung erleichtern und ihn in seiner Wahl bestärken. Also liefern Sie ihm solche Beweise! Wer sein Licht schamhaft unter den Scheffel rückt, darf sich nicht wundern, wenn weniger zurückhaltende Mitbewerber an im vorbeiziehen.

Damit wir uns nicht missverstehen: Um sich auf Dauer am Markt zu behaupten, ist solide, am besten außergewöhnliche Qualität erforderlich. Aber die Zeiten, in denen sich Qualität und Leistung quasi von allein durchsetzten, sind eindeutig vorbei. Im Verdrängungswettbewerb gilt es, schon beim ersten Kundenkontakt positive Erwartungen aufzubauen und zu bestärken, besser noch: schon vor dem ersten Zusammentreffen. Ein guter Ruf wirkt wie ein positives Vorurteil und erhöht die Verkaufswahrscheinlichkeit erheblich. Und statt zu warten, dass sich Ihre Qualitäten bzw. die Ihrer Produkte und Dienstleistungen von selbst herumsprechen, sollten Sie gezielt die Instrumente einsetzen, die ein solches positives Vorurteil erzeugen. Der Aufbau eines Expertenstatus gehört dazu (siehe MODUL 16), aber auch eine Vielzahl kleiner, praktischer Instrumente wie Referenzen oder Testimonials.

Bei der Zusammenarbeit für ein Buch mit einem bekannten Musikproduzenten war ich vor Jahren selbst Adressat einer ebenso originellen wie virtuosen Kompetenzinszenierung. Bevor ich meinen potenziellen Geschäftspartner überhaupt zu Gesicht bekam, wurde ich von seiner Mitarbeiterin mit einem Drink vor ein TV-Gerät komplimentiert und mit den Worten »Herr ... kommt gleich; Video läuft« allein gelassen. In den folgenden 19 Minuten wurde mir die Erfolgsgeschichte meines Gesprächspartners im Zeitraffer präsentiert: Herr ... als Gewinner des Grand Prix; Herr ... als Produzent mit den Größen der Popgeschichte; Herr ... in der Presse und bei Gottschalk auf der Couch; Herr ... als Regisseur Fußballstadien füllender Firmenevents. So hatte ich die Zusammenarbeit bereits »gekauft«, bevor wir auch nur ein Wort miteinander gewechselt hatten.

Vanity-Rufnummern | Wie wäre es, wenn Ihre Kunden statt einer willkürlichen Ziffernfolge einfach 0700 R-E-C-H-T-S-A-N-W-A-L-T oder 0700 P-R-P-R-O-F-I-S wählen könnten? Die Buchstabenfolge auf der Tastatur macht es möglich: Für 62,50 Euro können Sie bei der Bundesnetzagentur Ihre persönliche Rufnummer beantragen. Auch wenn »Vanity« für Eitelkeit steht: Mit allgemeinen Begriffen verankern Sie sich als »die« richtige Adresse (für Rechtsberatung, für PR-Beratung usw.) im Kundengedächtnis. Das unterstreicht Kompetenz wirksamer als beispielsweise Ihr Nachname. www.bundesnetzagentur.de

Terminbestätigung

Prüfen Sie jede Form des Kundenkontaktes darauf, ob Sie sie zur Kompetenzdemonstration nutzen können. Auch eine simple Terminbestätigung ist ein solcher Kontaktpunkt. Verschenken Sie sie nicht für eine lapidare Auflistung von Ort und Zeit; dann können Sie auch gleich vorgedruckte Notizzettel austeilen wie Ihr Zahnarzt. Das Beispiel überzeugt durch inhaltliche Präzision, Erfolgsversprechen (»ganz erheblich unterscheiden«) sowie durch Referenzkunden. Übrigens: Wirklich genutzt werden solche Kontaktdaten selten – aber sie verstärken einen positiven Eindruck!

Sehr geehrte(r) Traumkunde,

gerne bestätigen wir den Termin am 14.08.2009 um 17.30 Uhr in Ihrem Büro.
Die Inhalte unseres Gesprächs:

- Vorstellung des Leistungsspektrums und der Schwerpunkte unseres Unternehmens
- Mögliche Ansatzpunkte im Bereich der Verkaufsaktivierung

Sie werden bei unserem ersten Gespräch schnell feststellen, dass sich unser Unternehmen und unser Leistungsspektrum ganz erheblich unterscheiden.

Damit Sie sich schon im Vorfeld ein Bild machen können, wie wir arbeiten, haben wir Ihnen Namen und Telefonnummern von drei Kunden angegeben.

- Hans Huber, Maxtor GmbH und Co, Weiden, 0 89/3 26 56 63
- Josef Meier, Meierwerke, Hamburg, 0 40/ 9 48 49 38 93
- Martha Junde, Trauke Unternehmen, Traum Ort, 0 89/5 46 39 85

Die Kunden sind informiert und freuen sich auf Ihren Anruf.

Während unserer 30-minütigen Präsentation erfahren Sie außerdem, wie wir Ihnen weiteren Nutzen bieten und Ihre Situation optimieren können …

Mit allen guten Wünschen aus München

Fragen Sie sich bei jeder Form des Kundenkontakts: Was sagt mein Unternehmensauftritt über meine Kompetenz aus? Das gilt für klassische Marketinginstrumente vom Corporate Design bis zur Website, aber auch für Lage und Räumlichkeiten, Empfangspersonal oder eben Brieftexte.

Kundenstimmen – Testimonials | Wenn Ihre Kunden so für Sie sprechen, hat das einen hohen Überzeugungswert. Eine persönliche Note wirkt authentisch und verstärkt den Effekt. Bemühen Sie sich aktiv um Testimonials, z. B. indem Sie Ihre Kunden bitten, ein mündliches Lob kurz schriftlich festzuhalten. Oder Sie legen ein »Gästebuch« in Ihrem Wartebereich aus, das durch Vorbilder zum Reinschreiben animiert.

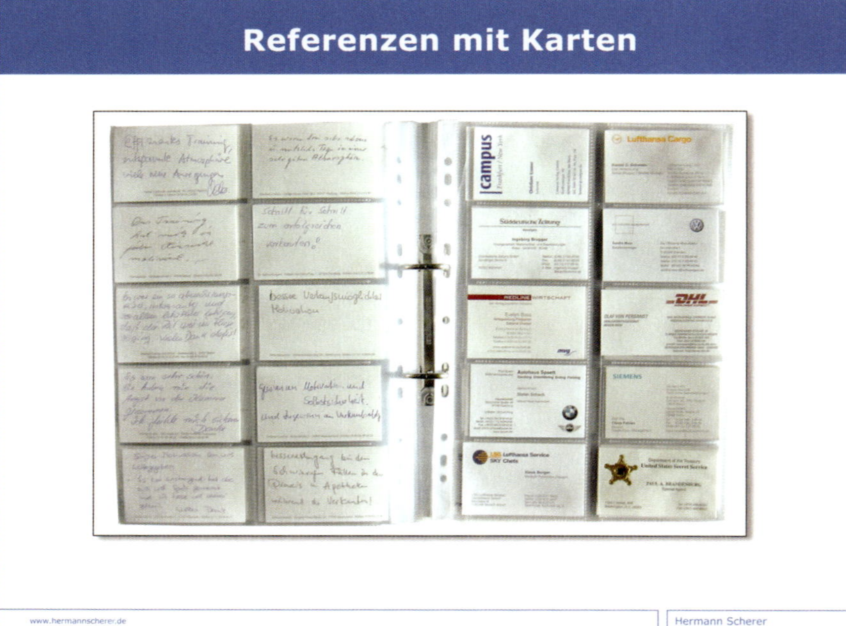

Referenzen mit Karten | Wer Kunden routinemäßig um ein kurzes Stichwort auf der Rückseite der Visitenkarte bittet, hat im Nu ein imposantes Referenzbuch beisammen. Schon die Sammlung der Firmenlogos wird ihre Wirkung nicht verfehlen.

Referenzen statt Kunstdrucke | Warum hängen in Besprechungsräumen, Büros oder Empfangsbereichen eigentlich die immergleichen Kunstdrucke von Cézanne bis Miró? Warum nicht eine kleine Ausstellung mit Testimonials und Dankesbriefen eröffnen? Am cleversten ist es, dafür den Wartebereich zu wählen (und auf das Auslegen von Zeitschriften konsequent zu verzichten ;-)).

Referenzen als Fotoalbum

Referenzen als Fotoalbum | Sie wissen schon: Ein Bild sagt mehr als tausend Worte. Lassen Sie Fotos sprechen und kommen Sie damit den Wahrnehmungsgewohnheiten einer »Attention Economy« entgegen, in der Aufmerksamkeit längst zum knappen Gut geworden ist. Sorgen Sie dafür, dass bei Presseterminen, Vorträgen, Unternehmensbesichtigungen, Workshops, Kongressen usw. jemand Fotos macht!

»Wer da war, entscheidet darüber, wer hingeht.«

Alte Marketing-Weisheit

Klassische Referenzen

Wie werben Sie mit klassischen Referenzen elegant für sich und Ihr Unternehmen? Hier die Basics. Wichtig ist, dass die »Zeugenaussagen« über Ihre Kompetenz konkret und glaubwürdig sind. Fotos können den Statements mehr Nachdruck verleihen. Wenn Ihr Geschäft das zulässt, bietet es sich an, mit Vorher-Nachher-Demonstrationen zu arbeiten (so sah das alte Bad aus, bevor Sie aktiv wurden, und in diesem Glanz erstrahlt es jetzt!). Dabei können Sie auch den direkten Vergleich zu Wettbewerbern ziehen, nach dem Muster »Ergebnis nach herkömmlicher Methode – Ergebnis nach Anwendung unseres Produktes«.

Daneben sind geschickte Selbstbeschreibungen sehr wirkungsvoll: Wer für »8 der 10 führenden Papierhersteller« tätig ist oder eine nennenswerte Anzahl von DAX-Unternehmen zu seinen Kunden zählt, zerstreut jeden Zweifel an der Qualität seiner Produkte oder Dienstleistungen. Und noch ein Tipp: Zwar leben Referenzen im Allgemeinen davon, dass Ross und Reiter präzise genannt werden, aber es geht auch anders. Einer meiner Seminarteilnehmer schrieb einmal: »Ich empfehle das Training gerne weiter, nur unserem direkten Wettbewerb nicht!« Konsequenterweise blieb die Referenz anonym.

Referenzpfad: Einmal rund um Ihr Produkt | Einen wirklich perfekten Einsatz von Referenzen habe ich bei einem Bauunternehmer erlebt: Potenzielle Häuslebauer wurden in seinem Unternehmen von einem wahren Referenz-Parcours empfangen. Wie die meisten Mitbewerber hatte er die von ihm gebauten Häuser im Bild dokumentiert, doch damit nicht genug. Er führte seine Kunden weiter an einer großen Wand entlang und erläuterte: »Hier die Baupläne für unsere Häuser, und hier die Bilder unserer Kunden beim Richtfest. Hier haben wir die Dankesbriefe nach Einzug. Sehen Sie, sogar die Bilder der Kinder, die in diesen Häusern gezeugt wurden, bekommen wir immer wieder zugesandt. Und hier die Logos unserer bewährten Partner beim Bau.« Abschließend wurde noch der Bau eines Traumhauses in einer 90-Sekunden-PowerPoint-Präsentation vorgeführt. Das Resultat: Viele der Kunden, die sich einfach nur mal informieren wollten, erkundigten sich schon jetzt, ob sie später auch einmal an dieser Wand hängen »dürften«. Wenn Sie die Referenzmethode perfektionieren wollen, überlegen Sie daher, ob Sie den gesamten Lebenszyklus Ihres Produktes oder Ihrer Dienstleistung damit begleiten können.

Checkliste Kompetenzdarstellung

- Machen Sie Ihre Kompetenz und Erfahrung Ihren Kunden gegenüber ausreichend sichtbar?
- Nutzen Sie dafür verschiedene, auch weniger verbreitete Instrumente (z. B. PPT-Präsentationen, Videos, Referenzpfad, Scheckheft)?
- Beachten Sie, dass jeder Kundenkontakt eine Chance ist, Kompetenz zu demonstrieren – selbst eine »simple« Terminbestätigung?
- Setzen Sie Fotos ein? Dokumentieren Sie Veranstaltungen, Auftritte oder Zusammenkünfte, die Ihr Renommee steigern, systematisch im Bild?
- Holen Sie systematisch Kundenstimmen ein (etwa Testimonials, Notizen auf Visitenkarten)?

Scheckheft über zukünftige Leistungen | Hier eine andere Form der Kompetenzdarstellung, mit der Sie clever unterstreichen, welche Wohltaten Ihren Kunden noch erwarten, wenn er Ihr Angebot akzeptiert. Im Beispiel verdeutlicht ein Fitnessstudio den Service, den ein Kunde bei ihm bekommt, und schürt damit ganz nebenbei Entscheidungsunsicherheit gegenüber Wettbewerbern. Ein Fitnesscenter überreichte Interessenten nach dem ersten Informationsgespräch und Rundgang durch die Trainingsräume ein Muster-Scheckheft mit Bons von der Trinkflasche über die Trainereinweisung bis zum Saunagang. Bei der Anmeldung wurde das Muster gegen ein »echtes« Scheckheft eingetauscht. Der psychologische Effekt ist ebenso simpel wie wirksam: Selbst wenn der Mitbewerber Ähnliches bietet – hier bekommt der Kunde etwas in die Hand gedrückt, noch dazu in Form von Gutscheinen, die einen besonderen Mehrwert suggerieren. Die Anmeldungszahlen im Center stiegen erwartungsgemäß an. Die Methode ist auf andere Branchen problemlos übertragbar.

Scheckheft über zukünftige Leistungen

Beispiel Fitnessstudio:

Gutscheine für:
- Kinderbetreuung
- Pulsberatung
- Sonnen im Solarium
- Trinkflasche
- T-Shirt
- Aerobic-Trainingsstunde
- Eintritt zur Beach-Volleyball-Party
- Drink an der Theke
- Gutschein für Partner
- Bestellmöglichkeit für Zubehör
- Membership-Karte

usw.

www.hermannscherer.de | Hermann Scherer

Welche Leistung und Nutzen können Sie besser kommunizieren?

Machen Sie sich Ihre Notizen auf S. 330.

Eine nicht kommunizierte Leistung ist eine nicht erbrachte Leistung!

Fantasie ist Trumpf – weitere Referenz-Formen

Neben klassischen Referenzen wie Testimonials, Kurzstatements oder Briefen als Mittel der Kompetenzdarstellung sind also zahlreiche weitere Möglichkeiten vorstellbar. Erlaubt ist, was (Ihren Kunden!) gefällt. Hier eine Auswahl:

- Fotos von zufriedenen Kunden (vor dem Traumhaus, mit dem neuen Auto)
- professionelle PowerPoint-Präsentation (z. B. 90-Sekunden-Dokumentation über einen sehr erfolgreichen Auftrag) – je humorvoller, desto eher werden Kunden sie unaufgefordert weitermailen und den Effekt multiplizieren
- Expertenzeugnisse, beispielsweise TÜV-Gutachten, Siegel der Stiftung Warentest oder andere Gütesiegel, Urteile von Verbraucherorganisationen; ISO-Zertifizierung
- Schaustücke oder Modelle, vom liebevoll restaurierten Sofa beim Polsterer bis zum neu gestalteten Unternehmensauftritt beim Webdesigner
- Kurzfilme mit Statements zufriedener Kunden (DVDs oder Videos)
- Statistiken und andere Kennzahlen, zum Beispiel Prozentsatz »zufriedener« oder »sehr zufriedener« Seminarteilnehmer, Erfolgsquoten, Durchschnittsrenditen, erzielte Einsparungen, Lebensdauer von Maschinen usw.
- Preise, Pokale und (Ausbildungs-)Zertifikate
- Imagebroschüren mit Referenzen, Kundenstimmen, Kundenliste, Pressespiegel usw. (für ein Beispiel siehe www.hermannscherer.com > Profil)
- eigene Verlagspublikationen (Bücher, Presseartikel)
- positive Pressestimmen, Kundenstimmen, Testimonials
- Mitgliedschaft in renommierten Verbänden oder professionellen Vereinigungen

MARKE

Logo + Assoziation = Marke

Warum schmeckt Coca-Cola besser als Pepsi?

Sparen Sie sich die Mühe, über Rezepturen und Zusammensetzung nachzudenken: Daran liegt es nicht. Ginge es rein nach dem Geschmack, hätte Pepsi sogar die Nase leicht vorn. In Blindtests bevorzugen 51 % der Verkoster Pepsi. Erst wenn der Softdrink offen als »Coke« oder »Pepsi« serviert wird, schmeckt 65 % der Probanden Coca-Cola plötzlich besser. Testergebnisse wie diese erschüttern den Glauben an die Rationalität des Menschen. Zu Recht. Marketingexperten wissen längst, dass Kaufentscheidungen überwiegend emotional geprägt sind. Würden ihnen sonst erfolgreiche Claims wie »Ich liebe es« (McDonald's), »Ich bin doch nicht blöd« (Media Markt) oder »We love to entertain you« (ProSieben) einfallen? In den letzten Jahrzehnten bekommen die Werber mehr und mehr Schützenhilfe von den Neurowissenschaftlern, die beispielsweise die Dominanz unbewusster Prozesse im Gehirn betonen: Elf Millionen Sinneseindrücke (Bits) werden pro Sekunde verarbeitet – aber nur 40 Bits dringen ins Bewusstsein vor. Renommierte Hirnforscher wie Professor Wolf Singer philosophieren angesichts solcher Daten über die Existenz eines freien Willens. Als ausgemacht gilt inzwischen, dass wir Entscheidungen zu 70 bis 80 % unbewusst treffen. Man könnte auch sagen: Wir reagieren emotional und finden hinterher »rationale« Gründe, um unsere Entscheidungen elegant zu rechtfertigen, vor uns wie vor anderen. Das nennt sich dann Post-Rationalität.

Hier kommen große Marken ins Spiel: Sie steuern Assoziationen, wecken Emotionen, transportieren erfolgreich Botschaften in die Köpfe der Kunden und bewegen sie so zum Handeln – zum Kauf eben. So kommt es, dass Frauen rund um den Globus für winzige Cremedöschen astronomische Summen bezahlen, auch wenn Warentester nicht müde werden nachzuweisen, dass das No-Name-Produkt aus dem Drogeriemarkt die gleiche Wirkung hat. Gekauft wird nicht die Cremedose, sondern das Versprechen ewiger Jugend, und das ist es allemal wert. Und so kommt es auch, dass ein Motorrad von Harley Davidson alles andere ist als ein schnödes Fortbewegungsmittel, sondern eine Lebenseinstellung. Kein Wunder, dass erfolgreiche Marken mehr als nur Gold wert sind: Auf 1,94 Billionen Dollar berechnete das US-Unternehmen Millward Brown 2007 den Wert der 100 Top-Marken. Beim jährlichen Ranking, in das globale Präsenz der Marken, Kundeneinschätzungen und Innovationsgrad einfließen, belegte Google mit einem Markenwert von 86,1 Milliarden Dollar Platz 1. Überlegen Sie einen Augenblick, was Ihnen durch den Kopf geht, wenn Sie »Google« hören, und was, wenn der Name »Yahoo« fällt – und Sie können erahnen, warum Yahoo erst auf Platz 62 zu finden ist.

Markenführung ist ein komplexes Thema, das wir hier nur streifen. Zudem sind sich die Experten des modernen Neuromarketing einig: Den »Kaufen!-Knopf« im Kundengehirn gibt es nicht. Und doch kommt kein Unternehmen daran vorbei, über die Emotionen und Assoziationen nachzudenken, die die eigene Marke auslösen soll.

»In den Fabriken stellen wir Kosmetikartikel her, über die Ladentheke verkaufen wir Hoffnung.«

Charles Revlon

Logo + Assoziation = Marke | Schmunzeln Sie gerade? Bei der Kreuzung zweier Marken, des Fast-Food-Giganten McDonald's und des Luxusanbieters Prada, kommt ein merkwürdiger Zwitter heraus. Logo und Schriftzug sorgen für den hohen Wiedererkennungswert, doch die Komik wurzelt nicht im Design der Verpackungen als solchem, sondern in den gegensätzlichen Markenassoziationen.

Feuerstuhl statt Schaukelstuhl | »Harley Davidson verkauft keine Motorräder. Starbucks verkauft keinen Kaffee. Club Med verkauft keinen Urlaub. Und Guiness verkauft kein Bier. Denken Sie darüber nach«, empfiehlt Management-Guru Tom Peters in seinem Bestseller Re-Imagine! Warum das so ist? Auch hier sagt ein Bild mehr als 1000 Worte.

Erlebnischarakter von Marken

Eine Harley garantiert mehr als nur »Freude am Fahren«, sie verspricht Freiheit und Abenteuer. Dank dieser gelungenen Markenführung konnte Harley-CEO Richard Teerlink den Börsenwert seines Unternehmens um etliche Milliarden US-Dollar steigern. Und unter den Top 100 Brands 2007 rangiert sein Unternehmen immerhin noch vor Gucci, Cartier oder Motorola.

»Was wir verkaufen,
ist die Möglichkeit für einen 43-jährigen Buchhalter,
sich in einen schwarzen Lederdress zu zwängen,
durch kleine Dörfer zu fahren und Leuten dabei Angst zu machen!«

Vorstand Harley Davidson

Vom Rohstoff zum Erlebnis | ... hier am Beispiel von Kaffee. Mit dem Erlebnischarakter steigen Verkaufspreis und Marge. Während der Produzent mit dem Rohstoff und der Verkäufer mit dem Produkt (500 g Kaffee) übersichtliche Gewinne erzielen, lässt sich der Kaffeetrinker die Tasse im Café/die Dienstleistung ein Mehrfaches kosten, im Nobelcafé, in exquisiter Umgebung und serviert in Meißener Porzellan gar ein Vielfaches für das Erlebnis.

»Der essentielle Unterschied zwischen Emotion und Verstand liegt darin, dass Emotionen zum Handeln führen und Verstand zu Beurteilungen.«

Donald Caine, Neurologe, 2003

Marke und Gehirn | »Neuromarketing« oder »Brain-Branding« heißen die jüngsten Trends im Marketing. Neue technische Möglichkeiten wie die Kernspintomografie erlauben den direkten Blick auf die Aktivitäten des menschlichen Gehirns. Marketingexperten arbeiten interdisziplinär mit Neurologen und Medizinern zusammen, etwa mit dem Leiter des Instituts für Medizinische Psychologie der Ludwig-Maximilians-Universität in München, Professor Dr. Ernst Pöppel. Ein Ergebnis solcher Projekte: Bei der Konfrontation mit einer Marke leuchten neue Gehirnareale auf. Mittelfristiges Ziel solcher Forschungen ist es, den direkten Weg in den Kopf des Konsumenten zu finden. Wirtschafts-Nobelpreisträger Vernon Smith beschrieb in seiner Stockholmer Rede 2002 die Zusammenarbeit von Neurowissenschaften und Ökonomie bereits als den »Beginn eines Unterfangens, das unser Verständnis, wie Menschen denken, beobachten und Entscheidungen fällen, grundlegend verändern könnte«. Michael Deppe, Neurophysiker und Experte für Neuroökonomie und Neuromarketing, geht noch einen Schritt weiter: »Bei Marken schaltet das Gehirn aus.«

Marke und Gehirn

Frage: Warum trinken so viele Coca-Cola, obwohl in Blindtests Pepsi Cola besser schmeckt?

Untersuchungen mit Hochfeld-Kernspintomograf

1. Probanden-Durchgang: Bilder
2. Probanden-Durchgang: teilweise Bilder mit Markennamen

Resultat:
Im Gehirn leuchten neue Areale auf.

Ziel:
Den direkten Weg in den Kopf des Konsumenten finden.

www.hermannscherer.de | Hermann Scherer

Quelle: Markenforschung Prof. Dr. Ernst Pöppel

Cola versus Pepsi | In Blindtests bevorzugen 51 % der Verkoster Pepsi. Erst wenn der Softdrink offen als »Coke« oder »Pepsi« serviert wird, schmeckt 65 % der Probanden Coca-Cola plötzlich besser. Testergebnisse wie diese erschüttern den Glauben an die Rationalität des Menschen. Zu Recht. Marketingexperten wissen längst, dass Kaufentscheidungen überwiegend emotional geprägt sind.

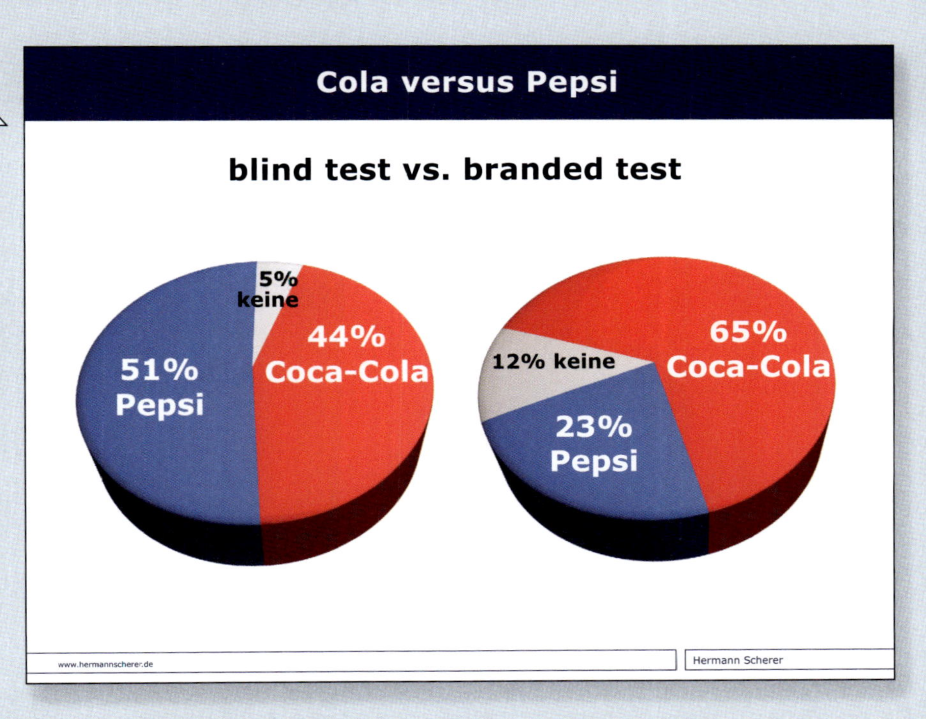

Emotionen gehen nicht?

Haltbare Alpenmilch

Verantwortungsvoll geführte Bauernhöfe in den herrlichen Landschaften des Alpenvorlandes sind die Heimat unserer Milchkühe. Saftiges Gras und gesunde Wiesenkräuter bilden die Futtergrundlage für die Kühe, von denen wir täglich frisch unsere gute Milch bekommen.

www.hermannscherer.de | Hermann Scherer

Emotionen gehen nicht? | Fettarme Milch scheint nicht gerade ein Produkt zu sein, mit dem man Gefühle wecken kann. Die Weihenstephan-Molkerei belehrt uns eines Besseren und beschwört auf der Verpackung eine alpenländische Idylle herauf, die ganz und gar auf das Herz des Käufers abzielt. Wer möchte da nicht gerne Kuh sein?

Ein kuscheliges Unternehmen

oder: »Nici macht Unternehmen glücklich«

www.hermannscherer.de | Hermann Scherer

Ein kuscheliges Unternehmen | Plüschtierhersteller Nici setzt nicht nur bei den Produkten auf Emotionen, sondern verpackt selbst die Unternehmensbroschüre in kuscheligem Plüsch. Der Erfolg gibt dem Unternehmen aus Altenkunstadt recht: »Was als private Plüschtier-Heimfertigung 1986 in Michelau/Oberfranken begann, ist heute ein weltweit agierendes Markenunternehmen«, heißt es auf der Website, gefolgt vom Versprechen »Nici macht Menschen glücklich«. Doch Gefühl heißt nicht immer Harmonie oder Herzerwärmendes: Wenn der Autofahrer im Werbespot in seiner Limousine sicher und geschützt durch dunkle Straßen rollt, vorbei an dubiosen Gestalten und finsteren Hinterhöfen, wird ebenso an Emotionen appelliert wie wenn Harley Davidson ein Roadmovie-Feeling heraufbeschwört.
www.nici.de

Brechen Sie Regeln, vor allem die, die andere aufgestellt haben.

Subliminal – Below the line | Nur ein Teil der Markenwirkung dringt im Alltag tatsächlich ins Bewusstsein. Streng genommen gibt es zwei Markenerwartungen, eine bewusste und eine unbewusste. Das offizielle Markenversprechen von McDonald's sind beliebte Menüs zu günstigen Preisen. Viele Kunden folgen jedoch einer Markenerwartung, die nicht offen kommuniziert wird: Ein Besuch bei McDonald's verspricht 20 Minuten Ruhe vor den Kindern. Dieses Prinzip greift auch bei Nobelmarken wie Porsche. Offiziell mag Exklusivität, innovative Technik, Sportlichkeit und Tempo kommuniziert werden. »Below the line« adressiert die Marke den Wunsch der Männer, mehr junge Frauen zu erobern (oder zumindest zu beeindrucken). Wofür steht Ihre Marke? Was ist die unbewusste Erwartung an Ihre Marke? Und wenn Sie Ihr Logo einmal durch Ihr Passbild ersetzen, wofür stehen Sie eigentlich?

Wofür steht Ihre Marke?

Welche bewussten und sublimen Kundenwünsche spricht sie an?

Jedes Markenversprechen, das (Kauf-)Zweifel reduziert, ist erfolgreich.

Machen Sie sich Ihre Notizen auf S. 330.

Was ist die »Below the line«-Erwartung Ihrer Kunden?

Machen Sie sich Ihre Notizen auf S. 330.

Die Kernbotschaft einer Marke | Ein guter Claim bringt das Versprechen einer Marke wirkungsvoll auf den Punkt, ob »Aus Freude am Fahren« für BMW, »Vorsprung durch Technik« bei Audi oder »AEG – Aus Erfahrung gut«. Wichtig ist allerdings, dass Kunden auch verstehen, was Werber ersonnen haben. Vor einigen Jahren schmunzelte die Branche über eine Umfrage, die ans Tageslicht brachte, was Otto Normalverbraucher und Emma Normalverbraucherin sich unter englischen Slogans zum Teil vorstellten. Der Claim einer großen Parfümeriekette – »Come in and find out« – wurde überwiegend als Zusicherung nach dem Motto »Komm rein und finde wieder raus« interpretiert.

Claims gewinnen erst durch stetige Wiederholung an Wirksamkeit und werden fest mit Produkten oder Dienstleistungen in Verbindung gebracht. Sie selbst sollten Ihren Claim daher umfassend einsetzen, von der Anzeige über den Flyer bis zur Website, damit er sich in die Köpfe Ihrer Kunden einbrennen kann.

Zu den »Branding-Lügen«: Konsumkritiker nehmen Markenversprechen gern aufs Korn und stellen ihnen unangenehme Wahrheiten gegenüber.

Wie lautet Ihr Claim?

Welche Botschaft transportiert er?

Machen Sie sich Ihre Notizen auf S. 330.

Engagement-Index | Können Sie auf Ihre Mitarbeiter zählen? Der jährlich erhobene Engagement-Index des renommierten Gallup-Instituts stimmt da eher pessimistisch. Nicht einmal 15 % der Mitarbeiter in Deutschland stehen danach ohne Wenn und Aber zu ihrem Unternehmen und engagieren sich stark; in Österreich und in der Schweiz sieht es nur wenig besser aus. Doch es ist schwer, eine Marke glaubhaft zu verkörpern, wenn die Mitarbeiter nicht mitziehen. »Unser Markenauftritt ist die Summe der Fantasien unserer Mitarbeiter«, unterstrich etwa Fritz Humer, Vorstandsvorsitzender von Wolford. Alle Image- und Servicekampagnen nützen wenig, wenn der Kunde das Markenversprechen im direkten Kontakt nicht bestätigt findet. Denn: Marken müssen von den Mitarbeitern *gelebt* und von den Kunden *erlebt* werden!

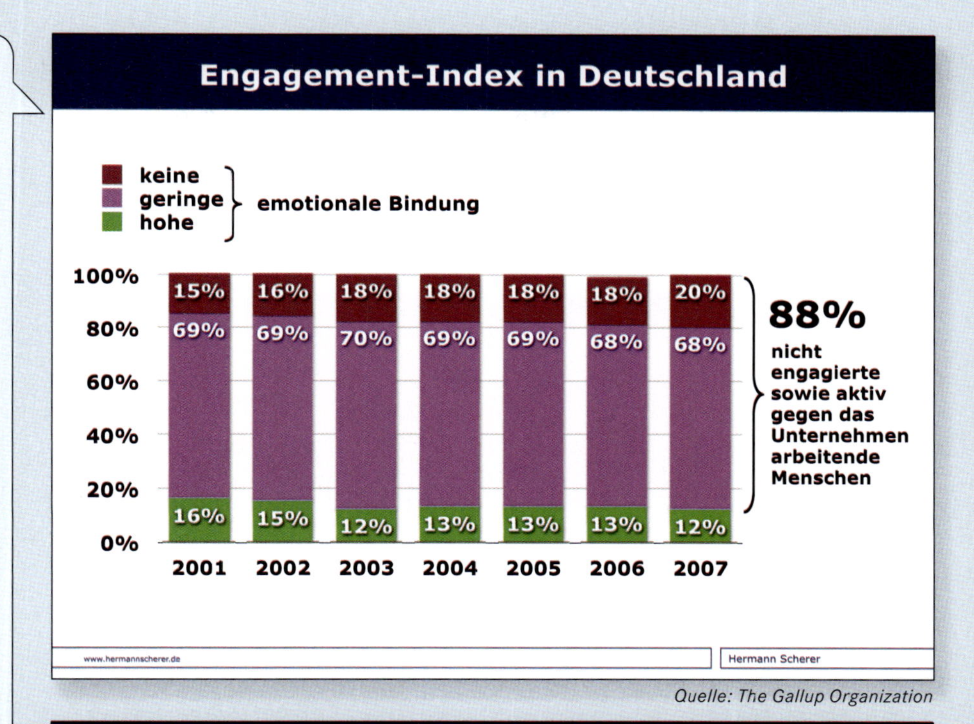

Quelle: *The Gallup Organization*

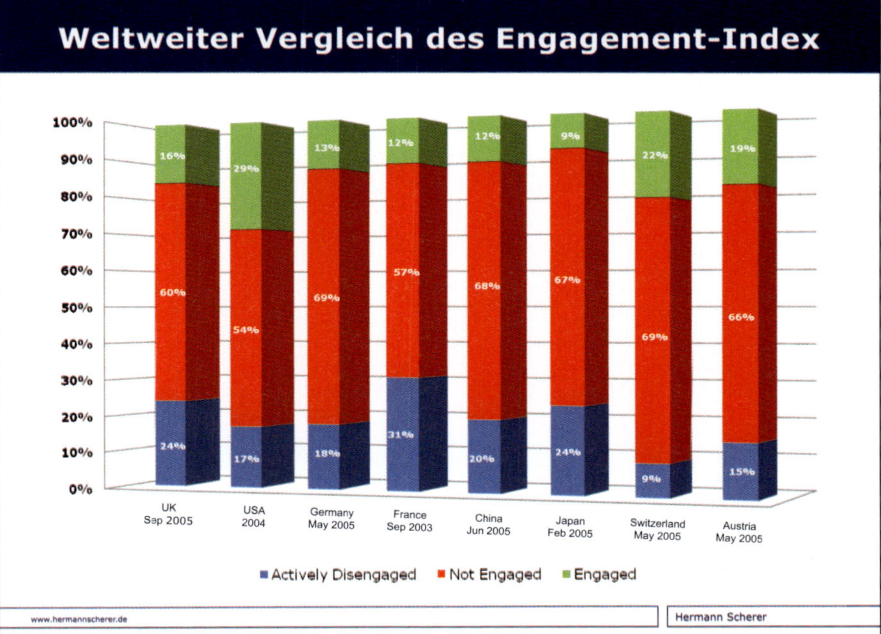

Quelle: *The Gallup Organization*

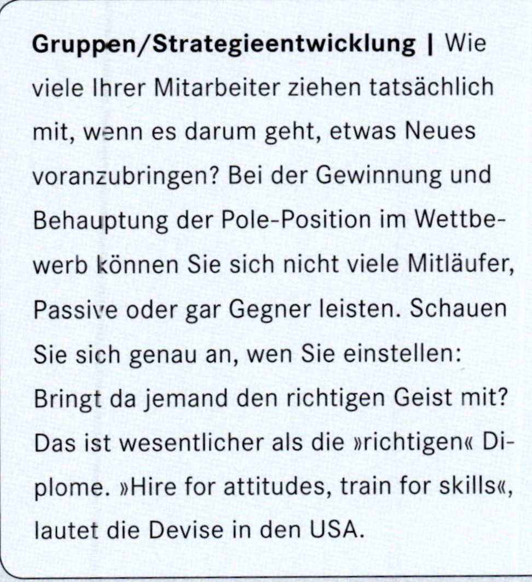

Gruppen/Strategieentwicklung | Wie viele Ihrer Mitarbeiter ziehen tatsächlich mit, wenn es darum geht, etwas Neues voranzubringen? Bei der Gewinnung und Behauptung der Pole-Position im Wettbewerb können Sie sich nicht viele Mitläufer, Passive oder gar Gegner leisten. Schauen Sie sich genau an, wen Sie einstellen: Bringt da jemand den richtigen Geist mit? Das ist wesentlicher als die »richtigen« Diplome. »Hire for attitudes, train for skills«, lautet die Devise in den USA.

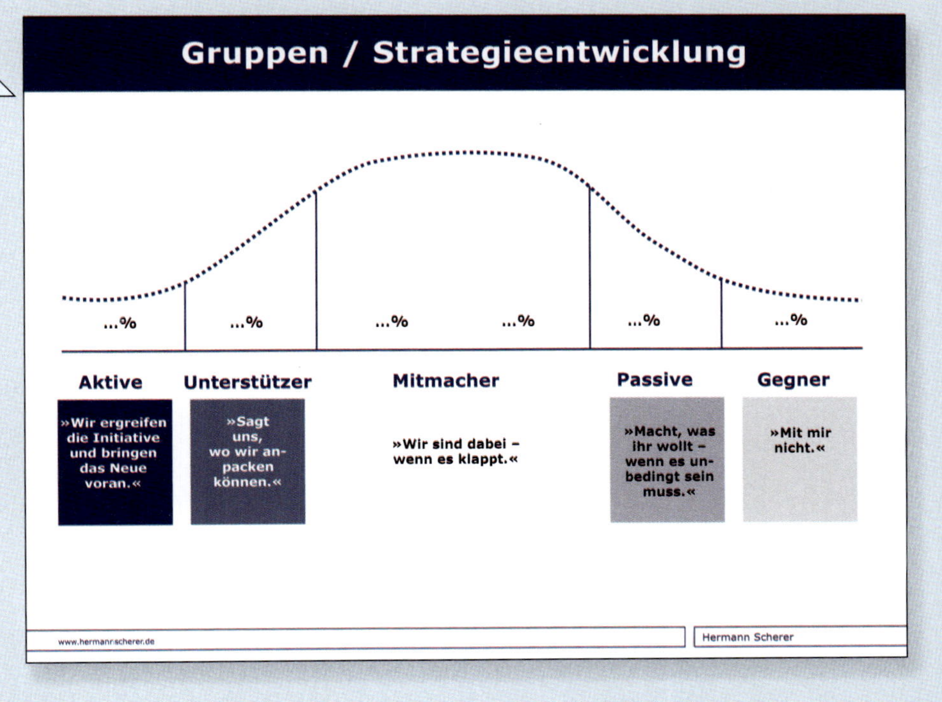

GUERILLA-MARKETING

Querdenken und Regelbruch

»Über 3.000 Werbebotschaften prasseln täglich auf Verbraucher ein, aber nur 52 werden überhaupt wahrgenommen«,

meldete der Innovationsreport im Oktober 2005. Wenn Ihnen das unglaublich vorkommt, addieren Sie im Geiste einmal alle Radio- und Fernsehspots, Litfaßsäulen und Plakatwände, alle Werbebanner, Anzeigen und Pop-ups im Internet, alle Werbeaufkleber auf und in Taxen, Straßenbahnen oder Bussen, alle Zeitungsanzeigen und Prospekte, Postwurfsendungen und SPAM-Mails, alle Werbeaufdrucke auf Kalendern, Postern, Tickets, Quittungen, Kassenbons, alle werblichen Hinweise auf Verpackungen vom Joghurtbecher bis zum Kopierpapier, alle Leuchtreklamen und Firmenschilder, an denen Sie täglich vorbeifahren ... Wer nicht gerade als Einsiedler in hintersten Winkel des Landes sein Leben fristet, hat gute Chancen, sein tägliches »Werbe-Soll« zu erfüllen.

Großunternehmen setzten traditionell auf Millionenbudgets, um ihre Werbebotschaften dennoch in die Köpfe der Kunden zu tragen und sich im vielstimmigen Kampagnen-Chor Gehör zu verschaffen – frei nach dem Motto »viel hilft viel«. Doch wem große Geldtöpfe fehlen, der kann das durch Witz und Wendigkeit wettmachen. »Ideen schlagen Budget«, lautet die Devise im Guerilla-Marketing. Der Grundgedanke: Mit außergewöhnlichen Aktionen überraschen und Aufmerksamkeit wecken, Mundpropaganda auslösen und im besten Fall über Internet-Plattformen wie You Tube, Blog-Diskussionen, aber auch klassische Presseberichte einen Multiplikationseffekt erreichen. Das beginnt beim Schuhanbieter, der seine Kunden aufruft, »Schuhe mit Vergangenheit« vorbeizubringen, und sein Schaufenster mit altem Schuhwerk und den Geschichten dazu dekoriert, und endet noch längst nicht beim Möbelhaus, das ein Designerbett mitsamt »Insassen« mitten auf dem Marktplatz aufstellen lässt und sich so zuverlässig ins Gedächtnis der samstäglichen Einkaufsbummler schleicht.

Eine Guerilla operiert im Verborgenen, schlägt überraschend zu und erzielt mit kleinen Aktionen möglichst große Wirkung. Was würden Sie tun, wenn bei Ihnen um die Ecke über Nacht auf einem leeren Schaufenster der handgemalte bonbonrosa Schriftzug »Liebesdienste!« auftauchte? Und wenn in den nächsten Wochen weitere verheißungsvolle Zusätze in Form von Glitzer und Flitter und Botschaften wie »Am Valentinstag hat das Warten ein Ende!« dazukämen? Sie würden wahrscheinlich mit Ihren Nachbarn rätseln und abends in der Kneipe davon erzählen. »Virales Marketing« nennen das die Fachleute. Und der Coiffeur mit Café, der inzwischen eröffnet hat, erreicht mit einem Topf rosa Farbe mehr als mit jeder teuren Anzeigenkampagne. Längst haben auch etablierte Unternehmen und Werbeagenturen das Guerilla-Marketing für sich entdeckt. 2008 wurde eine »Guerilla-Aktion« der Werbeagentur Jung von Matt am Stuttgarter Flughafen preisgekrönt. Dort mussten hartnäckig die (finnischen??) Passagiere »Geddjur Karätsiggst« und »Graitoffers Adsiggst« ausgerufen werden. Des Rätsels Lösung offenbart sich beim Lautlesen: Für den Preis zweier Flugtickets hatte Sixt die Lautsprecheranlage des Flughafens gekapert: »Get your car at Sixt« und »Great offers at Sixt«.

Selbst die seriöse Hochschule St. Gallen hat mittlerweile einen Lehrstuhl für Guerilla-Marketing, da herkömmliche Methoden oft nicht das gewünschte Ergebnis erzielen.

Brechen Sie Regeln!

Zugegeben: leichter gesagt als getan. Denn nicht jeder Regelbruch bringt Aufmerksamkeit, Interesse, Sympathie der Zielgruppe. Und genau das ist das Ziel Guerilla-Marketings. So unkonventionell und frech die Werbe-Guerilleros auch daherkommen mögen, ihre Absicht ist die gleiche wie beim klassischen Marketing: Umsatz generieren!

Wie bringt man Gurken ins Gespräch?

Fangen wir gleich an mit dem Querdenken. Nehmen wir an, Sie wollten eingelegte Gurken verkaufen und dabei nicht im Regal neben Hengstenberg und Konsorten versauern. Wie stellen Sie das an? Halt – nicht umblättern! Erst mal sind Sie gefragt.

Wie bringt man Gurken ins Gespräch?

www.hermannscherer.de | Hermann Scherer

Lifestyledose statt Sauerkonserve | Spreewälder Gurken sind ein Traditionsprodukt. Schon um 1870 lobte Theodor Fontane die regionale Spezialität, die von Lübbenau aus »in die Welt« ging. Die Sauerkonserve überlebte die DDR und schrieb sogar Kinogeschichte: In »Good Bye, Lenin« muss Hauptdarsteller Daniel Brühl dringend Spreewaldgurken auftreiben, um seiner linientreuen Filmmutter, die den Mauerfall im Koma verpasst hat, weiter eine heile DDR-Welt vorzugaukeln. Dem Spreewaldhof ist es tatsächlich gelungen, aus einem Standardartikel ein teures Lifestyleprodukt zu machen, indem man der Gurke eine schnittige Dose verpasste und sie zum idealen Snack für zwischendurch erklärte – »Get one!«.

»Die Grundlage für erfolgreiches Guerilla-Marketing bilden gute und vor allem außergewöhnliche Ideen. Oft sind diese frech, lustig, provokant oder einfach ›nur‹ abseits der platt gewalzten Werbeautobahn. (...) Über unterhaltsame, lustige oder ungewöhnliche Dinge tauschen sich Konsumenten gerne und intensiv aus – dies gilt auch für unkonventionelle Werbung, und das insbesondere im Internet. Entsprechend gestaltet und an die richtigen Personen adressiert verbreiten sich Informationen dort in Windeseile bis in die letzten Winkel unserer Nation – und teilweise gar darüber hinaus. Man spricht hierbei auch von Grassroots oder Viral Marketing. Spätestens zu diesem Zeitpunkt kommt häufig ein weiterer Multiplikator zum Tragen – die Presse.

Quelle: http://guerillamarketingbuch.com

Weitere Beispiele für erfolgreiche Marketingideen, die Ihre Fantasie beflügeln könnten, finden Sie auf den nächsten Seiten.

Eröffnen Sie den Dialog mit Ihren Kunden … | »Schuhe mit Vergangenheit« suchte dieses Schuhhaus und forderte seine Kunden auf, Schuhe und die Geschichte dazu vorbeizubringen. Die besten Geschichten wurden prämiert; dem Sieger winkten 150 Mark (so neu ist Guerilla-Marketing also gar nicht …). Anschließend dekorierte man das Fenster mit einer »Schuhausstellung«. Ein schönes Beispiel für Guerilla-Marketing: eine witzige Idee, ein Werbeeffekt, der völlig unaufdringlich und »nebenbei« entsteht, Sympathiepunkte in der Zielgruppe und noch dazu große Resonanz in der Presse.

Eröffnen Sie den Dialog mit Ihren Kunden …

www.hermannscherer.de | Hermann Scherer

… und machen Sie die Presse auf sich aufmerksam | Eine Anzeigenkampagne mit vergleichbarer Wirkung kann sich kaum ein Einzelhändler leisten. Im Idealfall erreichen Sie mit Ihrer Aktion passgenau mögliche Kunden: Wer sein Schuhwerk günstig beim Discounter ersteht, fühlt sich wahrscheinlich weniger angesprochen durch liebevoll präsentierte »historische« Schuhe als Menschen, die Wert auf Qualität und Beratung legen und im Einzelhandel kaufen.

… und machen Sie die Presse auf sich aufmerksam

„Alte Treter" mit Vergangenheit im Schaufenster

Schuhe mit Liebesgeschichten

Schuhe erzählen Geschichten

Schuhhaus bittet um alte Schuhe

Das Schuhhaus Böhmer zeigt sich erfinderisch: Anstatt den Leuten neues Laufwerk anzupreisen, wird darum gebeten, alte Schuhe abzugeben.

„Schuhe mit Vergangenheit" nennt sich die von Marketing-Fachmann Michael Böhm erdachte Aktion. Bis zum 30. November können Schuhe mit der dazugehörigen Geschichte abgegeben werden, ab Dezember beginnt die Ausstellung im Schaufenster. Die drei besten Schuh-Erinnerungen werden mit 150, 100 und 50 Mark am 17. Dezember prämiert.

Den Schuh wollen die Macher nicht als bloßen Gebrauchsgegenstand, sondern als Lebensbegleiter verstanden wissen. „Der abgegebene Schuh muss außerdem nicht von Böhmer sein", versicherte Joachim Hosang vom Schuhhaus. no

Neue Schuhe versanken in Öl

Schuhhaus zeichnete drei Gewinner aus

www.hermannscherer.de | Hermann Scherer

Eine ganzseitige Anzeige im Spiegel kostete 2008 rund 60.000 Euro. Ein ganzseitiger Bericht kostet nix (und bewirkt mehr). Ein kleines Theater in Hamburg setzte clever auf die Dialogstrategie: Zu einer Aufführung des Stücks »Herr Lehmann« nach dem Bestsellerroman von Sven Regener lud man alle Lehmänner Hamburgs ein. Dazu schrieb man die 300 im Telefonbuch zu findenden Namensvettern an. 30 antworteten, und der Spiegel berichtete mit einem ausführlichen Artikel über die Aktion und das Stück (Nr. 39/2008, S. 166). Veranschlagt man pro Karte 20 Euro, hat das Theater also mit 600 Euro einen stärkeren Effekt erzielt, als mit 60.000 Euro möglich gewesen wäre.

»Kreativität ist die Währung der Zukunft. Keiner zählt die Zahl der Schaltung, man erinnert sich nur an die Emotionen, die bei der Werbung geweckt wurden.«

Jürgen Knauss, Chairman der Heye Group

Tun Sie etwas Verrücktes

Ein Porsche mitten in der Stadt an einem Kran hängend erregt Aufsehen. Wenn Sie noch dazu per SMS mitentscheiden können, ob der Porsche verlost oder »gecrasht« wird, vergessen Sie den Namen des verantwortlichen Unternehmens bestimmt nicht mehr. Es vermarktet übrigens Klingeltöne. Stimmen Sie mit ab, wächst die Kundendatei. Wahrscheinlich erzählen Sie Ihren Freunden davon, die Lokalpresse berichtet, und wenn der Porsche ausgeklinkt wird, kommt ein Fernsehteam vorbei. Irgendwer stellt bestimmt ein Video bei You Tube ein – und sei es der Händler selber. Auch für den Preis eines Porsches – der sich durch die SMS-Kosten mehr als wieder einspielt – eine ganz schöne Marketingkampagne!

Seien Sie komisch

Längst haben auch Konzerne Guerilla-Marketing für sich entdeckt. So engagierte VW den Komiker Hape Kerkeling für eine Reihe von Videos zum Thema »Horst Schlämmer in der Fahrschule«, die bei You Tube eingestellt und mehr als 7 Millionen Mal heruntergeladen wurden. Die Aktion hat dem Autobauer etwa 90.000 Probefahrten beschert. »Laut Branchenschätzungen hätte VW für dieselbe Aufmerksamkeit über herkömmliche Werbung mit Plakaten, Anzeigen und Fernsehspots etwa 6,5 Mio. Euro bezahlen müssen«, ist unter www.guerilla-marketing-portal.de nachzulesen (Artikel »Viral Marketing auf dem Vormarsch«). Kerkelings Einsatz soll nur rund ein Viertel gekostet haben.

Geben Sie Rätsel auf

Eine Guerilla-Marketing-Strategie für das Computerspiel »Grand Theft Auto 4«: Passend zum Thema Diebstahl tauchten in New York City Fahndungsplakate für eine der Spielfiguren auf: »Nico Bellic«. Passionierte Spieler konnten sich als Eingeweihte fühlen und den rätselnden Rest der Bevölkerung aufklären. Dabei müssen Sie nicht gleich die halbe Stadt plakatieren, um Kunden zum Grübeln und Nachforschen zu bringen. In Frankfurt beispielsweise fanden Innenstadtbewohner kürzlich eine Postkarte mit einem rätselhaften Angebot im Briefkasten: »Exklusives Floaten finden Sie nur bei uns im Floathouse am Frankfurter Westhafen«, hieß es vor einem Abendpanorama des Mainufers. Wer wissen wollte, was »Floating« ist, musste sich schon im Internet schlaumachen. Neugierig? Dann schauen Sie einfach unter www.floathouse.de nach.

Brechen Sie Branchengesetze

Es gibt easy Jet, easy Software oder easy DSL-Anschlüsse. Warum nicht easy Credit? Der Anbieter vergibt unter dem Motto »Herausragende Momente fair ermöglicht« Konsumentenkredite im Onlineverfahren. Dazu schickt er seine Mitarbeiter auf Marktplätze und in Fußgängerzonen, damit sie Passanten ansprechen.

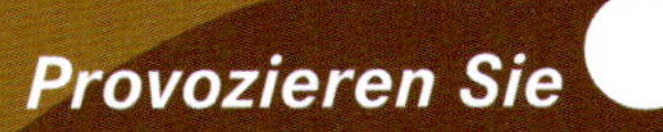

Provozieren Sie

»Brauche Geld für Bier, Haschisch und Huren (hey, immerhin verarsch ich dich nicht!)« steht auf dem Schild eines Bettlers. Das lässt die Bettlerkasse vermutlich besser klingeln als die üblichen Hilfsappelle. Marketingexperten haben diese Strategie inzwischen auch für sich entdeckt: »Deine Eltern werden kotzen!«, wurde hessenweit plakatiert, als der Jugendsender Planet Radio startete.

Verblüffen Sie Ihre »Kunden«

Selbst die Kirche erfindet sich neu und tritt offensiv als Dienstleister auf. Wer will sie da noch als altmodisch, verkrustet und unflexibel kritisieren? Wer mit seinem Image spielt, hat Chancen, Sympathien (zurück) zu gewinnen.

Für Guerilla-Marketing gilt: »Erlaubt ist, was gefällt« – und zwar Ihrer Zielgruppe!

Nehmen Sie eine hübsche Freundin mit

www.hermannscherer.de | Hermann Scherer

Nehmen Sie eine hübsche Freundin mit | Wer früher getrampt ist, kennt das: Die Erfolgschancen steigen, sobald ein hübsches Mädel mit am Straßenrand steht. Bei Quelle wusste man das offenbar auch: Der Kühlschrank war ein Ladenhüter, bis man ihn mit Colaflaschen bestückte. Im Nu war das Modell ausverkauft.

Spielen Sie mit Ihrem Image | Anwälte haben in den USA ein miserables Image, davon zeugen auch zahllose Anwaltswitze. Kostprobe: »Woran erkennt man, dass ein Anwalt lügt? – Er bewegt seine Lippen.« Eine Beratungsstelle, die sich »Gesetzesmühle« nennt und Beratungsleistungen per Speisekarte offeriert, will dagegensteuern.

Spielen Sie mit Ihrem Image

Legal Grind
»Gesetzesmühle«

www.hermannscherer.de | Hermann Scherer

Erschließen Sie neue Zielgruppen | Manager im Lego-Wahn? Mitnichten. »Lego Serious Play« ist eine innovative Methode der Strategieentwicklung, die von zwei Professoren am International Institute für Management Development (IMD) Lausanne, Johan Roos und Bart Victor, zusammen mit dem Lego-Entwicklungsleiter Robert Rasmussen Ende der Neunzigerjahre entwickelt wurde. Inzwischen ist LSP eine reguläre Produktlinie bei Lego. Großunternehmen setzen auf die Workshops, in denen unter Begleitung zertifizierter LSP-Moderatoren durch das gemeinsame Bauen von Modellen Prozesse, Probleme und neue Ansätze im wahrsten Sinne des Wortes »begreifbar« werden sollen.

Erschließen Sie neue Zielgruppen

Das Kunststück, völlig neue Zielgruppen zu gewinnen, gelang auch der deutschen Traditionsmarke Jägermeister. Mit »kultiger« Werbung (kalauernde Hirsche) eroberte man junge Leute und fand den Weg in die Clubszene. 2007 gab es dafür den Preis für den »Besten Marken-Relaunch«. Wie subversiv das ehemalige Rentnergetränk inzwischen daherkommt, können Sie im Internet selbst erleben. Schauen Sie einfach mal auf die Jägermeister-Eröffnungsseite.

www.seriousplay.com

www.jaegermeister.de

Kombinieren Sie die Dinge neu

Radeln, aber bitte schön im Trockenen und am liebsten auch noch voll klimatisiert? Mit dem Bus Bike kein Problem und für passionierte Radler sicher interessanter, als das Rad im Gepäckwagen zu verstauen. Die Grundidee, Kunden durch eine clevere Kombi mehr zu bieten, als sie erwarten, funktioniert auch in anderen Branchen, z. B. in Waschsalons. Das »Cleanicum« in Köln bietet gepflegte Lounge-Atmosphäre und ein unverdächtiges Flirtterrain; »Holly's Wash House« vereint Diner-Flair im Stil eines amerikanischen Fast-Food-Restaurants der Fünfzigerjahre mit Waschmöglichkeiten.

www.cleanicum.de

www.laundrybar.de/index_HW_de.html

www.busbike.com.br

Ich wohne etwa 20 Kilometer vom nächsten Bahnhof entfernt und investiere normalerweise 25 Euro in ein Taxi, wenn ich abends dort ankomme. Allerdings bin ich oft noch hungrig und ordere dann beim Pizza-Service gegenüber vom Taxistand noch Pizza, Salat und etwas zu trinken. Auf die Frage »Wo dürfen wir es Ihnen hinbringen?«, habe ich das letzte Mal geistesgegenwärtig geantwortet: »Wenn Sie wollen, zeige ich Ihnen gleich den Weg!« So kam ich für 19 Euro zu einer »Pizza-Taxi« – Fahrt mit Menü inklusive.

»Ambient Medien« heißen Werbeformen, die auf ungewöhnliche Orte setzen. »Werben Sie dort, wo Werbung wirklich auffällt, fernab geballter Konkurrenz«, verspricht z. B. der Anbieter Supercards (und dabei geht es nicht um Postkarten!).

www.supercards.de

Überfallen Sie Ihre Kunden plötzlich und unerwartet | Ein weiteres Beispiel dafür, dass Guerilla-Marketing längst bei traditionellen Unternehmen angekommen ist – und ein schöner Beleg, dass man selbst in einem reizüberfluteten Supermarkt noch auffallen kann.

Überfallen Sie Ihre Kunden plötzlich und unerwartet

Hermann Scherer

Sorgen Sie für Spaß | Was schätzen Sie, wie viele Handy-Fotos binnen eines Tages Begleiter von U-Bahnfahrern machen, die scheinbar lässig 20 Kilo stemmen? Und an wie viele Bekannte jedes Fotos weitergemailt wird? Natürlich immer schön mit Firmenlogo im Hintergrund ...

Sorgen Sie für Spaß

Hermann Scherer

Wie können Sie die Köpfe und Herzen, die Computer und Handys, die Meinungen und Erzählungen Ihrer Zielgruppe entern?

Machen Sie sich Ihre Notizen auf S. 331.

FÜHRUNG

Mutiges Management
für die Märkte der Zukunft

A boss says: »Go!«,
a leader says: »Let's go!«,

so ein amerikanisches Bonmot. Erfolgreiche Führungskräfte schaffen es, ihre Mitarbeiter für die Sache des Unternehmens zu begeistern, sie mitzunehmen. Mit einer Mannschaft, die sie mühsam zum Jagen tragen müssen, rückt die Pole-Position in weite Ferne: Marken werden von Mitarbeitern gelebt und von Kunden erlebt. Das beste Marketing verpufft, wenn der Service auf den letzten Metern nicht stimmt. Deswegen gehören ein paar Gedanken zum Thema Führung in ein Marketing- und Verkaufsbuch.

Über »Führung« sind ganze Bibliotheken geschrieben worden, und beinahe monatlich kommt ein neues, ultimatives Führungsrezept auf den Markt. Das erinnert fatal an die jahrhundertelange vergebliche Suche nach dem Stein der Weisen. »Die« perfekte Führungskraft gibt es wahrscheinlich ebenso wenig wie die Zauberformel fürs Goldmachen. Fredmund Malik, dem mit »Führen, leisten, leben« ein Standardwerk zum Thema geglückt ist, spottet denn auch, man könne den Eindruck gewinnen, Manager müssten heute »eine Kreuzung aus einem antiken Feldherrn, einem Nobelpreisträger für Physik und einem Fernseh-Showmaster sein«. Malik plädiert stattdessen für eine pragmatische Sichtweise, die sich darauf konzentriert, was »wirksames« Management ausmacht.

Das schärft den Blick für ein paar Gemeinsamkeiten, die erfolgreiche Führungskräfte jenseits aller individuellen Unterschiede haben. Dazu gehört beispielsweise, dass sie die richtigen Mitarbeiter am richtigen Platz haben, also schon bei der Einstellung ein gewisses Gespür für Menschen walten lassen. Dazu gehört ferner, dass sie sich vom Gedanken verabschiedet haben, Erwachsene könne man noch »erziehen« oder gar »umpolen«. Sie wissen, dass es mehr bringt, Stärken zu fördern, statt an Schwächen herumzudoktern. Auch mit noch so viel Mühe wird aus einem zurückhaltenden Buchhalter kein mitreißender Verkäufer werden. Persönliche Integrität und Respekt vor den Menschen sorgen dafür, dass es nicht nur die monatliche Gehaltszahlung ist, die Mitarbeiter morgens aufstehen lässt. Gemeinsame Ziele und Visionen machen Gängelei und Druck überflüssig. Das mag manchmal mühsamer sein als das überholte Modell von Befehl und Gehorsam, zahlt sich auf Dauer jedoch aus. Die meisten Arbeitsbereiche sind heute ohnehin zu komplex, um Mitarbeitern ihr Tun und Lassen detailliert vorzuschreiben. Und wer Mitdenken fordert, muss Freiräume zulassen. Befragungen ergeben außerdem mit schöner Regelmäßigkeit, dass Mitarbeiter sich von ihren Chefs vor allem mehr Lob wünschen. In vielen Abteilungen wird gerne und ausgiebig nach Schuldigen gesucht und kritisiert, statt Positives zu würdigen und den Blick nach vorne zu richten. Doch zu bohren, wer schuld ist, kostet genauso viel (wenn nicht mehr) Energie, wie zu fragen, was anders und besser werden kann. Und das ist bei Weitem die spannendere Frage – gerade für Unternehmen, die sich jenseits vom Mittelmaß positionieren wollen.

Führung | Jenseits aller Detailfragen, die in ungezählten Führungsbüchern und Seminaren diskutiert werden, muss sich Führung am Ende an ihren Resultaten messen lassen. Und das maßgebliche Resultat heißt: Unternehmenserfolg. Gute Führung ist also die Umwandlung von Wissen in Kundennutzen. Dabei ist jeder Mitarbeiter gefragt, und die besten Führungskräfte sind jene, die nicht am Status quo hängen, sondern weiterdenken.

Führungsstile | Führung ist Leistung durch Zeit. Führungsstile lassen sich also danach beurteilen, welche Auswirkung sie auf den Leistungswillen der Mitarbeiter haben. Mit Zwang, Druck und autoritärer Strenge (»Galeerenstil«) mögen sich kurzfristig Erfolge erzielen lassen. Irgendwann führt die geforderte Unterordnung jedoch zu lähmender Angst oder Rebellion. Beides blockiert, und die Leistungskurve flacht unweigerlich ab. Mitarbeiter über fesselnde Ziele zu motivieren, mag anfänglich mühsamer sein, zahlt sich jedoch auf die Dauer aus. Eine unternehmerische Vision ist eine ambitionierte Zielvorstellung, die die Menschen fasziniert und anspornt. Wer sie glaubhaft verkörpert, gewinnt das Charisma, das man außergewöhnlichen Führungspersönlichkeiten nachsagt. Eine US-Studie zeigte die Korrelation zwischen Vision und Charisma beispielsweise dadurch, dass John F. Kennedy deshalb bis heute als charismatischster Präsident der US-Geschichte gilt, weil er es verstand, sein Land unter dem Sputnik-Schock mit einer ehrgeizigen Vision zu außergewöhnlichen Anstrengungen zu motivieren: Binnen zehn Jahren sollte ein Amerikaner den Mond betreten. Wie wir wissen, wurde diese Vision Wirklichkeit.
Weiteres zu Führung: www.schmidtcolleg.de

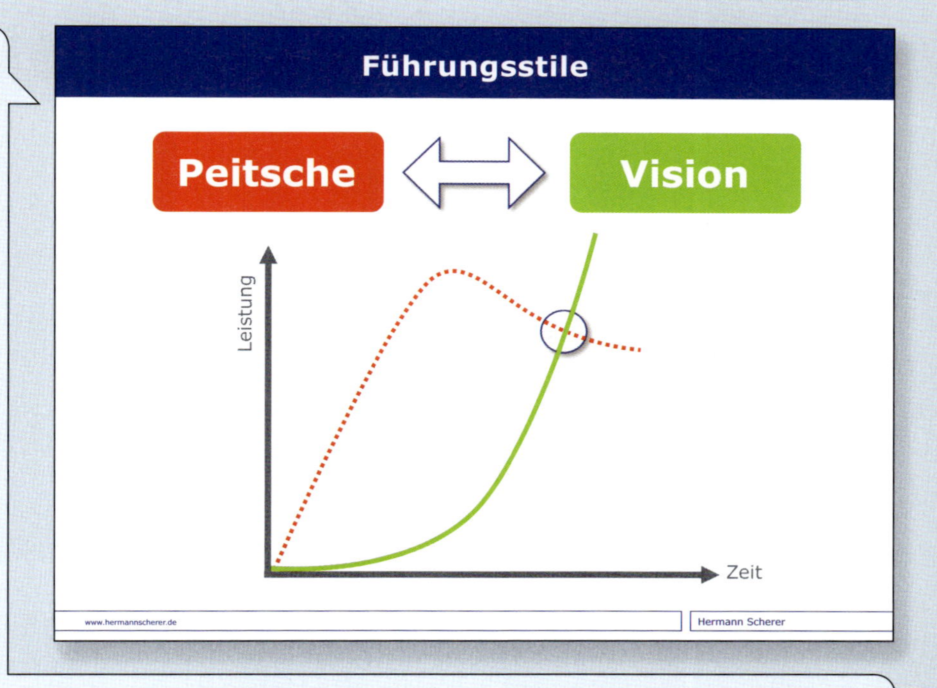

Marken haben Macken

MARKEN WERDEN NICHT GEKAUFT

MARKEN WERDEN VON MITARBEITERN GELEBT

MARKEN WERDEN VON KUNDEN ERLEBT

www.hermannscherer.de

Hermann Scherer

Marken haben Macken | Im Londoner Vorort Wimbledon findet jährlich das älteste und wichtigste Tennisturnier der Welt statt. Hier gelten strenge Regeln – beispielsweise muss 90 % der Tenniskleidung weiß sein. Wer sich dem nicht unterwirft, wird ausgeschlossen. Der spielfreie Sonntag in der Mitte (»middle sunday«) ist heilig, auch wenn es da ausnahmsweise mal nicht regnet. Und doch – oder gerade deswegen – ist Wimbledon die einzige echte Marke unter den Turnieren. Marken haben Ecken und Kanten, in Vergessenheit gerät das Glatte und Gesichtslose. Das gilt für Tennisturniere, Produkte, Unternehmen und auch für Menschen, die sich erfolgreich als Marke inszenieren. Was wäre Wendelin Wiedeking ohne seine provokanten Sprüche, was der Ikea-Gründer Ingvar Kamprad ohne seine legendäre Sparsamkeit? Ausnahme-Manager, die wie wenige andere mit ihren Unternehmen identifiziert werden und denen die Menschen folgen. Ein Idealfall, denn: Marken werden von Kunden erlebt – und von Mitarbeitern gelebt.

Culture eats strategy for breakfast

www.hermannscherer.de

Hermann Scherer

Culture eats strategy for breakfast | Es nützt nichts, dass das Topmanagement tolle Strategien ausbrütet, wenn die Unternehmenskultur diese nicht mitträgt. Oder glauben Sie, dass die Deutsche Bahn ein moderner Logistik-Dienstleister ist, wenn im Verspätungschaos wieder mal Bahnmitarbeiter auf Tauchstation sind, Wagen 10, auf den Ihre Reservierung im überfüllten Zug lautet, heute »nicht existiert« oder der Zug mal wieder »in umgekehrter Wagenreihenfolge« verkehrt? Oder sind Sie schon erleichtert, dass er wenigstens nicht ersatzlos ausfällt?

Was tun Sie, um Ihre Mitarbeiter an sich zu binden – auch emotional?

Machen Sie sich Ihre Notizen auf S. 331.

Zwei Arbeitsverträge | Unter Personalexperten gilt als ausgemacht, dass Mitarbeiter zwei Verträge mit ihrem Arbeitgeber schließen: einen schriftlichen (juristischen) und einen psychologischen oder emotionalen. Der formale Arbeitsvertrag garantiert eine monatliche Entlohnung, für eine echte Bindung ans Unternehmen reicht er nicht aus. Diese entsteht erst, wenn auch weiche Faktoren (z. B. Wertschätzung, Fairness, Respekt) stimmen. Mitarbeiter, die sich nicht mit ihrer Arbeit identifizieren und »innerlich gekündigt« haben, bringen ein Unternehmen nicht voran.

Unternehmen, die hohe Gehälter zahlen, aber nicht für ein Minimum an »Nestwärme« sorgen (Modell links oben €), müssen damit rechnen, dass ihre Mitarbeiter wie Söldner zum nächsten Arbeitgeber weiterziehen, sobald jemand mehr bietet. Organisationen, die wenig zahlen und dies durch ein gutes Arbeitsklima zu kompensieren versuchen (Modell rechts unten €), müssen mit Unzufriedenheit rechnen. Dauerhaften Unternehmenserfolg garantiert erst die Kombination beider Faktoren, eine angemessene Bezahlung und eine emotionalen Bindung in einem – wie manche sagen – Unternehmen mit Seele.

Zwei Arbeitsverträge

Honorierung

€ | € + €

\- | €

Emotionale Bindung

€ = Emotion

www.hermannscherer.de Hermann Scherer

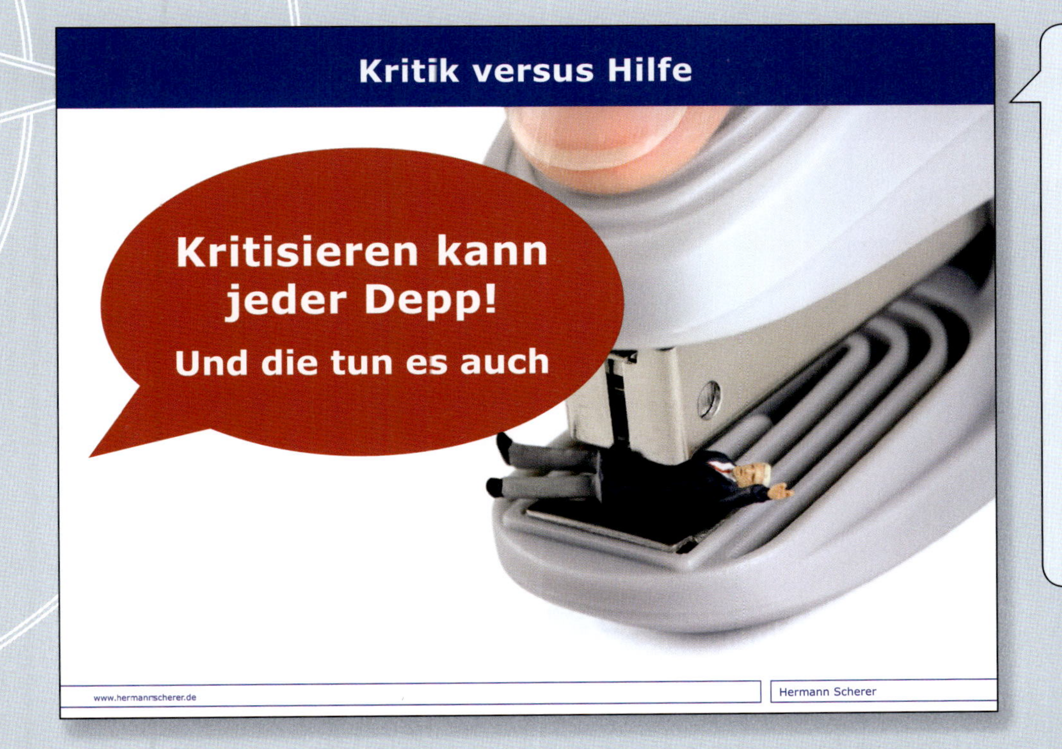

Kritisieren kann jeder Depp, | und die tun es auch! Denn hinterher sind bekanntermaßen alle schlauer. Kritik bringt nur dann etwas, wenn sie mehr auslöst als Abwehr, Frust oder Angst – wenn sie also echte Hilfestellung ist, neue Möglichkeiten aufzeigt. Da muss man sich als Kritiker ein wenig anstrengen. Im Gegenzug empfiehlt sich, Kritiker einfach zu fragen: »Wollen Sie mir helfen?« Dann stellt sich schnell heraus, wem es primär ums Meckern geht.

Grundprinzip: Stärken stärken | Wie Sie sehen, bin ich im Bügeln nur mäßig begabt. Mit einem Kurs »Turbobügeln für Manager« könnte ich meine Fähigkeiten von -4 auf 0 bringen. Ist das sinnvoll? Meine Zeit wäre besser investiert, um von einem guten Redner zu einem besseren Redner zu werden. Dasselbe gilt in der Mitarbeiterführung: Versuchen Sie nicht, aus einem Ackergaul ein Rennpferd zu machen. Achten Sie lieber darauf, die richtigen Leute am richtigen Platz zu haben, und stärken Sie deren Stärken, statt an Schwächen zu arbeiten.

Competition is outside ...

We are in the same team!

www.hermannscherer.de

Hermann Scherer

Competition is outside ... | Konkurrenzkämpfe, eine interne Hackordnung, im schlimmsten Fall sogar Mobbing – das gibt es schon in kleinen Unternehmen und verschlingt unnötig Energie. Produktiver ist echter Teamgeist. Vermeiden Sie daher alles, was solche Rivalitäten schürt. Im Zweifelsfall lenken Sie den Wettbewerbsgedanken lieber auf einen äußeren »Feind«. Ein englischer Vater sagte zu seinem kleinen Sohn, als der nicht ins Bett gehen wollte: »We are in the same team!«, um aufzuzeigen, dass er nicht gegen, sondern für ihn arbeitet.

Wollen Sie wirklich schwarzer Peter spielen? | »Wer ist schuld?«, lautet die wohl beliebteste Frage, wenn eine Panne passiert ist. Dabei führt sie zu nichts. Viel nützlicher wäre es, nach vorne zu fragen: »Wie vermeiden wir so etwas in Zukunft?« Die Tasse ist eine wirksame Gedächtnisstütze dafür, wenn Sie das nächste Mal versucht sind, ins Schwarzer-Peter-Spiel einzusteigen.

Jeder tickt anders ... | In einer groß angelegten Studie mit 7.000 Probanden erforschte der US-Psychologe Steven Reiss, welche »Lebensmotive« Menschen antreiben. Hier das Ergebnis. Bei jedem von uns dominieren andere Motive. Und das bedeutet auch: Was den einen motiviert, lässt den anderen völlig kalt. Einen Mitarbeiter, für den Familie und Ruhe hohen Stellenwert haben, werden Sie mit ehrgeizigen Karrierezielen nicht locken. Wenn Sie Motiven auf den Grund gehen wollen: Neben dem Reiss-Modell finden Sie auch Angebote im Internet. www.motivatorenanalyse.com

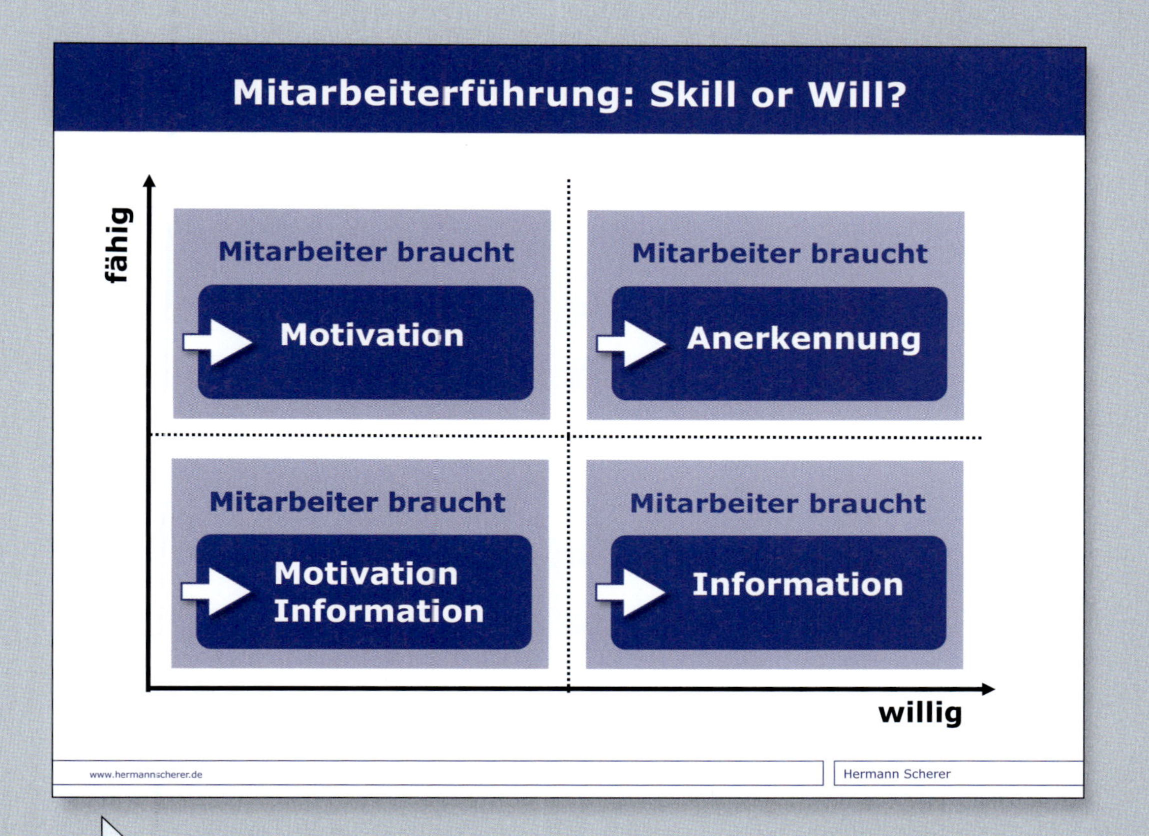

Mitarbeiterführung: Skill or Will? | Menschen unterscheiden sich nicht nur darin, was sie antreibt, sondern auch im Grad ihrer Kenntnisse/Fähigkeiten und ihrer Arbeitsmotivation. Traummitarbeiter, die fähig und willig sind, sollte man nicht unnötig gängeln, sondern einfach ihre Arbeit tun lassen – sie brauchen vor allem Anerkennung. Bei Mitarbeitern, die fähig, aber nicht willig sind, gilt es, Möglichkeiten der Motivation auszuloten. Mitarbeiter, die umgekehrt willig, aber nicht fähig sind, brauchen Informationen. Und Mitarbeiter, die beide Komponenten, »Skill« und »Will«, vermissen lassen, brauchen eben auch beides – Information und Motivation. Dieses auch als »Situative Führung« bekannte Modell warnt Vorgesetzte davor, alle Menschen über einen Kamm zu scheren. Man muss eben genauer hinschauen. Landläufig gilt der Mitarbeiter, dem es an Willen wie an Fähigkeiten mangelt, als der schlimmste Fall. Ich bin mir da nicht so sicher, denn der richtet – anders als die willigen, aber unfähigen Mitarbeiter – wenigstens keinen Schaden an!

EXPERTENSTATUS

Bekanntheitsgrad hebt Nutzenvermutung

»Ein Experte ist ein Mann, der hinterher genau sagen kann, warum seine Prognose nicht gestimmt hat«,

spottete Winston Churchill einmal. Wer sich auch nur an einen Bruchteil der Wirtschaftsprognosen erinnert, die ihm im Laufe seiner Fernsehjahre von ausgewiesenen Experten präsentiert wurden, kann Churchill nur zustimmen. Dennoch umgibt den Experten bis heute der Nimbus der Unfehlbarkeit und fachlichen Meisterschaft. Doch stimmt das wirklich? Wie wird man »Experte«? Wer entscheidet darüber?

Um Expertenstatus zu gewinnen, braucht man zweifellos Kompetenzen und Fachwissen. Doch das allein genügt nicht. Experten werden nicht in einer Art olympischem Wissens-Wettstreit prämiert, bei dem der Beste am Ende feierlich die Goldmedaille absoluter Expertise überreicht bekommt. Experten werden von Laien gekürt, und bei dieser Auswahl geht es weder streng wissenschaftlich noch absolut fair zu. Wer sich beispielsweise für Automobile interessiert, kommt an Professor Ferdinand Dudenhöffer nicht vorbei. Ob der Benzinpreis fällt oder steigt, ob gerade über die Hybridtechnik diskutiert oder das 3-Liter-Auto vorgestellt wird, ob die Porsche-Aktie rasant zulegt oder die von General Motors abstürzt: Es ist Herr Dudenhöffer, der uns in den abendlichen Nachrichten- und Politmagazinen erklärt, was dahintersteckt. Und sollte Ihnen der Name nicht geläufig sein, so haben Sie zumindest das Bild eines Mittfünfzigers mit Brille, braunen Haaren und Schnauzbart vor Augen. Weiß Herr Dudenhöffer wirklich am allerbesten von allen über die Automobilbranche Bescheid? Keine Ahnung. Wie wollte man das messen und wer könnte das objektiv entscheiden? Und doch ist er derjenige, den Redakteure und Journalisten automatisch kontaktieren, sobald das Thema Auto in Sicht kommt. Dudenhöffer ist eben »der Automobilexperte«. Wenn Sie noch Zweifel haben, googeln Sie mal diesen Begriff und schauen Sie, was passiert. Das ist in anderen Branchen kaum anders. Ob Börsenprofi oder Starkoch, Fitnessexperte oder Verbraucheranwalt: In allen Bereichen stößt man auf einige wenige, die öffentlich zu Wort kommen. Und weil sie so bekannt sind, wiegt ihr Wort gleich mehrfach – Bekanntheitsgrad hebt Nutzenvermutung.

An Universitäten und in Unternehmen, in Ministerien oder Forschungsinstituten gibt es sicherlich weitere hochkompetente Fachleute für alle möglichen Fragen, doch nur wenige von ihnen werden als ausgewiesene Experten wahrgenommen. Nur Letztere haben es geschafft, sich in der ersten Reihe zu positionieren und das Mittelfeld weit hinter sich zu lassen. Diese Positionierung ist einer der Schlüssel zum Erfolg im Verdrängungswettbewerb von heute.

Experten gibt es überall ... | Um Experte zu sein, muss man nicht zwingend bundesweit bekannt und im Fernsehen präsent sein. Entscheidend ist vielmehr, dass Ihre Zielgruppe Sie kennt und als erste Adresse einstuft. Vom PR-Berater, der hinter den Kulissen geschickt die Strippen zieht und von Promikunden weitergereicht wird, bis zum Zahnarzt, der für seinen sensiblen Umgang mit Kindern bekannt ist und dem Mütter die Praxis einrennen: Sie alle haben Expertenstatus in ihrem Metier.

Positives Vorurteil | Nehmen wir an, ein Finanzberater hat durch ungeschickte Anlagestrategien von sich reden gemacht: Wie hoch schätzen Sie seine Erfolgswahrscheinlichkeit bei einem neuen Kunden, der davon gehört hat? Wahrscheinlich bekommt der Berater nicht einmal einen Gesprächstermin. Ist der potenzielle Kunde weder negativ noch positiv eingestimmt, stehen die Chancen auf einen Abschluss eher fifty-fifty. Gilt der Berater dagegen als vertrauenswürdiger Experte, stehen solvente Kunden vermutlich Schlange und sind bereits vor der Erstberatung zur Zusammenarbeit entschlossen – von 0 % auf 200 % Auftragswahrscheinlichkeit sozusagen. Expertenstatus heißt also: mehr Umsatz. Dieses positive Vorurteil lässt sich durch viele Aktivitäten erzeugen: Presseartikel, klares Profil, Empfehlungen, Veröffentlichungen usw.

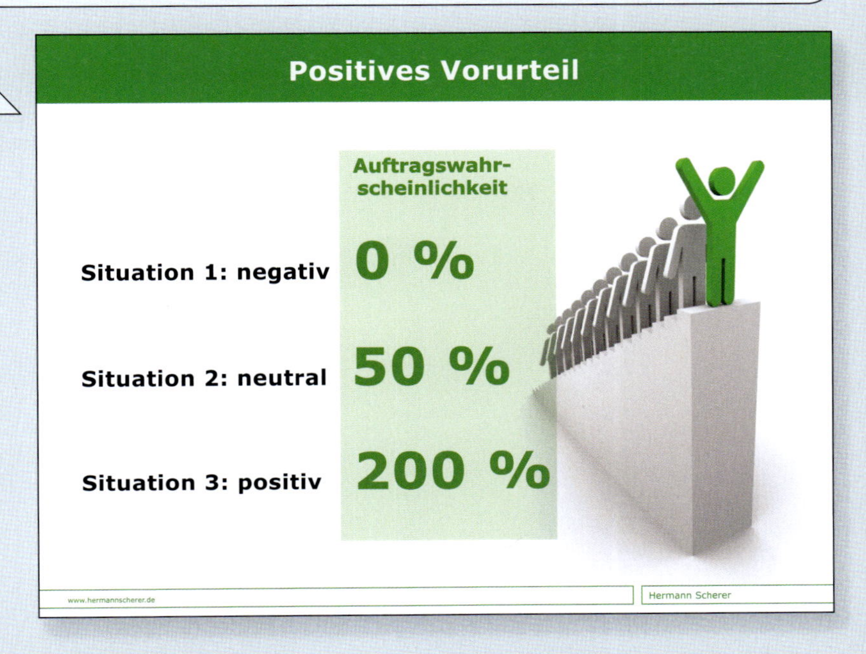

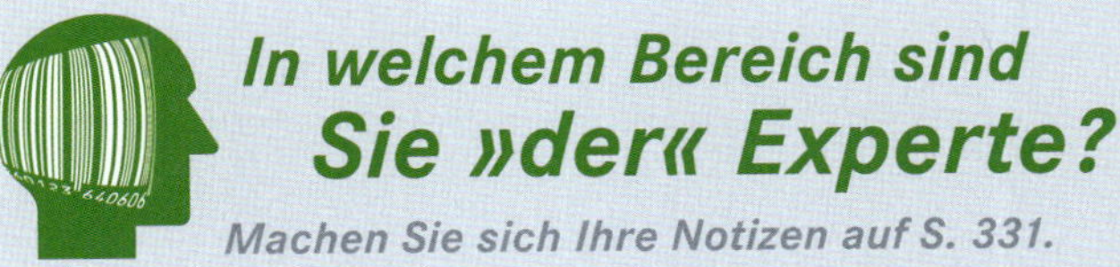

Machen Sie sich Ihre Notizen auf S. 331.

Entscheidungssicherheit aufbauen

www.hermannscherer.de | Hermann Scherer

Entscheidungssicherheit aufbauen | Dr. Hans-Wilhelm Müller-Wohlfahrt ist der medizinische Engel der Fußball-Nationalmannschaft. Wann immer einer unserer Helden sich mit schmerzverzerrtem Gesicht auf dem Rasen krümmt, ist er mit seinem Köfferchen zur Stelle und rettet ihn (und uns). Der Teamarzt der Nationalelf sei »eine Institution in der Sportmedizin«, schrieb der NDR Ende 2007. Kein Wunder, dass er dieses Kapital mit der »MW Group« inzwischen auch als Unternehmer einsetzt. Ist er der beste Sportmediziner? Wer kann das beantworten? Hat er den Ruf, der Beste zu sein? http://mw-oc.com

Expertenstatus: »Topanwalt«

www.hermannscherer.de | Hermann Scherer

Expertenstatus: »Topanwalt« | Rolf Bossi hat Prominente wie Ingrid van Bergen, Romy Schneider oder Günter Lamprecht vertreten und ist darüber – und wegen seiner Kritik an der deutschen Justiz – selbst zum Star geworden. Auch durch eine Reihe von Büchern hat er seit den Siebzigerjahren auf sich aufmerksam gemacht. Ergebnis: Für Wikipedia ist er »einer der bekanntesten Strafverteidiger Deutschlands«. Bekanntheitsgrad hebt Nutzenvermutung.

Expertenstatus: »Starfriseur«

Ganze Pflege für ganze Kerle

Deutschlands Männer kaufen immer mehr Kosmetik und Mode

Es geht nicht mehr nur darum, nicht alt auszusehen

www.hermannscherer.de | Hermann Scherer

Expertenstatus: »Starfriseur« | Wolfgang Lippert führt in München einen exklusiven Frisiersalon mit einem 25-köpfigen Team. Sind seine »Stylisten« tatsächlich besser als alle anderen Friseure in München? Presse, nicht allein Produkte oder Dienstleistungen, machen den Experten. Und so startet auch »Lippert's Friseure« im Web nicht mit Frisuren, sondern mit einer Presseschau. Experten präsentieren sich wirkungsvoll. www.lipperts-friseure.com

Wie können Sie *Expertenstatus aufbauen?*

Machen Sie sich Ihre Notizen auf S. 332.

Bekanntheitsgrad hebt Nutzenvermutung

1. Experten sind bekannt – Bekannte sind Experten.
2. Expertenstatus wird durch Laien unterschieden.
3. Selbstvertrauen aufbauen.
4. Ihr Claim: Bedürfnis statt Verfahren.
5. Erst behaupten, dann sein.
6. Wer kennt wen?
7. Bikini-Prinzip.
8. Autorität kommt von Autor.

www.hermannscherer.de | Hermann Scherer

Bekanntheitsgrad hebt Nutzenvermutung | Wegweiser zum Expertenstatus:

1. **Experten sind bekannt** → Setzen Sie nicht einseitig auf Diplome und Kenntnisse, sondern sorgen Sie dafür, dass Ihre Zielgruppe Sie kennt!

2. **Expertenstatus** → Versuchen Sie nicht, vorrangig Ihre Fachkollegen zu beeindrucken. Durch Ruhm im kleinen Zirkel Ihrer Mitbewerber werden Sie Ihren Marktwert kaum steigern.

3. **Selbstvertrauen** → Verabschieden Sie sich vom Perfektionismus, von der Vorstellung, erst »noch mehr« wissen, lernen, können zu müssen. Starten Sie!

4. **Ihr Claim** → Wofür genau sind Sie Experte? Konzentrieren Sie sich eher auf ein Kundenbedürfnis als auf bestimmte Techniken oder Verfahren. Ein »Experte für Wärme« (Bedürfnis) wird immer gefragt sein, ein »Experte für Ölheizungen« (Verfahren) könnte irgendwann arbeitslos sein, wenn sich die Verfahren ändern und Gas oder Pellets sinnvoller sind. Verfahren ändern sich ständig, Bedürfnisse bleiben gleich. Prüfen Sie Ihren Claim, ob er Verfahren oder Bedürfnisse anspricht.

5. **Erst behaupten** → Stellen Sie sich konsequent als »Experte für …« vor, sorgen Sie dafür, dass man Sie genau so beschreibt und zitiert. Irgendwann eilt Ihnen der angestrebte Ruf voraus.

6. **Wer kennt wen?** → Werden Sie sichtbar, besetzen Sie Bühnen. Vom eigenen Workshop für ausgewählte Kunden über den Vortrag bei der IHK bis zum Club-Talk im Business-Netzwerk: Loten Sie aus, wie Sie Ihre Zielgruppe am besten erreichen.

7. **Bikini-Prinzip** → Teilen Sie Ihr Wissen bereitwillig, aber enthüllen Sie nie die letzten Geheimnisse. Auf diese Weise untermauern Sie Ihren Expertenstatus und gewinnen gleichzeitig Kunden, die »mehr« wissen wollen.

8. **Autorität** → Schreiben Sie ein Buch über Ihr Spezialgebiet. Wer publiziert hat, gilt als Experte. Das stärkt Ihr Ansehen bei Kunden auf zweierlei Weise: unmittelbar und vermittelt über die Presse, weil Journalisten Sie als Experten kontaktieren und über Sie berichten werden.

Glaubwürdigkeitsindikatoren

Wenn wir uns ein Urteil darüber bilden wollen, ob jemand Experte ist, sind wir alle auf äußere Indizien angewiesen. Wir können den Anbieter nicht erst einem Test unterziehen, also verlassen wir uns auf Glaubwürdigkeitsindikatoren. Diese sind der Schlüssel zum systematischen Aufbau eines Expertenstatus. Je mehr dieser Indikatoren Sie erfüllen, desto eher werden Sie als Experte angesehen. Und je bekannter Sie als Experte sind, desto eher hat Ihr Kunde ein »gutes Gefühl«, wenn er sich für Sie entscheidet.

Mögliche Indikatoren sind:

- Akademische Titel (Doktor, Professor)
- Publikationen (Bücher, Artikel)
- Erwähnung in den Medien (Interviews, Zitate, Porträts)
- Zugehörigkeit zu bestimmten Gruppen (Vereinigungen, Verbände, Clubs & Zirkel)
- Kunden (Prominenz, Renommee)
- Qualitätsbelege (Preise, Auszeichnungen, Zertifikate)

Glaubwürdigkeitsindikatoren x Anzahl = Expertenstatus

Dienstleistung oder Produkt + Expertenstatus = Entscheidungssicherheit

Kreislauf zum Expertenstatus | Arbeiten Sie kontinuierlich am Aufbau Ihres Expertenstatus. Setzen Sie dabei auf ein Bündel unterschiedlicher Maßnahmen, die sich gegenseitig unterstützen und befruchten:

- Durch das Engagement in Verbänden werden Sie »sichtbar«, sowohl in einschlägigen Berufsverbänden im Kreise Ihrer Kollegen (»horizontal«) wie in übergreifenden Netzwerken für potenzielle Kunden und Geschäftspartner (»vertikal«).

- Halten Sie sich fachlich auf dem Laufenden und publizieren Sie vor allem selbst. Autoren gelten automatisch als Experten für das von ihnen bearbeitete Thema.

- Geben Sie Ihr Wissen in Workshops, Seminaren, Trainings, Vorträgen oder Kundenveranstaltungen weiter. Wer sich auf einer solchen »Bühne« exponiert, unterstreicht seinen herausgehobenen Status. Gehen Sie auf »Zielgruppenbesitzer« zu und kooperieren Sie mit ihnen: Wo treffen Sie Ihre Zielgruppe – in welchen Clubs, bei welchen Seminaranbietern, auf welchen Veranstaltungen oder Kongressen?

- Präsentieren Sie sich im Internet als Experte. Sorgen Sie mithilfe von professionellen Dienstleistern (Textern, Webdesignern, Programmierern) dafür, dass Ihr Name unter den ersten Treffern auftaucht, wenn einschlägige Dienstleistungen oder Produkte gegoogelt werden. Interviews, Presseberichte und Vorträge gehören natürlich auf Ihre Website (und generieren so neue Interviews, Presseberichte, Vortragstermine ...).

- Bieten Sie Journalisten passende Themen an – hören Sie ihnen zu, gehen Sie auf ihre Interessen ein. Drängen Sie nicht auf platte Werbung in eigener Sache, sondern stehen Sie allgemein als Experte zur Verfügung. Auch ein themenbezogenes Weblog (»Blog«) ohne offene Werbeabsicht kann Sie als Experte ins Gespräch bringen. Warum nicht als Solarzellenhersteller ein Energiesparblog ins Leben rufen?

- Bieten Sie Komplementär-Themen an. Wenn Sie zu wenig eigene Themen haben, dann bieten Sie Interviews mit anderen Branchenexperten an. Führen Sie beispielsweise als Pharmaziedienstleister Interviews mit Gesundheitsexperten oder Gesundheitsgesetzgebern.

Was haben Sie in den letzten zwei Jahren getan, um den Status eines Experten zu erreichen?

Machen Sie sich Ihre Notizen auf S. 332.

Bücher machen Experten | »Wer schreibt, der bleibt«, sagt ein altes Sprichwort. Ein eigenes Buch ist bis heute ein ideales Instrument der Eigen-PR: hoch angesehen, langlebig und wirkungsvoll. Wer (wie die Serviceexpertin Sabine Hübner) zahlreiche Interviews mit hochkarätigen Gesprächspartnern und potenziellen Kunden führt, nutzt es zudem als unschlagbar wirksame Kontaktstrategie. Wenn Ihnen die Zeit fürs Schreiben fehlt, arbeiten Sie mit einem Schreibexperten zusammen! Ein versierter Ghostwriter bringt Ihre Gedanken zielgruppengerecht zu Papier. www.sabinehuebner.de

Bücher machen Experten – Experten machen Bücher

Was bringt Ihnen eine Publikation?

- Sie werden mit einem Thema identifiziert.
- Sie profitieren vom Nimbus »Buch«.
- Sie profilieren sich als Fachmann oder Fachfrau.
- Sie machen die Presse auf sich aufmerksam.
- Sie steigern Ihren Marktwert.

➡ **Fazit: Mit dem richtigen Thema stoßen Sie in die erste Reihe der Experten vor.**

www.hermannscherer.de | Hermann Scherer

Machen Sie Ihre Kunden auf sich aufmerksam! | Eine kleine Auswahl von publikumswirksamen Publikationen – es gibt kaum ein Thema, das sich nicht durch eine Veröffentlichung promoten ließe. Arbeiten Sie bei klassischen Buchprojekten möglichst mit einem renommierten Verlag zusammen, der Sie durch Maßnahmen in Vertrieb und Presse unterstützt. Egal ob es sich dabei um ein Kochbuch für Heimatvertriebene (verkaufte Auflage über 20.000) oder ein Buch von Studenten »Unternehmensführerschein« (Auflage über 10.000) handelt.

Machen Sie Ihre Kunden auf sich aufmerksam!

Unvergessene Küche

www.hermannscherer.de | Hermann Scherer

Erfolg ist nicht durch das Mit-, sondern ausschließlich durch das Voranmarschieren realisierbar.

Werden Sie als Experte wahrgenommen? | Ihr Marktwert steigt und fällt mit der Glaubwürdigkeit Ihres Expertenstatus. Auch und gerade der Webauftritt muss diesen offensiv kommunizieren und die richtigen Indikatoren liefern. Unterstreicht Ihre Website Ihre Expertise? Sorgen Sie dafür, dass Referenzen, Auszeichnungen, Erfolgsmeldungen zeitnah kommuniziert werden.
www.hermannscherer.com

Problemchronologie: Kausalkette der Probleme und Lösungen | Im Idealfall haben Sie sich als Experte bereits positioniert, bevor Ihr Kunde eine Kauf- oder Auftragsentscheidung fällt. Wie erreichen Sie das? Außer durch eine gute Pressearbeit und andere gezielte Maßnahmen auch dadurch, dass Sie sich möglichst früh gezielt in die Entscheidungsprozesskette Ihres Kunden einklinken – will sagen: Zu einem Zeitpunkt, wenn Entscheidungen vorbereitet oder erst vage angedacht werden. Später, in der konkreten Entscheidungssituation, auf sich aufmerksam zu machen, gleicht einem Vabanquespiel, denn die Zahl der Mitbewerber ist zu diesem Zeitpunkt unweigerlich groß. Und noch später Kontakt zu potenziellen Kunden aufzunehmen, etwa in Form von Kaltakquise, ist häufig vollends zu spät, da ein anderer Anbieter schon fest im Sattel sitzt (»Tut mir leid, aber da arbeiten wir mit … zusammen!«). Fragen Sie sich deshalb, wie in Ihrem Business Entscheidungen vorbereitet werden und auf welche Weise Sie möglichst früh sichtbar werden können. Obiges Diagramm zeigt den Versuch, Entscheidungen vorzuverlegen.

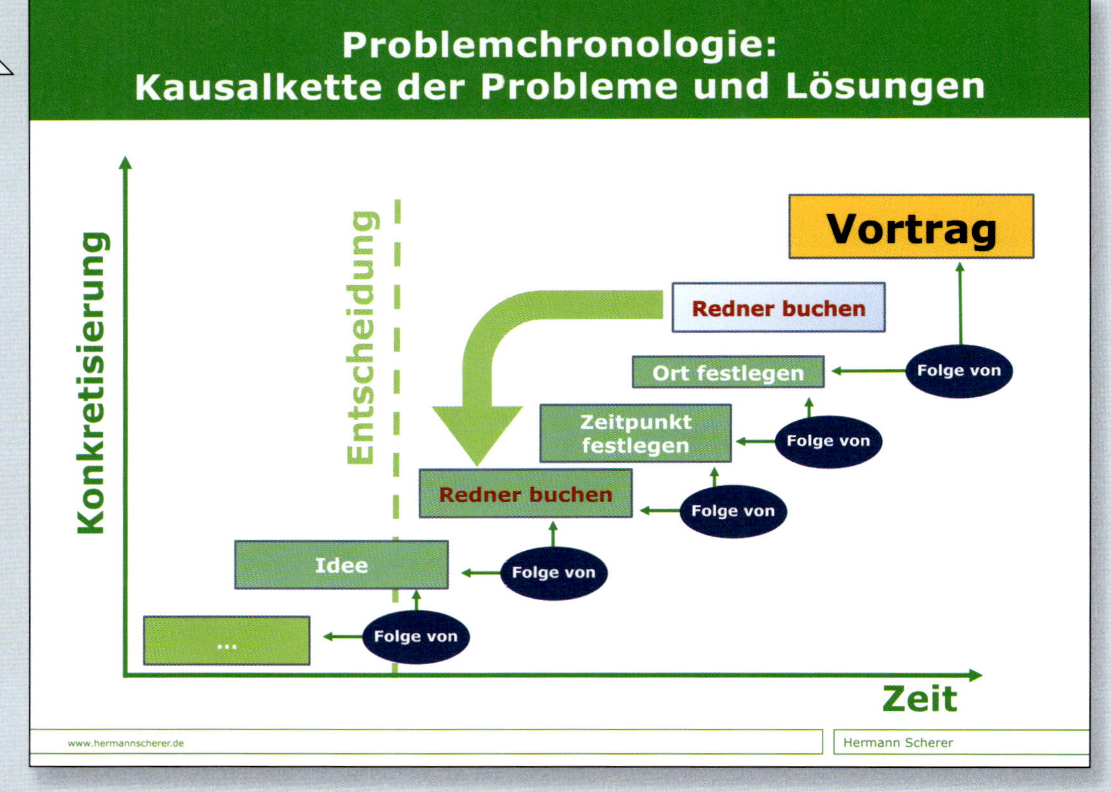

Erobern Sie Ihre Zielgruppe, bevor sich die Nachfrage entwickelt.

Präsent sein, bevor der Kunde Sie braucht!

Jenseits vom Mittelmaß

Hermann Scherer

Aktuell
Profil
Vorträge
Referenzen
· Auszeichnungen
· Kunden
· Kundenstimmen
· Pressestimmen
· Verbandskunden
Bücher
Kontakt
News-to-use-Letter

Downloads

Profil Hermann Scherer [PDF, 2.2 MB]
Profil und Informationen von Hermann Scherer

Die erfolgreiche Veranstaltung [PDF, 274 KB]
Tipps und Tricks für eine erfolgreiche Vortragsveranstaltung

Vortragszusammenfassung Spielregeln der Pole-Position [PDF, 2 MB]
Inhaltliche Zusammenfassung des Vortrages von Hermann Scherer

Vortragszusammenfassung Networking [PDF, 1.8 MB]
Inhaltliche Zusammenfassung des Vortrages von Hermann Scherer

Internetlinks aus dem Vortrag „Networking für Fortgeschrittene" von Hermann Scherer [PDF, 15 KB]

Tragen Sie hier Ihre Mailadresse ein und Sie erhalten sofort eine Zugangsmail zu obigen Daten und den Newsletter kostenlos

E-Mail

Abschicken

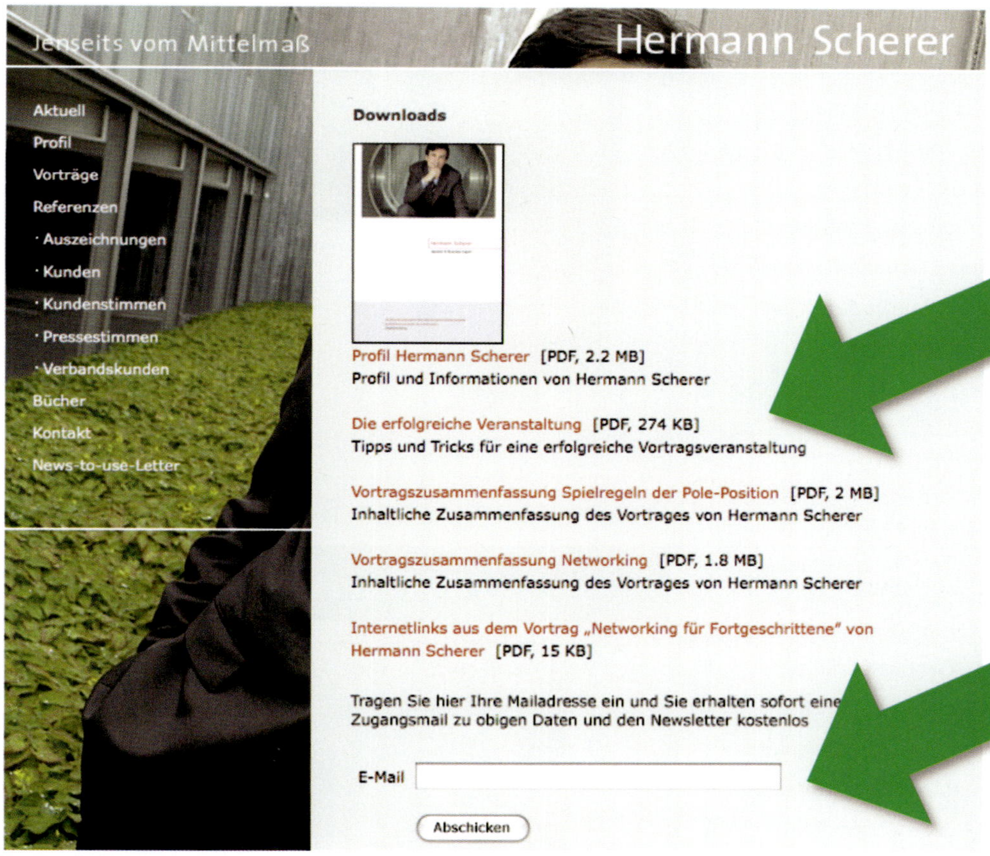

www.hermannscherer.de | Hermann Scherer

Präsent sein, bevor der Kunde Sie braucht! | Ich möchte schon als Speaker und Experte wahrgenommen werden, ehe gezielt nach einem Redner gesucht wird. Dazu habe ich eine Broschüre (Fibel) zum Thema »Die erfolgreiche Vortragsveranstaltung« verfasst, die man kostenlos auf meiner Website anfordern kann. Mit etwas Glück stoßen Mitarbeiter oder Mitarbeiterinnen auf diese Broschüre, bevor ein Redner benötigt wird, also in der Planungsphase der Veranstaltung. Wenn diese beispielsweise »Tipps für Veranstaltungen« googeln, ist die Chance groß, dass sie meine digitale Fibel und damit schon meine Person im Internet findet. Sie fragen an und bekommen von da an zusätzlich den Newsletter von Hermann Scherer. Stellt sich irgendwann später die Frage nach einem Redner, habe ich mich bereits im Kundengedächtnis verankert und werde mit hoher Wahrscheinlichkeit kontaktiert. Diese Strategie des »Fibel-Marketings« funktioniert auch in anderen Branchen.

Die Fibel/das Unternehmensbuch: zum Nachschlagen statt zum Wegwerfen.

Was sind mögliche Inhalte für Ihre Fibel?

Machen Sie sich Ihre Notizen auf S. 332.

Fibel-Marketing für Schweißtechnik | »Pioniere in Sachen Schweißtechnik« – so wirbt die Firma Lorch für sich. Die technische Expertise wird durch das »Buch zum Schweißen« unterstrichen, und über das Bestellformular für Unternehmen und Gewerbetreibende im Internet generiert das Unternehmen wertvolle Adressen. Die Fibel verdeutlicht übrigens in eindrucksvoller Weise, wie schnell sich die Investition in ein neues Schweißgerät durch Zeit- und Kostenersparnis amortisiert. www.lorch.biz

Fibel-Marketing im Tourismus | Der Tourismusverband Franken wirbt unter anderem mit kulinarischen Genüssen für die Region. Wem beim Blättern in einer Broschüre zur fränkischen Bratwurst das Wasser im Mund zusammenläuft, der bekommt vielleicht noch mehr Lust auf eine Reise ins Nordbayrische … Und wenn Bratwürsten schon Fibeln gewidmet werden, dann haben Ihre Produkte das doch schon längst verdient. www.frankentourismus.de

Der Weg zu Ihrer Fibel

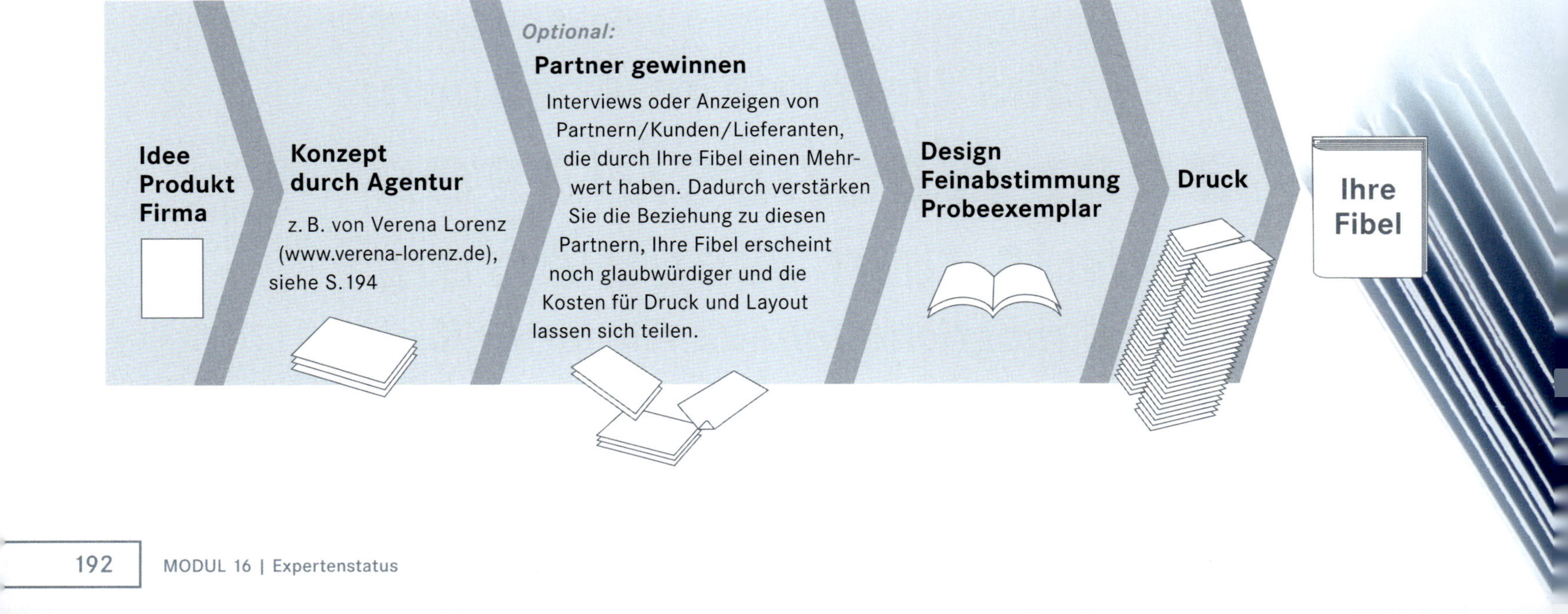

Auf einen Blick: Fibel-Marketing

Mögliche Inhalte Ihrer Fibel:

- **Allgemeine Informationen**
  (»Was der Kunde über Ihr Unternehmen wissen sollte …«)
- **Aktuelles**
  (Trends in Ihrer Branche, Neuentwicklungen, Innovationen)
- **Checkliste**
  (»Worauf es bei … ankommt«; dabei erfüllt Ihr Angebot die Qualitätskriterien natürlich hervorragend!)
- **Ist-Soll-Vergleich**
  (Ariel-Effekt: Ihr Produkt kann mehr als andere!)
- **Probleme »daneben«**
  (Ihr Angebot löst auch Folge- und Nebenprobleme. Sie liefern z. B. nicht nur den Ofen, sondern auch das Holz dazu!)
- **Horrorgeschichten der Branche**
  (… und wie Sie selbst so etwas ausschließen, natürlich.)
- **Beantwortung der Glaubensmuster**
  (Vorurteile und Bedenken glaubwürdig entkräften)
- **Bilder, Grafiken, Tabellen**
- **Sonstiges**
  (Anfahrtsbeschreibung, Bestellkarte für Produktinformationen, Prospekte, Newsletter-Abo, Terminvorschlag)
- **Werbeseiten** (eigene und fremde) gegen Gebühr (bedenken Sie dabei, dass das Image Ihrer Werbekunden auf Sie abstrahlt)

Der Zweck der Fibel:

- ***Interesse an Ihrem Unternehmen/Ihrem Produkt wecken***
- ***Kundenfragen beantworten***
- ***Glaubensmuster entkräften***
- ***Ängste nehmen***
- ***Botschaften senden***
  (Produktnutzen, Vorteile des Angebots)
- ***Adressgewinnung durch Anfordern der Fibel***
  (Kleinanzeigen oder Bestellung im Internet)
- ***Belebung von Partnerschaften und Kooperationen***
  (über Interviews, Stellungnahmen oder Anzeigen von Partnern/potenziellen Partnern)
- ***Interviews für Beiträge als Kontaktstrategie***
  (interessante Ansprechpartner kennenlernen)
- ***Auf- und Ausbau des eigenen Expertenstatus***

Glaubwürdigkeitsindikatoren in Ihrer Fibel:

- Referenzen
- Expertenzeugnisse, Prüfsiegel
- 10 Pluspunkte oder Garantien (siehe MODUL 11)
- Interviews oder Anzeigen hochkarätiger Partner
- Schutzgebühr

Engagieren Sie einen Profi! | Viele Informationen sind bei Ihnen schon da und müssen für Ihre Fibel oder Ihr Unternehmensbuch nur noch zusammengestellt und in Form gebracht werden. Am besten nutzen Sie das Know-how von Profis, um Ihr Unternehmensbuch umzusetzen. Hier unsere Partnerin für Konzept, Layout, Grafiken und Druck, die schon viele Bücher, Präsentationen und Fibeln gestaltet hat und dafür mehrfach mit den besten Preisen, unter anderem dem »red dot award«, ausgezeichnet wurde: www.verena-lorenz.de info@verena-lorenz.de

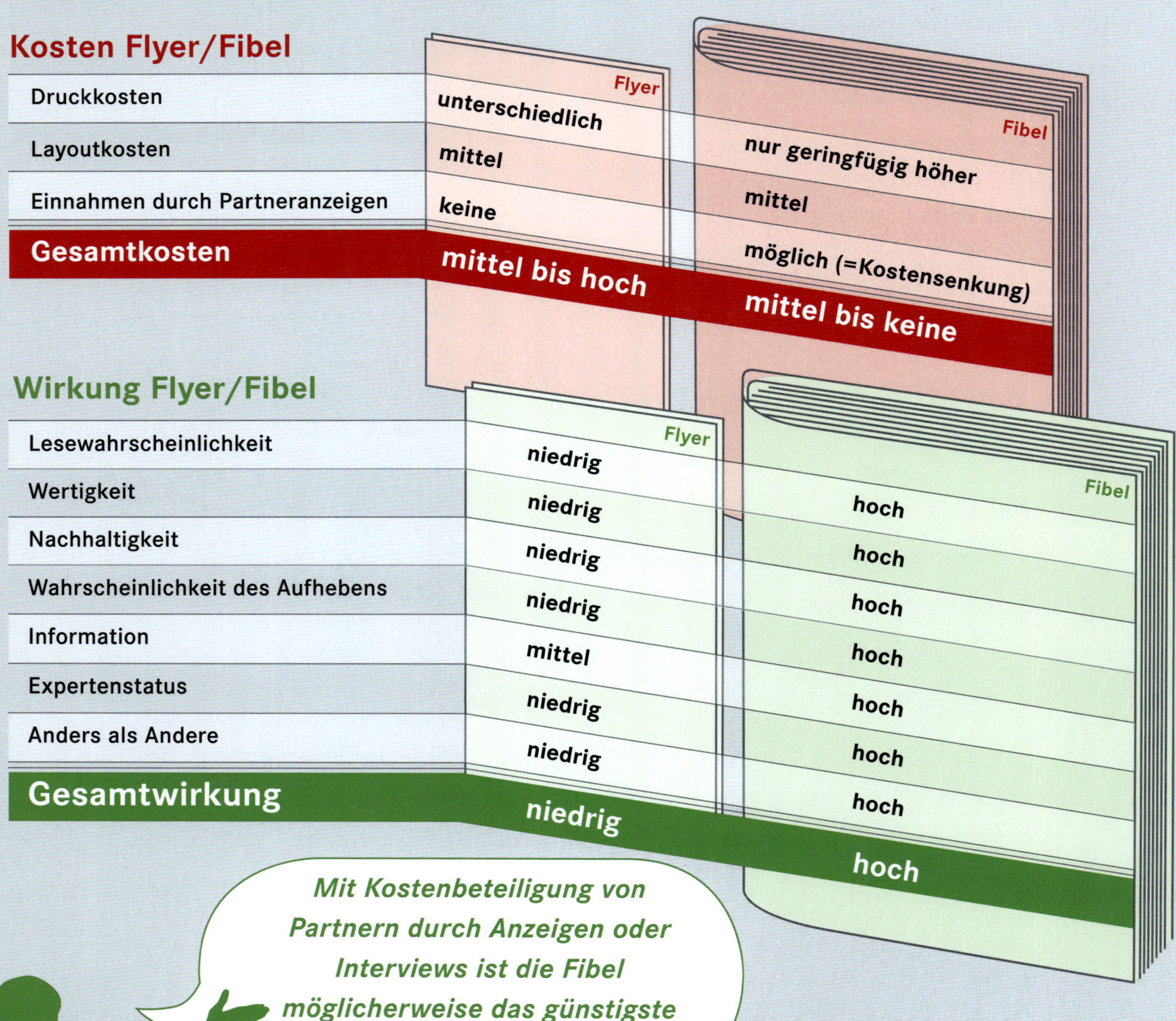

Kosten Flyer/Fibel

	Flyer	Fibel
Druckkosten	unterschiedlich	nur geringfügig höher
Layoutkosten	mittel	mittel
Einnahmen durch Partneranzeigen	keine	möglich (=Kostensenkung)
Gesamtkosten	**mittel bis hoch**	**mittel bis keine**

Wirkung Flyer/Fibel

	Flyer	Fibel
Lesewahrscheinlichkeit	niedrig	hoch
Wertigkeit	niedrig	hoch
Nachhaltigkeit	niedrig	hoch
Wahrscheinlichkeit des Aufhebens	niedrig	hoch
Information	mittel	hoch
Expertenstatus	niedrig	hoch
Anders als Andere	niedrig	hoch
Gesamtwirkung	**niedrig**	**hoch**

Mit Kostenbeteiligung von Partnern durch Anzeigen oder Interviews ist die Fibel möglicherweise das günstigste und werbewirksamste Medium.

Nutzen Sie die Fach- oder Tagespresse

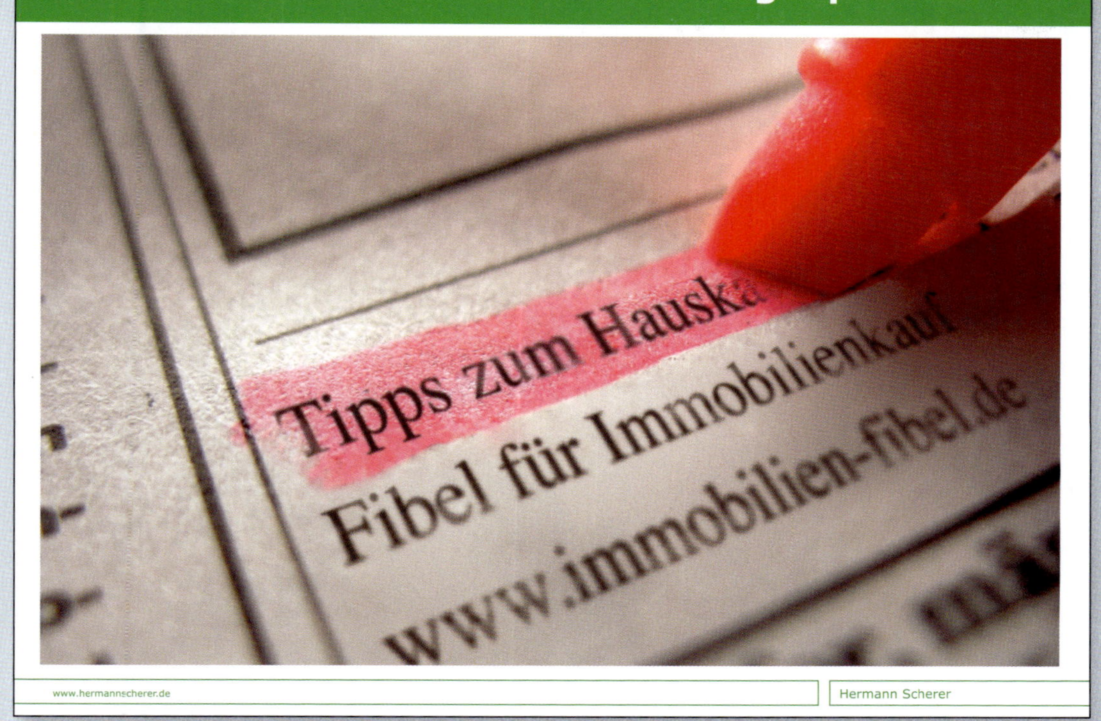

Nutzen Sie die Fach- oder Tagespresse | Eine Kleinanzeige in der passenden Rubrik macht auf Ihre Fibel aufmerksam. Als Makler können Sie im Umfeld der Wohnungsanzeigen annoncieren, als Personalberater unter den Stellenanzeigen usw. Damit stellen Sie sich als Experte dar, verkaufen die Fibel und gewinnen Adressen von potenziellen Kunden zu vergleichsweise günstigen Preisen.

Durch die Presse »geadelt«: Telefonexperten

WELT am SONNTAG | 43

Finan

Telefonaktion
Experten geben Tipps zum Fonds-Zweitmarkt
Seite 44

www.hermannscherer.de

Hermann Scherer

Durch die Presse »geadelt«: Telefonexperten | Fast jede Tageszeitung bietet Ihren Lesern heute als Zusatzservice gelegentlich Experten-Hotlines an. Hier präsent zu sein ist ein Meilenstein auf dem Weg zum anerkannten Experten; schließlich vertrauen die meisten Leser auf die Unabhängigkeit der Presse. In vielen Fällen werden Journalisten durch Fibeln oder Bücher, in denen Sie Ihr Wissen »uneigennützig« teilen, auf Sie aufmerksam. Einer meiner Kunden, ein Immobilienmakler, gab zunächst eine Fibel mit wichtigen Infos zum Wohnungs- oder Hauskauf heraus, wurde daraufhin als Telefonexperte gewonnen und war aufgrund des großen Leserinteresses mehrfach in der regionalen Presse vertreten. Welche Auswirkungen das auf sein Geschäft hatte, können Sie erahnen. Nutzen Sie solche Möglichkeiten auf jeden Fall, und sorgen Sie am besten dafür, dass die Telefonleitungen zusammenbrechen, wenn Sie am Apparat sitzen! Sie werden doch genügend Freunde und Bekannte haben, oder? Und was könnte werbewirksamer sein als der Hinweis »wegen großer Nachfrage erneut am Lesertelefon«. Im Idealfall werden die wichtigsten Leserfragen zusätzlich noch im redaktionellen Teil vorgestellt und beantwortet – und Ihr Foto und Expertenprofil erscheinen erneut. Hier ein Beispiel aus der Welt am Sonntag.

INTELLIGENTE PR

So spricht man über Sie – auch in der Presse

»Wenn ein junger Mann ein Mädchen kennengelernt hat und ihr sagt, was für ein großartiger Kerl er ist, so ist das Reklame.

... Wenn er ihr sagt, wie reizend sie aussieht, so ist das Werbung. Aber wenn das Mädchen sich für ihn entscheidet, weil sie von anderen gehört hat, was für ein feiner Kerl er wäre, dann ist das Public Relations.« Viel knapper als Alwin Münchmeyer, einflussreicher Bankier und Unternehmer des 20. Jahrhunderts, kann man die Dinge kaum auf den Punkt bringen. PR zielt darauf, ein positives Unternehmensimage zu erzeugen und so potenzielle Kunden aufmerksam zu machen. Dabei setzen PR-Profis auf ein ganzes Bündel an Maßnahmen, von der Unternehmensbroschüre bis zum Tag der offenen Tür. Doch auch ohne üppiges Budget und eigenen PR-Stab kann man es ins Licht der Öffentlichkeit schaffen – durch intelligente Pressearbeit. Und wie bei der Anbahnung zwischenmenschlicher Beziehungen gilt auch im Business: Wenn andere uns loben, so ist das weit wirkungsvoller und glaubwürdiger, als wenn wir das (etwa in Anzeigen oder Werbeflyern) selbst tun.

Das Geheimnis des Presseerfolgs liegt darin, sich auf die Bedürfnisse und die Denkweise der Journalisten einzustellen. Kein Redakteur hat ein Interesse daran, Ihnen »einfach so« etwas Gutes zu tun, aber jeder Redakteur muss täglich, wöchentlich oder monatlich seine Seiten füllen und ist deshalb immer auf der Suche nach Berichtenswertem. Liefern Sie also Geschichten. Das beginnt beim Firmenjubiläum und endet bei Ihrer Teilnahme am New-York-Marathon. Außerdem verbietet sein journalistisches Ethos dem Redakteur, sich in den Dienst von Eigenwerbung Ihrerseits zu stellen – schließlich ist er nicht Ihr PR-Beauftragter, sondern kritischer Berichterstatter. Rühren Sie also nicht die Werbetrommel in eigener Sache, sondern stellen Sie sich ganz allgemein als Experte zur Verfügung. Als Immobilienmakler können Sie zu den Tücken des Wohnungskaufs Stellung nehmen, als Hersteller von Büromöbeln etwas zur Ergonomie am Arbeitsplatz sagen und dabei die »Volkskrankheit« Rückenschmerzen als Aufhänger nehmen. Für Ihren Marktwert ist es weitaus wirksamer und glaubwürdiger, wenn Sie Leserinnen und Lesern mit allgemeinem Rat zur Seite stehen und Ihr Firmenhintergrund lediglich in Ihrer Vita aufscheint. Dafür genügt heute ja schon die Angabe der Webadresse.

Wenn Sie also die richtigen Themen liefern und diese auch noch knackig verpacken, haben Sie gute Chancen, über die Presse Ihren Bekanntheitsgrad erheblich zu steigern. Denn gleichzeitig sorgt der Stellenabbau der letzten Jahre in den Redaktionen dafür, dass Journalisten gerne zugreifen, wenn man ihnen druckreife Texte liefert und so ihr Überstundenkonto entlastet. Zeitungen und Fachzeitschriften gibt es zahllose, und sicher auch solche, über die Sie Ihre Kunden treffsicher erreichen – sei es im B2C-, sei es im B2B-Markt. Werden Sie aktiv, es lohnt sich! Denn: »Willst du, dass man Gutes von dir sagt, so sage es nicht selbst«, wusste der Mathematiker und Philosoph Blaise Pascal schon vor 350 Jahren. Womit bewiesen wäre, dass es doch noch ein wenig knapper geht als bei Herrn Münchmeyer ...

Um am Markt erfolgreich zu sein ... | Dass mal wieder die jährliche Kirschernte bevorsteht, wäre keiner Zeitung einen Bericht wert. Aber dass es Obstbauer Schulze nach jahrelangen hartnäckigen Versuchen endlich gelungen ist, blaue oder grellgrüne Kirschen zu züchten, kann es über die Regionalblätter sogar bis in die überregionalen Zeitungen und die Abendnachrichten schaffen.

Journalisten sind immer auf der Suche nach »Storys«. Wer will, dass die Presse über ihn berichtet, muss daher etwas Besonderes bieten. Wenn Sie eine von fünfzehn Apotheken am Ort führen, wird man sich kaum für Sie interessieren. Wenn Sie als Einziger Schnupfen-Vorbeugekurse anbieten oder, noch besser, Ihr 300-jähriges Jubiläum feiern und in der Firmenhistorie einen der Hexerei beschuldigten Alchemisten ausgegraben haben, sieht das schon anders aus.

Sexappeal statt Mauerblümchen

Redner Hermann Scherer sieht Parallelen beim Erfolg von Unternehmen und Menschen

Der Erfolg von Unternehmen und der von Menschen folgt für Hermann Scherer denselben Regeln. »Wer sich positiv in Szene setzt, der hat ihn. Wer nicht auffällt, der fällt weg«, so der Wirtschaftsexperte und renommierte Redner aus Freising. Oder kurz: Sexappeal statt Mauerblümchen heißt die Losung.

So lange ein Unternehmen nur das biete, was alle bieten, werde es auch nur das bekommen, was alle bekommen, lautet Scherers These. »Und das sind durchschnittliche Erlöse, durchschnittliche Anerkennung und durchschnittliche Aufmerksamkeit.« Die Pole-Position der Märkte von morgen ließe sich auf diese Weise nicht erobern.

Gleichheit erzeugt Gleichgültigkeit
Gleichheit der Angebote führe zu Gleichgültigkeit bei den Angesprochenen, meint der mehrfache Buchautor. Das gelte in der Welt der Produkte und Dienstleistungen genauso wie auf dem Stellen- ... ein Kunde einen be- ... wenn zehn

Neugierig machen: Ihr Waschzettel

Journalisten werden Tag für Tag mit Anfragen, Themenvorschlägen, Hinweisen überhäuft. Sie entscheiden daher blitzschnell: Ist ein Thema ein Flop oder top? Bringen Sie Ihre Argumente knapp auf den Punkt – je plakativer, desto besser. Für umständliche Erläuterungen haben Presseprofis weder die Zeit noch die Geduld.

Es muss nicht immer gleich der *FOCUS* sein …

Die Träume leben – am besten sofort

Wirtschaftstrainer Scherer rät Unternehmern, an ihren Firmen zu arbeiten

Von Alexander Fischer

Freising ■ Hermann Scherer ist ein international tätiger Wirtschaftstrainer. Er zählt zu den Besten seines Faches. Seine Seminare sind gefragt – bei Marktführern und solchen, die es werden wollen. Der Gewerbeverband Freising könnte sich einen solch hochkarätigen Referenten niemals leisten. Daran ließ die Vorsitzende Andrea Beck-Baumann bei einer Versammlung im Hofbrauhaus-Keller keinen Zweifel aufkommen.

Wie gut, dass Scherer aus Freising stammt und deshalb für den Ortsverband wohl eine Ausnahme gemacht hat. Denn, die Teilnehmer an dem Scherer-Vortrag „Verdammtes Mittelmaß! Mutiges Management für die Märkte von morgen" applaudierten vor Begeisterung.

Die Botschaften, welche der Wirtschaftsreferent verkündete, gefielen den Anwesenden durch die Bank. Und das obwohl Scherer den Firmen- und Ladenbesitzern keineswegs nach dem Mund redete. Im Gegenteil, sie müssten ihren „inneren Schweinehund überwinden", sie dürften nicht länger „in ihrem Unternehmen, sondern an ihrem Unternehmen arbeiten" und sie sollten versuchen, „ihre Träume zu leben, statt sich mit Alltagsproblemen herumzuschlagen". All das hatte Scherer von seinen Zuhörern verlangt – am besten sofort.

„Morgen ist der Tag, der niemals stattfindet", erklärte Scherer. Er war bereits einen Schritt weiter und appellierte an die Anwesenden, sie sollten unbedingt nach „neuen Problemlösungen suchen", sich „vernetzen", mit anderen zusammen tun und ihre Produkte wenn möglich mit einem zusätzlichen Nutzen verbinden. In einer Welt, in welcher keiner mehr nachvollziehen könne, warum was wie viel kostet, suche der Kunden nach anderen Kriterien und Qualitätsmerkmalen. Es könne „sehr spannend" sein, sich einmal Gedanken darüber zu machen. Möglich sei im Grunde alles. Ein Ruck schien durch die Reihen zu gehen, Scherer untermauerte seine Theorie, indem er Manager-Guru Jack Welch zitierte. Der hatte erklärt, der Kunde vergleiche natürlich, „sehr wissenschaftlich" gehe er dabei jedoch nicht vor. Wenn dem schon so sei, was spreche dann dagegen, sein Produkt einfach zu verteuern. Das hat nach Darstellung von Scherer schon so manchen Umsatz in die Höhe getrieben. Das wiederum passte zu einer seiner anderen Einschätzungen. „Die Mitte ist tot", hatte Scherer in einem anderen Zusammenhang behauptet. Satte Gewinne seien nur noch in Bereichen zu machen, in denen die Leute entweder viel oder wenig Geld hätten. Jeder müsse selber wissen, wofür er sich entscheide.

„Verdammtes Mittelmaß": Hermann Scherer fordert Unternehmer dazu auf, sich für Herausforderungen der Zukunft zu wappnen. sm

Hermann Scherer

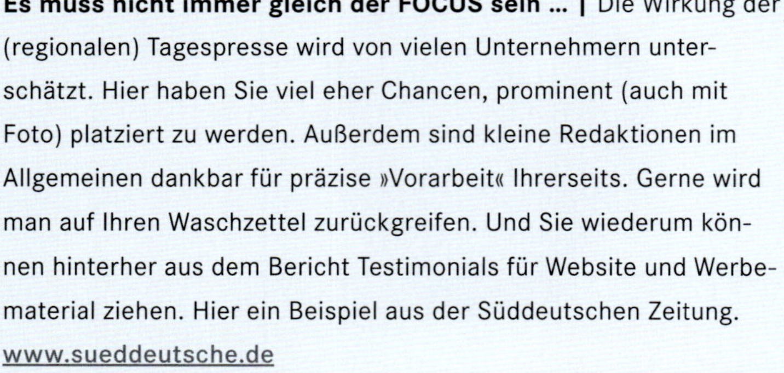

Es muss nicht immer gleich der FOCUS sein … | Die Wirkung der (regionalen) Tagespresse wird von vielen Unternehmern unterschätzt. Hier haben Sie viel eher Chancen, prominent (auch mit Foto) platziert zu werden. Außerdem sind kleine Redaktionen im Allgemeinen dankbar für präzise »Vorarbeit« Ihrerseits. Gerne wird man auf Ihren Waschzettel zurückgreifen. Und Sie wiederum können hinterher aus dem Bericht Testimonials für Website und Werbematerial ziehen. Hier ein Beispiel aus der Süddeutschen Zeitung. www.sueddeutsche.de

Schaffen Sie Anlässe …

Notwendi… meistern

Top-Trainer Hermann Scherer bei Wunder Personal-Dienstleistungen zu Gast

Lübbecke (WB). Zu einem Power-Seminar mit Hermann Scherer, einer der zehn besten Markketingexperten in Deutschland, kamen rund 100 Kunden der Firma Wunder,Spezialist für Personaldienstleistungen, aus Lübbecke.

Hermann Scherer berichtete in seinem mitreißenden Vortrag über die »Spielregeln für die Pole Position in den Märkten von Morgen«. Sein motivierender Vortrag in der alten Post in Lübbecke begeisterte die anwesenden Unternehmer, die sich interessiert über erfolgreiche Unternehmenskonzepte außerhalb Ostwestfalens berichten ließen. Der Referent sprach über sich verändernde Marktsituationen und Maßnahmen, diesen Veränderungen als Unternehmen erfolgreich gegenüberzustehen.

Hermann Scherer aus München gilt als einer der Besten in seinem Fach. Als Marketingspezialist, Unternehmensberater, Referent, selbst Unternehmens-Gründer, Buchautor (unter anderem die Buchreihe »Von den Besten profitieren«) und Dozent. Scherer ist unter anderem strategischer Partner der Siemens AG, Microsoft und Lufthansa AG und veranstaltete 2001 das Zukunftsforum dem dem 42. Präsidenten der USA, Bill Clinton.

Die Firma Wunder hat diese einmalige Gelegenheit mit einer guten Tat verbunden. Der Erlös aus dem Verkauf der Scherer Buchreihe geht an das Tierheim Lübbecke, das sich um anstehenden Winter über einen ansehnlichen Geldbetrag freuen kann.

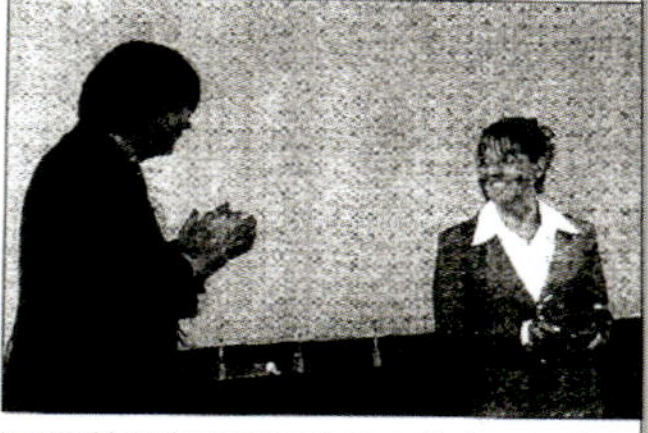

Hermann Scherer überreichte Petra Wunder den Excellence Award für ihre erfolgreiche unternehmerische Tätigkeit. Foto: WB

www.hermannscherer.de | Hermann Scherer

Schaffen Sie Anlässe … | Ein Event wie die Verleihung des »Excellence Award« von Unternehmen Erfolg an einen Personaldienstleister ist der Lokalpresse mit Sicherheit eine Meldung wert – vorausgesetzt natürlich, Sie haben rechtzeitig daran gedacht, die Redaktion zu informieren. Scheuen Sie sich nicht, einen publikumswirksamen Preis zu kreieren: Wenn der Erfinder des Dynamits, Alfred Nobel, einen der begehrtesten Preise der Welt stiften konnte, warum dann nicht auch Ihr Unternehmen?

Waschzettel (Zeitungsbericht) erstellen → Waschzettel → Veranstaltung durchführen → positive Berichterstattung → Waschzettel durch Inhalte der letzten Berichterstattung optimieren → Waschzettel

Es gibt für jedes Gebiet Zielgruppenbesitzer | Jeder Bahnhofskiosk einer deutschen Kleinstadt führt ein nahezu erschlagendes Angebot Hunderter von Zeitschriftentiteln, darunter zahllose Special-Interest-Magazine und Fachzeitschriften. Doch viel größer ist das Angebot an Titeln, die per Post direkt an die Zielgruppe versandt werden. Auch für Ihre Zielgruppe gibt es »passgenaue« Printmedien – ideale Ansprechpartner für Ihre Presseaktivitäten und oft sehr viel leichter für ein passendes Thema zu begeistern als Publikumszeitschriften. Hilfe bei der Suche von Verlagen und bei der Erstellung von Presseartikeln: www.froehlich-pr.de

Es gibt für jedes Gebiet Zielgruppenbesitzer

www.hermannscherer.de | Hermann Scherer

Aufmerksamkeit ohne Streuverlust | Von »Top Hair Business« bis »Yoga aktuell« – für nahezu jedes Interessengebiet gibt es einschlägige Zeitschriften. Der Pressekatalog im Internet verzeichnet allein fast 30.000 Fachzeitschriften. Hier können Sie gezielt recherchieren, wer Ihre Zielgruppe anspricht, und anschließend die Redaktionen mit einem zündenden Themenvorschlag zu einem Bericht veranlassen. Lassen Sie sich von einer geringeren Auflage nicht abschrecken: Dafür erreichen Sie Ihre Zielgruppe hier in konzentrierter Form. www.pressekatalog.de

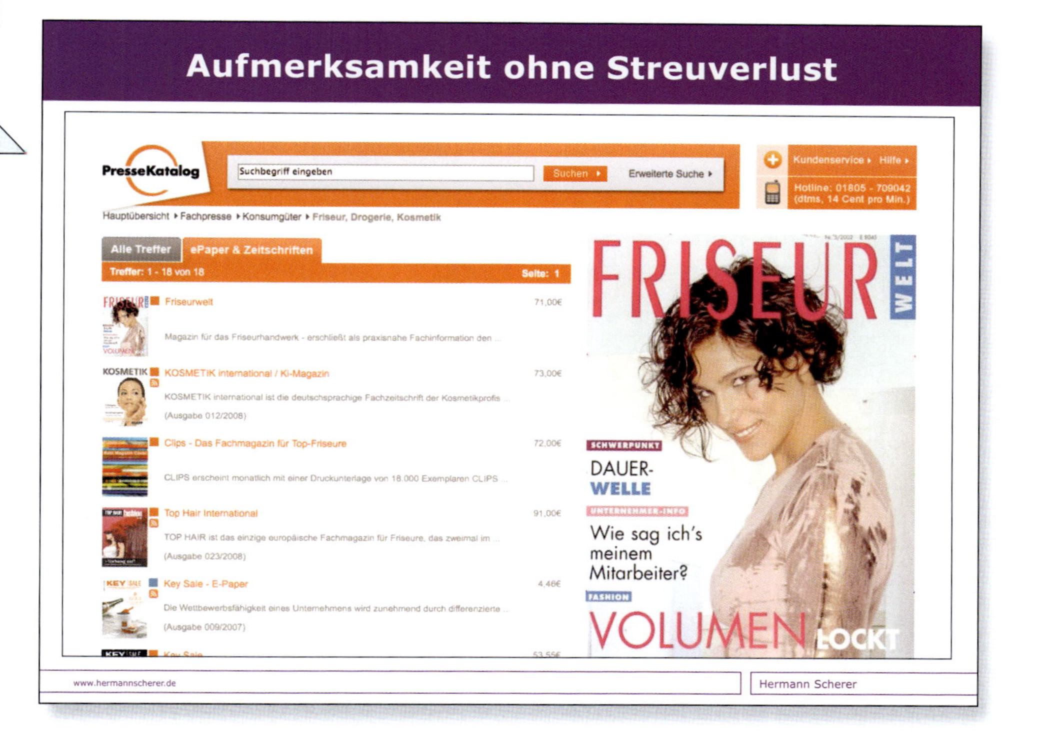

Aus welchem Anlass könnte die Presse über Sie berichten?

Die Frage dabei ist nicht, was Sie gerne über Ihr Unternehmen senden wollen, sondern was der Redakteur lesen will, weil es die Leser gerne lesen.

Machen Sie sich Ihre Notizen auf S. 333.

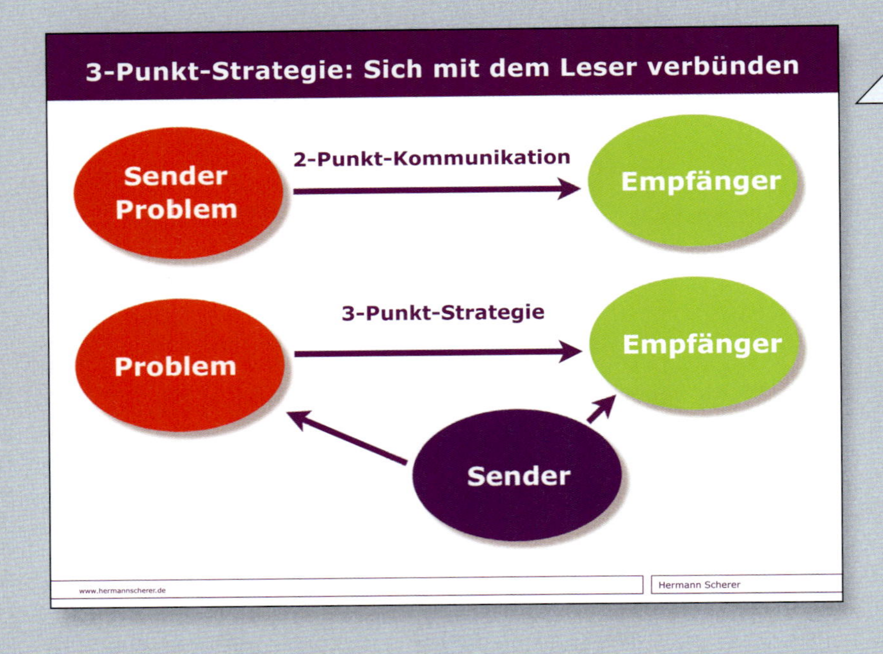

3-Punkt-Strategie: Sich mit dem Leser verbünden | Aus der Krebsforschung und Medizinethik lässt sich die Überbringung von schlechten Nachrichten mit der 2-Punkt- und 3-Punkt-Kommunikation unterscheiden. Angenommen, Sie sind Arzt und haben einem Patienten einen schlechten Befund per Röntgenbild zu überbringen, dann wäre die klassische (2-Punkt-)Kommunikation, dass der Sender dem Empfänger, also der Arzt mit dem Röntgenbild in der Hand, seinem Patienten die schlechte Nachricht überbringt und Hilfe anbietet. Im Mittelalter wurden die Überbringer einer schlechten Nachricht angeblich geköpft. Inzwischen haben sich die Sitten etwas gebessert, doch wie schwer ist es für Patienten, aus einer Hand Schock und Hilfe gleichzeitig anzunehmen. Die 3-Punkt-Kommunikation entfernt das Problem vom Sender: Der Arzt könnte das Röntgenbild an die Leuchtwand hängen, sich neben den Patienten setzen und diesen zumindest im übertragenen Sinn in den Arm nehmen und sagen: »Da an der Wand hängt der Befund Krebs – jetzt lassen Sie uns mal anschauen, was wir gemeinsam dagegen unternehmen können.« 3 Punkte: Der Sender (1), verbündet mit dem Empfänger (2), und die Krankheit (3). Natürlich ist die Krankheit noch die gleiche, aber die Art der Übermittlung hat sich verändert. In der Pressearbeit heißt das, sich mit dem Leser gegenüber dessen Problemen zu solidarisieren.

Anklagen kommt an | Das Boulevardblatt solidarisiert sich mit seinen Lesern, klagt zuerst einen Sachverhalt an und weist gleich noch Auswege aus der Misere: »Bild sagt, wie Sie jetzt sparen können«. Das sichert Aufmerksamkeit und Sympathie der Zielgruppe gleichermaßen. Und meistens finden Sie auf Seite 3 noch eine »nackte« Tatsache.

Anzeige-, PR-, Kläger-Strategie | Anzeigen werden von kritischen Konsumenten als bezahlte Werbung wahrgenommen. Glaubwürdiger sind Presseartikel, in denen sich neutrale Instanzen (der Journalist, die Zeitschrift) für die Informationen verbürgen. Und noch wirksamer sind Artikel oder Auftritte (Interviews), wenn die Berichterstattung ein Problem des Empfängers beklagt, um sich anschließend dessen Lösung zu widmen.

Kläger-Strategie: Verkehrstote | Ein Beispiel für den erfolgreichen Einsatz der Kläger-Strategie: Viele Verkehrsunfälle könnten vermieden werden, wenn Alkohol und Leichtsinn reduziert würden und wenn die Autofahrer gut sehen könnten. Die meisten Unfälle könnten vermieden werden, wenn alle die, die eine Brille tragen müssten, auch ein Brille tragen würden. Man glaubt es kaum. Brillenhersteller Fielmann macht mit seinem Kooperationspartner ADAC ganz uneigennützig mit mehreren Sehtestmobilen zur Reisezeit auf großen Rastplätzen darauf aufmerksam. Der Erfolg gibt den Lebensrettern recht und wird begleitet von 8-minütigen Fernsehausstrahlungen.

To-do für Pressebericht nach Kläger-Strategie

Wenn Sie nach diesem Grundrezept verfahren, steigen Ihre Chancen erheblich, Ihr Thema in die Presse zu tragen. Nehmen wir an, Sie stellen Benzinsparsysteme her. Eine Pressemitteilung mit der Überschrift ›So sparen Sie Benzin‹ wird kaum einen Redakteur vom Hocker reißen und ihn zudem platte Eigenwerbung vermuten lassen. Wirkungsvoller wäre beispielsweise die Headline »Der durchschnittliche Autofahrer verschwendet 12.832 Euro!«. Das ergibt sich aus einer Hochrechnung bei 40 Jahren Fahrleistung und 40.000 Kilometer jährlich. So beklagen Sie einen generellen Sachverhalt, den Sie idealerweise mit einer Studie belegen (siehe nächste Seite) und/oder durch Grafiken illustrieren. Sie untermauern das Problem, solidarisieren sich mit den Betroffenen und geben anschließend Hilfestellung. Empfehlenswert sind »5 Tipps zum Benzinsparen« von Ihnen als Benzinsparexperte (Motor optimal einstellen lassen, Reifendruck prüfen, bei langen Ampelphasen Motor ausstellen, schaltfreudig fahren und auf den »Kavalierstart« verzichten und – nicht zu vergessen! – »intelligente technische Systeme (Benzinsparsysteme) nutzen«. Weitere Infos gibt es unter www.benzinsparen.net (und nicht etwa unter www.benzinsparsysteme.de). Wählen Sie als Webadresse ein allgemeines Bedürfnis und richten Sie eine entsprechende Seite ein, die mit Ihrer Produktseite verlinkt ist. So machen Sie auf Ihr Produkt aufmerksam, ohne dass es nach offensiver Eigen-PR aussieht.

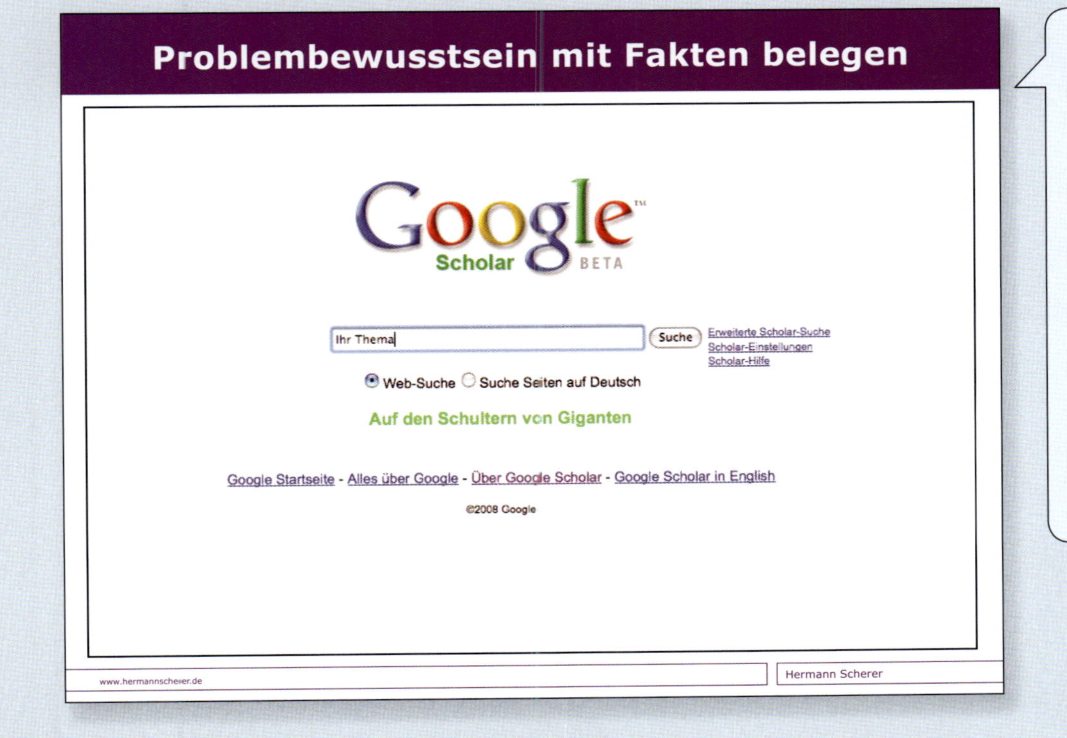

Problembewusstsein mit Fakten belegen | Wissenschaftliche Studien, Erhebungen oder Statistiken erhöhen die Glaubwürdigkeit nicht nur Ihrer Pressetexte, sondern liefern oft auch einen inhaltlichen Aufhänger für die Überschrift. Google bietet unter »Scholar« einen unglaublich umfassenden Suchdienst für wissenschaftliche Studien an. http://scholar.google.de/intl/de/scholar/about.html

Clevere PR jenseits der Kläger-Strategie

»Entgegen anders lautender Gerüchte - wir verkaufen nicht an Kamps!«

Hinter dieser Headline verbarg sich die Aktion eines Bäckermeisters, der den bekannten Branchennamen Kamps nutzte, um lokale Medienaufmerksamkeit zu erzielen. Zu der Zeit machte Kamps Schlagzeilen, weil angeblich immer mehr Bäckereien aufgeben und an Kamps verkaufen mussten. Dies machte sich der Bäckermeister zunutze und gab eine Pressemeldung heraus. Anschließend führte er aus, dass es sich um einen traditionsreichen Betrieb handele, mit soundso vielen Mitarbeitern, dass man erst kürzlich für die Produkte diverse Landesauszeichnungen bekommen habe und weitere Filialgründungen plane.

Das Ergebnis: Alle lokalen Zeitungen sowie der lokale Radiosender berichteten über die Pläne des Bäckermeisters, der sich nicht kaufen lassen wollte.

www.hermannscherer.de | Hermann Scherer

Clevere PR jenseits der Kläger-Strategie | Ein Beispiel für die gelungene Presseaktion eines Bäckermeisters nach dem Motto »Frechheit siegt«. Übrigens: Kamps wollte diese Bäckerei nie kaufen.
Auf diese Strategie setzte auch ein Möbelhändler, der den Branchenriesen IKEA mit der Anzeigenheadline »Wohnst du schon, oder schraubst du noch?« herausforderte und eine Lawine von Presseberichten über so viel Chuzpe auslöste. Was ist der Presse eine Nachricht wert? Anregungen auf den folgenden Seiten.

Sie wollen in die Presse?

Bedienen Sie die klassischen Nachrichtenfaktoren!

Je mehr Nachrichtenfaktoren eine Meldung bedient, desto größer sind die Chancen einer Veröffentlichung. Wenn Boris Becker sich nach nicht einmal drei Monaten von seiner 16 Jahre jüngeren Verlobten trennt, erfüllt das die Faktoren Aktualität, Prominenz, Kuriosität, streift zudem noch die Themen Konflikt und Human Interest und schafft es bis in die großen Tageszeitungen.

Konflikt *... Kleinkriege und echte Kriege.*

Aktualität/ Neuigkeit *... gerade passiert.*

Fortschritt *... noch nie da gewesen.*

Kuriosität *... von ungewöhnlich bis verrückt.*

Nähe *... hier und nicht auf Feuerland.*

Dramatik *... Spannung, Abenteuer.*

Sex *... geht immer, denken Sie an Monica Lewinsky.*

Tragweite *... mit schwerwiegenden Folgen.*

Prominenz *... bekannte Persönlichkeiten.*

Gefühle/ Human Interest *... rührt uns zu Tränen.*

Um positiv auf Ihr Unternehmen aufmerksam machen zu wollen, eignen sich natürlich nicht alle Nachrichtenfaktoren gleichermaßen.

Hier einige Vorschläge für Sie:

Soziales

- Sie unterstützen eine Hilfsaktion, ein karitatives Projekt, eine Benefiz-Veranstaltung mit: Geld, Sachmitteln, Know-how, Personal.
- Sie organisieren die betriebliche Altersvorsorge Ihrer Mitarbeiter.
- Sie bieten Ihren Mitarbeitern zinsgünstige Darlehen.
- Sie haben ein Kinderbetreuungsangebot eingerichtet.
- Sie fördern Frauen/haben eine überdurchschnittlich hohe Frauenquote im Management.
- Sie stellen gezielt »ältere« Arbeitnehmer (über 50) ein.
- Sie bieten allen Mitarbeitern eine BahnCard.
- Sie organisieren regelmäßig Treffen mit ehemaligen Mitarbeitern im Ruhestand.
- Sie stiften Förderpreise für Auszubildende oder Universitätsabsolventen.
- Sie schaffen Arbeitsplätze für: Jugendliche, Behinderte, Langzeitarbeitslose ...

Leistungsangebot

- Sie haben
  - die hundertste Maschine,
  - die tausendste Software oder
  - 10.000 Kilometer Wurst verkauft.
- Sie wurden nominiert/prämiert/gelobt/erfolgreich getestet.
- Ihr Angebot ist insbesondere jetzt (im Frühling, zu Weihnachten, zur Grillsaison, in der Grippezeit ...) wichtig, weil es gesund, günstig, frisch usw. ist.
- Sie exportieren jetzt auch nach XY.

Standort

- Erweiterung/Modernisierung der Produktionsanlagen
- Schaffung neuer Arbeitsplätze am Standort
- Kostenlose Beratungen, Seminare, Führungen für Bürgerinnen und Bürger
- Statements oder Leserbriefe zu weichen Standortfaktoren: zu wenig oder zu teure Freizeitangebote, mangelhaftes Kulturangebot (im Idealfall verbunden mit einem Engagement Ihrer Firma)

Kompetenz

- Sie wurden ausgezeichnet.
- Sie halten Vorträge.
- Sie haben einen Lehrauftrag an der Uni angenommen.
- Sie sind IHK-Sachverständiger.
- Sie geben Seminare an der VHS, Handwerkskammer etc.
- Sie schreiben Bücher, Fachaufsätze etc.

Persönlich

- Sie sind ehrenamtlicher Vorsitzender, Beisitzer von ... geworden.
- Sie sind aktiv im Sommer-/Winterbrauchtum.
- Sie laufen beim New-York-Marathon mit (und grüßen von dort die Leser der örtlichen Tageszeitung).
- Sie pilgern zum Heiligen Jakobus nach Santiago de Compostela (natürlich zu Fuß).
- Sie unternehmen alleine eine Radtour nach Marokko.

Amors Assistent | Erinnern Sie sich noch an den cleveren Blumenhändler, der Interessierte per SMS auf bevorstehende Jahres- und Geburtstage aufmerksam machte? Die klassische Pressemitteilung würde lauten: »Achtung, neu – der Blumenerinnerungsservice!« Ziemlich vorhersehbar und daher langweilig. Wenn Sie wollen, dass Ihre Presseinformation dem Redakteur ins Auge sticht und abgedruckt wird, lassen Sie sich etwas Originelleres einfallen. Der Texter der Meldung rechts hat sich auf die Nachrichtenfaktoren besonnen und dem Ganzen unter der Headline »Amors Assistent« mehr Folgenschwere und Dramatik eingehaucht.

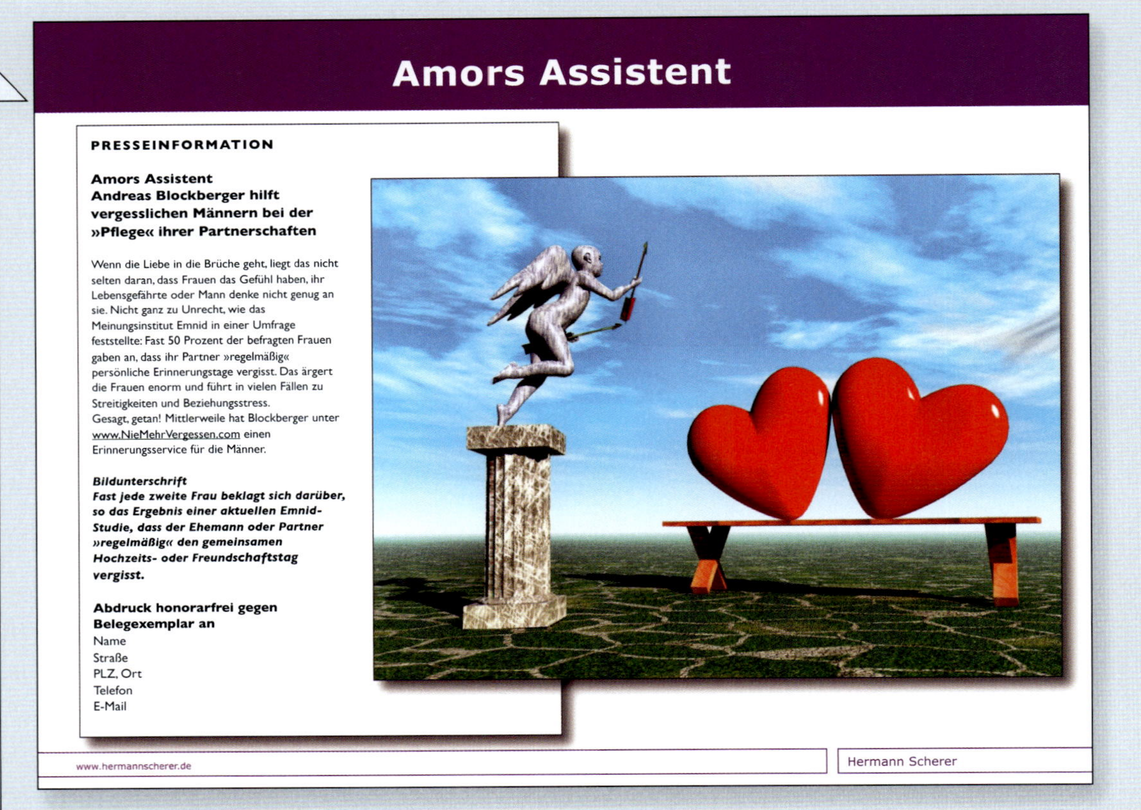

Amors Assistent

PRESSEINFORMATION

Amors Assistent
Andreas Blockberger hilft vergesslichen Männern bei der »Pflege« ihrer Partnerschaften

Wenn die Liebe in die Brüche geht, liegt das nicht selten daran, dass Frauen das Gefühl haben, ihr Lebensgefährte oder Mann denke nicht genug an sie. Nicht ganz zu Unrecht, wie das Meinungsinstitut Emnid in einer Umfrage feststellte: Fast 50 Prozent der befragten Frauen gaben an, dass ihr Partner »regelmäßig« persönliche Erinnerungstage vergisst. Das ärgert die Frauen enorm und führt in vielen Fällen zu Streitigkeiten und Beziehungsstress.
Gesagt, getan! Mittlerweile hat Blockberger unter www.NieMehrVergessen.com einen Erinnerungsservice für die Männer.

Bildunterschrift
Fast jede zweite Frau beklagt sich darüber, so das Ergebnis einer aktuellen Emnid-Studie, dass der Ehemann oder Partner »regelmäßig« den gemeinsamen Hochzeits- oder Freundschaftstag vergisst.

Abdruck honorarfrei gegen Belegexemplar an
Name
Straße
PLZ, Ort
Telefon
E-Mail

www.hermannscherer.de | Hermann Scherer

Nebenbei sehen Sie am Beispiel auch die formalen Erwartungen der Redaktionen:

- Gute Überschrift
- Bild mit Bildunterschrift
- Das rechte Blattdrittel bleibt frei
- Zeilenabstand mindestens 1,5 Zeilen
- Zusatz: »Abdruckhonorar frei gegen Belegexemplar«
- Adresse

optional:

- Grafiken
- Tipps vom Experten
- Lernerfahrung generieren
- Internetverweis

Wie erreichen Sie die Öffentlichkeit?

Sie können Ihre Pressemitteilungen natürlich selbst an die Redaktionen schicken. Professioneller wirkt es, wenn eine Agentur das für Sie übernimmt. Ob Sie dabei auf eine »echte« Agentur zurückgreifen oder einen Einzelkämpfer/Freiberufler beauftragen, bleibt Ihnen überlassen. Die Deutsche Presse-Agentur (dpa) verbreitet Meldungen, die von dpa-Redakteuren geprüft und ggf. bearbeitet wurden. Originaltexte veröffentlicht die dpa-Tochter »news aktuell (na)«. Bei openPR können Sie kostenlos Pressemitteilungen einstellen. Das Open-Source-Forum rangiert inzwischen unter den Top 10 der Websites im Bereich Pressemitteilungen. Ideal ist natürlich eine regelmäßige Kooperation mit einer Zeitschrift, beispielsweise in Form einer Expertenkolumne. Schauen Sie sich Vorbilder in anderen Medien an und überlegen Sie, für welche Themen und Darstellungsformen Sie die Redaktion begeistern könnten. Als Experte profilieren Sie sich außerdem sehr wirkungsvoll bei so genannten »Kollektivanzeigen«, die Annoncen einer Branche auf einer Seite bündeln und durch einen kurzen redaktionellen Beitrag in der Mitte ergänzt werden. Ein Beispiel sind Anzeigen der Autohäuser zu Beginn des Winters mit einem Expertenkommentar zum Thema »So machen Sie Ihr Auto winterfest!«. Oft ist dieser Kommentar werbewirksamer als die kostenpflichtigen Anzeigen. Es lohnt sich daher, gute Kontakte zu den Zeitungsredaktionen zu pflegen.

Wenn Sie sich an die Strategien des Guerilla-Marketing anlehnen wollen, können Sie auch mit der Gründung eines Instituts oder eines Vereins auf Ihr Angebot aufmerksam machen. Eine Finanzdienstleisterin und Seminarteilnehmerin von mir hat es auf diese Weise binnen eines Jahres vom Einfraubetrieb zur Firma mit 15 Angestellten gebracht. Sie gründete einen Verein zum Schutz der Kunden vor unseriösen Finanzdienstleistern und erreichte auf diese Weise eine ungeheure Medienresonanz von der Tageszeitung bis zur Talkshow. Und natürlich waren gerade geprellte Kunden daran interessiert, mit einem seriösen und für ihre Interessen eintretenden Anbieter zusammenzuarbeiten. Übrigens: Für eine Vereinsgründung brauchen Sie nicht mehr als sieben Gleichgesinnte; ein Anmeldeformular finden Sie gegenüber.
www.dpa.de
www.newsaktuell.de
www.openpr.de

Gründen Sie einen Verein!

Anmeldungsmuster Eintragung ins Vereinsregister

Ihre Adresse

Amtsgericht _______________
– Registergericht –

Datum:

Eintragung unseres Vereins in das Vereinsregister

Wir bitten, unseren am __________ gegründeten Verein _____________________________________ [Name] in das Vereinsregister einzutragen. Die am ____________ errichtete Satzung ist diesem Schreiben im Original und in Ablichtung beigefügt. Das Original der Vereinssatzung wurde von den (mindestens 7) Gründungsmitgliedern unter Angabe des Namens, des Berufs und der Anschrift unterzeichnet.

Ausweislich des ebenfalls beigefügten Gründungsprotokolls ist die Eintragung des Vereins beabsichtigt.
Die Angemeldeten wurden von den Vereinsgründern als Vorstandsmitglieder bestellt.

Nr.	Name	Vorname	Nachname	Anschrift	Unterschrift der Vorstandsmit-glieder

Beglaubigungsvermerk eines Notars nach §§ 77, 129 BGB, § 40 BeurkG

Anlagen

Mehr Gewicht als Experte durch Talkshow-Auftritte | Insbesondere, wenn Sie sich zum Anwalt der Konsumenten machen (wie die Finanzberaterin und Vereinsgründerin auf Seite 206) oder wenn Sie ein ungewöhnliches Produkt zu bieten haben, sind Sie für Talkshows interessant – und selbst wer nachmittags noch nicht vor dem Fernseher sitzt, ist durch den Hinweis »bekannt aus Funk und Fernsehen [+ Angabe der Sendung]« oder einen Videoausschnitt auf Ihrer Website zu beeindrucken. Die Sender suchen täglich neue Gäste.

DER SPIEGEL

Ein Volk geht am Stock

Vor kurzem noch belächelt, avanciert Nordic Walking zum Massensport. Mit raffinierter PR mobilisierte eine finnische Firma bereits drei Millionen Deutsche ...

Nordic Walking: Skistöcke im Sommer!? | Seien Sie ehrlich: Über die ersten Zeitgenossen, die Ihnen resoluten Schrittes mit Skistöcken entgegenkamen, obwohl weit und breit kein Schnee in Sicht war, haben Sie sich noch gewundert. Heute stehen die »Nordic-Walking-Stöcke« vielleicht auch bei Ihnen im Keller. Was steckt dahinter?

Was geschickte PR bewirken kann ...

Als Ergebnis »raffinierter PR« erreichte die Nordic-Walking-Story im Juni 2006 sogar den Spiegel. Hinter der Trendsportart stecken schlicht Absatzprobleme eines finnischen Skistock-Herstellers. »Mitte der Neunzigerjahre kamen wir an unsere Grenzen. Der Absatz von Langlaufstöcken ging zurück, und wir suchten nach etwas, um unser Sportartikelgeschäft anzukurbeln«, gibt Manager Ari Karihtala laut Spiegel offen zu. Die ersten Sportartikelhändler lachten die Finnen noch aus, als sie die neuen Stöcke anboten, und manche Sportwissenschaftler bezeichnen das Ganze bis heute als »Humbug«. Über Trainer in Sportvereinen und Vorträge erreichte das Unternehmen die Kunden dennoch. Und da Deutschland als Land der Vereinsmeier berüchtigt ist, finanzierte die finnische Firma Exel hier sogar die Gründung des Deutschen Nordic Walking Verbands. Ergebnis: Heute walken zahllose Deutsche auf nordische Art, allein 2005 kauften sie drei Millionen Paar Stöcke. Und natürlich »braucht« man dazu auch die passenden Schuhe, Handschuhe und extra Sportkleidung.

Checkliste für Interviews

Wenn Sie erfolgreich als Experte auf sich aufmerksam machen, wird es nicht lange dauern, bis Radio- oder Fernsehsender mit Interviewanfragen auf Sie zukommen. Dies ist eine exzellente Gelegenheit, Ihr Angebot einem breiteren Publikum vorzustellen. Bereiten Sie sich gut darauf vor, damit Sie auch so rüberkommen, wie Sie sich das wünschen:

- Sagen Sie nur das, was auch gedruckt oder gesendet werden darf!
- Denken Sie daran, dass die Gewichtung des Berichts beim Journalisten liegt.
- Loten Sie aus, ob der Journalist bereit ist, Ihnen seine Fragen vorher zuzumailen. Argumentieren Sie, dass Sie sich so besser auf sein Anliegen vorbereiten und zu einem spannenden Gespräch beitragen können.
- Fragen Sie vor dem Interview, welche Zielgruppe es lesen, hören oder sehen wird. So können Sie sich im Sprachniveau und in der Zielrichtung darauf einstellen.
- Werden Sie mit einem Interviewwunsch am Telefon überfallen, dann sollten Sie immer erst herausfinden, ob nicht doch wenigstens ein paar Stunden oder ein Tag »herauszuschinden« sind.
- Überlegen Sie sich vorher genau: Was soll unbedingt rüberkommen? Üben Sie für sich die überzeugende Formulierung und betonen Sie diesen Punkt sehr deutlich.
- Halten Sie sich mit nebensächlichen Informationen zurück. Die Zeit ist in der Regel knapp, und mit Details verwirren Sie Zuschauer oder Zuhörer nur und lenken vom Wesentlichen ab.
- Halten Sie Hintergrundmaterial bereit.
- Üben Sie solch ein Interview vorher mit einem »Sparringspartner«. Bitten Sie Ihr Gegenüber, auch ein paar unangenehme Fragen zu stellen, und überlegen Sie sich gemeinsam schlagkräftige Antworten.
- Lassen Sie sich eine Anekdote einfallen, mit der Sie das, was Sie sagen wollen, witzig rüberbringen. Damit bekommt Ihr Interview Leben.

Checkliste PR

Professionelle Pressearbeit zahlt sich aus – auch und gerade für Kleinunternehmen und Mittelständler. Hier die wichtigsten Punkte auf einen Blick:

- Bauen Sie einen Presseverteiler auf und versorgen Sie geeignete Redaktionen regelmäßig mit Pressemeldungen. Auch über Nachrichtenagenturen wie dpa und offene Presseportale können Sie Ihre Presseinfos verbreiten.
- Achten Sie auf den Nachrichtenwert Ihrer Presseinformationen und setzen Sie ggf. die Kläger-Strategie ein. Wenn es keinen Anlass für Presseberichte gibt, schaffen Sie einen: Verleihen Sie einen Preis, gründen Sie einen Verein, engagieren Sie sich sozial, tun Sie etwas Spektakuläres ...
- Konzentrieren Sie sich nicht allein auf die Publikumspresse, sondern sprechen Sie gezielt geeignete Fachzeitschriften an.
- Wollen Sie Firmenkunden erreichen, analysieren Sie die Bedürfnisstrukturen der Zeitungen im B2B-Bereich.
- Stellen Sie sich als Experte für das Lesertelefon zur Verfügung. Kommt man nicht von selbst auf Sie zu, regen Sie eine solche Aktion selbst an; schließlich kann die Zeitschrift ihren Kunden so einen Mehrwert bieten.
- Wenn Sie ein Interview geben können, sorgen Sie durch gute Vorbereitung dafür, dass Ihre Botschaft rüberkommt.
- Halten Sie einen »Waschzettel« mit den wichtigsten Infos in eigener Sache bereit. Der sollte kurz, knapp und knackig sein und vermitteln, was Sie von anderen abhebt.
- Bleiben Sie hartnäckig: Winken Redakteure bei einem bestimmten Thema ab, bieten Sie beim nächsten Mal ein neues an (oder überlegen Sie sich einen besseren Aufhänger für das alte).
- Bieten Sie Kolumnen an. Das sind regelmäßig erscheinende (Experten-)Tipps oder Meinungen.
- Schreiben Sie ein Buch. Es gibt kaum einen besseren Weg für gute PR.

WEB 3.0

Das Internet als Umsatzmultiplikator

»Im Marketing ist das Internet nicht alles. Aber ohne das Internet ist alles nichts«,

so Professor Hermann Simon, renommierter Unternehmensberater und Bestsellerautor. Als im März 2000 die Dotcom-Blase platzte, wurden die Börsenhelden von gestern über Nacht zu Scharlatanen erklärt, Goldgräberstimmung schlug abrupt um in globalen Katzenjammer. Eben war man noch sicher gewesen, mit dem Internet märchenhaft reich werden zu können, im nächsten Moment war man ebenso felsenfest überzeugt, im Netz sei mit wenigen Ausnahmen »kein Geld zu verdienen«. Inzwischen sind die Extreme einer ausgewogeneren Einschätzung gewichen. Das Internet kann keine Wunder vollbringen, aber es bietet einige verblüffend simple und kostengünstige Möglichkeiten, zusätzlichen Umsatz zu generieren. Einige dieser Möglichkeiten möchte ich Ihnen in diesem Kapitel vorstellen.

Wenn Sie das Internet wirksam einsetzen wollen, müssen Sie zunächst einmal dafür sorgen, dass Ihre Website auch gefunden wird. Wie schaffen Sie es bei Google bei den entscheidenden Suchworten auf Seite 1? Über die zweite oder gar dritte Seite mit Treffern gehen User selten hinaus – vergegenwärtigen Sie sich nur, wie Sie selbst recherchieren. Mit wenigen Tricks katapultieren Sie sich in Suchmaschinen nach oben. Wie locken Sie Kunden auf Ihre Seite? Wie promoten Sie Ihre Dienstleistung oder Ihr Produkt im Internet auf fantasievolle Weise? Ich werde Ihnen einen Anbieter vorstellen, der seinen Umsatz mit der richtigen Website verzehnfacht hat. Wie können Sie die Kommunikationskaskaden im Web, die blitzschnelle Weitergabe von spannenden oder witzigen Inhalten von User zu User, für Marketingzwecke nutzen? Amüsieren Sie sich über ein Beraterduo, das mit wenigen Folien ein gästefeindliches Hotel in arge Bedrängnis brachte. Mit der Minuten-Präsentation bekommen Sie ein ebenso simples wie effektives Instrument an die Hand, das Sie für Angebote, Einladungen oder Firmenpräsentationen gleichermaßen nutzen können. Wie wirbt man für sich im Internet? Sie werden staunen, wie effizient und simpel Sie Ihre Zielgruppe erreichen können – noch dazu für wenig Geld. Und wie macht man Kunden auf das eigene Angebot aufmerksam, ohne dass es nach Werbung aussieht? Im Erfinden von »Lead Generating Sites« sind uns die Amerikaner (noch) weit voraus. Und schließlich: Lohnt sich ein Newsletter? Lassen Sie sich überraschen, was für ein effektives und preiswertes Marktforschungstool sich mit der richtigen Auswertungsmöglichkeit hinter diesem oft belächelten Instrument verbirgt.

»Eine hinreichend fortgeschrittene Technologie lässt sich nicht mehr von Zauberei unterscheiden«, meinte einst der britische Science-Fiction-Autor und Präsident der »Interplanetarischen Gesellschaft«, Arthur C. Clarke. Freuen Sie sich: Die Zukunft hat begonnen, denn manche Möglichkeit, die ein professionell gemanagter Webauftritt bietet, mutet tatsächlich wie Zauberei an!

Sorgt Ihre Website für mehr Umsatz? | Ob Einzelkämpfer oder Großkonzern: Ein Unternehmen ohne Website ist heute undenkbar. Doch ist Ihre Seite mehr als eine hübsche Visitenkarte im Großformat? Eine gut gemachte Seite sollte zusätzlichen Umsatz generieren, und zwar auch dann, wenn Sie nicht den klassischen Weg eines Onlineshops gehen.

Lohnt sich der Aufwand? | Der Hauptindikator für eine »lohnende« Website ist der so genannte Klick-Umsatz – wie viel zusätzlichen Umsatz macht Ihr Unternehmen pro Klick auf Ihre Website? Ab Seite 215 werde ich Ihnen einige Instrumente vorstellen, mit denen Sie das herausfinden können.

Werden Sie im Netz gefunden?

www.hermannscherer.de | Hermann Scherer

Werden Sie im Netz gefunden? | Je mehr Seiten im Netz auf Ihre Seite verweisen, desto wichtiger wird Ihr Auftritt aus der Sicht von Suchmaschinen wie Google. Verlinken Sie sich daher mit möglichst vielen Geschäftspartnern. Und da Sie Ihre Kunden natürlich nicht auf fremde Seiten locken wollen, bringen Sie diese Linkliste auf einer Seite unter, die nicht sofort ins Auge fällt. Neben Links scannt Google außerdem Ihre Seiten im Netz nach Schlüsselwörtern. Wer unter den Stichwörtern »Vortrag« und »Redner« im Web gefunden werden will, tut daher gut daran, wenn dieses Wort in Headlines und im Text regelmäßig auftaucht. Um die richtigen Schlüsselworte zu finden, gehen Sie einfach auf https://adwords.google.com/select/KeywordToolExternal

Machen Sie sich Ihre Notizen auf S. 333.

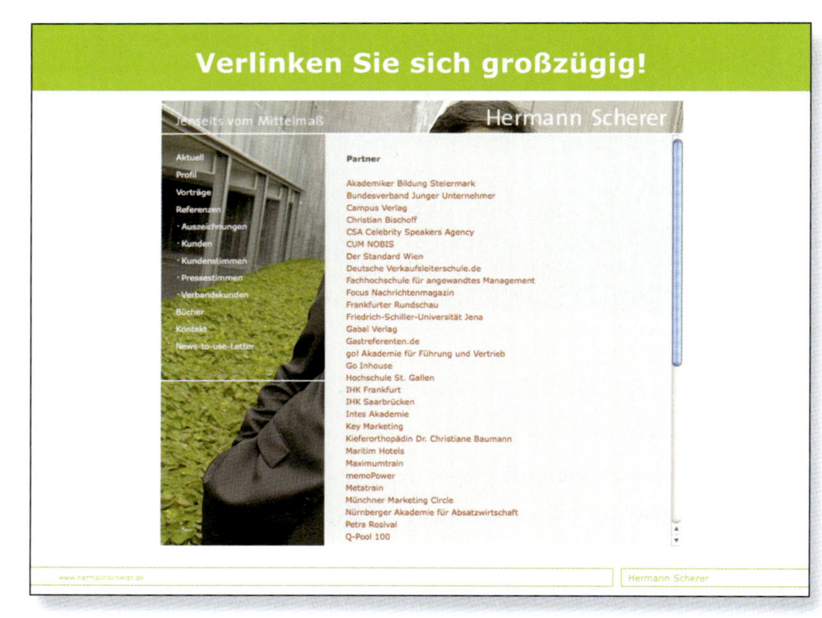

Welche Websites sind »wichtig«? | Die Suchmechanismen von Google sind ziemlich raffiniert, beispielsweise werden Websites nach der Zahl ihrer Verlinkungen gewichtet. Besonders wichtig und damit höher gerankt sind für Google also Seiten, auf die von vielen anderen Seiten verlinkt wird. Desto mehr Links auf Ihre Seite verweisen desto besser. Also am besten gleich mit vielen Seiten gegenseitig verlinken. Jedoch haben die Verlinkungen der Seiten, die selbst von vielen verlinkt werden eine größere Gewichtung für die Positionierung in der Suchmaschine als andere.

Eine der Google-Lieblingsseiten | Die Video-Plattform YouTube gehört natürlich dazu. Und das bedeutet: Wenn Sie dort ein Video einstellen, das auf Ihre Homepage verweist, katapultieren Sie sich im Netz automatisch nach oben. Was Sie dort zeigen können? Fast alles, ob eher witzig oder informativ. Und im schlimmsten Fall zeigen Sie einfach Ihre Produkte bei Nacht – man sieht zwar nichts, aber die Wirkung der Verlinkung bleibt die gleiche. Stöbern Sie einfach mal bei YouTube.
http://de.youtube.com

Selbst-PR: Erfinden Sie Worte! | Das Internetlexikon Wikipedia ist heute für viele das Rechercheinstrument überhaupt – gut, wer dort zu finden ist. Jeder kann sich eintragen, offensive Eigenwerbung wird allerdings von der Redaktion gelöscht. Stellen Sie es geschickter an: Erfinden Sie ein neues Wort, das mit Ihrer Methode oder Ihrer Dienstleistung verknüpft wird, und platzieren Sie es bei Wikipedia. Verkaufsexperte Edgar Geffroy beispielsweise setzte auf »Clienting«.
http://de.wikipedia.org/wiki/Wikipedia:Hauptseite

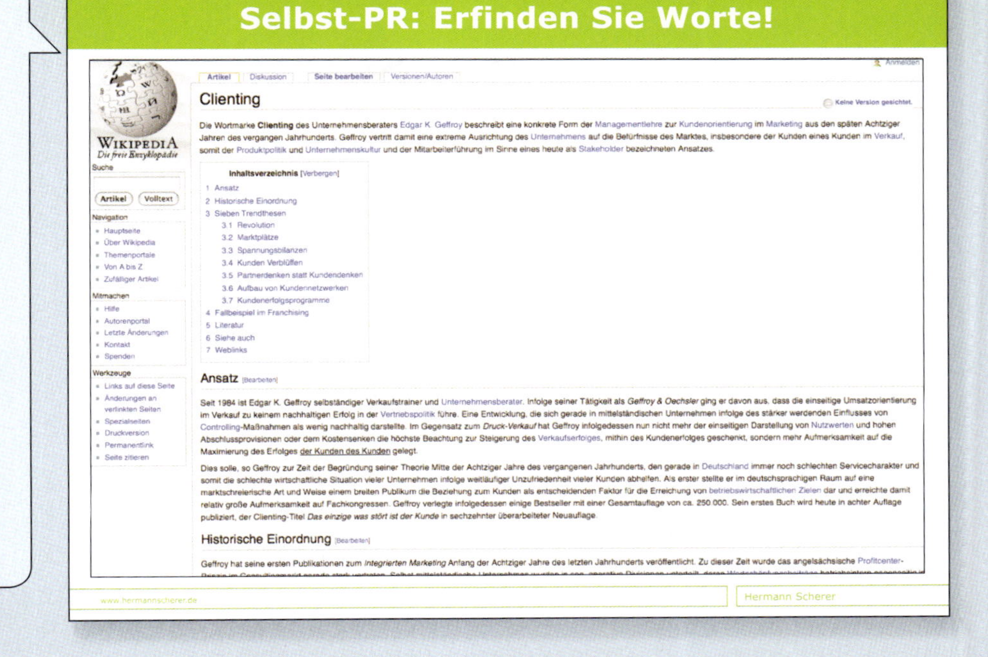

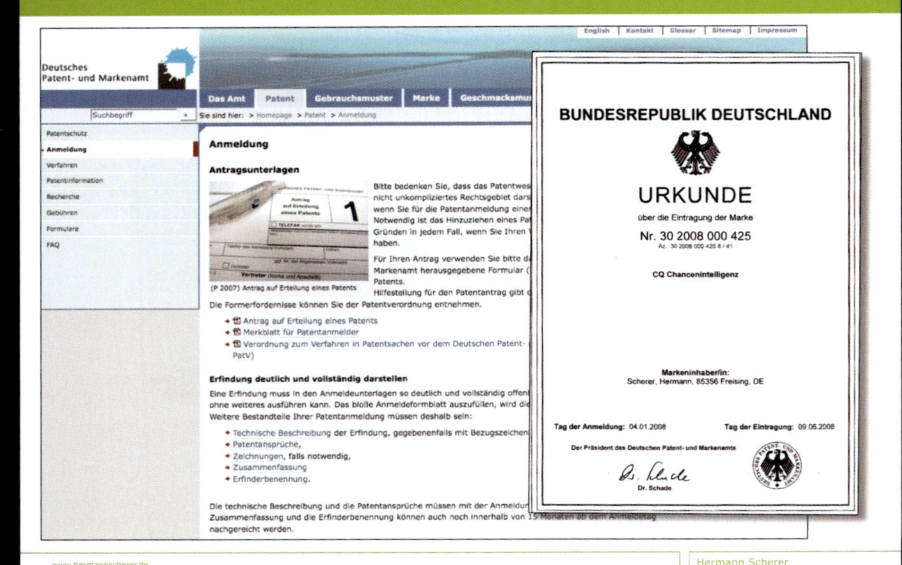

Lassen Sie Ihr Wort schützen | Ein neues Wort können Sie sich als Wortmarke beim Deutschen Patent- und Markenamt schützen lassen. Finden die Mitarbeiter dort Ihren Vorschlag bei einer Internetrecherche nicht, »gehört« das Wort künftig Ihnen. Wenn Sie also bei einer Google-Recherche keine Treffer für Ihre Erfindung landen, haben Sie gute Chancen, Ihr Wort bald urkundlich zugesprochen zu bekommen.
www.dpma.de

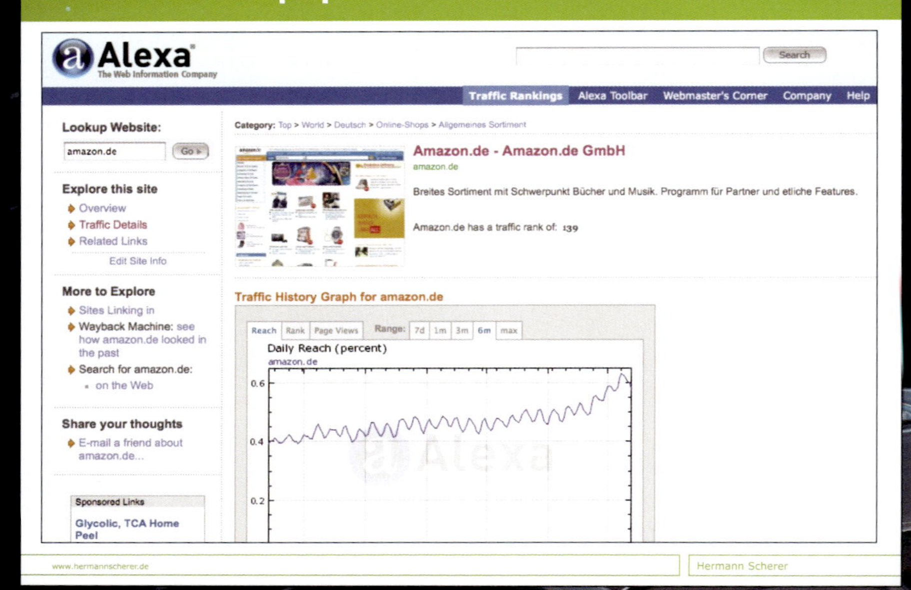

Wie populär ist Ihre Website? | Alexa ist »The Web Information Company«. Hier können Sie nicht nur die populärsten Seiten weltweit und nach Ländern recherchieren, sondern auch sehen, wie oft Ihre Website besucht wird – auch im Vergleich zu den Seiten Ihrer Mitbewerber!
www.alexa.com

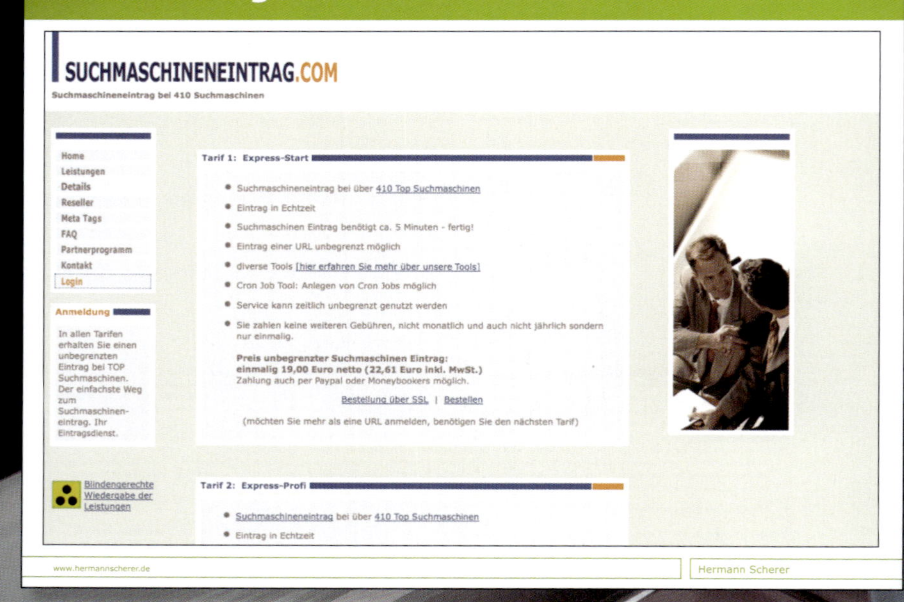

Die Navigatoren im Netz: Suchmaschinen | Um im Netz möglichst gut gefunden zu werden, sollte Ihre Seite bei zahlreichen Suchmaschinen gelistet sein. Verschiedene Anbieter sorgen dafür, dass dies zügig und flächendeckend passiert. Einer davon ist Express Submit.
www.express-submit.de

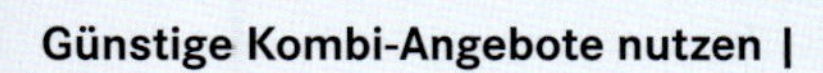

Günstige Kombi-Angebote nutzen | Prüfen Sie, welche Angebote der Suchmaschinendienste Sie tatsächlich benötigen. Hier ist der Eintrag in 100 Suchmaschinen kostenlos, ebenso verschiedene andere Dienste – das Einstellen eines Besucherzählers etwa, die Auflistung neuer Verlinkungen auf Ihre Seite oder eine Page-Rank-Anzeige.
www.express-submit.de

Günstige Kombi-Angebote nutzen

Leadgenerating Sites | Wie identifiziert man zielsicher potenzielle Kunden? Beispielsweise indem man »Mitmachangebote« im Netz platziert, die auf ein einschlägiges Kundeninteresse hinweisen. Der »Network Value Test« des Internet-Netzwerks XING ist nur ein Beispiel von vielen, wie man Kundendaten sammeln und mögliche Neumitglieder finden kann.
http://mynetworkvalue.de

Neukunden fischen: Leadgenerating Sites

Wie generieren Sie mehr Traffic und Umsatz über das Internet?

Machen Sie sich Ihre Notizen auf S. 333.

Wie steigert man den Umsatz mit Ballongas? | Air Liquide ist eigener Auskunft nach »Weltmarktführer für technische und medizinische Gase, z. B. Sauerstoff, Stickstoff oder auch Ballongas (Helium)«. Dem französischen Konzern gelang es, den Absatz für Ballongas mehr als zu verzehnfachen. Wie? Nicht mit dieser Website, sondern mit der nächsten ...
www.airliquide.de

Mit einem Webshop für Herzensangelegenheiten! | Ob Party, Jubiläum oder Hochzeit: Der Ballonshop bietet für jede Gelegenheit ein Servicepaket und verpackt das mit der nötigen Dosis Romantik. Wer Ideen für einen originellen Heiratsantrag oder den nächsten Kindergeburtstag sucht und im Netz surft, wird hier fündig – und ganz »nebenbei« auf die Möglichkeit aufmerksam, dabei bunte Luftballons einzusetzen.
www.ballon24.de

Was Sie hier sehen, ist ein Trojaner! | So nenne ich geschickte Marketingstrategien, mit denen Unternehmen sich unbemerkt ins Blickfeld ihrer Kunden bringen – ähnlich der Kriegslist der griechischen Belagerer, die sich im Innern eines Holzpferdes Zugang zu Troja verschafften. Romantische Hochzeitsträume oder witzige Festideen sind ein Trojaner, mit dem sich Helium verkaufen lässt. Mehr dazu im Kapitel 19, Marktmacht.

1

Yours is a Very Bad Hotel

A graphic complaint prepared for:

General Manager

Front Desk Manager

ABC Hotel

Houston, Texas

Yours is a Very Bad Hotel | Interessante Infos und unterhaltsame Storys verbreiten sich im Netz mit rasanter Geschwindigkeit; sie werden von Nutzer zu Nutzer weitergeleitet. So auch diese Geschichte, die einem Hotel in Houston binnen kurzem einen gewaltigen Umsatzeinbruch bescherte. Lesen Sie selbst, was zwei Unternehmensberatern nachts um zwei trotz garantierter Buchung passierte. Und was tun Consultants, wenn Sie mit einem Problem konfrontiert sind? Richtig: Sie basteln erst mal eine PowerPoint-Präsentation!

(Der Name des Hotels wurde geändert)

2

In the Early Morning Hours of November 15, 2001, at the ABC Hotel Houston, We Were Treated Very Badly Indeed.

- We are Tom Farmer and Shane Atchison of Seattle, Washington.
- We held guaranteed, confirmed reservations at the ABC Hotel for the night of November 14-15.
- These rooms were held for late arrival with a major credit card.
- Tom is a card-carrying Frequent Guest at ABC Hotel…
- Yet when we arrived at 2:00am… *we were refused rooms!*

Refused Rooms… Even When We're »Confirmed« and »Guaranteed«?

- Mike, your Night Clerk, said the only rooms left were off-limits because their plumbing and air-conditioning had broken!
- He'd given away the last good rooms three hours ago!
- He'd done nothing about finding us accommodation elsewhere!
- And he was deeply unapologetic!

Quotations from Night Clerk Mike

»Most of our guests don't arrive at two o'clock in the morning.«

-- 2:08 am, November 15, 2001

Explaining why it was OUR fault that the ABC Hotel could not honor our guaranteed reservation

We Discussed With Mike the Meaning of the Term »Guarantee.«

guar·an·tee, *n.*

1. Something that assures a particular outcome or condition: *Lack of interest is a guarantee of failure.*
   a. A promise or an assurance, especially one given in writing, that attests to the quality or durability of a product or service.
   b. A pledge that something will be performed in a specified manner.

(Save this for your future reference.)

6

Mike Didn't Much Care.

- He seemed to have been betting that we wouldn't show up.
- When we suggested that the least he should have done was line up other rooms for us in advance… Mike bristled!

7

Quotations from Night Clerk Mike

»I have nothing to apologize to you for.«

-- 2:10 am, November 15, 2001

Explaining why we were wrong to be upset that our «guaranteed« rooms weren't saved for us

8

The Career Path of Night Clerk Mike

(He peaked last week.)

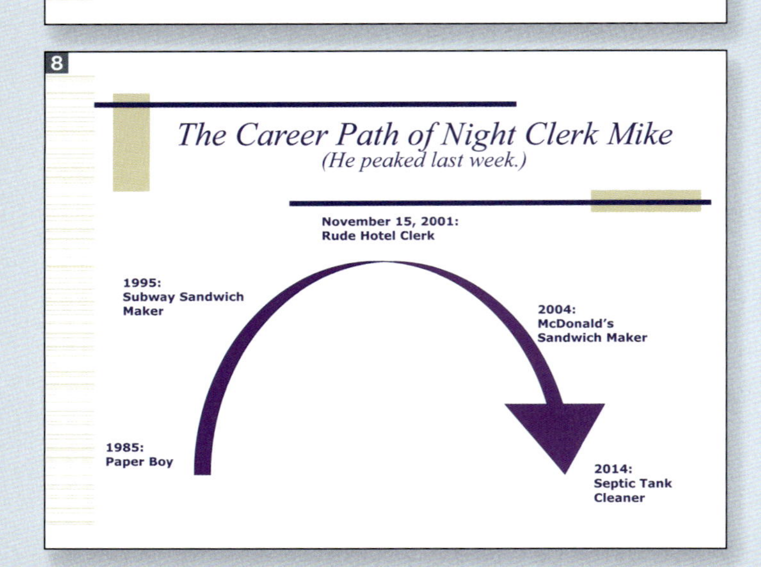

9

Mike Wasn't Too Optimistic About Finding Us a Place to Sleep.

- 2:15 in the morning is a heck of a time to start looking for two spare hotel rooms!
- Mike slowly started dialing around town.

10

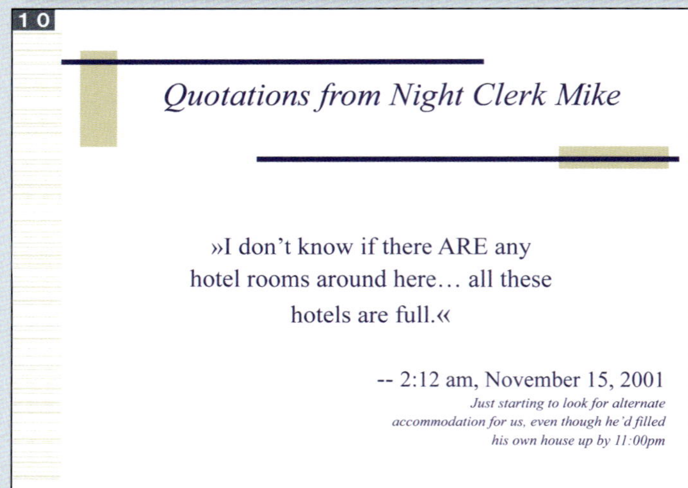

Quotations from Night Clerk Mike

»I don't know if there ARE any hotel rooms around here… all these hotels are full.«

-- 2:12 am, November 15, 2001

Just starting to look for alternate accommodation for us, even though he'd filled his own house up by 11:00pm

11

Mike Finally Found Us Rooms Here.

ADD Logo

- Another Inn is a **dump.**
- It is six miles further away from downtown Houston, which makes a difference in morning rush-hour traffic.
- Had we wanted to stay at Another Inn, we would have called them in the first place.
- We could only get smoking rooms.

12

The Experience Mike Provided Deviated from Usual Treatment of a Frequent Guest Member.

Expected Frequent Guest Member Benefits	Actual Benefits Provided by ABC Hotel 11/15
Confirmed reservation	Ignored reservation
Upgraded room when available	No room available
Free continental breakfast	Free confusing directions to shabby alternate hotel
Frequent Guest Member benefits	Insolence *plus* insults

13

Even After We Left the ABC Hotel, Our Troubles Weren't Over, as This Timeline Shows.

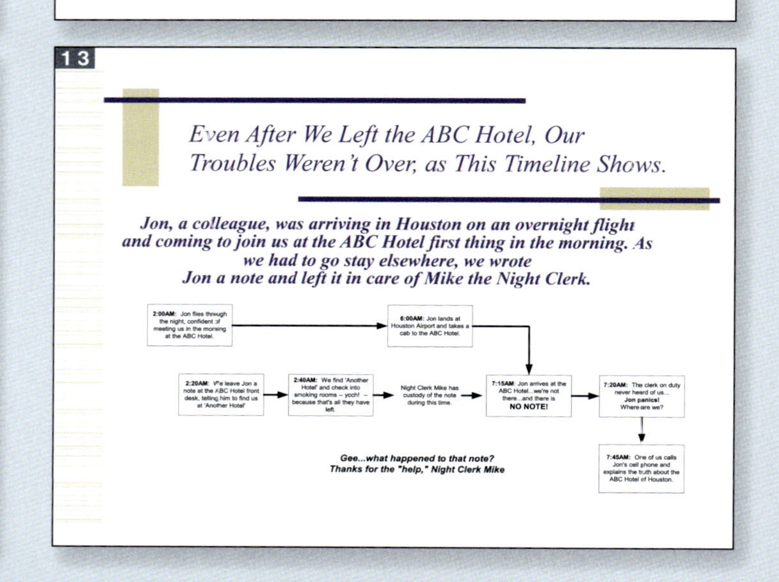

14

We Are Very Unlikely to Return to the ABC Hotel Houston.

Lifetime chances of dying in a bathtub: **1 in 10,455**

(National Safety Council)

Chance of Earth being ejected from the solar system by the gravitational pull of a passing star: **1 in 2,200,000**

(University of Michigan)

Chance of winning the UK Lottery: **1 in 13,983,816**

(UK Lottery)

Chance of us returning to the ABC Hotel Houston: **worse than any of those**

(And what are the chances you'd save rooms for us anyway?)

Es ist sehr unwahrscheinlich, dass wir je wieder ins ABC Hotel zurückkehren |... so das Fazit von Tom und Shane. Und da viele Berater Zahlen lieben, drücken Sie sich ganz präzise aus: Die Chance, in der Badewanne zu ertrinken, liegt bei 1 zu über 10.000. Die Gefahr, dass die Erde durch einen vorbeischießenden Stern aus unserem Sonnensystem herauskatapultiert wird, liegt bei 1 zu über 2 Millionen. Aber die Chance, dass sie noch mal bei ABC absteigen, ist geringer als ein Lotterie-Hauptgewinn.

Die Minuten-Präsentation: Kunden-Kontakte potenzieren!

Tom Farmer und Shane Atchison haben mit ihrer Präsentation viele Tausende von Reisenden erreicht und ein Hotel in Houston (hier »ABC« genannt) in echte Schwierigkeiten gebracht. Die wenigen Gäste, die sich zeitweise noch dorthin verirrten, sollen neugierige Journalisten gewesen sein. Was aus dem Hotelangestellten Mike wurde, wissen wir nicht, aber sehr wahrscheinlich ging es mit seiner Karriere in der prophezeiten Weise steil bergab. Die Präsentation steht heute noch im Netz und wirkt und wirkt und wirkt.

Warum erzähle ich Ihnen das? Weil die Geschichte zeigt, was für fantastische Kommunikationsmöglichkeiten das Internet bietet. In der Zeit vor dem World Wide Web hätten Tom und Shane sich darauf beschränken müssen, einen Beschwerdebrief an den Hotelmanager zu schreiben und Bekannte und Freunde vor dem ABC Hotel Houston zu warnen. Danach wäre die ganze Sache vermutlich rasch verpufft: Der Manager hätte sehr wahrscheinlich einen nichtssagenden Entschuldigungsbrief geschrieben (wer Leute wie Mike einstellt, kann nicht besonders kundenorientiert sein) und Bekannte und Freunde hätten die Story noch gelegentlich weitererzählt (aber spätestens nach zwei Tagen vergessen, ob es sich um Houston oder Phoenix handelte, um ABC oder eine andere Hotelkette). Mit einer witzigen Präsentation, die sie in kurzer Zeit zusammenbastelten, brachten die beiden Berater dagegen eine Lawine ins Rollen. Nehmen wir an, sie leiteten ihre Story an alle Kontaktpartner in ihrem E-Mail-Adressbuch weiter, vielleicht 200-mal. Nehmen wir weiter an, jeder dieser 200 Kontakte versendete das Ganze auch nur 5-mal, jeder der neuen Empfänger wieder 5-mal usw. usw. In wenigen Schritten (und binnen weniger Tage) sieht die Kommunikationskette so aus: 200 > 1.000 > 5.000 > 25.000 > 125.000 > 625.000 > 3.125.000 ... Diesen Effekt meinen Mathematiker, wenn sie von einer exponentiellen Entwicklung sprechen. Und dabei haben wir noch nicht einmal jene User berücksichtigt, die Berichtenswertes gleich an alle ihre Bekannten weitermailen. Sie kennen das selbst – beispielsweise wenn Sie pünktlich zu Weihnachten mit Nikolauscartoons und Weihnachtsparodien eingedeckt werden. Wodurch sich die Frage förmlich aufdrängt: Warum sollte, was »negativ« oder zur Unterhaltung funktioniert, nicht auch zum Wohl Ihres Unternehmens einzusetzen sein? Minuten-Präsentationen sind ein ideales und noch dazu kostengünstiges Marketinginstrument! Beispiele finden Sie auf den folgenden Seiten.

Beispiel 1: Angebot als Minuten-Präsentation (Auszug)

Angebot »1100 Jahre Mödling« für Herrn Gerhard Novak

the new art of printing

Ein unwiderstehliches Angebot | Vergleichen Sie dieses Angebot der Druckerei Ueberreuter mit dem schmucklosen Datensalat, den Sie sonst als Kunde häufig bekommen. Die Minuten-Präsentation ist peppig gestaltet und macht neugierig auf mehr. Überraschen Sie Ihren Kunden durch Originalität und Service-Orientierung!

Agenda

- Das Produkt
- Die Herstellung
- Ihr Nutzen
- Unsere Garantien
- Preise und Service
- Unsere Philosophie
- Unsere Referenzen

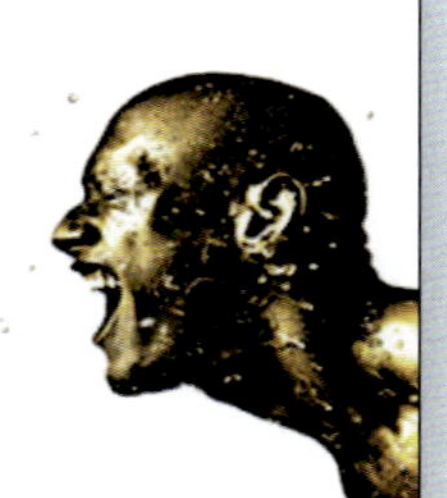

Worum geht's? | Eine gute Präsentation ist klar strukturiert und liefert übersichtliche Infos. Sagen Sie Ihrem Kunden, was ihn erwartet. Ueberreuter leistet das mit einer knappen Agenda, die mehr bietet als herkömmliche Angebote – etwa Garantien und Referenzen. Weiterer Vorteil: Eine solche Präsentation wird im Unternehmen weitergeleitet, nach dem Motto: »Schau mal, was die sich haben einfallen lassen!«

Das Produkt

ueber:reuter

- Produkt: Buch
- Titel: 1100 Jahre Mödling
- Format: 22,0 x 29,0 cm
beschnittener Buchblock im Hochformat
- Umfang: 320 Seiten Inhalt
4 Seiten Umschlag
1 Karte zu 8 Seiten
5 Karten zu je 4 Seiten
- Auflage: 3.000 Exemplare

Von den vielen Welten, die der Mensch nicht von der Natur geschenkt bekam, sondern sich aus eigenem Geist erschaffen hat, ist die Welt der Bücher die größte.

Hermann Hesse

Sie dürfen alles – nur nicht langweilen | Egal, wozu Sie die Minuten-Präsentation einsetzen: Sorgen Sie dafür, dass der Empfänger »dranbleibt«. Streuen Sie immer wieder originelle Momente ein. Hier wird die Produktseite durch ein passendes Zitat aufgelockert. Im Internet gibt es zahlreiche Datenbanken, in denen Sie witzige oder nachdenklich stimmende Bonmots recherchieren können.

www.zitate.de

www.zitate.net

Beispiel 2: Einladung als Minuten-Präsentation (Auszug)

Wie verzehnfachen Sie Ihre Besucherzahl? | DHL lud zum Automotive Forum auf der IAA Nutzfahrzeuge. Eine solche Einladung kommt meist auf edlem Papier daher, um dann in dürren Worten das Programm mitzuteilen. Nach dieser PowerPoint-Einladung kamen zehnmal mehr Kunden als erwartet. Wir bauten einen bildlichen Gag ein, der das Veranstaltungsmotto »Wir bringen zusammen, was zusammengehört« branchenadäquat umsetzte …
www.dhl.de

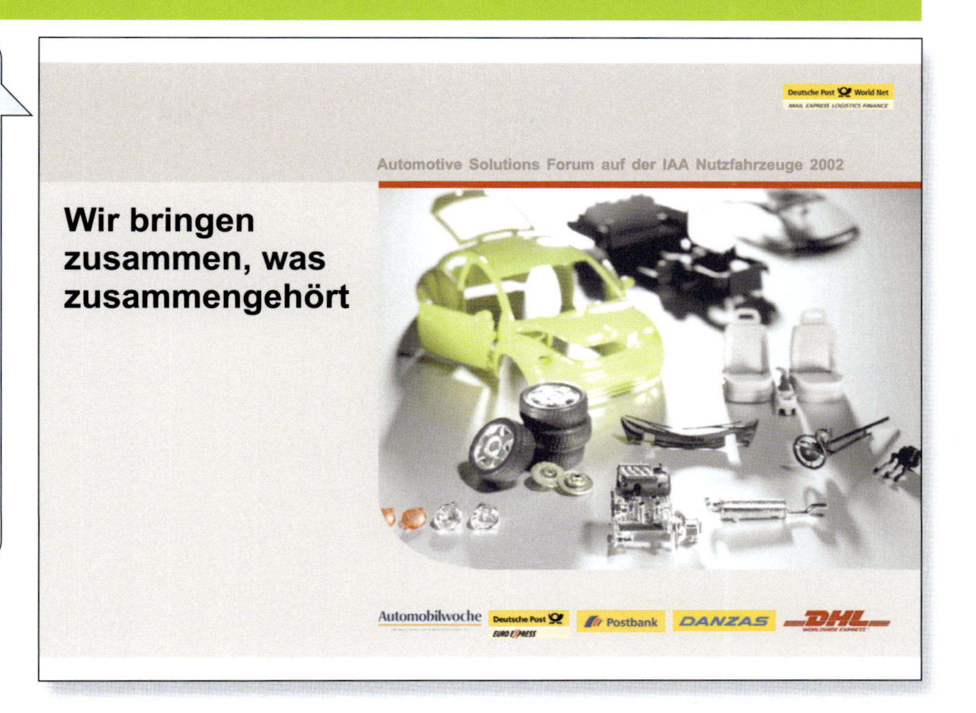

Spielen Sie, machen Sie neugierig! | Hier genügte ein Modell-Beetle, der Schritt für Schritt zusammengesetzt wurde, um der Einladung Kultstatus zu verleihen. Unterschätzen Sie nicht, wie dankbar stressgeplagte Manager für etwas Farbe und Witz im grauen Arbeitsalltag sind.

Fordern Sie zum Handeln auf! | Acht Folien, auf denen das Programm übersichtlich präsentiert wurde, und eine komfortable Antwortmöglichkeit genügten, um reihenweise Anmeldungen zu generieren. Achten Sie auf Übersicht und Knappheit, dann bleibt Ihr Kunde dran.

Beispiel 3: Unternehmensporträt als Minuten-Präsentation (Auszug)

usedSoft

sicher mehr Wert

Lernen Sie uns kennen
in 120 Sekunden!

Lernen Sie uns kennen in 120 Sekunden! | – so das Angebot der PPT-Präsentation von UsedSoft. Das Unternehmen vertreibt »gebrauchte«, also nicht mehr benötigte Software-Lizenzen. Ein erklärungsbedürftiges Produkt: Wie geht das? Wie ist die rechtliche Situation? Was habe ich als Kunde davon? Ein gutes Dutzend Folien beantwortet all diese Fragen und bereitet noch dazu den Weg für Weiterempfehlungen per E-Mail. www.usedsoft.de

usedSoft®
sicher mehr Wert

Das Einwegauto

Würden Sie ein neues Auto, das Sie ein Jahr gefahren haben und nicht mehr benötigen, wegwerfen?

Während ein gebrauchter PKW durch die tägliche Nutzung an Wert verliert, bleibt ein gebrauchtes Softwarelizenzrecht immer neu und ohne Abnutzung wie am ersten Tag.

©usedSoft GmbH

Würden Sie ein neues Auto wegwerfen? | UsedSoft eröffnet die Präsentation mit einem irritierenden Vergleich: Wieso wird dann »gebrauchte« Software einfach weggeworfen? Das Piktogramm verstärkt den Eindruck. Ein schönes Beispiel für einen gelungenen dramaturgischen Aufbau.

usedSoft®
sicher mehr Wert

Bisheriger Weg / usedSoft Weg

Hersteller → Distributor → Kunde

Lizenz Lizenz Lizenz Lizenz Lizenz Lizenz

Nicht mehr benötigte Lizenzrechte

usedSoft® Lizenzlager ← Notar

Lizenzrechte mit notariellem § Testat → Neukunde

Lizenz Lizenz Lizenz

©usedSoft GmbH

Eine gute Grafik sagt mehr als viele Worte | Präsentationen bieten den Einsatz vielfältiger Gestaltungsmittel, beispielsweise können komplexe Zusammenhänge grafisch verdeutlicht werden. UsedSoft erklärt sein Geschäftsmodell so übersichtlicher, schneller und wirksamer als mit jedem noch so ausgefeilten Text.

Beispiel 4: Eine komplette Minuten-Präsentation

1

Hermann Scherer

Speaker & Business Expert

Lernen Sie Hermann Scherer in 144 Sekunden kennen.

Der Auftritt in eigener Sache | Ich bin vom Medium der Minuten-Präsentation zu 100 % überzeugt und arbeite selbst damit. Dabei kommt es mir auf Kürze, Abwechslungsreichtum, eine Prise Witz und einen gelungenen Spannungsbogen an. Neben einer Kurzcharakterisierung sind natürlich Referenzen und Pressestimmen wichtig. Diese Präsentation läuft als .mov-Datei wie ein Film.

2

Sie planen ein aufmerksamkeitsstarkes Event,
ein innovatives Kick-off, einen spannenden Kongress,
eine prägende Kundenveranstaltung?
Sie wollen Umsatzrekorde erreichen, neue Kunden gewinnen, Ihre Mitarbeiter motivieren, Netzwerke aufbauen und
für Ihre Kunden unwiderstehlich werden?

Nun benötigen Sie noch einen Referenten –
oder gleich drei!

3

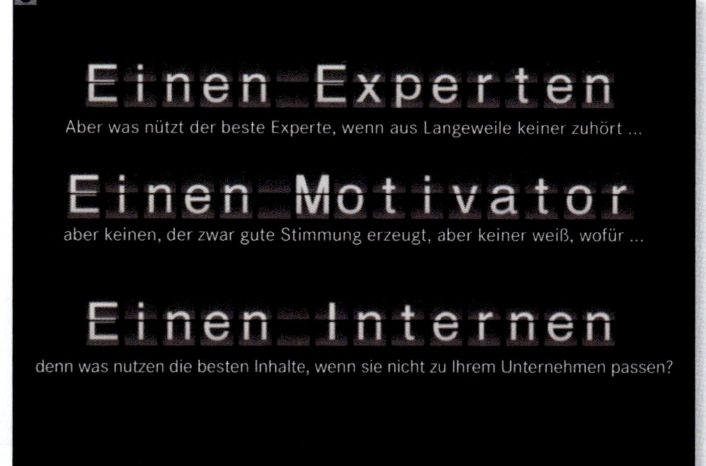

4

Und jetzt wird Hermann Scherer
für Sie interessant, denn er ist:

5

Ihr Experte mit Kompetenz und Erfahrung.

Ihr Motivator mit Mut und Leidenschaft.

Der Interne mit dem Blickwinkel für Ihr Unternehmen.

6

Ein paar Zahlen und Fakten:

Aufbau mehrerer eigener Unternehmen, die alle zum Marktführer wurden oder sich unter den TOP 100 des deutschen Handels platzierten.

Internationaler Unternehmensberater und Trainerausbilder der weltweit größten Trainings- und Beratungsorganisation; Platinum Award für höchste Qualität und höchsten Umsatz als TOP 10 von über 10.000 Verkäufern weltweit.

Zusammenarbeit mit weit über 2.000 Marktführern, nahezu allen DAX-Unternehmen wie zum Beispiel Audi, Bayerische Landesbank, BHW, BMW, Deutsche Post, Deutsche Telekom, DHL, Edeka, Focus, Hilton, L' Oréal, Lufthansa, Mercedes Benz, McKinsey, Microsoft und Siemens

7

Ein paar Zahlen und Fakten:

36 veröffentlichte Bücher in 9 Ländern

101.322 verkaufte Bücher in 2008

Mehrfach in den TOP-10-Bestsellerlisten der Wirtschaftswoche und der Financial Times Deutschland.

8

Mitglied im Q-Pool 100, der offiziellen Qualitätsgemeinschaft internationaler Wirtschaftstrainer

Dozent an mehreren Hochschulen

Das Nachrichtenmagazin FOCUS zählt Hermann Scherer zu den »Erfolgsmachern«.

Zahlreiche weltweite Auszeichnungen als Redner:

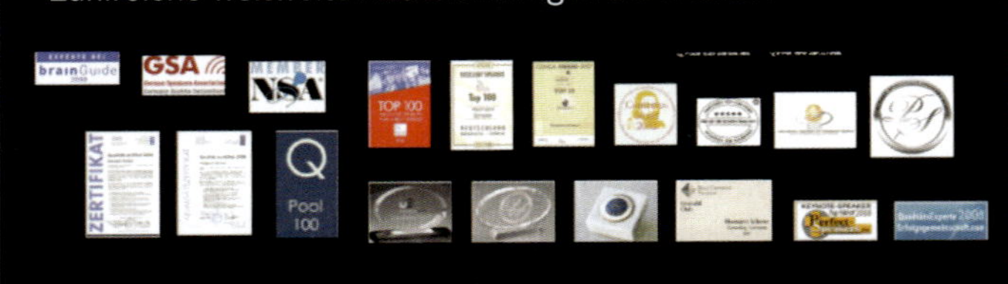

9

Kennen Sie den?

Den hat Hermann Scherer für sein »Zukunftsforum« nach Deutschland geholt.

Den lernen Sie seit 110 Sekunden kennen.

10

Die Presse sagt:

»Spitzentrainer und Highlight des Jahres.«
RTL

»Er zählt zu den Besten seines Faches. Seine Vorträge und Seminare sind gefragt – bei Marktführern und solchen, die es werden wollen.«
Süddeutsche Zeitung

11

»Mit Humor und rhetorischer Genialität fegt Scherer über die Bühne und zeichnet dabei Beispiele für Motivation und Überzeugungskraft an die Tafel.«
Main Post

»... einer der zehn besten Marketingexperten in Deutschland.«
Neue Westfälische Zeitung

...

12

Kunden sagen:

»Hermann Scherer als Referent ist eine Klasse für sich. Er versteht es exzellent, mit Humor und Entertainment Sachverhalte aufzuzeigen, die mich betroffen machen. Ich werde die Impulse aus dem Vortrag integrieren.«

Frank Behling, Deutsche Post AG

13

Kunden sagen:

»Als ich auf der Agenda die Länge Ihres Vortrages sah, dachte ich nur: Wie soll ich das durchhalten? Anschließend wünschte ich mir, Sie hätten den gesamten Tag vorgetragen.«

Sevgi Kirik, E-Plus

»Das Feedback war, wie schon bescheiden vermutet, ›Spitze!‹ – Ihr Vortrag war ein voller Erfolg. Bei diesem anspruchsvollen Kunden freut dies ganz besonders.«

Anette Gerling, Celebritiy Speakers GmbH, Deutschland

...

14

Wertvolle, umsetzbare Impulse, Inspiration, Information und Motivation, um gewohnte Denkbahnen zu verlassen und mit Mut und Leidenschaft Ihre Ideen und Ziele zu verfolgen.

Ihr direkter Kontakt bei Hermann Scherer:

Yvonn Rebling
Business Management
Telefon +49 (0) 81 61. 7 87 38.23
Fax +49 (0) 81 61. 7 87 38. 24
y.rebling@hermannscherer.de

Zeppelinstraße 3 · D-85399 Hallbergmoos · www.hermannscherer.com

Schlussakkord | Am Ende der Präsentation steht mein Erfolgsversprechen. Zusammen mit der Kontaktadresse lädt es den Betrachter dazu ein, gleich aktiv zu werden. Ein solcher Handlungsappell sollte in keiner Minuten-Präsentation fehlen.

Auf einen Blick: Tipps für Ihre Minuten-Präsentation

- In der Kürze liegt die Würze: Beschränken Sie sich auf etwa 8 bis 16 Folien, maximal 150 Sekunden.
- Kreieren Sie einen Spannungsbogen: Starten Sie mit einer Frage, einem witzigen Bild, einem treffenden Zitat, einer Provokation, damit der Betrachter Lust auf das Weitere bekommt.
- Weniger ist mehr: Überfrachten Sie die Folien nicht. Wichtig sind eine große Schrift, kurze Sätze, wenig Text und »Eyecatcher« wie Bilder, Cartoons oder Fotos.
- Sorgen Sie für Abwechslung: »Eine Folie – ein Thema« ist ein gutes Grundprinzip.
- Sprechen Sie den Betrachter direkt an. Dazu eignen sich Fragen besonders gut.
- Verdeutlichen Sie komplexe Zusammenhänge oder Abläufe mit einer Grafik.
- Bauen Sie eine »Vorschau« (Agenda, Gliederung) ein, wenn Sie verschiedene Unterpunkte abhandeln.
- Punkten Sie mit Humor und Überraschungseffekten. Viele Menschen sind dankbar für solche Farbtupfer im Arbeitsalltag.
- Je origineller Ihre Präsentation ist, desto größer ist die Chance, dass sie zum Selbstläufer wird.
- Wenn Sie einen echten Schneeballeffekt in Gang setzen wollen, engagieren Sie kreative Mitstreiter (Texter, Gestalter).
- Bauen Sie Kundenstimmen und Referenzen mit ein. Fotos der Referenzgeber oder handschriftliche Kundenstatements erhöhen die Glaubwürdigkeit.
- Schließen Sie mit einer Handlungsaufforderung und vergessen Sie Ihre Kontaktdaten nicht.
- Testen Sie die Wirkung der Präsentation an Vertretern Ihrer Zielgruppe. Wie wirkt das Ganze? Kommt Ihre Botschaft an?
- Achten Sie auf eine akzeptable Dateigröße, damit Ihre Präsentation herkömmliche Datenleitungen und E-Mail-Postfächer nicht sprengt. Mehr als 5 Megabyte sind problematisch.
- Wenn Sie Ihre Präsentation in PowerPoint unter dem Kürzel ».pps« abspeichern, bekommt der Empfänger eine Bildschirmpräsentation, die sich selbst abspielt.
- Ist Ihnen eine herkömmliche PowerPoint-Präsentation zu unsicher, können Sie das Ganze auch als PDF-Dokument verschicken. Auf diese Weise lässt sich auch die Dateigröße reduzieren und der Leser kann sich selbst bequem durchklicken. Bitte im »Vollbildmodus« abspeichern.
- Sie können die PPT-Präsentation auch in eine .mov-Datei umwandeln.

Werben Sie schon im Internet? | Die Suchmaschine Google zählt zu den meistbesuchten Seiten im Netz – wer im Internet sucht, »googelt«. Google bietet die Möglichkeit, mit nur wenigen Minuten Aufwand passgenau kleine Anzeigen zu platzieren, die bei der Eingabe entsprechender Keywords auf den ersten Trefferseiten auftauchen. Ohne nennenswerte Streuverluste und für kleines Geld können Sie so Umsatz über das Internet generieren. Sie müssen kein IT-Profi sein, um solche Wortanzeigen zu platzieren. Sie werden Schritt für Schritt durch ein simples Menü geführt – siehe unten.
Sie entwerfen den Minitext, der erscheinen soll, legen die Suchworte (Keywords) fest, bei deren Eingabe Ihre Anzeige erscheinen soll, und definieren, wie viel Cent Sie per Click auf Ihre Annonce zu zahlen bereit sind. Außerdem können Sie die Summe festsetzen, die Sie pro Tag maximal investieren wollen. Ist dieser Betrag ausgeschöpft, erscheint Ihre Anzeige erst wieder am nächsten Tag. Außerdem können Sie diese Anzeigen regional einschränken. http://adwords.google.de

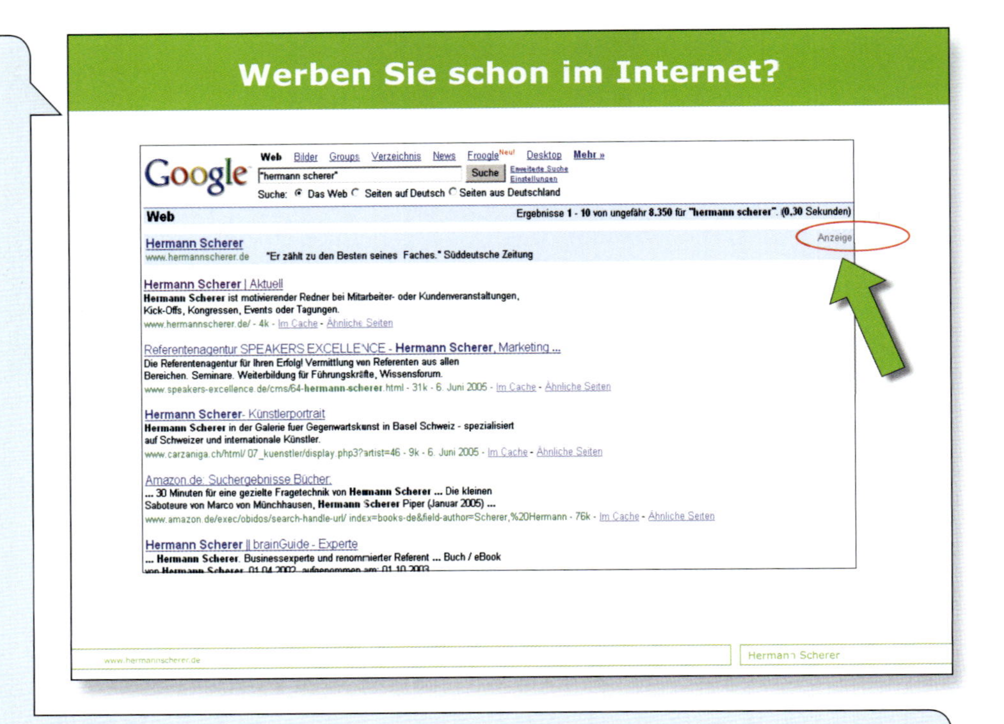

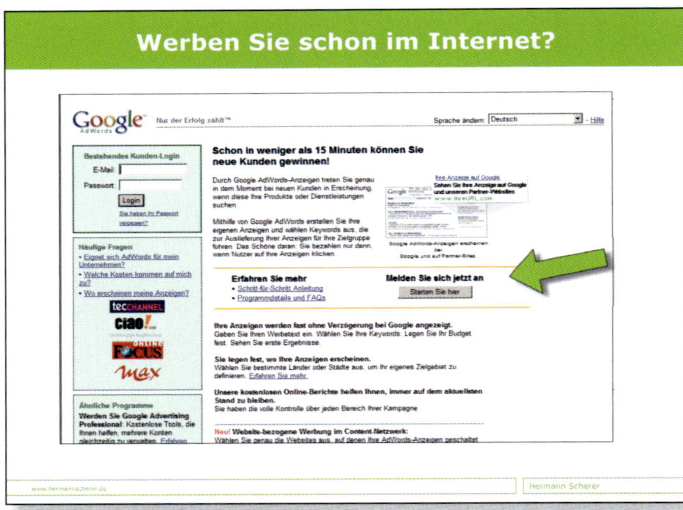

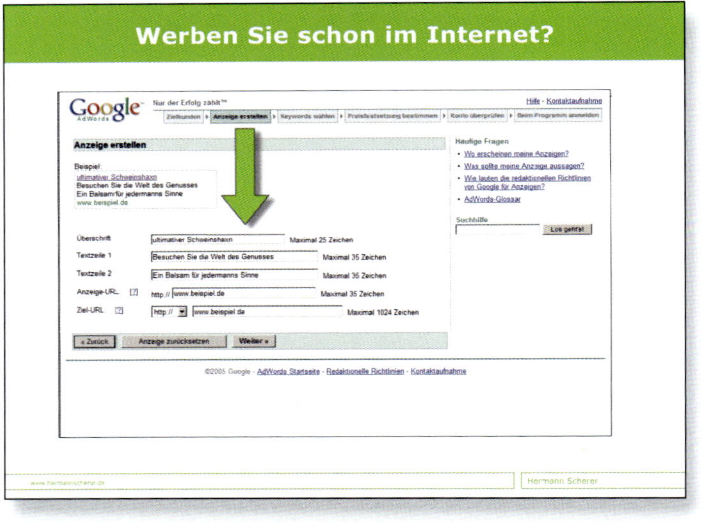

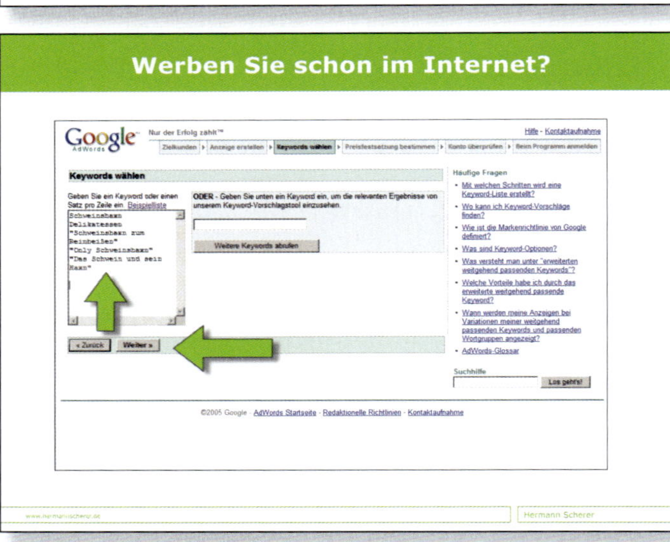

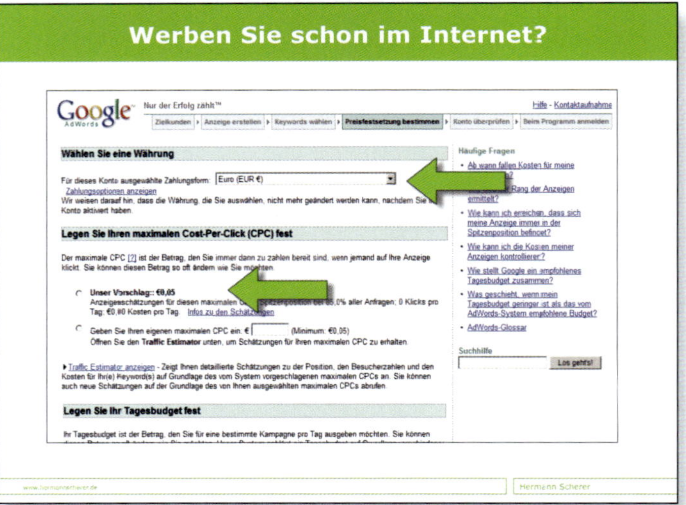

Natürlich können Sie auch einen Profi engagieren | … der Ihre Website so einrichtet, dass Sie optimal gefunden werden, der Nutzerdaten professionell auswertet, Adwords für Sie entwirft, ein passendes Shop-Konzept integriert usw.
Hier ein Beispiel. www.internet-mit-iq.de

Natürlich können Sie auch einen Profi engagieren

Lohnen sich Newsletter? | »Newsletter bringen doch nichts und verstopfen nur die Postfächer!« Dies ist ein weitverbreitetes Vorurteil, das mehrfach widerlegt wurde. So tragen wir uns gerne für wenige Newsletter ein, die uns interessieren. Natürlich melden wir uns bei gedecktem Bedarf auch wieder ab. Doch bis dahin können Newsletter uns in Erinnerung bringen, Produkte nicht vergessen lassen, »Hallo« sagen, Zusatzverkäufe tätigen, Marktforschung betreiben, Partnerschaften pflegen, Geld durch Anzeigen generieren und verkaufen. Ein enormes Leistungsspektrum für ein fast kostenloses Medium.

Lohnen sich Newsletter?

Dieser Newsletter wird bei Ihnen nicht korrekt angezeigt? Sehen Sie die Internet-Version.

Chancenblick

DER NEWSLETTER VON HERMANN SCHERER #25 NOVEMBER 2010

EDITORIAL

Ihre Voice Message
Das Editorial von mir gesprochen

An einer S-Bahn-Haltestelle in Duisburg wurde ich Zeuge eines ganz gewöhnlichen Gesprächs. Vater und Sohn kamen wohl gerade von der Berufsberatung, das Arbeitsamt lag genau gegenüber.

Der Alte: „Wat willste nu werden, Jung – Klempner oder Schreiner?"
Der Junge zögerte. „Papa, der Mann vom Jobcenter meinte doch, ich hätte Talent fürs Onlinebusiness!?"
Der Vater zeigte sich unbeeindruckt: „Schnick-

Jenseits vom Mittelmaß
Hermann Scherer

…KSKINDER

…ANN, DER CLAY WAR

…hriger Junge aus Louisville hatte eine Stinkwut im Bauch, weil ihm … Rad geklaut hatte. Er wusste genau, wer. Doch die Kentucky … scherte sich nicht um das Rad eines kleinen schwarzen Jungen. …nd er 1954 mit Schaum vorm Mund in einem Box-Gym und bat …cht.

… kurz darauf, wird Clay zu seinem ersten großen Fight den Fahr… …tellt haben. Und ich wette, Clay hat gewonnen. Zehn Jahre später … seinem ersten Weltmeisterschaftskampf gegen Sonny Liston. Die …imes schrieb vor diesem Kampf um den Thron im Olymp der …er auf lästige Weise selbstbewusste Clay bestreitet diesen …mit nur einem unbedeutenden Nachteil. Er kann nicht so gut …ie er reden kann."

…rtet im Ring. Er schlägt Liston 7:1. So weit so gut. Doch dann legt …rraschende Volte hin: Statt sich im Erfolg von der amerikanischen …reinnahmen zu lassen, bricht er mit Kultur und Namen. Er …h neu. Er bekennt sich zur Nation of Islam und wird als … Ali der, den wir heute kennen – einer der größten Sportler des 20. Jahrhunderts.

Bieten Sie interessante Inhalte

- Wählen Sie einen spannenden Einstieg.
- Setzen Sie auf die Kläger-Strategie (Kundenproblem ansprechen, siehe Seite 202).
- Teilen Sie Aktuelles mit.
- Demonstrieren Sie Verbesserungen, zum Beispiel mit einem Vorher-/Nachher-Vergleich.
- Stellen Sie Ihr Produkt, Ihre Dienstleistung vor. Orientieren Sie sich dabei strikt am Kundennutzen.
- Liefern Sie Lösungsvorschläge für das »Problem daneben«, also (Folge-)Probleme im Umfeld Ihres Produkts/Ihrer Dienstleistung (siehe Seite 57).
- Ebenso Lösungen Ihrer (komplementären) Partner.
- Weisen Sie auf Termine und Veranstaltungen hin.
- Integrieren Sie Kauf- und Bestellmöglichkeiten.
- Bieten Sie eine Kontaktmöglichkeit und – aus rechtlichen Gründen – ...
- ... auch die Möglichkeit, Ihren Newsletter problemlos jederzeit zu kündigen.

Bieten Sie interessante Inhalte

01 Warum Kundenumfragen meist falsche Ergebnisse liefern

Wenn Sie Führungskräfte fragen, woran Sie gerade arbeiten, dann hören Sie: „Verbesserungsprozesse, Kundenwünsche erfüllen usw." Daran ist nichts falsch, es ist nur nicht ausreichend um im Wettbewerb ganz vorne zu sein. Die meisten Unterneh bestehende Produkte, Dien Prozesse immer weiter zu d weil Marktführer oft zu seh der Stammkunden achten, Manager beschließen, eine oder neue Vertriebswege ei Man möchte meinen, gute geschieht, wenn die Kunde davon weniger effektiv befr

Die großen Kopier-Zentren, und langsameren Tischkopi wofür sie Minicomputer (PC Einschätzungen ihrer Kund Produkte – und scheiterten

02 Verbesserungen gefährden die Existenz

Der Artikel der Harvard Business School Press mit dem Titel "The Innovator's Dilemma" zeigt, dass Verbesserungen sogar die Existenz gefährden. Ja, Sie haben richtig gelesen! Denn der Wettkampf wird meist gegen ähnliche Wettbewerber geführt, die mit ähnlichen Mitarbeitern, mit ähnlicher Branchenblindheit denken, ähnliche Ideen haben und ein ähnliches Produkt in einer ähnlichen Qualität zu einem ähnlichen Preis anbieten. Das gleicht dem Kampf zweier Rasiererhersteller, die sich ständig mit der Anzahl der Klingen zu übertreffen versuchen: Das „Ich-habe-eine-Klinge-mehr-Syndrom".

Doch was geschieht, wenn es ein ganz neues Verfahren zur Beseitigung der Bartstoppeln gibt? In Zukunft werden nicht die Besseren die Guten schlagen, sondern im Extremfall die Besten von den Schlechtesten geschlagen werden. Warum? Weil alternative Produkte – zumindest am Anfang – noch nicht wirklich leistungsfähig, dafür aber revolutionär sind. Revolutionäre Veränderungen finden selten im klassischen Marktumfeld statt; meist sind es wenig beobachtete Randbereiche, die disruptive Technologien erfolgreich entwickeln.

04 Zufriedene Kunden verlieren Sie zu erst

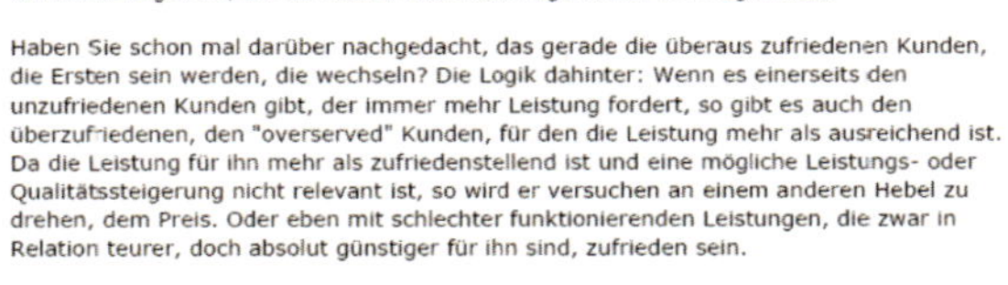

Wie reagieren Unternehmen auf diese Veränderungen? Viele der dominierenden Unternehmen messen diesen keine Bedeutung zu. Die Margen sind noch klein und somit wird im Regelfall nicht in disruptive Technologien investiert (haben ja auch eine schlechtere Leistungsfähigkeit), da der durchschnittliche Kunde diese – noch - nicht möchte. Und als kundenorientiertes Unternehmen bietet man ja in der Regel auch keine Produkte/ Dienstleistungen an, die der Kunde nicht nachfragt. Welch ein Trugschluss.

Haben Sie schon mal darüber nachgedacht, das gerade die überaus zufriedenen Kunden, die Ersten sein werden, die wechseln? Die Logik dahinter: Wenn es einerseits den unzufriedenen Kunden gibt, der immer mehr Leistung fordert, so gibt es auch den überzufriedenen, den "overserved" Kunden, für den die Leistung mehr als ausreichend ist. Da die Leistung für ihn mehr als zufriedenstellend ist und eine mögliche Leistungs- oder Qualitätssteigerung nicht relevant ist, so wird er versuchen an einem anderen Hebel zu drehen, dem Preis. Oder eben mit schlechter funktionierenden Leistungen, die zwar in Relation teurer, doch absolut günstiger für ihn sind, zufrieden sein.

Fazit: Die Unfähigkeit der Unternehmen, Ihre Positionierung zu verändern, wenn sie sich mit verändernden Ereignissen konfrontiert sehen führt häufig zur Pleite.

Schauen Sie nicht nur auf die Märkte, die sie kennen, sondern auch auf Märkte, die sie nicht kennen, wenn sie Bedrohungen der Zukunft aufspüren wollen. Oder wie war das damals mit den Herstellern von Rechenschiebern oder AudioCassetten?

Hören Sie bei Kundenzufriedenheitsstudien nicht so genau zu. Eher dann, wenn Ihnen jemand ein schlechtes Produkt in Relation teuer anbietet.

03 Machen Sie auch "To Don't"-Lis

Ein guter Weg, um uns nicht in die Fal Sonderangebote locken zu lassen sind Listen über die Tom Peters www.tomp kurzem in den USA sprach. Während w gerne aufschreiben oder digital notiere alles an To Do's haben, kann es spann prüfen, was wir morgen oder in Zukun tun, unterlassen oder uns nicht mehr So können wir uns auf unsere Chance Kernkompetenzen konzentrieren. Wir sind ja, wie wir wissen, nicht nur v nicht tun, sondern auch verantwortlich für das, was wir nicht getan haben, un

Der Newsletter als Marktforschungstool | Mein Newsletter geht monatlich an etwa 50.000 Interessenten. Über Mailingwork (siehe Seite 232) erhalte ich eine umfassende Nutzerauswertung: Wer hat den Newsletter gelesen, wer nicht? Wie viele Frauen, wie viele Männer? Welche Themen wurden angeklickt, welche nicht? Wer meldet sich ab? Ich erfahre, was meine Kunden interessiert, und kann Umfragen machen. All das kostet mich ungefähr 90 Euro – pro Monat, nicht pro Empfänger!

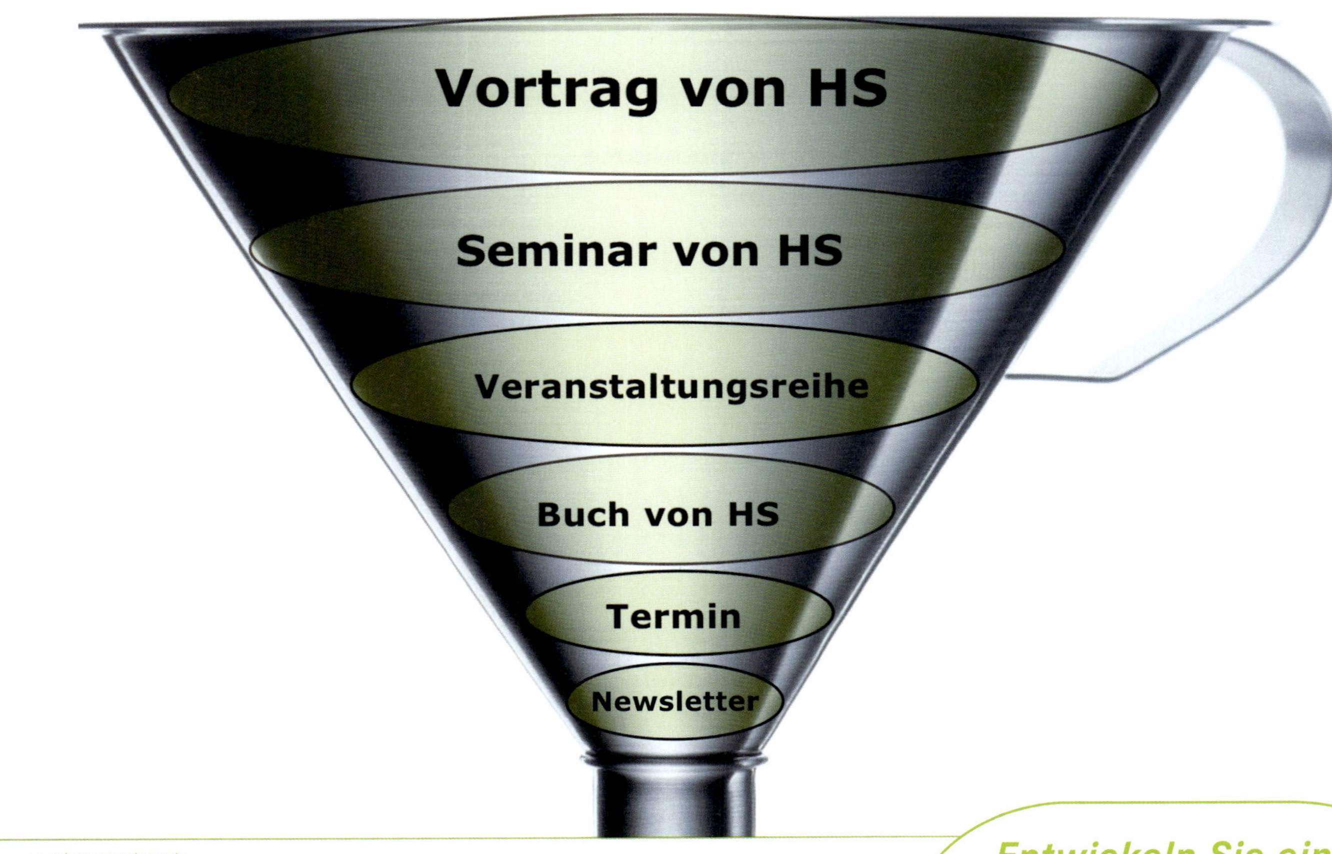

Salesfunnel – der Verkaufstrichter | Das Prinzip, nach dem in meinem Büro der Verkauf organisiert ist: Oberste Priorität hat das lukrativste Geschäft, der Verkauf von Vorträgen. Hat der Kunde daran kein Interesse, bieten wir ein Seminar oder die Veranstaltungsreihen von Unternehmen Erfolg an, Bücher, einen Termin und zu guter Letzt den Newsletter: »Dürfen wir Ihnen dann unseren ›Chancenblick‹ zuschicken, um Sie mit interessanten Infos und aktuellen Terminen zu versorgen?«

Entwickeln Sie eine sinnvolle Reihenfolge von Produktangeboten nach Wertschöpfung. Wer nichts kauft, »kauft« den Newsletter.

Wie bekommen Sie NL-Adressen?

- Hinweis auf jedem Dokument
- Hinweis auf jedem Flyer
- Hinweis auf jedem Postausgang
- Adress-Signatur bei Mails
- PS bei Briefen
- Newsletter-Bestellkarten
- Nicht »Newsletter« im Betreff
- »Salesfunnel« beispielsweise beim Telefonieren beachten
- Rechtslage erlaubt Business-Adressen-Verwendung

Cc...
Betreff:

PS: Wünschen Sie den kostenlosen und unverbindlichen News-to-use-Letter von
Dann antworten Sie einfach mit dem Betreff „news" in der Betreffzeile

Hermann Scherer
Speaker & Business Expert

Hermann Scherer

Ismaninger Straße 47
D-85356 Freising
Tel.: +49 (0) 8161.9919.40
Fax: +49 (0) 8161.9919.19
Mobil: +49 (0) 172.868.44.21

h.scherer@hermannscherer.de
www.hermannscherer.de

Business Management
Yvonn Rebling
y.rebling@hermannscherer.de

E-MAIL DISCLAIMER

www.hermannscherer.de | Hermann Scherer

Wie bekommen Sie NL-Adressen? | … indem Sie Ihren Newsletter konsequent in all Ihren Medien promoten und zur Bestellung ermuntern. Auf der Website gibt es außerdem kostenlose Informationsblätter, Checklisten usw. Alles, was der Interessent dafür »schuldet«, ist seine Internetadresse. Allein die Adress-Signatur mit Hinweis bewirkt viele Anmeldungen. Nennen Sie Ihren Newsletter in der Betreff-Zeile jedoch nicht »Newsletter«, da sonst die Gefahr groß ist, ausgespamt zu werden.

Wie bekommen Sie NL-Adressen?

www.hermannscherer.de | Hermann Scherer

Wie bekommen Sie NL-Adressen? | Außerdem habe ich auf Messen, Veranstaltungen usw. die Bestellkarte ausgelegt, die Sie unten sehen. Ein kleiner Klebepunkt »verführte« zusätzlich zum Mitmachen, denn man konnte einfach seine Visitenkarte anheften. Sie glauben gar nicht, wie verspielt Erwachsene sein können …

Hilfreiche Tools | Mit dem richtigen Tool perfektionieren Sie Ihren Internet-Einsatz. Mit Mailingwork beispielsweise können Sie via Internet einfach und schnell personalisierte E-Mails und Newsletter erstellen und versenden, ebenso Briefe, Postkarten, SMS- oder Faxnachrichten. Ein leicht zu handhabender WYSIWYG-Editor sorgt dafür, dass Sie ohne Programmierkenntnisse HTML-Newsletter entwerfen. Das Einfügen von Bildern, Tabellen, Links und das Formatieren von Texten ist dabei so unkompliziert wie bei einem Textprogramm. www.mailingwork.de

Hilfreiche Tools

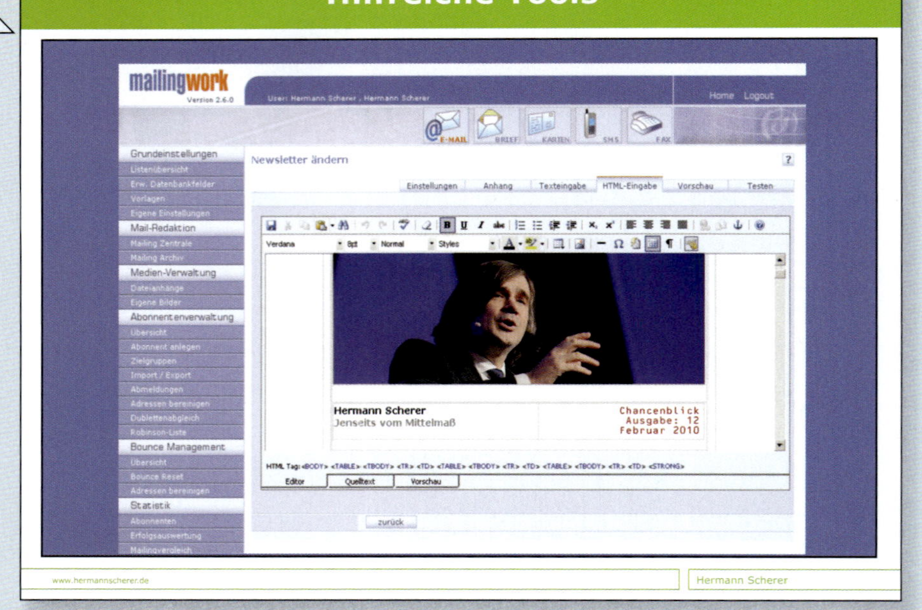

www.hermannscherer.de | Hermann Scherer

Professionelle Datenauswertung | Mailingwork erlaubt detaillierte Auswertungen von E-Mailings, die über die Darstellung von Öffnungs- und Klickrate weit hinausgehen. Sie können individuell festlegen, welche Parameter in den Reports Berücksichtigung finden sollen – hier beispielsweise eine Auswertung nach Geschlechtern. Für eine professionelle Präsentation der Ergebnisse lassen sich Vorlagen im Corporate Design des Unternehmens erstellen und in verschiedene Dateiformate exportieren.

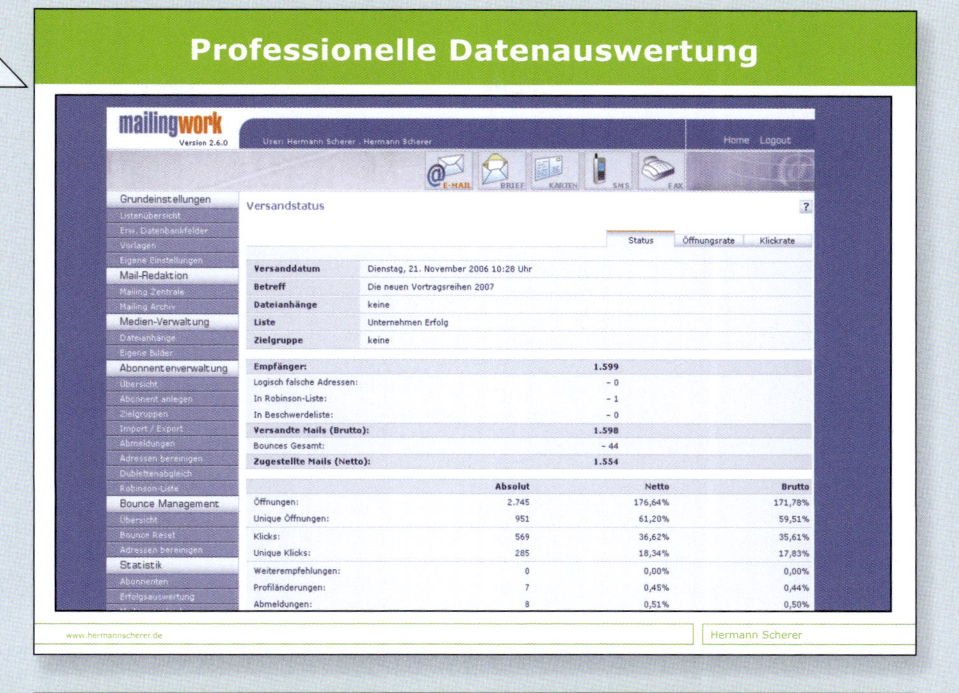

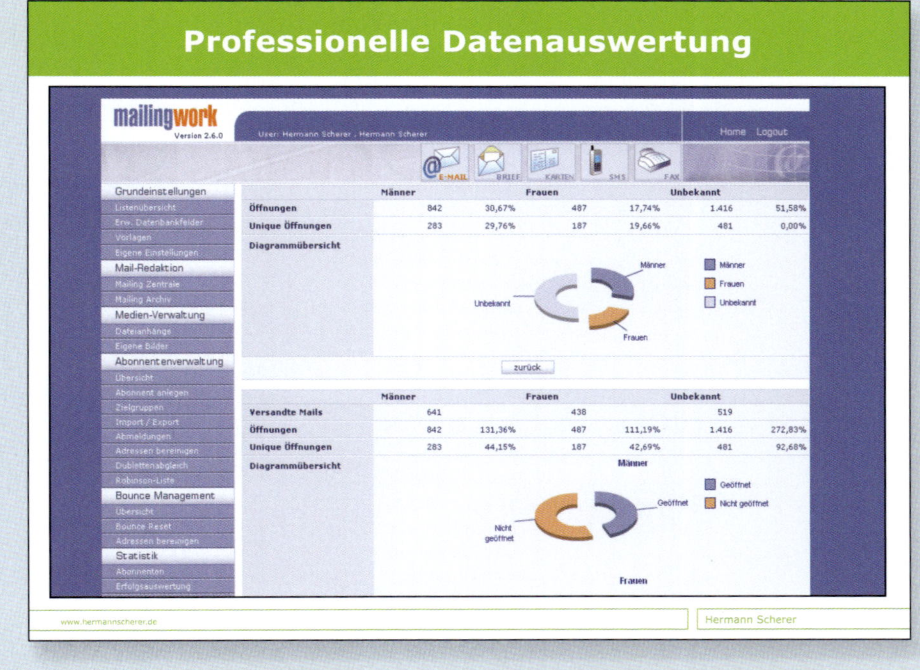

Online-Umfragen | sind eine spannende und wenig aufwendige Erhebungsmethode. Mailingwork bietet hierzu einen Fragebogengenerator, der das flexible Erstellen von vielfältigen Kundenbefragungen möglich macht. Durch die Kombination von E-Mailings und Online-Umfragen lässt sich Ihr Adressmaterial mit wertvollen Kundeninformationen anreichern und die Basis für nachfolgende gezielte E-Mail-Marketing-Kampagnen legen.

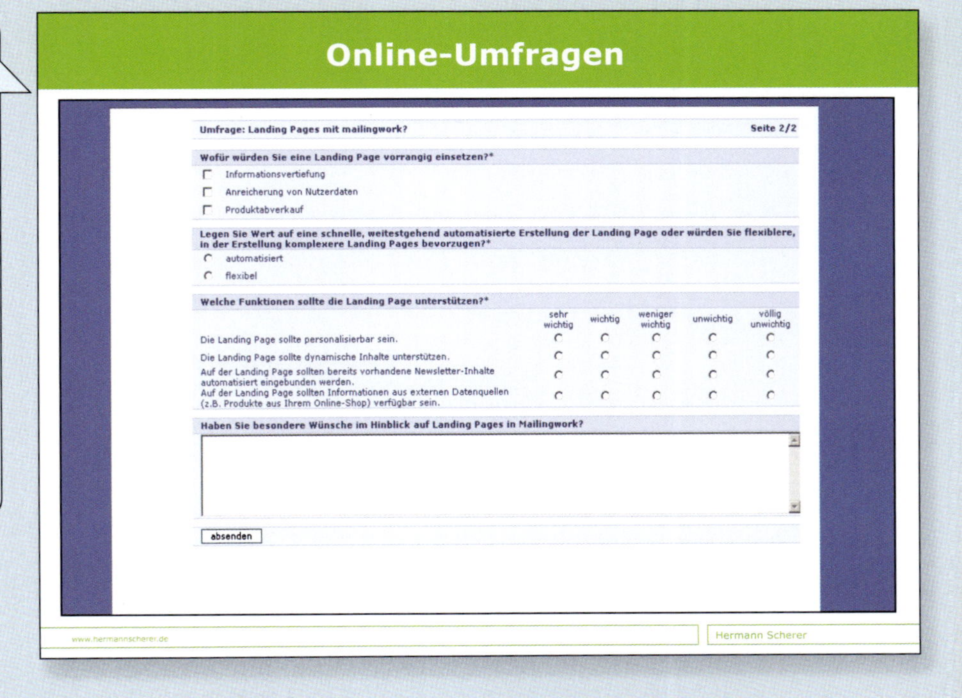

MARKTMACHT

Neue Wege zu neuen Kunden

Wenn Sie nur das machen, was alle machen, werden Sie auch nur das bekommen, was alle bekommen.

Für die Pole-Position müssen Sie sich deutlich und für Ihre Kunden sichtbar unter Ihren Mitbewerbern herausheben. Das gilt für Freiberufler wie Architekten oder Finanzberater ebenso wie für große Unternehmen, für lokale Märkte genauso wie im internationalen Maßstab. Wer an die Spitze kommen und dort bleiben will, wird nicht nur bestehende Kunden halten, sondern auch stetig neue dazugewinnen müssen. Welche Wege Sie dafür jenseits der ausgetretenen Pfade beschreiten können, ist Thema dieses Kapitels. Dabei geht es sowohl um clevere Abkürzungen zum Kunden als auch um die kleinen, aber feinen Unterschiede bei der Anwendung herkömmlicher Strategien der Kundenansprache.

Zu diesen bekannten Strategien zählen etwa Mailings. Wenn Sie auf dieses Instrument setzen und nicht gleich im Papierkorb landen wollen, müssen Sie Ihre Kunden trotz Großversand persönlich ansprechen. In diesem Kapitel finden Sie Beispiele dafür, gefolgt von solchen für Glückwunschkarten oder kleine Geschenke, die Ihren Kunden mit Sicherheit ein Lächeln entlocken und Ihr Unternehmen aus der Flut solcher Sendungen herausheben. Je besser Sie Ihren Kunden kennen, desto gezielter können Sie ihn ansprechen – einzeln oder auch als Gruppe, etwa durch ein klug gewähltes »trojanisches Pferd«. Was das ist? Blättern Sie einfach weiter. Außerdem entführen wir Sie auf verschiedene Bühnen, auf denen Sie unbemerkt interessantere Kunden kennenlernen und größere Deals anbahnen können als mit jeder teuren Werbekampagne. Sie bekommen Anregungen für spannende Firmenevents und dafür, wie Sie und Ihre Mitarbeiter solche Kontakthöfe effektiv nutzen. Und Sie lernen verschiedene Kontaktstrategien kennen, die Sie problemlos mit den Menschen ins Gespräch bringen, die Sie für Ihren geschäftlichen Erfolg gerne zu Ihrem Kundenstamm oder Ihrem Netzwerk zählen möchten. Ihre Möglichkeiten sind unendlich, und bei den meisten kommt es weniger auf Geld und aufwendige Vorarbeit an als vielmehr auf Fantasie, Ideen, Originalität.

Ich möchte Sie also ermuntern, den Erfolg Ihres Unternehmens einmal von einer neuen, ungewohnten Warte aus zu betrachten: Nicht mehr unter dem Aspekt der Optimierung von Prozessen und Produkten, sondern unter dem Aspekt der Optimierung Ihrer Position im Wettbewerbsumfeld. Kurz gesagt: Arbeiten Sie an Ihrer Marktmacht statt einseitig an Ihrer Prozessmacht!

Marktmacht statt Prozessmacht | Sie kennen wahrscheinlich Fleurop. Die interessante Frage ist: Wer verdient mehr, Fleurop oder der Blumenhändler, der an Fleurop angeschlossen ist? Wahrscheinlich Fleurop. Wer hat mehr Arbeit? Der Blumenhändler. Erstaunlicherweise bekommt der, der mehr Arbeit hat, weniger Geld. Das ist häufig so, und die Ursache ist: Die meisten Menschen arbeiten zu sehr an der Prozessmacht und nicht an der Marktmacht.

Was heißt das? Prozessmacht bedeutet, dass Sie das, was Sie in Ihrem Unternehmen tun, noch besser, schlauer, effizienter machen. Das ist fraglos gut und richtig. Pech nur, wenn es morgen oder übermorgen ein Mitbewerber aus Asien oder aus dem Ostblock schafft, Ihre Prozesse 1:1 zu kopieren und Ihren Preis um 20 % zu unterbieten. Die Alternative: Sie arbeiten an Ihrer Marktmacht. Ihre Marktmacht – Ihr Bekanntheitsgrad, Ihr Ansehen – ist eins der wenigen Dinge, die nicht so leicht zu kopieren sind. Ich stelle immer wieder fest, dass Anbieter viel zu sehr darauf fokussiert sind, Prozesse zu verbessern, statt ihre Marktmacht zu optimieren. Im Folgenden einige Möglichkeiten, mehr an Ihrer Positionierung zu arbeiten.

Mailings und Werbebriefe

Aufmerksamkeitsverstärker

im Brief:

- Betreff
- PS
- Fett-Information
- Johnson-Box

beim Umschlag:

- Sondermarken
- zusätzliche grafische Elemente
- Post-it außen (aufgeklebt)

Beachten Sie grundsätzlich: Je höher die Portokosten, desto mehr sollte auch in die Qualität des Briefes investiert werden.

Für professionelle Briefe gibt es Briefschreibagenturen.

www.hermannscherer.de | Hermann Scherer

Mailings und Werbebriefe | Achten Sie darauf, dass Ihre Botschaft auch ankommt, wenn Sie Mailings einsetzen. Beim Überfliegen nimmt der Kunde vor allem Betreff, PS, Fettgedrucktes und durch Einrahmung Hervorgehobenes (»Johnson-Box«) wahr. Auch persönliche Sondermarken oder Post-its fallen ins Auge. Und wenn Sie schon viel Geld für Porto ausgeben, sollte es auch für einen professionellen Texter reichen, der Ihnen einen zündenden Text formuliert.

Hotel Almenrausch
Seminare in Berchtesgaden

Herrn
Walter Trautmann
Am Sonnenhügel 21
81234 München

Hausinformation

Sehr geehrter Herr Trautmann,

wir freuen uns ganz besonders, Ihnen auf diesem Wege unser Haus vorstellen zu dürfen.

Das Hotel liegt direkt am Tennisplatz – natürlich sind uns auch Nichttennisspieler willkommen.

Die Preise entnehmen Sie bitte der beiliegenden Preisliste. Die Kurtaxe wird extra berechnet. Halbpension erst ab 3 Übernachtungen möglich. Gruppenreisen können in der Hauptsaison nicht unter 7 Tagen angenommen werden. Parkmöglichkeiten sind am Haus. Außerhalb der Saison erhalten Sie Ermäßigungspreise. Wenn Sie Interesse am Tennis-Spiel haben, können Sie direkt mit dem Tennis-Büro Termine vereinbaren. Teilen Sie uns Ihren Reisetermin mit - wir unterbreiten Ihnen gern ein Angebot.

Für Ihr Interesse bedanken wir uns und würden uns freuen, Sie in unserem Hause begrüßen zu dürfen.

Mit freundlichen Grüßen

Hotel Almenrausch

Seminarhotel Sonnenbichl
Schönau am Königsee

Dromann GmbH
Herrn W. Frauler
Ringstraße 11-15
81234 München

Sehr geehrter Herr Frauler,

als erfolgreicher Entscheider suchen Sie heute das Seminarhotel der besonderen Art?
Erlebnisreiche Tage, die Sie und Ihre Teilnehmer nicht mehr vergessen?

Für Sie rollen wir den roten Teppich aus – Treten Sie ein!

- Lichtdurchflutetes Ambiente und eine großzügige hoteleigene Parkanlage. Seminartage mit Wohlfühlgarantie!
- Herrliche Lunchbuffets und inspirierende Kaffeepausen. Kulinarische Ideen, statt dem Gewöhnlichen!
- Exzellenter, herzlicher Service und eine professionelle Organisation, Tageslicht in allen Räumen mit Ausgang zur hoteleigenen Parkanlage sind selbstverständlich!
- Kunst- und Kulturangebote in Schönau als Tüpfelchen auf dem i, als kleine Belohnung für zwischendurch.

1000 m² Wellnessbereich im Hotel.
Tennisplätze auf unserer Parkanlage.
Erholung und Fitness nach einem Seminartag **kostenlos!**

Das Seminarhotel Sonnenbichl ist ein Seminarhotel der besonderen Klasse. Begnügen Sie sich nicht mit dem Durchschnitt - lassen Sie sich verwöhnen; kleine Extras sind für Sie inklusive.

Der »rote Teppich« ist ausgerollt, Sie sind uns von Herzen willkommen!

Seminarhotel Sonnenbichl

Maria Willems
Assistentin der Geschäftsleitung

Nicht schön – sondern wirksam! | Der linke Brief erfüllt zwar alle DIN-Normen für Geschäftsbriefe, aber er bietet nichts, woran sich das Auge festhaken kann. (Vom wenig überzeugenden Text einmal ganz zu schweigen!) Der Brief rechts kommt nicht so »vorschriftsmäßig« daher, ist dafür aber umso wirksamer. Je weniger »aufgeräumt« Ihr Brief ist, desto mehr bleibt das Auge haften. Übrigens: Zum Thema Werbebriefe gibt es sehr hilfreiche Bücher.

Der 3er-Brief | Viele Versender setzen bei Mailings auf das Prinzip des »steten Tropfens«. Ich habe bessere Erfahrungen mit der »3-Brief-Strategie« gemacht: Statt ein werbendes Schreiben an eine Person im Unternehmen – z. B. den Geschäftsführer, den Verkaufsleiter oder den Personalleiter – zu schicken, versende ich es parallel an alle drei, verbunden mit einem Hinweis wie: »Wir sind uns nicht ganz sicher, ob wir diesen Brief richtig adressiert haben. Darum erlauben wir uns im Sinne eines Servicegedankens, dieses Schreiben auch an den Herrn Verkaufsleiter, Herrn XY, und den Herrn Personalleiter, Herrn YZ, zu senden« (und für diese Herren eben entsprechend). Die Folge: Ein Brief, der sonst womöglich rasch im Papierkorb gelandet wäre, bekommt viel mehr Aufmerksamkeit – und sei es nur, weil der Verkaufsleiter sich nicht vor dem Chef blamieren will, der Geschäftsführer dem ungeliebten Personalleiter in der Kantine nur zu gerne eine Kontrollfrage stellen würde usw.

Auch ein Mailing kann ganz persönlich sein!

Individualisierte Postkarten | … kosten meist wenig und sorgen doch noch für Aufmerksamkeit. www.sdz.de

Personalisierte Kalender

Viel Aufmerksamkeit mit wenig Aufwand | Wenn Sie Ihren Kunden ein bisschen überraschen, wird Ihre Sendung in der Fülle der Werbegeschenke mit Sicherheit nicht untergehen. Viele Anbieter haben einfache Möglichkeiten geschaffen, Kunden persönlich zu adressieren. Hier das Beispiel eines Kalenders.

Personalisierte Kalender

Personalisierte Kalender

Wie erfahren Sie, was Ihren Kunden bewegt? Auf die einfachste und naheliegendste Weise: Fragen Sie ihn! So erfahren Sie sehr wahrscheinlich viel mehr als nur Reisevorlieben oder Musikgeschmack: Sie werden in die Lage versetzt, den individuellen Kundennutzen zu optimieren, weil Sie wissen, wo ihn im Business der Schuh drückt.

Kleine Geschenke erhalten die Freundschaft | Auch wenn Ihr Budget für Geschenke fünf Euro nicht überschreiten darf, gibt es originelle Geschenkmöglichkeiten. Zur Erstausgabe von Focus Schule schickte Unternehmen Erfolg beispielsweise Schultüten an die Redaktion, einem US-Kunden schenken wir fünf Ausgaben seiner Lieblingszeitung. Lassen Sie sich auch im Internet inspirieren! Oder bringen Sie zum Meeting einfach frische Krapfen vom Bäcker mit.

Kleine Geschenke erhalten die Freundschaft

Maximalbudget liegt bei 5 Euro

www.geschenkideen.de

www.mydays.de

Kreativität schlägt Preis

DINNER FOR ONE

GYROTWISTER

USA TODAY

Ideen investieren – statt Geld! | Warum im Winter nicht Eimer, Kohlestücke, Karotte und Schal an Kunden schicken, einen Schneemann-Wettbewerb veranstalten und die schönsten Schneemänner auf der Firmen-Homepage prämieren? Oder im Hochsommer über ein Tiefkühlunternehmen eine Kiste mit leckeren Eishörnchen liefern lassen? Kundenbindung mit viel Fantasie und wenig Kosten.

Ideen investieren - statt Geld!

Zutatenliste:

- Eimer
- Kohlestücke für Augen und Mund
- Karotte
- Schal

Vorgehensweise für Schneemann:

- Versand der Utensilien
- Einsendung der Bilder
- Bilder zur Abstimmung auf Internetseite
- Prämierung auf Internetseite mit Preis

Abkühlung im Hochsommer | Sie wollten einen potenziellen Kunden schon immer mal verblüffen? Lassen Sie beispielsweise über Eismann zwölf Tüten Eis (8,95 Euro frei Haus!) mit einem kleinen Gruß von Ihnen anliefern. Die meisten Unternehmen haben keinen Gefrierschrank und »müssen« gleich genießen. Auf die telefonische Frage des Kunden, wie er zu der Ehre komme, antworten Sie einfach: »Damit Sie auch an heißen Tagen einen kühlen Kopf bewahren.« www.eismann.de

Abkühlung im Hochsommer

Hingucker: CD zum Postkartenporto | CDs lassen sich heute günstig herstellen und noch günstiger versenden. Eine schöne Möglichkeit der Selbstpräsentation, eine Alternative zu den üblichen Glückwunschkarten oder ein Medium, um dem Kunden nutzenrelevantes Material zur Verfügung zu stellen.

Was wissen Sie über Ihre Zielperson? | Das Weibchen des Blaufußvogels will umworben werden: Erst wenn ihm das Männchen das »Richtige« auf die Füße legt, gibt es seinem Drängen nach. Kundenbeziehungen funktionieren nicht viel anders: Wenn Sie wissen, was Ihrem Kunden wichtig ist, können Sie sich darauf einstellen und einen Logenplatz erobern.

Der »Wow, wie aufmerksam!«-Effekt | Nehmen wir an, Ihr Kunde erzählt Ihnen, dass er schon lange von einer Radtour in der Toskana träumt. Was meinen Sie, welche durchschlagende Wirkung Sie erzielen, wenn Ihre Assistentin einen Radatlas, Hotelführer, Presseberichte besorgt und Sie das mit einem kurzen persönlichen Gruß verschicken? Fahren Sie Ihre Antennen aus und erzielen Sie mit kleinen Gesten große Wirkungen. Das reicht von der Gratulation zur Beförderung bis zur Karte fürs Rockkonzert.

Ein cleverer Türöffner ... | Beim Kunden mit der Tür ins Haus fallen, das kann jeder. Es nennt sich »Kaltakquise« und ist nicht ganz zu Unrecht wenig beliebt. Mancher spricht gar abschätzig vom »Klinkenputzen«. Mit einem trojanischen Pferd kommen Sie schneller und eleganter durchs Tor – ja, Sie werden sogar hereingebeten. Und zwar durch ein Angebot, einen Service oder eine Information zu einem einzigen Zweck: Ihren Kunden schon im Vorfeld seines eigentlichen Kaufs auf Sie aufmerksam zu machen. Das können beispielsweise »neutrale« Informationsangebote wie Bücher, Fibeln oder Internetbroschüren sein – Sie erinnern sich vielleicht an den Schweißgerätehersteller und sein »Buch vom Schweißen«, an die Informationsbroschüre des Immobilienmaklers oder an meine Broschüre über die Vorbereitung von Vortragsveranstaltungen (siehe Seite 191).

Trojanische Pferde | Der kostenlose Energiecheck des Anbieters stromsparender Kompensationsanlagen, die Party- und Hochzeitstipps, die auf die Seite des Anbieters von Ballongas (Helium) führen, die attraktiven Grundstücke, die ein Bauträger zunächst offeriert – einige Beispiele für trojanische Pferde im Business. Es geht ganz einfach; ein Elektroinstallateur schickt beispielsweise freie Mitarbeiter in gelben Overalls durch die Straßen, um kleinere Reparaturen zu unverschämt günstigen Festpreisen auszuführen. Kurzfristig gesehen ein Draufzahlgeschäft – langfristig werden Personalressourcen sinnvoll eingesetzt, die Telefonnummer wirkungsvoll hinterlassen und Neukunden gewonnen.

Trojanische Pferde

Leistungen, die Kundenerstkontakt erlauben

- Als Immobilienexperte Grundstücke statt Häuser bieten
- Tipps für Partys und Feste statt Helium-Werbung für Luftballons
- Energiecheck für Kompensationsanlage
- Sonderangebote per Bluetooth durchs Schaufenster downloaden lassen
- Fibeln und Bücher
- Infoangebote oder Checklisten im Internet
- Berechnungen oder Kalkulatoren im Internet

www.hermannscherer.de | Hermann Scherer

Was könnte Ihr Trojaner sein?

Womit beschäftigen sich Ihre Kunden, bevor sie den eigentlichen Kauf Ihres Produkts angehen?

Machen Sie sich Ihre Notizen auf S. 334.

3 Arten von Bühnen | Auch öffentliche Bühnen sind eine Möglichkeit, ohne offensichtliche geschäftliche Intention potenzielle Kunden aufmerksam zu machen und im besten Falle anzuziehen. Dazu können Sie geeignete öffentliche Veranstaltungen besuchen, selbst Veranstaltungen organisieren oder – noch besser – auf Veranstaltungen Dritter auftreten und so im besten Fall von deren Renommee profitieren und sich selbst als Experte profilieren.

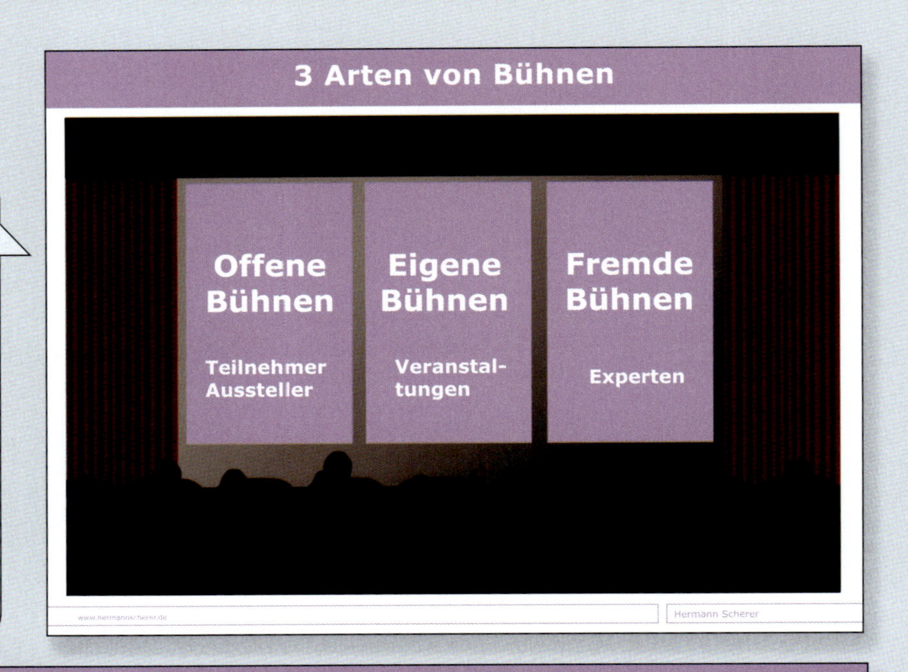

Bühnen nutzen | Denken Sie beim Besuch von Veranstaltungen nicht nur an einschlägige Konferenzen oder Messen. Wenn der Rotary Club beispielsweise ein Konzert sponsert, werden Sie in der Konzertpause mit Sicherheit viele interessante Clubmitglieder treffen. Wer in Ihrer Stadt Mitglied ist, können Sie dem Clubverzeichnis entnehmen. Wenn Sie selbst eine Veranstaltung organisieren, brauchen Sie ein Zugpferd, sonst endet Ihr »Tag der offenen Tür« als vergleichsweise triste Veranstaltung. Zugpferd kann ein zündendes Thema sein, das Interesse mobilisiert und den Besuchern Nutzen verspricht (etwa wenn im Kosmetikstudio eine Visagistin zum Thema »So machen Sie das Beste aus Ihrem Typ« referiert). Oder Sie engagieren eine bekannte Persönlichkeit, jemanden, den Ihre Zielgruppe mit Sicherheit gerne kennenlernen würde (beispielsweise einen sehr erfolgreichen oder kontroversen Medienunternehmer, wenn Sie Zeitungsverleger ansprechen wollen). Ich spreche hier scherzhaft von den »King Kongs« einer Branche. Wer würde die nicht gerne mal leibhaftig sehen? Beim Erobern von Bühnen kommt es darauf an, dass es die Bühnen der Zielgruppenbesitzer sind. Ein Beispiel finden Sie auf Seite 245.

Auf welchen »Bühnen« wollen Sie Ihr Unternehmen in Zukunft besser präsentieren?

Machen Sie sich Ihre Notizen auf S. 334.

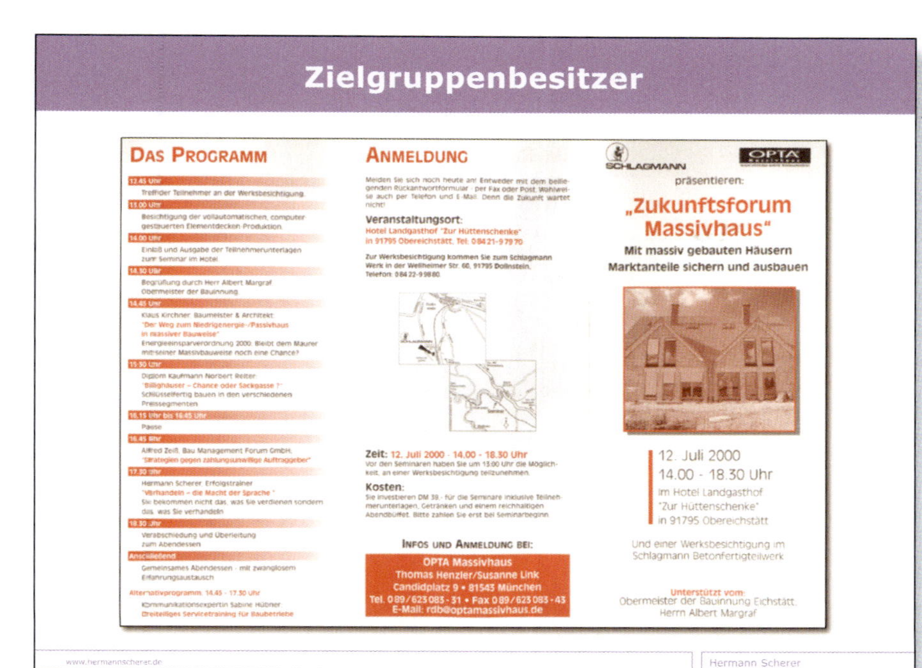

Zielgruppenbesitzer – im Kreis weiterer Experten Kunden anziehen … | Wo erreichen Sie Ihre Zielgruppe passgenau und können sich als Experte profilieren? Hier ein Beispiel für eine ideale Bühne für einen Architekten und weitere Dienstleister rund um den Hausbau. Ein Zusatzprogramm zu den Themen »Erfolg« und »Beziehungen« sorgt für weitere Aufmerksamkeit und garantierten Zuspruch.

Wer ist Ihr Zielgruppenbesitzer? | Statt jeden einzelnen Kunden zu erobern, kann es sinnvoller sein, diejenigen zu erobern, die Ihre Kunden schon »besitzen«. Wenn Sie mit Sparkassen ins Geschäft kommen wollen, so können Sie jede einzeln zu akquirieren versuchen oder bei der Tagung des Sparkassen-Verbandes mit Hunderten Vorständen gleichzeitig ins Geschäft kommen. Wer Bauunternehmer sucht, wird sie auf Tagungen der Bauinnung finden, und wer Angebote für Verpackungsdienstleistungen hat, der kann beim Bundesverband Verschnürungs- und Verpackungsmittel e. V. erfolgreich punkten. Für fast jede Zielgruppe gibt es einen Zielgruppenbesitzer, oftmals einen Verband, der durch eine gute Marketingaktion viele kleine Kundenansprachen erübrigt. Wer ist Ihr Zielgruppenbesitzer? www.verbaende.de

Die Presse als Multiplikator | Veranstaltungen wie die oben beschriebene haben einen doppelten Effekt – einen unmittelbaren und einen zweiten über die Presse. So berichtete die »Deutsche Handwerkszeitung« über das Massivhaus-Forum. Links ein zweites Beispiel, Gartentage, mit denen die im Artikel zitierte Organisatorin und Landschaftsarchitektin sicher dem einen oder anderen Auftrag den Weg bahnen konnte.

Wer ist Ihr Zielgruppenbesitzer?

Machen Sie sich Ihre Notizen auf S. 334.

Club-Talk-Möglichkeiten | Wo könnten Sie auftreten, um auf Ihr Unternehmen, Ihre Produkte oder Dienstleistungen aufmerksam zu machen? Bühnen gibt es viele, auch dort, wo man sie nicht gleich vermutet. Eine besondere Möglichkeit sind die »Club-Talks«, bei denen Redner oft zu (Club-)internen Veranstaltungen eingeladen werden, um eventuell während eines gemeinsamen Essens einen kurzen informativen Vortrag zu halten. Entscheidend ist: Wen wollen Sie erreichen? Und ist es dafür die richtige Bühne?

Club-Talk-Möglichkeiten

Banken
Berufsverbände
Bildungsinitiativen
Business-Clubs
Elitäre Zirkel
Feuerwehren
Firmeneröffnungen
Firmenevents
Gemeinden
Golf-Clubs
Handelskammern
Hausmessen
High-Potential-Clubs
IHKs
Industrie-Clubs
Industriellenvereinigungen
Initiativen
Kammern
Kirchliche Institutionen
Kongresse
Krankenhäuser
Kundentagungen
Management-Clubs
Marketing-Clubs
Messen
Mitarbeiterveranstaltungen
Nationale Gesprächskreise
Netzwerke
Politische Vereinigungen
Radiosendungen
Schulen (Berufsschulen)
Seminare
Service-Clubs
Sparkassen
Sponsoringvereinigungen
Sportclubs
Strukturvertriebe
Teamsitzungen
Universitäten
Verbände
Vereine
Versicherungen
Verwaltungen
Volkshochschulen
usw.

www.hermannscherer.de | Hermann Scherer

Betreuungsmatrix: Kontakte effektiv managen | Ein Tipp für Ihre Firmenveranstaltungen: Statt Ihre Gäste (und potenziellen Kunden) mehr oder weniger zufällig durch Mitarbeiter Ihres Hauses betreuen zu lassen, legen Sie vorab fest, welcher Ihrer Angestellten sich gezielt um welche Anwesenden kümmert. Das geht über ein unverbindliches »Mischt euch unter die Leute und kümmert euch mal!« weit hinaus. Im vorliegenden Beispiel lautete der Auftrag, jeden der zehn »zugeteilten« Gäste dreimal im Laufe der Veranstaltung zu kontaktieren – zur Begrüßung, in der ersten Pause und später im Verlauf des Abends (dazu auch die Punkte als Mittel, dies als erledigt zu notieren). Ergänzend können Sie mit Ihren Mitarbeitern durchspielen, welche Gesprächsaufhänger oder Gefälligkeiten sich anbieten – etwa die Versendung von Vortragsunterlagen oder das Herstellen interessanter Kontakte zu anderen Anwesenden.

Betreuungsmatrix: Kontakte effektiv managen

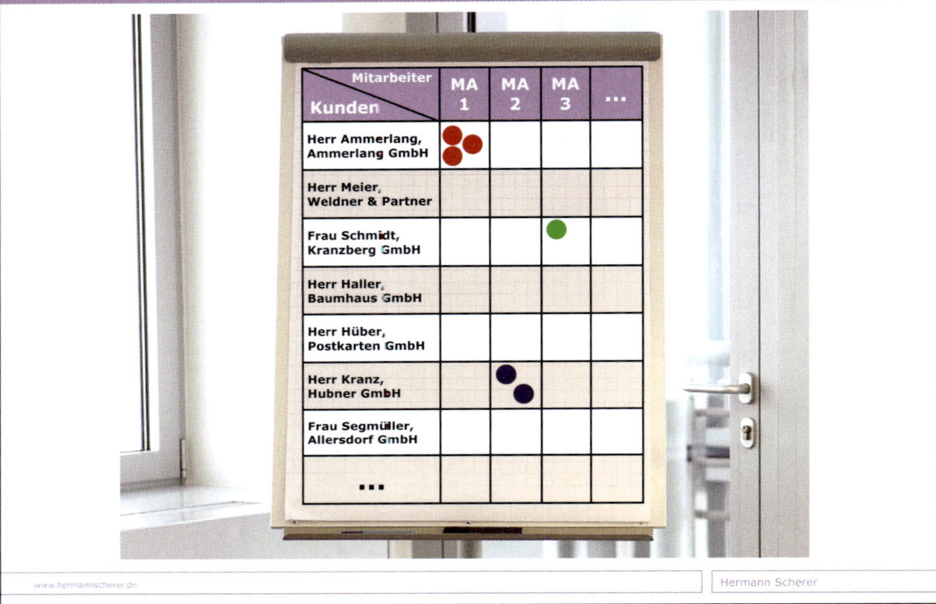

www.hermannscherer.de | Hermann Scherer

»Es gibt die Sonne, den Mond, die Luft, die du atmest – und die Rolling Stones.«

Keith Richards, Gitarrist der Rolling Stones

Tag der offenen Tür? Mal was anderes!

www.hermannscherer.de | Hermann Scherer

Tag der offenen Tür? Mal was anderes! | Das »Kochduell« steht hier nur stellvertretend für originelle Veranstaltungsformen. Ein Küchenhersteller könnte beispielsweise für einen guten Zweck ein Kochduell zwischen den Mitgliedern des lokalen Rotary und des Lions Clubs veranstalten, um sich bei kaufkräftigen Kunden bekannt zu machen.

Wie bringt es ein Optiker ins TV?

www.hermannscherer.de | Hermann Scherer

Wie bringt es ein Optiker ins TV? | Ein Optiker machte mit einer ungewöhnlichen Rabattaktion auf sich aufmerksam: Wer sich beim Kauf einer Sonnenbrille als Modell für sein Schaufenster zur Verfügung stellte, bekam pro Minute ein Prozent Rabatt – maximal 30 % für 30 Minuten. Dafür interessierte sich sogar das Fernsehen und strahlte den Bericht 70-mal aus. Optik Windolf in Hessen war mit dem Resultat sehr zufrieden.

Attraktive Partner beflügeln

www.hermannscherer.de | Hermann Scherer

Attraktive Partner beflügeln | Hier ein Beispiel für eine typische Kooperation: Die Fluggesellschaft bot attraktive Prämien an und Unternehmen Erfolg konnte viele Seminare füllen und manche Autoren sogar ganze Buchauflagen verkaufen. Wie es zur Kooperation kam? Es war ein Telefonanruf.

Kontaktstrategie: Seien Sie unser Experte!

Wie viele Tagungen haben eine Podiumsdiskussion?

www.hermannscherer.de | Hermann Scherer

Kontaktstrategie: Seien Sie unser Experte! | Mal ehrlich: An wie viele spannende Podiumsdiskussionen können Sie sich erinnern? Keine? Schon bei den alten Griechen war ein Symposion keine Bildungsveranstaltung, sondern eine ritualisierte Form der Geselligkeit, bei der man auch dem Wein zusprach. Insider betrachten bis heute Pausen- und Bargespräche als interessantesten Teil jeder Tagung. Warum also öde Podiumsdiskussionen, wenn es so viele gute Referenten gibt? Sie sind für den Veranstalter eine geniale Kontaktstrategie. Wer sonst nicht käme, wird eben als Experte eingeladen!

Kontaktstrategie: Interviews

- **Newsletter**
- **Intranet**
- **Internet**
- **Hauszeitung**
- **Jubiläumszeitschrift**
- **Fibel**
- **Sammelband**
- **Buch**

www.hermannscherer.de | Hermann Scherer

Kontaktstrategie: Interviews | Auch Experteninterviews sind eine hervorragende Möglichkeit, mit interessanten Kunden oder Geschäftspartnern ins Gespräch zu kommen. Dafür müssen Sie nicht unbedingt Bücher publizieren – es kann auch die Jubiläumsschrift Ihres Unternehmens, das Intranet oder die Hauszeitschrift sein.

Kontaktstrategie: Bühne bauen

www.hermannscherer.de | Hermann Scherer

Kontaktstrategie: Bühne bauen | Wie lernt man zehn Top-Personalexperten und potenzielle Geschäftspartner kennen? Beispielsweise indem man eine Diskussionsrunde mit einem lokalen TV-Sender veranstaltet. Bauen Sie Menschen Bühnen, wenn Sie sie kennenlernen wollen. Es muss gar nicht immer der Riesensaal oder die exklusive Location sein. Sie werden erstaunt sein, wie attraktiv auch schon eine kleine Öffentlichkeit für viele sein kann. Für den Sender ein abwechslungsreiches Format und für den Eingeladenen eine gute Möglichkeit, sich und sein Unternehmen von der Schokoladenseite zu präsentieren.

Verleihen Sie einen Preis! | Trainervereinigungen berufen jährlich bekannte Trainer in ihre »Hall of Fame« und werten so ihre Tagung auf, Kleinstädte wie Bergen-Enkheim berufen Schriftsteller zu »Stadtschreibern« und bereichern so ihr Kulturprogramm, die Buchbranche sichert sich einmal im Jahr durch die Verleihung des Friedenspreises international Aufmerksamkeit. Von einem Preis profitiert also keineswegs nur der Empfänger. Scheuen Sie sich nicht, einen publikumswirksamen Preis zu kreieren: Wenn der Erfinder des Dynamits, Alfred Nobel, einen der begehrtesten Preise der Welt stiften konnte, warum dann nicht auch Ihr Unternehmen?

5 Tipps für Ihren Preis

1. Werden Sie sich klar, welches Ziel Sie verfolgen

Was soll der Preis dem Unternehmen bringen? Will sich der Preisstifter zu einem sozialen Thema profilieren, Marktpartner oder neue Kunden mobilisieren? Oft stehen PR-Effekte im Vordergrund, ein Preis kann aber auch Innovationen rund um die Kompetenzen des eigenen Unternehmens fördern.

2. Recherchieren Sie, welche Preise es bereits gibt

Finden Sie eine Nische, das erhöht den Aufmerksamkeitswert des Preises. Bei der Namensgebung kommt es auf die Ziele an, die der Sponsor mit dem Preis erreichen will. Zudem kann es geschickter sein, nicht den Firmennamen zu verwenden, sondern einen neutralen Namen zu wählen.

3. Berufen Sie prominente Juroren

Namhafte Schirmherren, Juroren, Sponsoren aus Wissenschaft, Kultur, Politik, Medien oder Wirtschaft sind gerade bei größeren Preisen unabdingbare Voraussetzung für den Erfolg. Zudem bietet der Aufbau eines starken Netzwerkes von Verbündeten gerade kleineren und mittleren Unternehmen gute Möglichkeiten, Kontakte zu knüpfen.

4. Sorgen Sie für Glaubwürdigkeit

Längerfristige Planung und Nachhaltigkeit sind für einen seriösen Preis entscheidend. Glaubwürdigkeit gewinnt er durch einen zurückhaltenden Initiator, eine unabhängige Jury, renommierte Verbündete und langfristiges Engagement. Gute Preise sind keine Spontanaktionen. Wer sie offensiv als PR-Gimmick oder als Vertriebstool gebraucht, wirkt unseriös und schadet dem Image.

5. Unterschätzen Sie den Aufwand nicht

Der personelle und finanzielle Aufwand für einen eigenen Preis kann hoch sein. Konzeption, Ausschreibung, Kommunikation, Organisation und Verleihung verlangen großen Einsatz. Ausweg: Kleinere Unternehmen können sich mit geringerem Aufwand und kostengünstiger als Sponsoren an bereits bestehenden Preisen beteiligen.

»Gegen Angriffe kann man sich wehren, gegen Lob ist man machtlos.«

Sigmund Freud

BEGEHRLICHKEITS-ENTWICKLUNG

Verkaufen im Verdrängungswettbewerb

»I can resist everything except temptation«

(Ich kann allem widerstehen – außer der Versuchung),

lautet ein viel zitiertes Bonmot von Oscar Wilde. Das gilt auch für den Konsumenten oder den B2B-Kunden von heute, der sich im Verdrängungswettbewerb einer immer größeren Fülle kaum noch unterscheidbarer Angebote gegenübersieht. Die Schnäppchenjagd des Privatverbrauchers und der Preisdruck des Firmenkunden sind oft nichts anderes als die Zuflucht zu einem letzten, rettenden Entscheidungsanker im tristen Meer der Einkaufsmöglichkeiten. Wer als Anbieter aus diesem ruinösen Wettbewerb aussteigen will, muss seinen Kunden mehr und anderes bieten, er muss sie im wahrsten Sinne zum Kauf verführen. Diese Verführung beginnt lange vor dem Verkaufsgespräch und noch länger vor der Preisverhandlung. »Verkaufen vor dem Verkauf« ist die Schlüsselstrategie für den Unternehmenserfolg im Verdrängungswettbewerb – anders ausgedrückt: Es geht um eine durchdachte Begehrlichkeitsentwicklung.

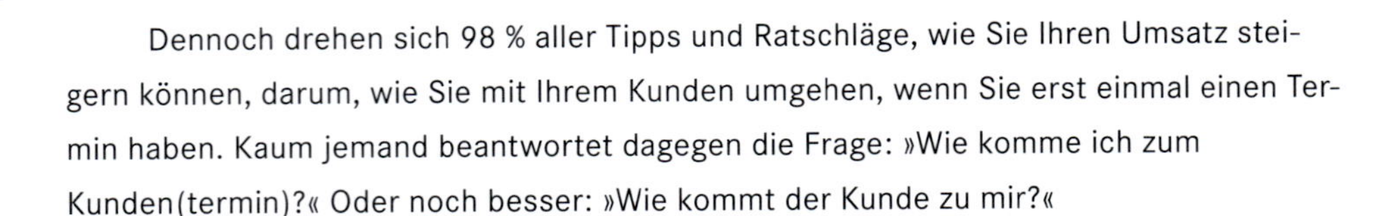

Dennoch drehen sich 98 % aller Tipps und Ratschläge, wie Sie Ihren Umsatz steigern können, darum, wie Sie mit Ihrem Kunden umgehen, wenn Sie erst einmal einen Termin haben. Kaum jemand beantwortet dagegen die Frage: »Wie komme ich zum Kunden(termin)?« Oder noch besser: »Wie kommt der Kunde zu mir?«

In den letzten Kapiteln haben Sie eine Reihe von Anregungen bekommen, wie Sie Ihre Begehrlichkeit in den Augen Ihres Kunden steigern können. In diesem Kapitel möchte ich diese Anregungen noch einmal bündeln und Ihnen einen Fahrplan für eine gezielte Begehrlichkeitsentwicklung an die Hand geben. Dabei geht es nicht um eine Verdoppelung Ihres Marketingbudgets, um aufwendige Mailings, großformatige Anzeigen oder andere Standardrezepte teurer Agenturen. Mit viel Einsatz ein wenig bewegen, das kann jeder. Mir geht es umgekehrt darum, mit wenig Einsatz und frischen Ideen viel zu bewegen. Aus meiner Beratungspraxis, in der »Begehrlichkeit« eine große Rolle spielt, weiß ich: Es funktioniert, und zwar für jedes Unternehmen. Ein einziger Tag genügt, um die besonderen Stärken und Möglichkeiten eines Anbieters zu identifizieren und die passenden Begehrlichkeitsstrategien daraus abzuleiten. Man muss nur wissen, wo der Hebel anzusetzen ist – oder frei nach Archimedes: »Gib mir einen Punkt, wo ich stehen kann, und ich werde die Erde bewegen!« Erst danach wenden wir uns ab Kapitel 21 dem Einmaleins des Verkaufens und Verhandelns zu, sozusagen den letzten 2 % auf Ihrem Weg zur Pole-Position.

Erfolg ist die Summe vieler kleiner Signale | Stellen Sie sich vor, jemand Unbekanntes steuert auf Sie zu, pflanzt sich vor Ihnen auf und sagt »Hallo! Willst du mich heiraten?« Eher unwahrscheinlich, dass der Antrag Erfolg hat. Glückliche Beziehungen werden meist langsam, aber sicher angebahnt. Das gilt auch für Kundenbeziehungen. Wenn Sie zur richtigen Zeit die richtigen Signale setzen, Aufmerksamkeit wecken, die eigenen Qualitäten geschickt betonen und (Kauf-)Einladungen aussprechen, werden Sie Ihr Gegenüber für sich gewinnen.

98 + 2 = 100 % | Wenn Sie sich heute über Verkaufstechniken informieren, dann lesen Sie zu 98 % lediglich darüber, wie Sie mit dem Kunden umgehen, wenn Sie einen Termin mit ihm haben. Doch kaum jemand beantwortet die Frage: »Wie komme ich zum Kunden(termin)?« Oder noch besser: »Wie kommt der Kunde zu mir?« Ähnlich sind in manchen Branchen die Bemühungen aufgeteilt. Zu 98 % überlegt man sich, was man tut, wenn der Kunde kommt. Wenn er dann hoffentlich kommt. In meinen mittlerweile unzähligen Beratungen zur Begehrlichkeitsentwicklung sind meine Kunden und auch ich immer wieder erstaunt, wie viele Möglichkeiten sich in einem Tag finden lassen - selbst bei Unternehmen, die Dutzende von Marketingaktionen durchführten. Die Zielsetzung dabei ist immer die gleiche: Umsatzrekord.

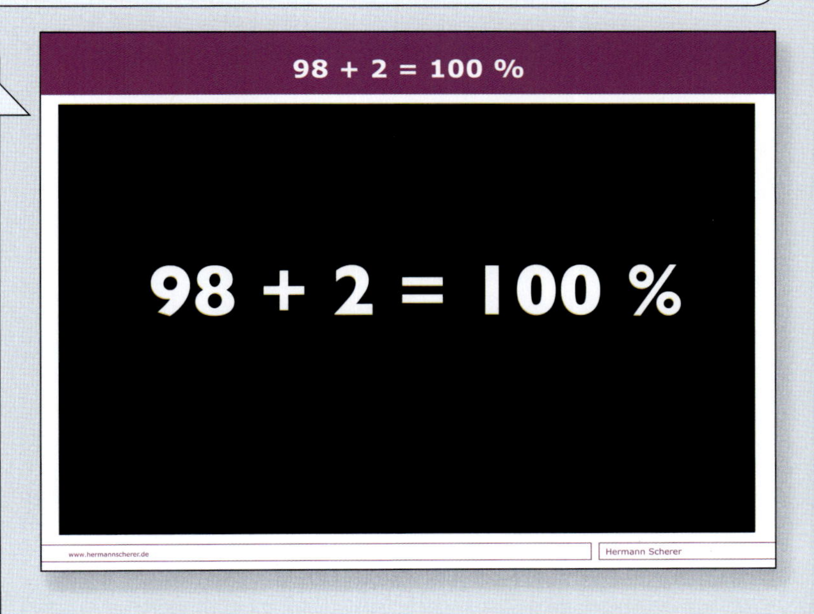

++++ Ihr Fahrplan zu mehr Begehrlichkeit ++++

AUFMERKSAMKEIT

Wo können Sie Nutzen noch besser kommunizieren, um Aufmerksamkeit zu gewinnen?

Was ist Ihr »Felsquellwasser«?

Welche Qualitätssurrogate bieten Sie?

POSITIONIERUNG

Wie positionieren Sie sich genau?

Wie entgehen Sie der »toten Mitte«?

Was macht Sie unverwechselbar?

EMOTIONALES MARKETING

Wie können Sie sich emotionaler darstellen?

Was macht Sie unvergesslich?

Welche Storys und Erlebnisse bieten Sie Ihren Kunden?

KOOPERATIONEN

Mit wem können Sie eine Win-win-Beziehung eingehen?

Welcher Komplementärpartner kann Ihre Produktqualität erhöhen (oder zu einem neuen Produkt beitragen)?

Welcher Komplementärpartner kann Ihre Werbekontakte erhöhen?

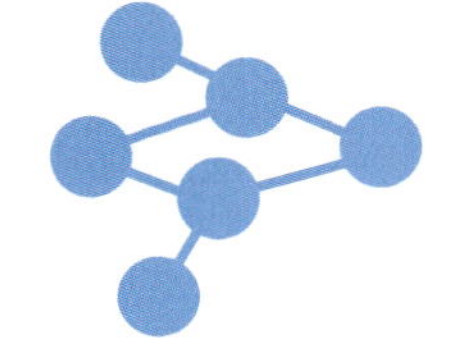

NETZWERKSTATT

Wo lernt man Sie kennen – wer ist der Besitzer Ihrer Zielgruppe

Welche Bühnen nutzen Sie, um Kunden und Geschäftspartner a sich aufmerksam zu machen?

Welchen virtuellen und realen Netzwerken können Sie beitreten

ÜBERZEUGUNGSKRAFT

Verkaufen Sie Lösungen – oder nur Produkte?

Wie profilieren Sie sich als Problemexperte?

Welche negativen Implikationen kann Ihr Kunde durch Ihr Produkt/ Ihre Dienstleistung vermeiden?

MARKE

Welchen Kundentraum verkaufen Sie?

Wie lautet Ihr Claim?

Was ist die »Below the line«-Erwartung Ihrer Kunden?

ANGEBOTSOPTIMIERUNG

Wie werden Ihre schriftlichen Angebote unwiderstehlich?

Kommunizieren Sie den individuellen Kundennutzen?

Sprechen Sie die Sprache Ihres Kunden (z. B. durch Keyword-Selling)?

KOMPETENZDARSTELLUNG

Schaffen Sie ein positives Vorurteil in eigener Sache?

Wie können Sie Ihre Leistung und Kompetenz dem Kunden gegenüber noch besser darstellen?

Wie können Sie Referenzen und andere Kompetenzbeweise noch professioneller einsetzen?

SERVICE

Wo übertreffen Sie Kundenerwartungen?

Welche »Probleme daneben« können Sie lösen?

Wie lernen Sie im achtsamen Umgang mit Menschen täglich dazu?

INNOVATIONEN

Welche Kundenprobleme können Sie lösen, bevor Ihr Kunde sie bemerkt?

Verbessern Sie noch – oder erfinden Sie schon?

Welche Kundenprozesse könnten Sie vereinfachen, verschönern oder verändern?

CQ – CHANCENINTELLIGENZ

Wo können Sie neue Märkte erschaffen – wo liegt Ihr »Blauer Ozean«?

Welche Angebotsmerkmale können Sie steigern/weglassen/einschränken/neu gestalten?

Wie lautet Ihr Ziel, das echten Zielmagnetismus entfaltet?

VON DEN BESTEN PROFITIEREN

Welche Regelbrecher und Marktführer inspirieren Sie?

Wo können Sie ausgetretene Pfade verlassen?

Welche Next-Practice-Strategien können Sie anwenden (z. B. Humor, Einzigartigkeit, Verletzung von Preisregeln, Verknappung, Storytelling, Trendscouting, Transfer von branchenfremden Strategien, Belebung von Traditionen, Innovation, Individualisierung, Fankultur, Location ...)?

GUERILLA-MARKETING

Mit welchen ungewöhnlichen Werbeaktionen können Sie Aufmerksamkeit erregen?

Wie »tickt« Ihre Zielgruppe? Worauf »fährt sie ab«?

Was würde Ihre Zielgruppe bestimmt weitererzählen?

FÜHRUNG

Wie sorgen Sie dafür, dass Ihre Mitarbeiter Ihre Marke »leben«?

Setzen Ihre Mitarbeiter Wissen optimal in Kundennutzen um?

Was tun Sie, um Ihre Mitarbeiter an sich zu binden – auch emotional?

EXPERTENSTATUS

Wie können Sie sich für Ihre Kunden als Experte profilieren?

Welche Glaubwürdigkeitsindikatoren können Sie gezielt einsetzen?

Durch welche Maßnahmen können Sie Ihren Bekanntheitsgrad steigern?

INTELLIGENTE PR

Wie erreichen Sie, dass man in der Öffentlichkeit über Sie spricht?

Durch welche Storys oder Sachthemen können Sie die Presse veranlassen, über Sie zu berichten? (Kläger-Strategie!)

Mit welchen Medien erreichen Sie Ihre Zielgruppe am besten?

WEB 3.0

Wie können Sie mehr Traffic und Umsatz über das Internet generieren?

Wie können Sie Ihren Bekanntheitsgrad über das Internet steigern?

Welche Instrumente (wie Minuten-Präsentationen) und Tools (etwa zur Auswertung) können Sie nutzen?

MARKTMACHT

Wie können Sie die Marktmacht Ihres Unternehmens stärken?

Welches trojanische Pferd kann Sie schon im Vorfeld der Kaufentscheidung mit potenziellen Kunden in Kontakt bringen?

Durch welche weiteren Instrumente heben Sie sich von Mitbewerbern ab – von individualisierten Mailings über die Nutzung von Bühnen bis zur Verleihung eines Preises?

Messlatte: Wo wollen Sie hin? | Definieren Sie die Pole-Position – dies wird Sie beim Entwickeln Ihrer Begehrlichkeitsstrategien beflügeln. Eine Möglichkeit dafür: Vergleichen Sie Ihren aktuellen Marktanteil mit dem Marktpotenzial und definieren Sie ein ambitioniertes Wachstumsziel.
Ihr Potenzial evozieren Sie mit den Fragen 1 bis 10 rechts.

Optimierungspotenzial: Die Wandlungsquote

Passiv Medien – Aktiv Response – Brief-kontakt – Telefon-kontakt – Termin-bestä-tigung – Persönliches Gespräch – Auftrag

www.hermannscherer.de | Hermann Scherer

Optimierungspotenzial: Die Wandlungsquote | Lokalisieren Sie Schwachstellen – wo auf dem Weg vom ersten Kontakt bis zum persönlichen Gespräch verlieren Sie Kunden? Woran liegt das? Was können Sie dagegen tun? Überproportionale Kundenverluste deuten darauf hin, in welchen Bereichen Sie Ihre Begehrlichkeit gezielt weiterentwickeln sollten. Die passenden Fragen 11 bis 22 finden Sie rechts.

Die Frage ist nicht, wie viele Kunden wir täglich gewinnen, sondern wie viele wir täglich nicht gewinnen und verlieren.

Analysieren Sie Ihre Kundenverlustquellen!

Wo verlieren Sie Kunden? Mit der folgenden Selbstbefragung kommen Sie dem Kundenverlust auf die Spur! Er beginnt mit einer Bestandsaufnahme und lenkt Ihre Aufmerksamkeit anschließend darauf, in welcher Phase des Kundenkontakts Optimierungspotenzial besteht.

1. Wer sind meine Kunden?
2. Wie groß ist mein Kundengebiet?
3. Wer kennt meine (Wunsch-)Kunden?
4. Wo ist mein Kunde regional?
5. Wie viele gibt es in meinem Gebiet?
6. Wie viele kaufen mein Produkt beim Mitbewerber?
7. Wie viele wären Kunde, wenn der Bedarf geweckt wäre?
8. Wie viele kaufen ein bedarfsähnliches Produkt?
9. Wen muss ich zusätzlich kontaktieren, der nicht mein Kunde ist, jedoch meine (Wunsch-)Kunden kennt (z. B. Empfehler)?
10. Wie viele Unternehmen wären nun meine Kunden?

Zwischensumme: Gesamtpotenzial

Die ersten 10 Fragen ergeben als Zwischensumme alle potenziellen Kunden. Die folgenden Fragen sollen erörtern, an welche Stellen Sie Kunden nicht gewonnen haben oder gar verlieren.

11. Wie viele potenzielle Kunden kennen mich?

12. Was muss ich tun, damit mich die anderen kennenlernen?

13. Wie viele haben/hatten einen so genannten Passivkontakt?
(Passivkontakt meint in diesem Zusammenhang, dass der Kunde meinen Auftritt, mein Logo oder meine Werbung oder mein Mailing schon gesehen hat, jedoch nicht genug motiviert war, Kontakt aufzunehmen.)

Warum habe ich diese potenziellen Kunden in dieser Phase nicht gewonnen?

14. Wie viele davon hatten »Kontakt ohne Blick und Gehör«?
(»Kontakt ohne Blick und Gehör« meint in diesem Zusammenhang, dass der Kunde zwar Kontakt mit uns hat oder hatte, jedoch nie in einem Telefongespräch oder persönlichem Gespräch, sondern lediglich über (Werbe-)Briefe, Mailings, E-Mail usw.)

Warum habe ich diese potenziellen Kunden in dieser Phase nicht gewonnen?
Wie war unsere Reaktion, wie war die Kundenreaktion?

15. Wie viele davon hatten »Kontakt ohne Blick«?
(»Kontakt ohne Blick« meint in diesem Zusammenhang, dass der Kunde zwar Kontakt mit uns hat oder hatte, jedoch nie in einem persönlichem Gespräch, in der Regel Telefonkontakt.)

Warum habe ich diese potenziellen Kunden in dieser Phase nicht gewonnen?
Wie war unsere Reaktion, wie war die Kundenreaktion?

16. Wie viele davon hatten persönlichen Kontakt?

Warum habe ich diese potenziellen Kunden in dieser Phase nicht gewonnen?
Wie war unsere Reaktion, wie war die Kundenreaktion?

17. Wie viele davon hatten einen Vorab-Termin (je nach Bedarf)?

Warum habe ich diese potenziellen Kunden in dieser Phase nicht gewonnen?
Wie war unsere Reaktion, wie war die Kundenreaktion?

18. Wie viele davon hatten einen Präsentationstermin?

Warum habe ich diese potenziellen Kunden in dieser Phase nicht gewonnen?
Wie war unsere Reaktion, wie war die Kundenreaktion?

19. Wie viele davon haben gekauft?

Warum habe ich diese potenziellen Kunden in dieser Phase nicht gewonnen?
Wie war unsere Reaktion, wie war die Kundenreaktion?

20. Wie viele davon haben eine Empfehlung ausgesprochen?

Warum habe ich diese neuen Kunden in dieser Phase nicht gewonnen?
Wie war unsere Reaktion, wie war die Kundenreaktion?

21. Wie viele davon bekamen einen After-Sales-Service?

Warum habe ich diesen Kunden nicht für Zusatzverkäufe gewinnen können?
Wie war unsere Reaktion, wie war die Kundenreaktion?

22. Wie viele davon haben wieder gekauft?

So können weitere ähnliche Fragen entwickelt werden, die auf Ihre Unternehmenssituation abgestimmt sind.

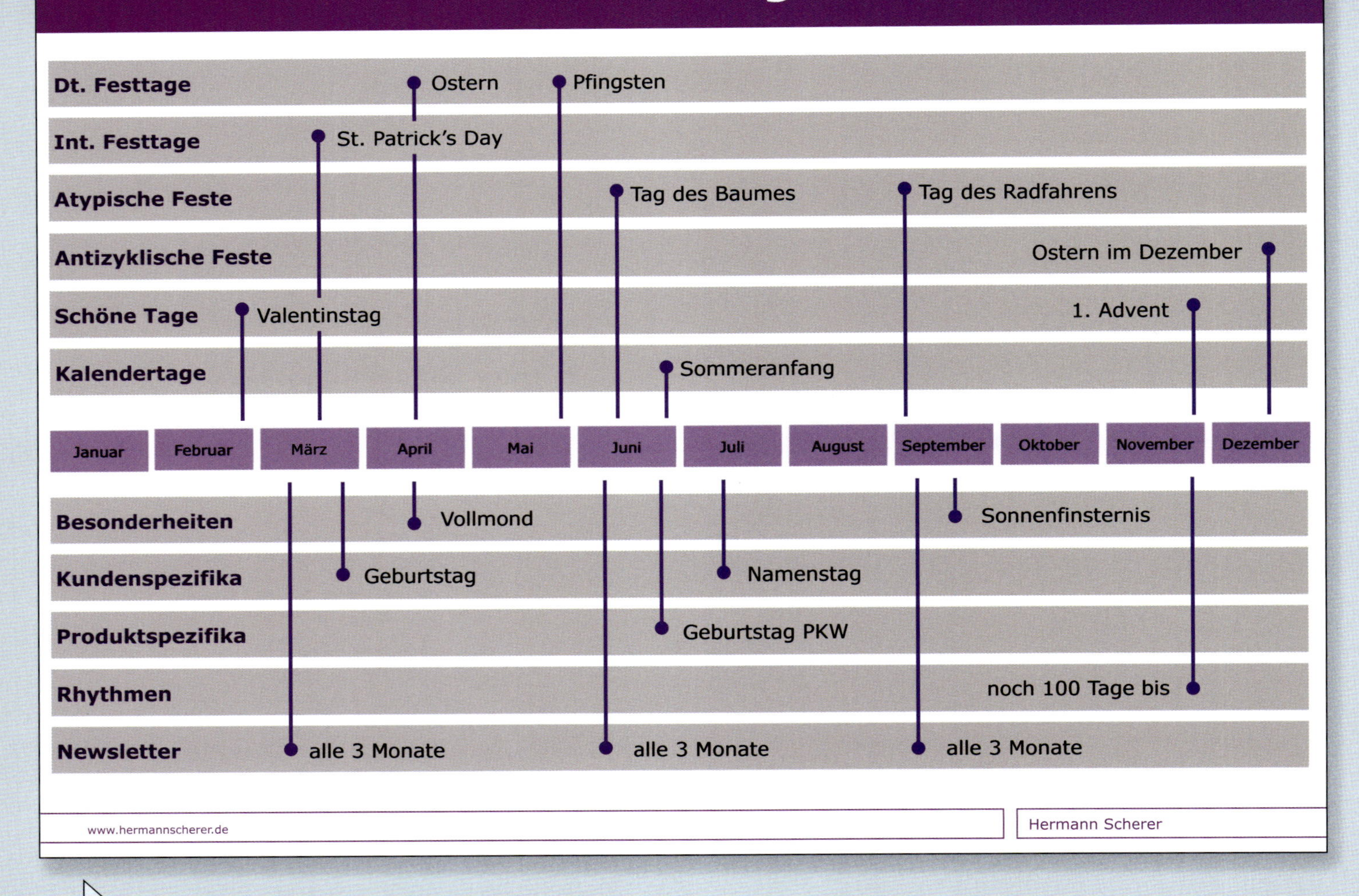

Der Außenwirkungskalender | Wer nicht im Mittelmaß versinken will, muss viele Dinge anders machen als die Wettbewerber – so eine der Kernbotschaften dieses Buches. Unternehmenserfolg im Verdrängungswettbewerb ist das Resultat einer ganzen Reihe sorgfältig komponierter Maßnahmen. Ein weiteres Instrument für diese Orchestrierung sehen Sie oben – ich nenne es den »Außenwirkungskalender«. Die Grundidee: Durch das Jahr systematisch Kontakt zum Kunden halten, ihn immer wieder mit originellen Ideen und Aktionen überraschen, verblüffen, amüsieren. Beispielsweise ist es mäßig originell, wenn ein Autohaus Geburtstagskarten verschickt. Davon bekommt der Kunde an seinem Ehrentag viele und sicherlich schönere. Witziger und wirkungsvoller wäre eine Geburtstagskarte an das Auto (»Liebes Auto, du bist jetzt schon ein Jahr alt. Wir hoffen, du stehst noch schön in Lack und Leder … Komm doch mal wieder vorbei. Wir haben auch einen Schuss Öl für dich … «). Statt die immergleichen Anlässe zu nutzen, suchen Sie nach einem ungewöhnlichen Aufhänger. Neben den klassischen Festtagen gibt es auch weniger prominente Festtage wie St. Patrick's Day oder Halloween und nahezu für alles und jeden Jahrestage – vom Tag der Poesie bis zum Tag des Wassers. Kreieren Sie Rhythmen (»noch 100 Tage bis …«), nutzen Sie persönliche Jubiläen (»seit 100 Tagen Kunde bei uns«). In der Kombination mit Standards wie einem Newsletter bleiben Sie so dauerhaft im Kundengedächtnis.

Wo sehen Sie das größte Optimierungspotenzial in Ihrer Begehrlichkeitsentwicklung?

Wie können Sie Ihre Außenwirkung erhöhen?

Machen Sie sich Ihre Notizen auf S. 335.

Starten Sie dort, wo Sie das größte Optimierungspotenzial in Ihrer Begehrlichkeitsentwicklung sehen – und zwar jetzt!

Kein passender Welttag? Beantragen Sie einen! | Ich habe keine Ahnung, wer den »Welttag des Buches« bei der UNESCO beantragt hat. Es würde mich nicht wundern, wenn es ein findiger Buchhändler gewesen ist, denn die Buchbranche nutzt den Tag ausgiebig zu Marketingzwecken. Was die Buchhändler können, können Sie schon lange, oder? Einer meiner Kunden, ein Ofenbauer, hat z. B. den »Tag des Kachelofens« vorgeschlagen. Selbst wenn er keinen Erfolg damit hat, liefert das einen perfekten Aufhänger für andere Aktionen (»Zurzeit stehen wir mit der UNESCO in Verhandlungen …«).
www.welttag-des-buches.de
www.unesco.de (Link: Die UNESCO > Facts & Figures > Gedenkanlässe)

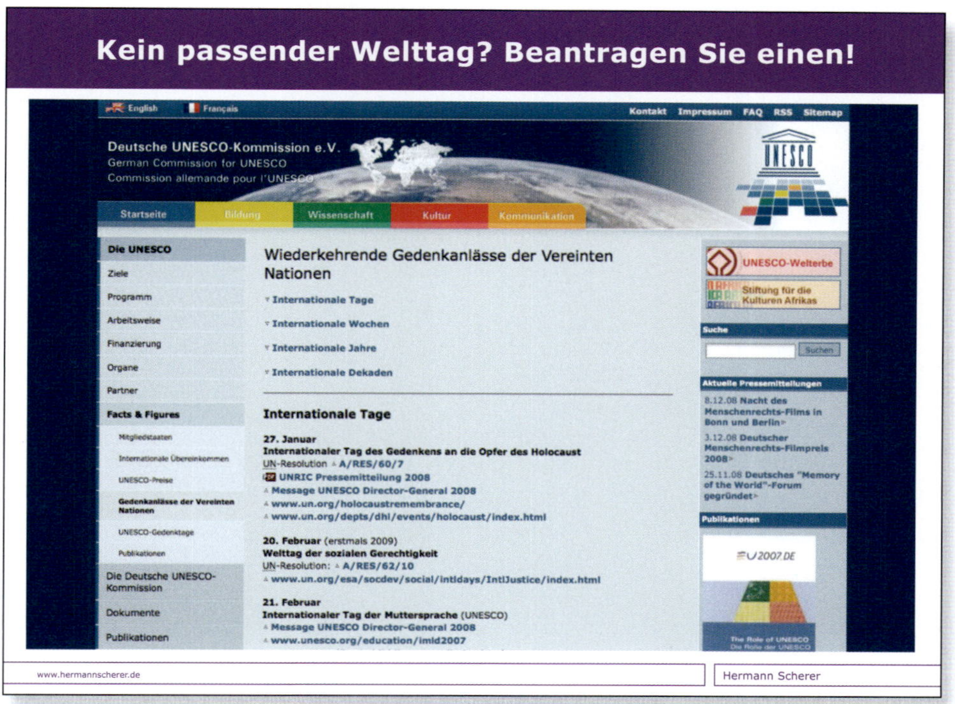

VERKAUFS-PSYCHOLOGIE

Die zwölf Phasen des Verkaufsgesprächs

»Gott gab uns nur einen Mund,
aber zwei Ohren,
damit wir doppelt so viel zuhören können,
als wir reden sollten«,

wusste schon Johann Wolfgang von Goethe. Ob sich der eloquente Herr Geheimrat, Dichter und Minister selbst an seinen Ratschlag gehalten hat, wissen wir nicht. Im Verkaufsgespräch zahlt es sich jedenfalls aus, sein Motto zu beherzigen. Ein Kunde, der sich verstanden und ernst genommen fühlt, ist am ehesten bereit für einen Abschluss. Der Verkaufserfolg entscheidet sich eben nicht primär auf der Sachebene. In den dicht besetzten Märkten von heute hat der Kunde die Wahl zwischen vielen ähnlichen Produkten zu ähnlichen Preisen mit ähnlichen Produkteigenschaften. Es sind daher die Menschen, die den Unterschied machen: Verkäufer, die sich als echte Berater ihrer Kunden verstehen, individuelle Nutzenargumente kommunizieren und Einwände glaubwürdig entkräften.

Dass Kunden nicht Produkte kaufen, sondern Problemlösungen - nicht den Schraubenzieher, sondern festgezogene Schrauben -, hat sich herumgesprochen. Dennoch hält sich hartnäckig die Erwartung, der Verkaufserfolg sei eine Frage weniger rhetorischer Tricks und todsicherer Abschlusstechniken, die ein Kundengespräch auch dann noch retten, wenn vorher etliches schiefgelaufen ist. Das ist ein Ammenmärchen. Verkaufen ist ein Gesamtprozess, der schon vor dem ersten Kontakt zum Kunden beginnt und über dessen Verabschiedung hinausgeht. Dieser Prozess lässt sich in zwölf Phasen gliedern, die wir auf den folgenden Seiten Schritt für Schritt durchgehen - von der Vorbereitung und Selbstmotivation über Begrüßung und Gesprächseinstieg bis zur Vereinbarung und Nachbereitung. Wird jede Phase professionell gestaltet, ist ein erfolgreicher Abschluss die logische Konsequenz des Verkaufsgesprächs. »Kein Sieger glaubt an den Zufall«, so Friedrich Nietzsche. Spitzenverkäufer gehen mit einer durchdachten Strategie in jedes Gespräch und legen durch souveränes Auftreten und eine individuell zugeschnittene Argumentation die Basis für eine dauerhafte Kundenbeziehung. Besonderes Gewicht kommt dabei einer ausführlichen Bedarfsanalyse zu. Viele Verkäufer preschen bereits mit einem »optimalen« Lösungsvorschlag vor, ehe ihr Kunde sein Problem überhaupt richtig loswerden konnte. Folge: Selbst wenn die Lösung objektiv passt, kauft der Kunde nicht, weil er sich überfahren fühlt und eine derartige Ad-hoc-Entscheidung kaum vor sich (und anderen) rechtfertigen kann. Es lohnt sich daher, öfter mal auf die Gesprächsbremse zu treten, zuzuhören und nachzufragen. Weniger kann auch im Verkauf mehr sein.

12 Phasen des Verkaufsgesprächs

Die Sprachmuster der Profis

1. **Vorbereitung**
Wer gründlicher voraussieht, hat seltener das Nachsehen

2. **Eigenmotivation**
Ohne Stimmung keine Zustimmung

3. **Begrüßung**
You will never get a second chance to make a first impression

4. **Einstieg**
Ohne Anamnese keine Diagnose

5. **Analyse**
Problemerkennungskompetenz lässt Lösungskompetenz vermuten

6. **Präsentation**
Wer mehr Sinne anspricht, präsentiert ausgesprochen sinnvoll

7. **Einwände beantworten**
Wer mit dem »Ja, aber« richtig umgeht, wird viele »Ja, aber« umgehen

8. **Verhandeln**
Sie bekommen nicht das, was Sie verdienen, sondern das, was Sie verhandeln

9. **Aktivierung**
Wenn es etwas mehr als nur ein gutes Gespräch sein soll

10. **Vereinbarung**
Leistung wird erst dann zum Wert, wenn sie verkauft ist

11. **Verabschiedung**
Der erste Eindruck zählt, der letzte bleibt haften

12. **Nachbereitung**
Was wir aufschreiben, können wir nicht vergessen, was wir vergessen, können wir nicht aufschreiben

www.hermannscherer.de

Hermann Scherer

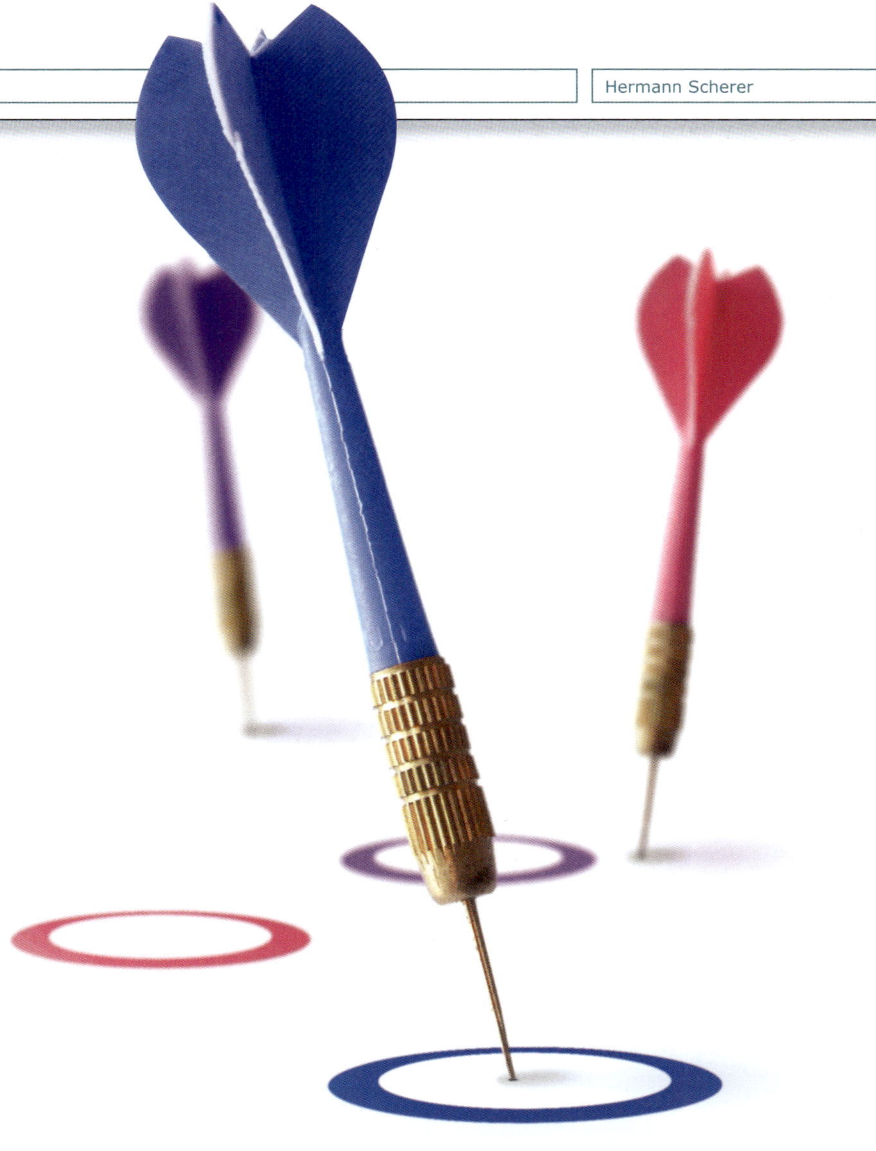

12 Phasen des Verkaufsgesprächs | Verkaufen ist ein Prozess, der nicht erst mit dem Kundengespräch beginnt und nicht schon mit dem Abschluss endet. Verkaufsprofis sind auf jede Phase des Prozesses strategisch vorbereitet – sie überlassen ihren Erfolg nicht dem Zufall, der eigenen Tagesform oder der Laune ihres Kunden!

Phase 01: Vorbereitung

Phase 01: Vorbereitung | Gute Vorbereitung stärkt Ihr Selbstvertrauen. Selbstsicherheit und ein positives Selbstverständnis sind Schlüsselfaktoren für erfolgreiches Verkaufen. Ob sie eher die sportliche Herausforderung schätzen oder den Dienst am Kunden – eins haben Spitzenverkäufer gemeinsam: Sie lieben ihren Beruf.

Fragen für Ihre Vorbereitung:

- Wie lautet Ihre Positionierung (Claim, Alleinstellungsmerkmale)?
- Was wissen Sie über Ihren Kunden (Markt, direkte Konkurrenz, aktuelle Situation, Entscheider ...)?
- Worin liegt der individuelle Kundennutzen Ihres Produktes/Ihrer Dienstleistung?
- Wie machen Sie diesen Nutzen für Ihren Kunden greifbar?
- Mit welcher Strategie gehen Sie in das Gespräch (Angebotsumfang, Preis/Konditionen, Alternativen, potenzielle Einwände)?
- Wie lautet Ihr Gesprächsziel?

01

Phase 02: Eigenmotivation

www.hermannscherer.de

Hermann Scherer

Phase 02: Eigenmotivation | Erfolgreiche Menschen sind nicht darauf angewiesen, dass ein anderer sie »motiviert«. Sie motivieren sich selbst. Dazu gehört auch, die eigenen Launen im Griff zu haben. Was schätzen Sie, wie viel Prozent des Kundenverlustes auf das Konto einer unfreundlichen oder desinteressierten Bedienung gehen? 70 %, so das Deutsche Marketingbarometer. Positiv gestimmt auf Kunden zuzugehen ist also ein enormer Wettbewerbsvorteil!

Tipps für Ihre Eigenmotivation:

- Seien Sie stolz auf Ihren Beruf!
- Verabschieden Sie sich von der Vorstellung, gegen schlechte Laune sei man machtlos. Wie wir denken und die Welt sehen, liegt sehr wohl in unserer Verantwortung – und damit auch unsere Stimmung.
- Lernen Sie, Ihre Stimmung zu steuern – mit etwas »positivem Selbstbetrug«: Schenken Sie sich ein Lächeln, denken Sie an etwas Schönes, vergegenwärtigen Sie sich Erfolge!

Phase 03: Begrüßung

www.hermannscherer.de

Hermann Scherer

Phase 03: Begrüßung | Wenn zwei Menschen sich begegnen, entscheiden sie in Sekundenschnelle, ob sie sich sympathisch sind oder nicht. Auch Kompetenz und Vertrauenswürdigkeit unseres Gegenübers beurteilen wir spontan und blitzschnell – eine Fähigkeit, die unseren Vorfahren im Neandertal das Leben retten konnte. Diese Ersturteile revidieren wir bis heute nur noch selten. Deswegen ist ein gekonnter Auftritt von Anfang an so wichtig.

Tipps für Ihre Begrüßung:

- Achten Sie auf ein gepflegtes Äußeres und ansprechende Kleidung.
- Gehen Sie offen und freundlich auf Ihren Kunden zu (Blickkontakt, Lächeln)!
- Entwickeln Sie echtes Interesse für Ihren Kunden. Ihr Gegenüber spürt, ob Sie es ehrlich meinen.
- Bereiten Sie ein angenehmes Ambiente und eine gute Gesprächsatmosphäre vor.
- Sprechen Sie Ihren Kunden mit Namen an und fragen Sie nach, wenn Sie ihn nicht verstehen.

Phase 04: Einstieg

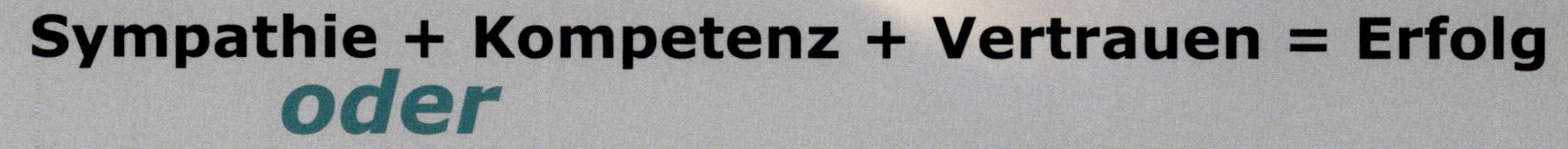

Ohne Anamnese keine Diagnose

www.hermannscherer.de

Hermann Scherer

Phase 04: Einstieg | Hier geht es darum, den positiven Ersteindruck zu verstärken, Vertrauen zu gewinnen und Kompetenz zu unterstreichen. Mit ein wenig Small Talk knüpfen Sie eine Verbindung zum Kunden. Dabei gibt es noch mehr Themen als das Wetter oder die Herfahrt: gemeinsame Geschäftspartner, Erfolge/Engagement Ihres Kunden, Hobbys, von denen Sie gehört haben ... Mit einer gekonnten Vorstellung Ihres Unternehmens und Ihrer Person beweisen Sie Kompetenz, mit der Formulierung des individuellen Kundennutzens wecken Sie Aufmerksamkeit.

Tipps:

- Bereiten Sie Ihre Selbstvorstellung gut vor.
- Suchen Sie beim Gesprächseinstieg nach Gemeinsamkeiten und meiden Sie kontroverse Themen.
- Vermeiden Sie banalen Small Talk, finden Sie einen individuelleren Gesprächsaufhänger (Vorbereitung).
- Sichern Sie sich die Aufmerksamkeit Ihres Kunden mit einem zündenden Nutzenargument.
- Dies kann sein: Geschenke, Informationen, Schaustücke, Brancheninformationen, gemeinsame Bekannte, spezielle Services, Empfehlungen, Nutzen, Freunde, Gemeinsamkeiten, Aktuelles.

Phase 05: Analyse

Phase 05: Analyse | Die Bedarfsanalyse ist das Herzstück des Verkaufs. Stellen Sie sich vor, Sie haben Bauchschmerzen und gehen zum Arzt. Der verpasst Ihnen kommentarlos eine Spritze und behauptet: »Damit geht es Ihnen gleich besser!« Selbst wenn das stimmt, werden Sie vermutlich den Arzt wechseln. Viele Verkäufer präsentieren vorschnell ihr Angebot, ohne auszuloten, was ihr Kunde wirklich will. Ein Kunde, der sich gut beraten fühlt, entscheidet sich leichter, denn er kann den Kauf vor sich und anderen besser rechtfertigen.

Tipps:

- Nehmen Sie sich Zeit, die Kaufmotive Ihres Kunden auszuloten.
- Bitten Sie Ihren Kunden, ihm Fragen stellen zu dürfen.
- Ermitteln Sie mit öffnenden Fragen, worauf es Ihrem Kunden ankommt.
- Formulieren Sie auch Fragen, die Ihren Kunden auf Probleme hinweisen (»Haben Sie auch an ... gedacht?«). Damit stärken Sie das Vertrauen in Ihre Beratung: Problemerkennungskompetenz lässt Lösungskompetenz vermuten!
- Hören Sie genau zu, achten Sie auf Zwischentöne.

Bedarfsanalyse für Fortgeschrittene

Ein junger Texaner zieht nach Kalifornien und bewirbt sich bei einem Megastore um einen Job. Der Manager fragt ihn: *»Hast du schon Erfahrung im Verkauf?«* Der Bewerber meint: *»Ja, ich hab zu Hause in Texas als Verkäufer gearbeitet.«* Der Manager mag den Jungen und stellt ihn ein: *»Du kannst morgen anfangen. Nach Ladenschluss komme ich runter und schau mal, wie du dich angestellt hast.«*

Der erste Tag im neuen Job ist nicht einfach, aber der Junge schlägt sich tapfer. Als der Laden geschlossen wird, kommt der Chef und will wissen: *»Wie viele Kunden hast du heute bedient?«* Der Junge: *»Einen.«* Darauf sein Boss: *»Was, nur einen?! Im Schnitt haben meine Leute 20 bis 30 Kunden pro Tag. Wie viel hast du denn eingenommen?«* Der Junge: *»101.237 Dollar und 64 Cent.«* Sein Chef: *»101.237 Dollar!?? Was hast du verkauft?«* Der Junge: *»Na ja, zuerst hab ich dem Kunden einen kleinen Angelhaken verkauft. Dann hab ich ihm einen mittelgroßen Haken verkauft. Danach einen noch größeren. Dann verkaufte ich ihm eine neue Angelrute. Dann fragte ich ihn, wo er denn fischen will, und er sagte, an der Küste, und deshalb hab ich ihm erzählt, da würde er ein Boot brauchen. Deshalb sind wir in die Bootsabteilung runtergegangen, und ich hab ihm ein Motorboot von Chris Craft verkauft. Dann fiel ihm ein, dass sein Honda Civic das Boot wahrscheinlich nicht ziehen kann, und deshalb sind wir in die Autoabteilung, wo ich ihm einen SUV verkauft hab.«* Der Boss: *»Da kam jemand und wollte einen Angelhaken kaufen, und du hast ihm ein Boot und einen Geländewagen verkauft?«* Der Junge: *»Nö, er kam, um eine Packung Migränetabletten für seine Frau zu kaufen. Und ich hab gesagt: ›Wenn das Wochenende sowieso im Eimer ist, gehen Sie doch lieber gleich fischen!‹ «*

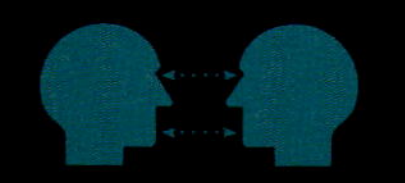

Welche Lösungen bieten Ihre Verkäufer an?

Wodurch sind sie darauf vorbereitet, die Kundensituation überzeugend zu analysieren?

Machen Sie sich Ihre Notizen auf S. 335.

Phase 06: Präsentation | »Der Köder muss dem Fisch schmecken und nicht dem Angler«, so eine bewährte Verkäuferweisheit. Rücken Sie den individuellen Kundennutzen bei Ihrer Präsentation in den Mittelpunkt – wenn Sie den Bedarf Ihres Kunden sorgfältig ausgelotet haben, wissen Sie, worauf es ihm ankommt. Vermeiden Sie Fachchinesisch und nüchternes Aufzählen von Produkteigenschaften; präsentieren Sie gekonnt und mitreißend.

Tipps:

- Präsentieren Sie nicht über den Kopf des Kunden hinweg, sondern stellen Sie sich auf ihn ein: »Das bedeutet für Sie ...«
- Verdeutlichen Sie den Kundennutzen, statt Produkteigenschaften aufzuzählen.
- Liefern Sie Begründungen und Beweise, nicht nur Behauptungen.
- Wählen Sie eindrückliche Bilder und Vergleiche, vermeiden Sie »Anti-Wörter« (eigentlich/im Prinzip/möglichst, würde/könnte, nur, ja, aber ...).
- Machen Sie sich mit modernen Präsentationstechniken und -methoden vertraut.
- Denken Sie daran: Der Kunde kauft eine Problemlösung, kein Produkt.

Weitere Tipps:

- Demonstrationsmöglichkeiten im Verkauf
- Produkt selbst demonstrieren
- Muster geben oder ausprobieren lassen
- Prospekt (Sammel- und Spezialprospekte)
- Datenblätter und techn. Spezifikationen
- Fotos oder Zeichnungen
- Schemata, Diagramme, Mikroskop- und Flug-Aufnahmen
- Skizzen/Pläne
- Organisationsschema (interne Zuständigkeit)
- Filialen- und Servicestellen-Übersicht
- Flip-Chart, Pinnwand
- Hellraum-Projektionen
- Dias und Tonbildschauen
- Filme und Videobinder
- Funktionsmuster/Simulatoren
- Ablaufschemata
- Prüfberichte von Teststellen/-organisationen
- Referenzlisten/Zeigen von Referenzanlagen
- Inseratbeispiele
- Technische Abhandlung besprechen
- Wirtschaftlichkeitsberechnungen
- Vorteil-Nachteil-Bilanz aufstellen

Phase 07: Einwände beantworten

www.hermannscherer.de | Hermann Scherer

Phase 07: Einwände beantworten | Freuen Sie sich über Einwände! Warum? Weil Ihr Kunde damit ernsthaftes Interesse beweist. Ein Kunde, der sich innerlich schon verabschiedet hat, bringt keine Einwände. Lassen Sie sich also von einem »Ja, aber« nicht schrecken, sondern betrachten Sie es als Kaufsignal. Ein überzeugend entkräfteter Einwand ist ein Meilenstein auf dem Weg zum Abschluss. Weichen Sie dagegen aus, werden viele weitere »Abers« folgen. (Kluge Ehemänner antworten deshalb auf die gefürchtete »Schatz, liebst du mich eigentlich (noch)?«-Frage auch niemals mit einem halbherzigen »Das weißt du doch …«, sondern treten gleich die Flucht nach vorn an.)

Tipps:

- Bereiten Sie Antworten auf die gängigen Einwände vor.
- Nehmen Sie Kundeneinwände immer ernst, aber niemals persönlich.
- Geben Sie zusätzliche fundierte Informationen und berichten Sie von Erfahrungen anderer Kunden.
- Sprechen Sie versteckte Einwände offen an, wenn Sie merken, dass Ihr Kunde zögert.

Phase 08: Verhandeln | »Da ist doch bestimmt noch was drin, oder?« Geben Sie als Verkäufer solchen Ansinnen nicht gleich nach. Bereitwillige Preisnachlässe untergraben Ihre Glaubwürdigkeit: Ihr Kunde vermutet, da wäre noch mehr möglich gewesen, oder er kommt ins Grübeln, ob er bisher immer zu viel bezahlt hat. Machen Sie sich klar, dass Preise vom Kunden immer in Relation zur gebotenen Leistung gesehen werden, und legen Sie daher den Schwerpunkt auch bei der Preisverhandlung auf die Nutzenkommunikation. Mehr zum Thema »Verhandeln« ab Seite 277, MODUL 22.

Tipps:

- Gehen Sie gut informiert in die Verhandlung – Sie sollten z. B. die Preise der Wettbewerber kennen.
- Nennen Sie Preise immer in Verbindung mit Leistungen.
- Wiederholen Sie Nutzenargumente und verteidigen Sie Ihren Preis.
- Reduzieren Sie für einen geringeren Preis möglichst auch den Leistungsumfang.
- Bieten Sie statt eines Preisnachlasses eine kleine Zusatzleistung an (Beispiel: das Pflegemittel zum Schuh).
- Verkaufen Sie nicht »um jeden Preis«: Die Bereitschaft, ein Geschäft auch mal platzen zu lassen, stärkt Ihre Souveränität.

Harte »Merksätze« der Einkäufer:

- Alle Produkte sind gleich oder werden gleichgemacht
- Spiele die Anbieter gegeneinander aus (auch dann, wenn es nur einen gibt)
- Nutzen und Mehrwert interessieren nicht
- Hören Sie nicht zu, vergleichen Sie Preise
- Nicht Meinungen, sondern Zahlen zählen
- Es gibt keine Beziehungen, sondern Prozesse

Phase 09: Aktivierung | Ist Ihr Kunde bereit zum Abschluss? Um das herauszufinden, fassen Sie die wichtigsten Inhalte des Gesprächs zusammen, resümieren die Nutzenargumente und fragen, ob für Ihren Kunden noch entscheidungsrelevante Punkte offen sind. Enden Sie mit einer geschlossenen Frage: Entspricht das Angebot seinen Vorstellungen? Darauf ist nur ein Ja oder Nein möglich. Will Ihr Kunde es sich »noch einmal überlegen«, bestärken Sie ihn selbstbewusst darin, eine Entscheidung zu treffen: »Ich bin mir sicher, wenn Sie sich heute entscheiden, werden Sie sich später zu Ihrem Entschluss gratulieren!«

Weitere Tipps:

- Holen Sie – auch schon während des Gesprächs – Zwischenbestätigungen ein (»Ist das o.k. so?«, »... nicht wahr?«).
- Machen Sie Ihrem Kunden bewusst, was ein Nichtlösen des Problems für ihn bedeutet. Fragen Sie also gezielt nach negativen Konsequenzen. Auf solche Implikationsfragen setzt die SPIN-Selling-Methode (siehe Seite 119).
- Unterstreichen Sie selbstbewusst die Vorteile Ihres Angebots.

Phase 10: Vereinbarung | Die meisten Menschen haben Angst vor Misserfolg und Fehlern. Kein Wunder also, dass viele Verkäufer Angst vor einem Nein des Kunden haben. Setzen Sie lieber auf Gelassenheit! Je mehr Zuversicht Sie ausstrahlen, desto höher wird Ihre Erfolgsquote sein. Bedenken Sie: Allein aus diesem Grund kommen viele Aufträge nicht zustande. Der Verkäufer hat nie danach gefragt.

Tipps:

- Legen Sie dem Kunden am Schluss ganz selbstverständlich das Auftragsformular vor.
- Bitten Sie ihn »als Zeichen seines Einverständnisses« zu unterschreiben. Sagen Sie niemals: »Sie müssen dann noch hier unterschreiben!«
- Sagen Sie einem unentschlossenen Kunden offen, dass Sie seinen Auftrag schätzen würden. Fragen Sie ihn, was Sie tun können, um ihn zu überzeugen.
- Gehen Sie erst, wenn Sie sich das Recht gesichert haben, wieder mit dem Kunden in Kontakt zu treten (»Wenn ich bis ... nichts von Ihnen gehört habe, melde ich mich bei Ihnen«).

Phase 11: Verabschiedung | Nutzen Sie die Verabschiedung, um bei Ihrem Gegenüber in angenehmer Erinnerung zu bleiben. So legen Sie die Basis für eine gute Geschäftsbeziehung. Denken Sie daran, dass nach dem Abschluss die Phase der Entscheidungsrechtfertigung folgt. Gratulieren Sie Ihrem Kunden daher ausdrücklich zu seinem Entschluss.

Tipps:

- Bleiben Sie nicht im Vagen, sondern werden Sie präzise: »Sie werden sehen, dass Ihre Entscheidung genau die richtige war! Mit diesem System werden Sie erhebliche Kosten sparen.«
- Bedanken Sie sich für den Abschluss und sagen Sie, dass Sie sich auf eine zukünftige erfolgreiche Geschäftsbeziehung freuen.
- Kündigen Sie an, dass Sie Ihren Kunden über interessante Angebote auf dem Laufenden halten werden.
- Fragen Sie Ihren Kunden am Ende eines Gesprächs, das gut verlaufen ist, nach Empfehlungen.
- Nehmen Sie sich Zeit für ein wenig Small Talk.
- Verabschieden Sie einen »Noch-nicht-Kunden« genauso freundlich. Vielleicht klappt es ja zukünftig?

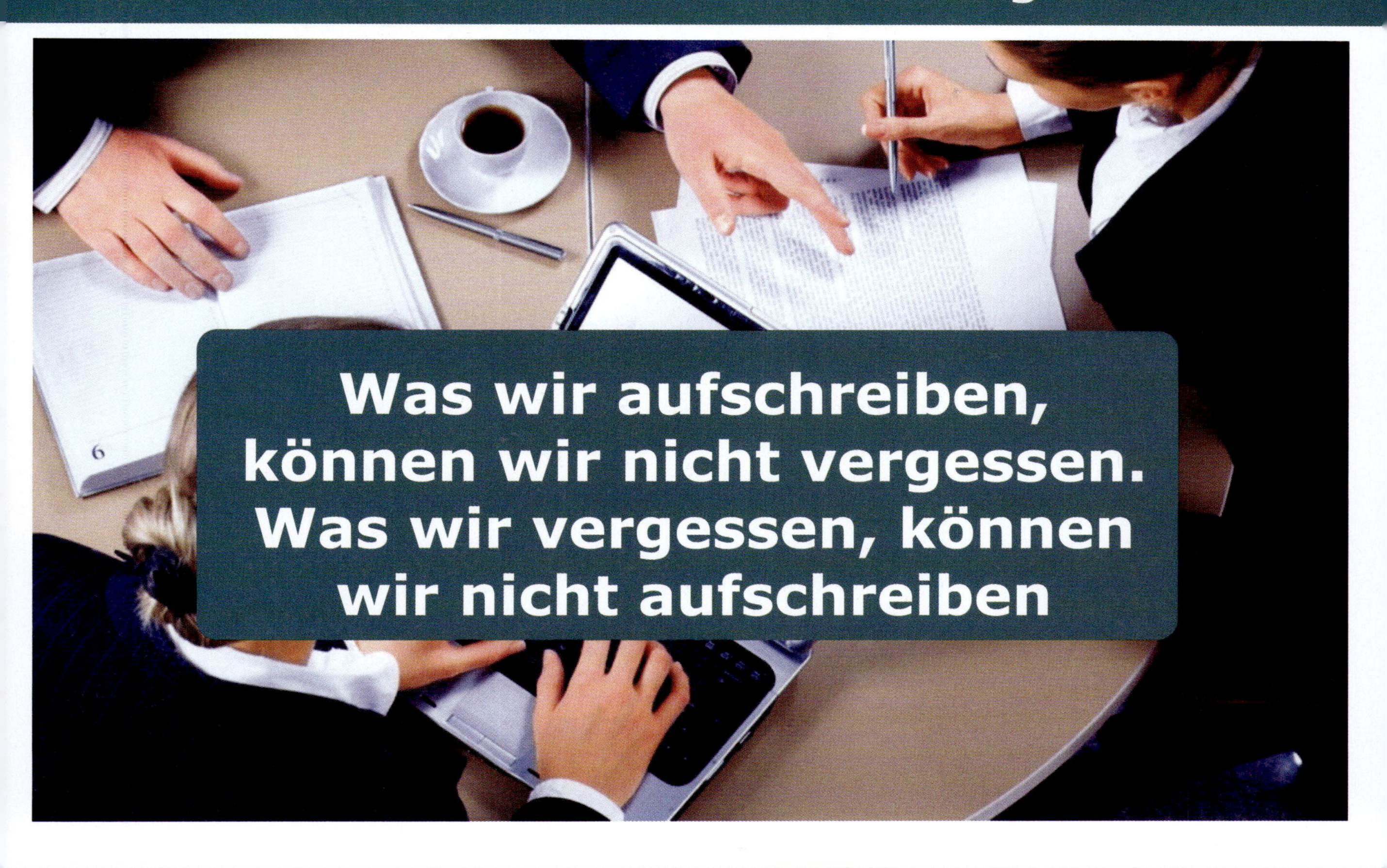

Phase 12: Nachbereitung | Nach dem Kauf ist vor dem Kauf! Versuchen Sie, aus jedem neuen Kunden einen Stammkunden zu machen. Dazu muss die Auftragsabwicklung durch Ihr Backoffice halten, was Ihr eigener Auftritt versprochen hat. Sorgen Sie für re bungsfreie Prozesse.

Weitere **Tipps:**

- Fragen Sie Ihren Kunden nach angemessener Zeit, ob er mit seinem Kauf zufrieden ist – per Telefon, Brief, Mail oder Fax.
- Nehmen Sie Hinweise des Kunden in jedem Fall ernst, reagieren Sie auf Kritik.
- Führen Sie eine Kundendatei mit wichtigen Daten (von persönlichen Vorlieben oder Hobbys bis zu Besonderheiten in Ihrer Geschäftsbeziehung).
- Pflegen Sie Ihre Kundenkontakte sorgfältig, bringen Sie sich auf originelle Weise in Erinnerung (siehe zum Beispiel den im letzten Kapitel vorgestellten »Außenwirkungskalender«).
- Gehen Sie nach angemessener Zeit mit einem neuen Angebot auf Ihren Kunden zu.

VERHANDELN

Sie bekommen nicht das,
was Sie verdienen,
sondern das,
was Sie verhandeln

»Gute Verhandlungstaktik besteht darin, die Antworten zu provozieren die man haben will«,

so der Publizist Hans Habe. Erfahrene Verhandler werden dem zustimmen: Es bringt wenig, die andere Seite in einer Verhandlung zu »besiegen«, denn das erweist sich meist als Pyrrhussieg und belastet die Beziehung zum Kunden. Ebenso ungünstig ist es jedoch, selbst hohe Zugeständnisse zu machen. Das programmiert weiter gehende Kundenforderungen geradezu vor. Der goldene Mittelweg beim Verhandeln ist oft genug als »Win-win« beschrieben worden. Anders als angenommen meint das keineswegs, sich einfach in der Mitte zu treffen. Echtes Win-win bedeutet, dass beide Seiten den Verhandlungstisch in dem guten Gefühl verlassen, für sie wesentliche Punkte durchgesetzt zu haben. Dies etwa auf den Preis zu reduzieren, der sich stereotyp in der Mitte zwischen Forderung und Angebot einpendelt, zeugt in Wahrheit von der Fantasielosigkeit der verhandelnden Parteien.

Erfolgreiche Verhandler geben ihrem Gegenüber das gute Gefühl, erfolgreich verhandelt zu haben. Hier ist ganz bewusst vom »Gefühl« die Rede: Dass es im Business vorwiegend rational und sachlich zuginge, ist nicht mehr als eine liebgewonnene Illusion. In vielen Verhandlungen werden unter Zeitdruck Zugeständnisse gemacht, die man am nächsten Morgen bitter bereut. Oder es werden Projekte weiter vorangetrieben und Einigungen forciert, weil man schon viel Energie und Zeit investiert hat, obwohl nüchtern betrachtet ein Ausstieg und die Abschreibung des bisherigen Aufwandes eindeutig die bessere Wahl wären. Solche Momente lassen sich taktisch in eine Verhandlung einbringen. Wer erfolgreich verhandeln will, muss daher die gängigen Strategien und Taktiken beherrschen. Ob er jede dieser Strategien selbst einsetzen will, ist eine andere Frage.

Sich sorgfältig auf Verhandlungen einzustimmen und vorzubereiten lohnt sich, denn nirgendwo lässt sich schneller Geld verdienen als beim Verhandeln. Kalkulieren Sie einfach, was Ihre Arbeitsstunde wert war, wenn Sie einem Businesskunden in einer 30-minütigen Verhandlung nur um 1.000 Euro entgegenkommen, statt Ihren maximalen Spielraum von 2.500 Euro auszuschöpfen. Sie werden in solchen Gesprächen immer häufiger auf gut geschulte und akademisch qualifizierte Verhandlungspartner treffen: Die Position des Einkäufers ist in den letzten Jahren in vielen Unternehmen stark aufgewertet worden. Und auch viele Endverbraucher sind heute besser vorbereitet und verhandlungsbereiter als früher: Das Internet vereinfacht den Preisvergleich, und spätestens seit dem Fall des Rabattgesetzes wird das Handeln mehr und mehr zum Volkssport. Gründe genug also, auch beim Verhandeln den Erfolg nicht dem Zufall zu überlassen.

Buchtipp: Hermann Scherer: »Sie bekommen nicht, was Sie verdienen, sondern was Sie verhandeln« 3. Aufl. 2009

Im Business geht es doch rational zu? | Beginnen wir mit einem kleinen Gedankenspiel: Sie sind der Geschäftsführer eines Unternehmens, das Militärflugzeuge baut. Sie haben eine Million Euro für die Planung eines heimlichen Flugzeuges zugesichert. Nachdem 900.000 Euro verbraucht wurden, hat ein Mitbewerber ein Flugzeug auf den Markt gebracht, das in jedem Hauptaspekt besser ist als das Flugzeug, das Sie geplant hatten. Würden Sie die restlichen Gelder in das Projekt investieren?
Bei einem Test antworteten 85 % der Versuchspersonen mit »ja« auf diese Frage. In einer Vergleichsgruppe, der die gleiche Frage gestellt wurde, ohne die Zahlen zu nennen, stimmten nur 17 % zu, das Projekt zu Ende zu bringen. So viel zur Rationalität von Entscheidungsprozessen. Eine Fehlinvestition von 900.000 Euro wird natürlich nicht dadurch besser, dass man die restlichen 100.000 Euro auch noch hinterherwirft. Dennoch lassen Menschen sich von »sunk costs«, irreversiblen Kosten, die bereits entstanden sind, zum kopflosen Weitermachen verleiten. Das gilt nicht nur im Business, sondern auch privat, nicht nur für Geld, sondern auch für andere Investitionen: Fragen Sie einmal Menschen, die in ungeliebten Jobs oder unglücklichen Beziehungen stecken, was Sie hindert, das »Projekt« abzubrechen …

Jagdfieber … | Stolze 14 Euro Aufpreis war diesem Kunden das Erfolgserlebnis bei der Internetauktion wert, noch dazu für einen Gutschein, der bei jedem IKEA-Haus problemlos günstiger zu haben gewesen wäre. Hin und wieder scheint tatsächlich das Reptiliengehirn die Regie in unserem Leben zu übernehmen.
Es ist übrigens die Gewöhnung an den Besitz und die damit schon verbundene Verlustangst, die uns in Versteigerungen so agieren lässt, meint Dan Ariely, Professor am MIT.

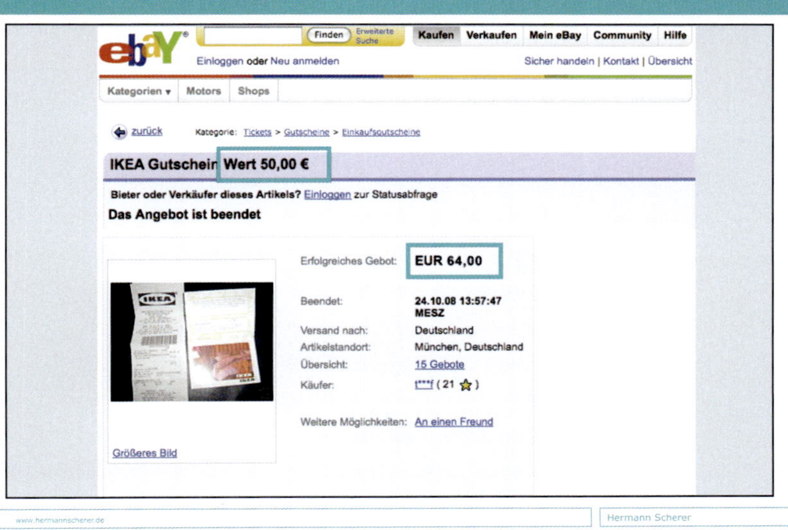

Wer nicht handelt, der handelt sich was ein | Verhandeln ist ein Spiel, das etablierten Regeln folgt. Wer mitspielen will, sollte diese Grundregeln kennen. Eine davon lautet: Das Eröffnungsangebot eines professionellen Verhandlers muss nicht letztes Wort sein.

Win-win-Verhandlung … | Dies ist oft die letzte Reißleine im Kundengespräch, dass man doch eine Win-win-Lösung finden möchte. Auf rein sachlicher Ebene gesehen ein anstrebenswertes Vorhaben, das Sie auf keinen Fall vernachlässigen sollten. Auf psychologischer Ebene werden Sie damit keine Zufriedenheit generieren können. Eine »Win-lose«-Situation gibt demjenigen ein besseres Gefühl, der (scheinbar) gewonnen hat. Ein Beispiel dazu? Sie geben eine Annonce auf, um Ihr Auto zu verkaufen. Sie inserieren das Schmuckstück zu einem Preis von 34.000 Euro, in der Hoffnung, den Schwacke-Eurotax-Schätzwert von 30.000 Euro zu erzielen.

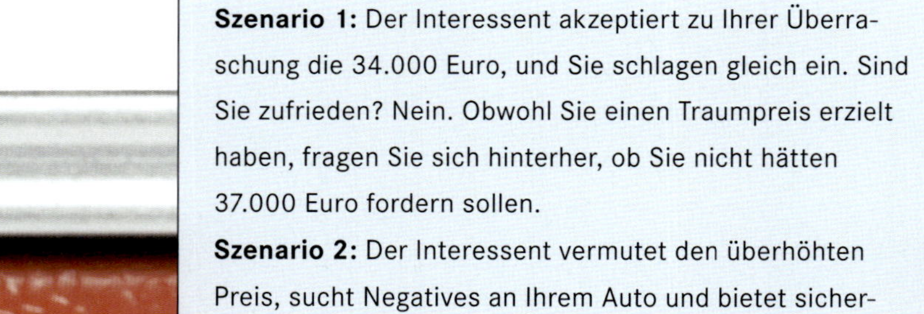

Szenario 1: Der Interessent akzeptiert zu Ihrer Überraschung die 34.000 Euro, und Sie schlagen gleich ein. Sind Sie zufrieden? Nein. Obwohl Sie einen Traumpreis erzielt haben, fragen Sie sich hinterher, ob Sie nicht hätten 37.000 Euro fordern sollen.

Szenario 2: Der Interessent vermutet den überhöhten Preis, sucht Negatives an Ihrem Auto und bietet sicherheitshalber 26.000 Euro. Aus welchen Gründen auch immer willigen Sie ein. Ist Ihr Interessent zufrieden? Wohl kaum, obwohl auch er einen Traumpreis durchgesetzt hat. Er grübelt, ob er noch weniger hätte bieten sollen.

Beide Parteien haben bei dem obigen Szenarium ihren Traumpreis erzielt, und dennoch werden beide damit nicht zufrieden sein.

Fazit: Win-win hört sich gut an, ist sachlich gesehen für zukünftige Verhandlungen wichtig, jedoch psychologisch unwahrscheinlich. Ein psychologischer Verhandlungserfolg kann oft erst dann stattfinden, wenn vorher eine »Reibung« stattgefunden hat. Menschen (Männer?) wollen nicht eine für beide Seiten passende Lösung – sie wollen schlicht eins: gewinnen!

Psychologie der Verhandlungszufriedenheit | Kluge Verhandler geben Ihrem Verhandlungspartner das Gefühl, das Terrain als Sieger zu verlassen. Das bedeutet einerseits, sich der Verhandlungssituation zu stellen und es dem Gegenüber nicht zu leicht zu machen, andererseits, genügend Punkte auf dem Verhandlungstisch zu haben, um dem Gegenüber in einem für ihn wichtigen Punkt einen Sieg zu ermöglichen – um im Windschatten dieses Triumphes und ohne großes Aufheben eigene wichtige Punkte durchzusetzen.

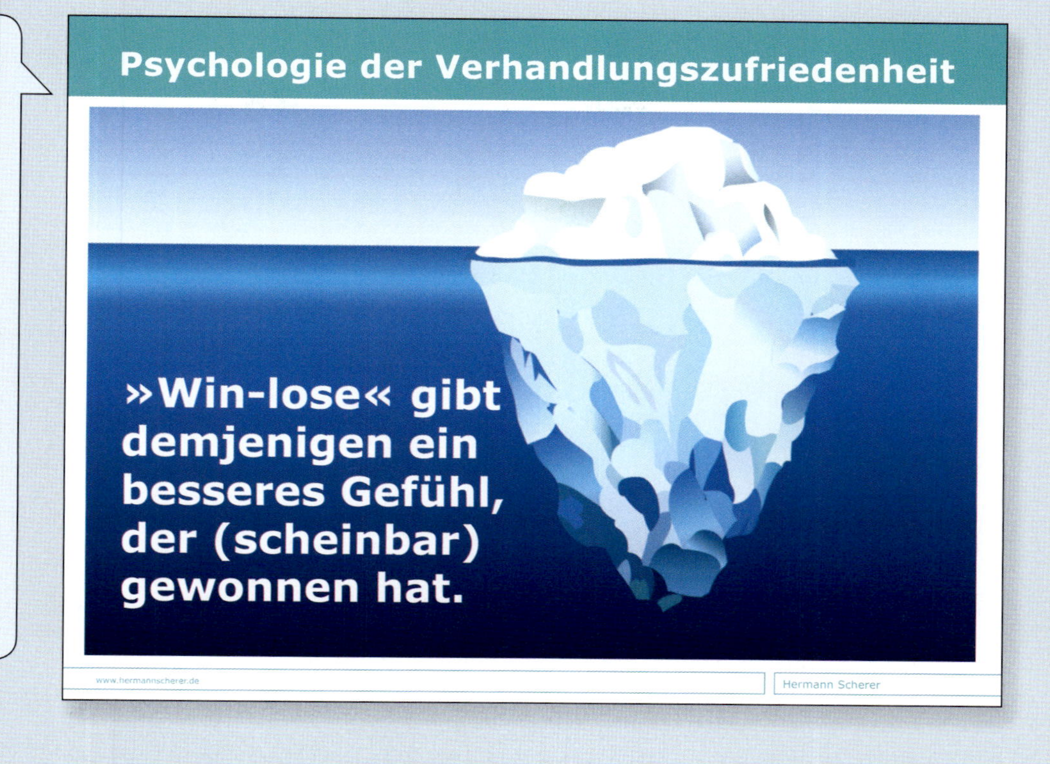

Sanfte Sprache | Welche der beiden Formen ist »Takete«, welche »Maluma«? Wenn Sie die grüne Wolke mit Maluma assoziieren und das gezackte Gebilde mit Takete, geht es Ihnen wie den allermeisten Menschen. Ende der zwanziger Jahre fand der Sprachwissenschaftler Wolfgang Köhler heraus, dass fast alle Befragten den reinen Fantasieworten die grafischen Formen so zuordnen. Dass Sprache nicht nur sachliche Inhalte transportiert, sondern Emotionen weckt, wissen (nicht nur) Forscher schon lange. Viele Geschäftspartner präsentieren ihr Angebot dennoch »maluma« und schalten bei der eigentlichen Verhandlung abrupt um auf »takete«. Dabei würde eine sanfte Sprache ihren Verhandlungserfolg befördern. Hart in der Sache und sanft im Ton, lautet ein bewährtes Verhandlungsrezept.

Fortiter in re,
suaviter in modo.
Stark in der Sache, süß (sanft) in der Form.

Argumente schlagen Rabatte.

Prinzip der mutigen Eröffnung

www.hermannscherer.de | Hermann Scherer

Prinzip der mutigen Eröffnung | Stellen Sie zu Beginn eine »übertriebene« Forderung – fordern Sie das Maximum, das möglich ist, ohne Ihre Glaubwürdigkeit zu erschüttern. Sie werden erstaunt sein, was alles durchsetzbar ist. Außerdem gibt Ihnen das den nötigen Spielraum, um sich im weiteren Verlauf der Verhandlung flexibel zu zeigen.

Gesetz der Reziprozität

Damit Geben und Nehmen in Einklang bleibt.

www.hermannscherer.de | Hermann Scherer

Gesetz der Reziprozität | Machen Sie niemals Zugeständnisse, ohne eine Gegenleistung zu erwarten. Wenn Sie Ihrem Kunden beispielsweise einen unüblichen, zusätzlichen Service bieten können, sollte ihm das im Gegenzug einen höheren Preis wert sein. Überlegen Sie im Vorfeld einer Verhandlung, in welchem Punkt Sie Ihrem Kunden entgegenkommen können, ohne dass es Ihnen weh tut.

Schlüsseldienst-Prinzip

Der Wert einer Dienstleistung verliert mit dem Zeitpunkt der Erbringung.

www.hermannscherer.de | Hermann Scherer

Schlüsseldienst-Prinzip | Wenn Sie bei der Heimkehr zu nächtlicher Stunde feststellen, dass Sie beim Verlassen der Wohnung Ihren Hausschlüssel vergessen haben, ist Ihnen der Mann vom Schlüsseldienst schnell über 100 Euro wert. Doch sobald sich Ihre Wohnungstür nach 10 Sekunden mit einem leisen »Klick« geöffnet hat, ärgern Sie sich über die Summe, die Sie nun berappen müssen. Der Wert einer Dienstleistung verliert mit dem Zeitpunkt der Erbringung. Handeln Sie den Preis für Ihre Dienstleistung deshalb in jedem Fall vor der Erbringung aus!

Die Aufmerksamkeit lenken | Unser Gehirn hat einen einfachen Mechanismus: Es prüft Behauptungen reflexartig auf ihren Wahrheitsgehalt. Ungezählte Sonntagabend-Talkshows leben vom Schlagabtausch der Diskutanten, der sich aus diesem Mechanismus ergibt. Setzt jemand dagegen die Hauptaussage als selbstverständlich voraus – beispielsweise, indem er sie in einen Nebensatz oder eine Frage einbettet, wird nicht mehr die eigentliche Aussage, sondern allenfalls die Einbettung hinterfragt. Ein Beispiel: Statt »Sie sparen bei diesem Produkt viel«, sagen Sie: »Ist Ihnen aufgefallen, wie viel Sie bei diesem Produkt sparen?« Oder statt zu behaupten »Unser Unternehmen unterscheidet sich ganz deutlich von den Mitbewerbern«, erkundigen Sie sich: »Wissen Sie, was unser Unternehmen von all unseren Mitbewerbern unterscheidet?« Sie lenken, wie andere Leute denken.

Was können Sie an Ihrer Verhandlungs-Strategie ändern?

Machen Sie sich Ihre Notizen auf S. 335.

Argumentationsketten knüpfen | Eine weitere Strategie, die in die gleiche Richtung zielt wie die eben beschriebene Einbettung: Wenn Sie Ihr Gegenüber von einer Sache überzeugen wollen, stellen Sie diese nicht einfach »nackt« in den Raum. Sprechen Sie zwei bis drei unbestreitbare Fakten an und präsentieren Sie Ihr Anliegen als plausible Schlussfolgerung. Ein Beispiel: Statt: »Wie machen wir jetzt weiter?« oder »Sind Sie zu dem nächsten Schritt bereit?«, sagen Sie: »Sie haben sich für die Farbe Ihrer Wahl entschieden (Fakt 1), Sie haben die richtige Ausstattung gewählt (Fakt 2), Sie haben sich mit Ihrer Frau besprochen (Fakt 3), Sie ... (Fakt 4). Das zeigt mir, dass Sie motiviert und bereit zum nächsten Schritt sind.«

Argumentationsketten knüpfen

Fakt
+ Fakt
+ Fakt
+ Plausibilität
=
Glaubhaftigkeit

100% SICHER 100%

www.hermannscherer.de
Hermann Scherer

Wer fragt, führt, wer begründet, überzeugt, wer beweist, ist glaubhaft.

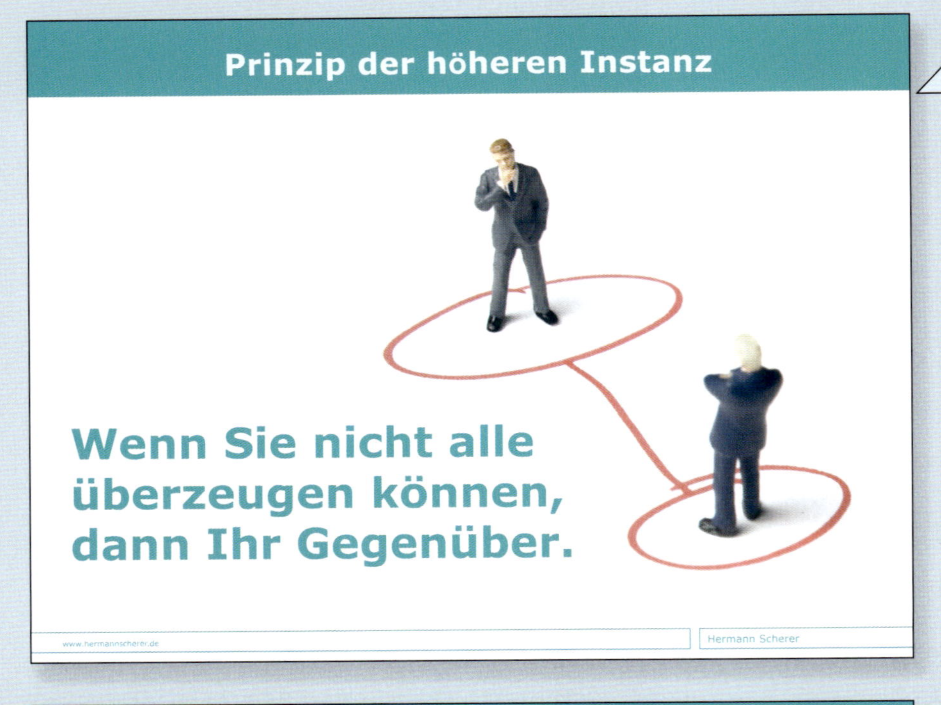

Prinzip der höheren Instanz | Kunden lieben es, in der Verhandlung eine höhere Instanz ins Spiel zu bringen. Eine Strategie, die am häufigsten und am wirkungsvollsten eingesetzt wird. Im Privatkundenbereich ist eine höhere Instanz der Ehepartner. (»Da muss ich erst mal meinen Partner fragen.«) Im B2B-Bereich der Chef, der CEO, der Berater. Sollten Sie die Situation im Vorfeld nicht ausgeschlossen haben, so steht es 0:1. Prüfen Sie die Einstellung des Gegenübers mit Fragen: »Wie sehen Sie persönlich das Angebot?« oder »Angenommen, Sie könnten alleine entscheiden, wie würden Sie entscheiden?«. Die positive Reaktion quittieren Sie beispielsweise mit: »Was können wir dann gemeinsam tun, damit wir Ihren Chef überzeugen?« Bei einer zweifelnden Reaktion erwidern Sie: »Anscheinend konnte ich Sie noch nicht ganz überzeugen, was fehlt noch, damit Sie persönlich hinter der Entscheidung stehen können?« Erst wenn Ihr Gegenüber überzeugt ist, kann er – letztlich in Ihrem Namen – andere davon überzeugen.

Spiel mit verteilten Rollen | Das kennen Sie aus dem Verhör im Fernsehkrimi: Einer der Kommissare tritt betont barsch und unfreundlich auf, der andere schlägt sich scheinbar auf die Seite des Verdächtigen. Ist der Befragte genügend verunsichert, übernimmt der »Good Guy« die Regie und entlockt ihm, was er wissen will. Auch in Verhandlungen ist die Gegenseite unter dem Einfluss des »Good Guy« zu Zugeständnissen bereit. Meist fragt dieser: »Wir kommen schon ins Geschäft, aber irgendein Erfolgserlebnis brauche ich für ihn« (Bad Guy).

Prinzip des Ausräucherns | Verhindern Sie von vornherein, dass Ihr Kunde Einwand an Einwand reiht und Sie langsam, aber sicher weichklopft. Mit der simplen Frage »Wenn wir Ihren Einwand A lösen, wäre die Sache dann für Sie okay?« haben Sie potenzielle weitere Einwände in vielen Fällen auf einen Schlag vom Tisch.

Preise: Tendenz zur Mitte nutzen | Wenn Sie etwas Teures verkaufen wollen, stellen Sie etwas noch Teureres dazu. Wenn Sie viel verkaufen wollen, stellen Sie noch mehr dazu. Wenn Sie eine große Idee realisiert haben wollen, stellen Sie eine noch größere Idee dazu. Warum? Natürlich sollten wir unserem Gegenüber die Entscheidung aufgrund zu vieler Alternativen nicht erschweren. Jedoch beeinflussen die Auswahlmöglichkeiten die Wahl des Gegenübers.

Nehmen wir an, ein Weinhändler führt einen Chablis zu 11 Euro und einen zu 22 Euro. Viele Kunden neigen in dieser Situation zum günstigeren Angebot. Anders sieht es aus, wenn der Händler drei Weine führt: einen zu 11, einen zu 22 und einen zu 69 Euro. Der letzte ist den meisten Kunden zu kostspielig, doch der erste erscheint ihnen nun plötzlich »zu billig«. Einer meiner Beratungskunden konnte durch diese simple Strategie den Absatz des 22-Euro-Weins mehr als verdreifachen. Das funktioniert auch in anderen Bereichen, beispielsweise bot ein Industriepumpenhersteller zusätzlich einen Wartungsvertrag mit mäßigem Erfolg an. Daraufhin entwickelten wir einen »Platinum-Vertrag«, der ein Vielfaches kostete. Viele Kunden fanden den viel zu teuer, entschieden sich aber für den klassischen Wartungsservice. Ziel erreicht. Als Williams-Sonoma (ein amerikanischer hochwertiger Küchenausstatter) z. B. eine Brotbackmaschine für 275 Dollar auf den Markt brachte, kaufte sie keiner. Wozu braucht man überhaupt so ein Ding, dachten viele. Statt sie aus dem Sortiment zu nehmen, wurde eine zweite dazugestellt, die 50 % teurer war. Und schon verkaufte sich die erste. Wenn Sie also ein sehr ambitioniertes Vorhaben vermitteln wollen, stellen Sie eine noch »größere« Idee daneben.

Preise: Tendenz zur Mitte nutzen

11,- €

22,- €

69,- €

Wer etwas Teures verkaufen will, der muss etwas noch Teureres dazustellen.

www.hermannscherer.de | Hermann Scherer

Preise: Strategie der Division | Angenommen, Sie fragen das renommierte Flugzeugunternehmen Boeing danach, wie viel es kostet, eine Maschine von München nach Hamburg zu chartern. Ein cleverer Verhandlungspartner wird nicht etwa die Gesamtkosten nennen, sondern beispielsweise »20 Cent pro Passagierkilometer«. Hier wurde gleich doppelt geteilt: durch Passagiere und durch Kilometer – und schon klingt das Ganze viel günstiger.

Preise: Prinzip des Visualisierens | Ein Beispiel: Wenn Sie Ihrem Kunden die Minderqualität von Billigsekt vor Augen führen wollen, machen Sie eine Rechnung mit der Zielsetzung auf, den Einkaufspreis des Grundweines herauszufinden: Dieser Sekt kostet im Laden 1,99 Euro. Wie viel Mehrwertsteuer ist darin enthalten? 0,32 Euro. Bleiben also noch 1,67 Euro. Wie hoch sind schätzungsweise die Kosten und der Gewinn für den Händler? 8 %, also 0,13 Euro – dann sind wir bei 1,58 Euro. Gewinn für Großhändler? 6 %, 0,09 Euro. Jetzt liegen wir bei 1,49 Euro. Anschließend fragen Sie nach Logistik, Korken, Korkenhalterung, Stanniolfolie, Verpackung, Etikett, Flasche, Werbekosten, Lohnkosten des Herstellers, Gebäude und Fixkosten des Herstellers und vieles mehr. Merken Sie, wie gering der Wert schon ist? Denken Sie auch an die Sektsteuer, die unabhängig vom Verkaufspreis bei 1,02 Euro liegt. Also der Grundwein war nur noch knapp 0,02 Euro »wert«. Das überzeugt.

Preisphilosophie: John Ruskin

»Es gibt kaum etwas auf dieser Welt, das nicht irgendjemand ein wenig schlechter machen und etwas billiger verkaufen könnte. Die Menschen, die sich nur am Preis orientieren, werden Beute solcher Machenschaften. Es ist unklug, zu viel zu bezahlen, aber es ist noch schlechter, zu wenig zu bezahlen. Wenn Sie zu viel bezahlen, verlieren Sie etwas Geld, das ist alles. Wenn Sie zu wenig bezahlen, verlieren Sie manchmal alles, da der gekaufte Gegenstand die ihm zugedachte Aufgabe nicht erfüllen kann. Das Gesetz der Wirtschaft verbietet es, für wenig Geld viel Wert zu erhalten. Nehmen Sie das niedrigste Angebot an, müssen Sie für das Risiko, das Sie eingehen, etwas hinzurechnen. Und wenn Sie das tun, dann haben Sie auch genug Geld, um für etwas Besseres zu bezahlen.«

www.hermannscherer.de | Hermann Scherer

Preisphilosophie: John Ruskin | Der englische Sozialphilosoph (1819–1900) lenkt die Aufmerksamkeit auf den Zusammenhang von Preis und Wert(schätzung) für ein Produkt. Sie sollten diesen Zusammenhang niemals vergessen, denn erst wenn Sie Ihre Preise gedanklich selbst »gekauft« haben, können Sie sie auch anderen verkaufen!

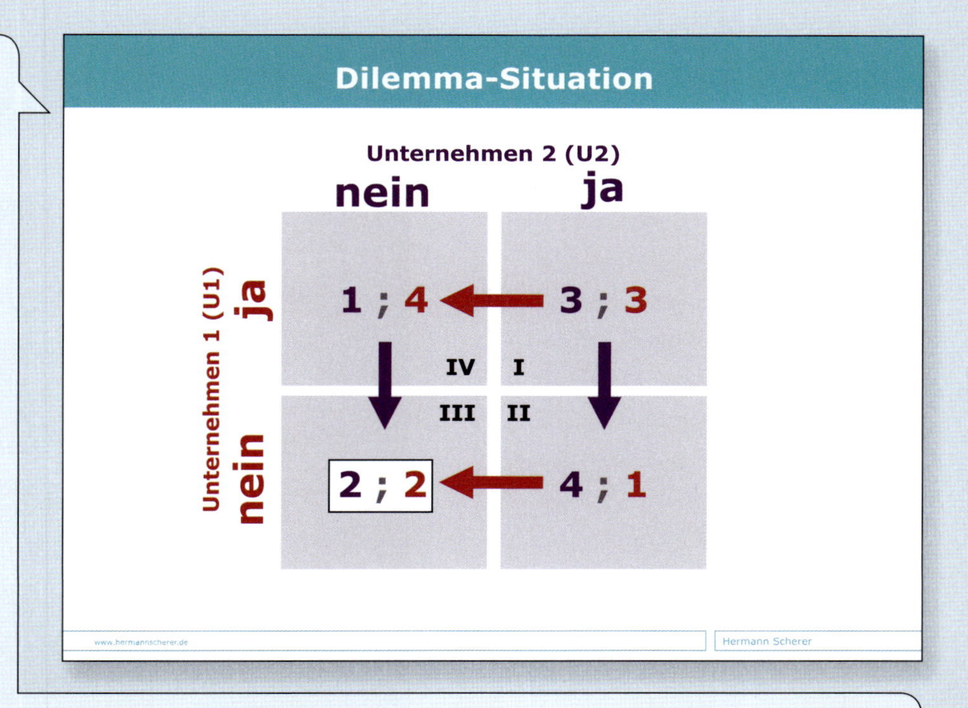

Dilemma-Situation | Eine Dilemma-Situation entsteht dann, wenn zwei Wahlmöglichkeiten zur Verfügung stehen, die beide zu einem suboptimalen Ergebnis führen. Das klassische Beispiel für diese Situation ist das bekannte Gefangenen-Dilemma. Überall, wo handelnde Individuen (oder als Individuen zu betrachtende Gruppen) mit potenziell konfligierenden Zielen aufeinandertreffen, müssen sie eine Strategie wählen, um ihr Ziel zu erreichen. Die Grafik der Dilemma-Situation zeigt eine symmetrische Ausbeutungssituation zwischen zwei Parteien, wie sie typischerweise zwischen Konkurrenten im Wettbewerb auftreten: zwei Unternehmen (U1 und U2), die jeweils vor der Entscheidung stehen, zu kooperieren oder nicht zu kooperieren. Jede mögliche Kombination von Handlungen ist dargestellt. Die Auszahlungen in den Quadranten geben an, wie die jeweiligen Strategiekombinationen durch die Unternehmen individuell bewertet werden. Die Zahlen vor dem Semikolon gilt für U2, die danach für U1. Eine hohe Zahl bedeutet einen hohen Nettonutzen. Die individuellen Vorteilsüberlegungen werden durch Pfeile angezeigt. Die vertikalen Pfeile gelten für U2, die horizontalen für U1.
Entsprechend der abgebildeten Matrix hätten U1 und U2 dann den größten Nutzen, wenn sie beide kooperieren, also beispielsweise die Verkaufspreise absprechen (siehe Quadrant I, beide Unternehmen je 3 Nutzenpunkte). Würde ein Unternehmen kooperieren, das andere nicht, gäbe es jeweils einen größeren Nutzen für das Unternehmen, das nicht kooperiert, die gute Absicht des anderen also ausbeutet (siehe Quadrant II und IV). Beidseitige Nicht-Kooperation führt zu jeweils nur zwei Nutzenpunkten (siehe Quadrant III). Vergleicht man dieses Ergebnis mit dem des Quadranten I (optimales Ergebnis), kennzeichnet es eine »kollektive Selbstschädigung«. Beide Unternehmen sind unter ihren Möglichkeiten geblieben – sie hätten höhere Auszahlungen erzielen können. Fazit: Marktwirtschaft fördert das Eigeninteresse, auch wenn dieses teilweise suboptimale Auswirkungen hat.

Das Prinzip der heißen Kartoffel

Warum Sie nicht gleich jedes Problem als Ihr Eigentum betrachten sollten.

www.hermannscherer.de | Hermann Scherer

Das Prinzip der heißen Kartoffel | Was tun Sie, wenn Ihnen jemand eine heiße Kartoffel in die Hand drückt? Sie geben sie schleunigst zurück. Will sagen: Machen Sie sich die Probleme des Kunden nicht unnötig zu eigen. Sagt ein Kunde beispielsweise: »Mehr als 350.000 Euro darf das Haus nicht kosten«, antwortet ein kluger Makler: »Angenommen, wir finden genau Ihr Traumhaus für beispielsweise 388.000 Euro, in dem sich Ihre Famiie richtig wohl fühlen würde. Sollen wir es dann vorstellen oder gleich löschen?« Die meisten Kunden sind dann doch interessiert.

Unrat vorbeischwimmen lassen | Springen Sie nicht über jedes Stöckchen, das Ihnen Ihr Gegenüber hinhält – lassen Sie Provokationen an sich abprallen, übergehen Sie unfaire Angriffe schweigend. Betonen Sie stattdessen Gemeinsamkeiten und bleiben Sie sachlich-freundlich. Auf die Dauer kann sich kaum ein Gesprächspartner dieser Strategie entziehen und wird einlenken.

Die Macht des Schweigens

Es gibt kaum eine Waffe in einer Verhandlung, die stärker wirkt als beharrliches Schweigen zur richtigen Zeit – etwa, wenn Ihr Kunde eine sehr hohe Forderung stellt (hier macht sich auch ein etwas dramatisches Erschrecken ganz gut) oder wenn Sie selbst etwas fordern und Ihr Gegenüber nachdenkt und im Geiste vielleicht kalkuliert, ob das machbar ist. In beiden Fällen gilt: Wer zuerst etwas sagt, hat verloren.

»Auch die Pause gehört zur Musik.«

Stefan Zweig, österreichischer Schriftsteller

Verdrängung: Spielen Sie Gedankenspiele | Geben Sie vorschnell auf, wenn ein Kunde Sie abblockt: »Danke, wir haben schon unseren Lieferanten«? Solche Aussagen sollten Sie als Herausforderung nehmen. Ein Beispieldialog:

Kunde: *Wir haben keinen Bedarf, wir arbeiten schon mit der Firma XYZ zusammen.*

Verkäufer: *In welchen Bereichen Ihres Unternehmens arbeiten Sie mit XYZ zusammen?*

Kunde: *In allen.*

Verkäufer: *Nun, darf ich Sie – nachdem wir nun schon miteinander sprechen – höflichst um ein ganz kurzes (60-sekündiges) Gedankenspiel bitten?*

Kunde: *Ja.*

Verkäufer: *Nehmen wir einmal an, Sie würden einen kleinen Teil Ihres Bedarfs durch uns abdecken. Was würde der Mitbewerber dazu sagen?*

Kunde: *Das würde ihm nicht gefallen.*

Verkäufer: *Was denken Sie, wie würde sich dies auf die Qualität oder die Bemühungen von XYZ auswirken?*

Kunde: *Er würde sich sicherlich anstrengen, damit wir von seiner Qualität überzeugt sind.*

Verkäufer: *In einigen Fällen gehen Lieferanten noch weiter und bieten sogar noch günstigere Konditionen.*

Kunde: *Das ist gut möglich.*

Verkäufer: *Also angenommen, Sie nehmen uns probeweise als zusätzlichen Lieferanten in einem Teilbereich mit auf und Sie sind mit uns – wider Erwarten – nicht zufrieden. Dann können Sie uns gerne den Auftrag (ohne Begleichung der Rechnung) kündigen und uns in hohem Bogen rauswerfen. Dennoch hätte sich etwas geändert. Die Qualität und die Bemühungen Ihres bisherigen Lieferanten hätten sich wohl etwas gesteigert und möglicherweise hätten sich auch die Konditionen verbessert. Schaffen wir es dagegen – und davon gehe ich aus –, tatsächlich eine noch bessere Qualität zu liefern, und das noch zu einem fairen Preis, so haben Sie mit uns als Lieferanten eine weitere Qualitätssteigerung erreicht. Egal was passiert, die Vorteile liegen ganz auf Ihrer Seite und das Risiko tragen wir gerne für Sie, damit Sie die richtige Entscheidung treffen können.*

Den Ball zurückspielen | Mit der simplen Frage »Was schlagen Sie vor?« können Sie erstaunliche Erfolge erzielen, beispielsweise wenn es um Preisnachlässe geht. Möglicherweise bietet Ihr Gegenüber eine Summe, die Ihre Erwartungen weit übertrifft. Wenn nicht, können Sie ja immer noch handeln. Überlegen Sie grundsätzlich in allen Situationen, diese Frage anzuwenden.
Als Einkäufer bekommen Sie dadurch die besseren Preise, als Verkäufer oftmals die für Sie günstigere Lösung und als Führungskraft neue Ideen von Ihren Mitarbeitern, die eigenen Ideen kennen Sie ja eh schon. Wichtig ist jedoch, dass Sie nach solchen Fragen wirklich schweigen und den anderen zu Wort kommen lassen, auch wenn es lange dauert. Empirische Untersuchungen zeigten, dass die meisten Verhandlungen deswegen scheitern, weil Fragen in kritischen Situationen nicht von den Personen beantwortet wurden, denen sie gestellt wurden, sondern von dem Fragesteller selbst – oftmals aus der Unfähigkeit zu schweigen.

Schubladen öffnen

Wie konzentriert sind Sie?

Und wie beeinflussen Sie die Konzentration Ihres Gegenübers?

www.hermannscherer.de

Hermann Scherer

Schubladen öffnen | Was passiert, wenn man die anstehende Steuererklärung »immer noch nicht« gemacht macht? Man denkt ständig daran, dass man eigentlich endlich mal die Steuer machen sollte ... Dasselbe gilt für unaufgeräumte Keller, nicht vereinbarte Zahnarzttermine und, und, und – der so genannte Zeigarnik-Effekt. Die Psychologin Bluma Zeigarnik entdeckte, dass unerledigte Handlungen besser erinnert werden als erledigte und außerdem eine verstärkte Tendenz hinterlassen, sich immer wieder damit auseinanderzusetzen. Sie verglich unser Gehirn daher mit einem riesigen Schubladensystem: Immer wenn wir eine Sache beginnen und nicht zu Ende führen oder nicht beenden können, bleibt diese Schublade offen und wir stolpern darüber. Je mehr Schubladen wir geöffnet haben, umso weniger können wir uns auf unsere momentane Tätigkeit konzentrieren. Deshalb haben erfolgreiche Menschen immer ganz wenige »Schubladen« offen. So können sie sich ganz auf ihren Erfolg konzentrieren.

Der oben beschriebene Zeigarnik-Effekt greift nicht nur bei Tätigkeiten, sondern auch in Gesprächssituationen. Der Verweis auf ein zweites Problem kann die Konzentration Ihres Gegenübers enorm ablenken und seine Neugierde anstacheln. Beispiele, wie Sie das einsetzen können: *»Guten Tag, Herr Kunde, heute habe ich Ihnen etwas ganz Besonderes mitgebracht, das ich Ihnen im Laufe des Gesprächs noch zeigen werde.«* – *»Am Ende unseres Gesprächs habe ich noch eine ganz besondere Überraschung für Sie.«*

Fernseh-Programmchefs sind Meister des Zeigarnik-Effekts: Immer wenn der Mörder sich gerade mit dem Messer an sein Opfer angeschlichen hat, werden Werbespots gesendet.

Unsere Aufmerksamkeit bleibt bei der noch nicht vollbrachten Tat – »der offenen Schublade«. Wir konzentrieren uns so darauf, dass wir gar nicht auf die Idee kommen, umzuschalten. Die Gestaltung des Programms verleitet uns mit dem Zeigarnik-Effekt dazu, auf demselben Kanal zu bleiben.

Natürlich sollten Sie auch selbst damit rechnen, dass Ihr Gesprächspartner den Effekt – bewusst oder unbewusst – einsetzt. Oftmals wirkt der Effekt auch zu unseren Ungunsten. Beispielsweise bei Telefongesprächen: »Guten Tag, Herr Kunde, haben Sie unseren Prospekt über die Leistungen unseres Hauses erhalten?« Darauf antworten Kunden gerne: »Ja, habe ich erhalten, aber noch nicht gelesen.« Verkäufer: »Oh, das ist schade. Wann soll ich dann wieder anrufen?« Statt die Produkte ohne Prospekt zu erklären, weil eben noch eine »Schublade offen ist«, wird das Gespräch vertagt.

»Ich will darüber schlafen« | Geben Sie sich nicht einfach geschlagen, wenn Ihr Kunde das sagt. Bieten Sie stattdessen einen »Schlaftest unter realistischen Bedingungen« an, etwa so: »Gut, lieber Kunde. Aber damit Sie unser Angebot wirklich überschlafen, schlage ich vor, Sie unterzeichnen probeweise den Vertrag. Wenn Sie tatsächlich schlecht geschlafen haben, dann rufen Sie mich bitte an und ich zerreiße den Vertrag. Und wenn nicht, bleibt es dabei.« Funktioniert nicht immer, aber oft. Und im Extremfall schenken Sie ein Kopfkissen dazu.

Das Prinzip des »Nagens«

Das richtige Timing von Zusatzforderungen

Unter »Nagen« versteht man das Nachschieben von Forderungen beziehungsweise das Nachhaken in bestimmten Verhandlungspunkten unmittelbar vor dem endgültigen Vertragsabschluss. »Nagen« eröffnet Ihnen die Möglichkeit, das Verhandlungsergebnis für sich zu verbessern. Sie können damit den Kunden von Dingen überzeugen, denen er vorher sicher nicht zugestimmt hätte.

Autoverkäufer wissen sehr gut, dass sie den Kaufinteressenten erst einmal an den Punkt bringen müssen, an dem er denkt: »Ja, ich werde ein Auto kaufen und ich werde es hier kaufen.« Zum Kaufvertrag kommend ist der Zeitpunkt, an dem der Verkäufer beginnt, all die Extras und Optionen aufzuzählen. Umgekehrt wenden Käufer dasselbe Mittel an, um im letzten Moment noch einen Satz Automatten oder eine Tankfüllung herauszuhandeln.

Einige Dinge sind zu einem späteren Zeitpunkt in der Verhandlung viel leichter durchzusetzen. Studien haben gezeigt, dass Menschen vor einer (Kauf-)Entscheidung unsicher, nervös und oft auch ängstlich sind. Sie kämpfen mit einem inneren Widerstand gegen die Entscheidung. Die Kunden mögen in der Sache unsicher sein oder auch daran zweifeln, ob sie es mit dem geeigneten Geschäftspartner zu tun haben. Interessanterweise wurde weiter beobachtet, dass sich dieselben Menschen, sobald sie eine Entscheidung gefällt haben, plötzlich sehr gut fühlen. Sie empfinden eine Art von Erleichterung, wenn die Spannung und Belastung der Entscheidungsfindung vorbei ist. Mit hoher Wahrscheinlichkeit bleiben sie bei ihrer Meinung. Ihre Gedanken gehen jetzt alle in die Richtung, die getroffene Entscheidung zu bestärken. Nun wird begonnen die Entscheidung zu rechtfertigen. Zu diesem Zeitpunkt sind sie empfänglich für zusätzliche Vorschläge und Anregungen und sind oft bereit, noch mehr Geld auszugeben. Tragen Sie also nicht gleich zu Beginn alles vor, was Sie erreichen wollen, sondern warten Sie auf den Moment der ersten Zusage in der Verhandlung, um dann auf das ein oder andere Extra zu kommen.

Gratulation!

Ein Kunde hat das Bedürfnis, den Kauf nach der Entscheidung zu rechtfertigen – vor sich, vor seinem Partner, vor seinem sozialen Umfeld, im B2B-Bereich auch vor Kollegen und Vorgesetzten. Beglückwünschen Sie ihn daher, bestärken Sie ihn, indem Sie die Vorzüge des Produkts oder der Dienstleistung noch einmal knapp unterstreichen (»Mit der neuen Hardware sind Sie Trendsetter und werden Ihre IT-Probleme bald vergessen haben!«). Die Rechtfertigung vor seinem sozialen Umfeld kann manchmal geradezu unmöglich sein. Ein Autohaus versicherte, dass alle Privatkunden nie mehr als 8 % Rabatt bekommen. Doch was passiert, wenn einer wahrheitsgetreu am Stammtisch von erhaltenen 8 % erzählt und ein Kollege sich auf den Weg macht, die gleiche Marke zu kaufen, und nach vielen Versuchen auch »nur« 8 % erhält? Angeblich werden bei manchen Kollegen aus erhaltenen 8 % gefühlte und verbalisierte 9 % und was wird daraus erst, wenn der nächste Kollege sich auf den Weg macht, ein Auto zu kaufen. Jeder will doch mit einem noch größeren Lächeln zurückkommen.

Motion ändert Emotion | Wenn sich eine Verhandlung festgefahren hat, können Sie sie durch Bewegung oft wieder in Gang bringen: Wechseln Sie den Ort, gehen Sie mit Ihrem Kunden essen oder führen Sie ihn durchs Unternehmen. Eine andere Umgebung und die Bewegung wirken oft Wunder, verändern die Atmosphäre und machen einen neuen Gesprächsanlauf möglich. Früher sind viele politische Entscheidungen bei Waldspaziergängen gefällt worden. Warum? Wer seinen Körper bewegt, bewegt auch seinen Geist.

Definition Erfolg | In Verhandlungen gibt es grundsätzlich zwei Ansätze.

a) Bereiten Sie Gespräche und Verhandlungen mit so einem unwiderstehlichen und überzeugenden Angebot vor, als wäre es der einzige Kunde auf der ganzen Welt.

b) Wenn es beim ersten Kunden nicht klappt, dann gehen wir eben zum nächsten.

Klar, welche die präferierte Strategie ist, dennoch gilt auch da, dass es nicht beim ersten Verkaufsversuch klappen muss. Ähnlich wie bei dem Weinverkäufer, der seinen Weißwein so oft dem Kunden anbietet, bis dieser ihn schließlich rauswirft. Der Verkäufer macht sich nichts draus und ist schon wieder da mit den Worten: »Das war der Weißwein – wie sieht es mit dem Rotwein aus?«

Wer wachsen will, muss seine »Komfortzone« verlassen. Wirkliche Weiterentwicklung findet selten dort statt, wo wir uns wohl und sicher fühlen, sondern in den Bereichen, wo wir anfänglich unsicher sind.

TRANSFER-INTELLIGENZ

Seien Sie nicht Wissensriese und Umsetzungszwerg!

»Amateure hoffen. Profis handeln.«

So der amerikanische Drehbuchautor und Regisseur Garson Kanin, dem dieses Lebensmotto immerhin einen Oscar und drei Oscar-Nominierungen bescherte. Auch in meinen Seminaren und Vorträgen treffe ich häufig auf zwei Gruppen von Teilnehmern: Die einen, die Ideen und Anregungen förmlich aufsaugen und schon während der Veranstaltung Pläne schmieden, was sich bei ihnen im Unternehmen wie anwenden ließe. Und die anderen, die sich das Ganze erst mal »in Ruhe anhören« (gern auch mit verschränkten Armen) und am Ende eher temperamentlos meinen: »Na ja. Mal sehen, was wir jetzt davon bei uns umsetzen können ...« Das befremdet mich ein bisschen, denn es delegiert die Verantwortung für die Umsetzbarkeit einseitig an den Vortragenden zurück – als habe der dafür zu sorgen, dass seine Impulse 1:1 und ohne eigene Anstrengung in den jeweiligen Unternehmensalltag übersetzbar sind. Dann gibt es auch noch eine dritte Gruppe, die glücklicherweise eher selten den Weg zu mir findet – die »Ja, aber«-Gruppe. Hier schnappt bei jedem neuen Vorschlag derselbe Mechanismus ein: »Ja, aber bei uns läuft das anders«; »Ja, aber mit meiner Zielgruppe funktioniert das nicht«; oder – auch schön – »Ja, das ist aber ziemlich aufwendig (schwierig, mühsam, ungewöhnlich, riskant, anstrengend ...)!« Hier fließt die Hauptenergie reflexartig in Abwehrgefechte, statt in Handeln investiert zu werden.

Damit keine Missverständnisse aufkommen: Natürlich besteht meine Verantwortung darin, Ideen und Impulse zu geben, die grundsätzlich umsetzbar sind. Und natürlich ist nicht alles auf alle Unternehmenssituationen übertragbar. Doch was für Sie passt und wie man Ansätze modifizieren oder weiterentwickeln könnte, damit sie passen – das herauszufinden ist Ihr Job. Ein Seminar kann Wege aufzeigen. Gehen müssen Sie sie selber.

Eine beliebte Zuflucht vor dem Handelnmüssen ist dabei die »Erst muss ich noch mehr wissen«-Falle. Wenn Politiker sich nicht einigen können, geben sie eine Studie in Auftrag. Wenn Manager nicht weiterwissen, machen Sie Marktforschung, beauftragen Mitarbeiter mit umfangreichen Recherchen oder nehmen sich wenigstens vor, »demnächst mal« ein Fachbuch zum Thema zu lesen. All das erfüllt wunderbar den gleichen Zweck: Man hat das Problem erst mal vom Tisch. Denn das Forschungsergebnis kommt erst in vier Monaten, die Mitarbeiter brauchen ihre Zeit, und zum Lesen kommt man leider so selten ... Und wenn es endlich so weit ist, benötigt man noch mehr Zahlen, umfassendere Informationen ... Die Folge: Viele Menschen sind Wissensriesen und Umsetzungszwerge. Halten Sie es lieber mit Jack Welch: »Wenn du etwas als richtig erkannt hast, dann tu es – und zwar sofort!«

Was wir nicht schnell umsetzen, verblasst | Die Behaltenskurve des Psychologen Hermann Ebbinghaus verdeutlicht, wie dramatisch schnell wir Gelerntes vergessen: Schon nach knapp einer Woche erinnern wir uns nur noch an 20 %. Vor diesem Hintergrund erscheint die bloße Anhäufung von immer mehr Wissen, bevor man irgendwann (vielleicht) ins Handeln kommt, in einem neuen Licht.

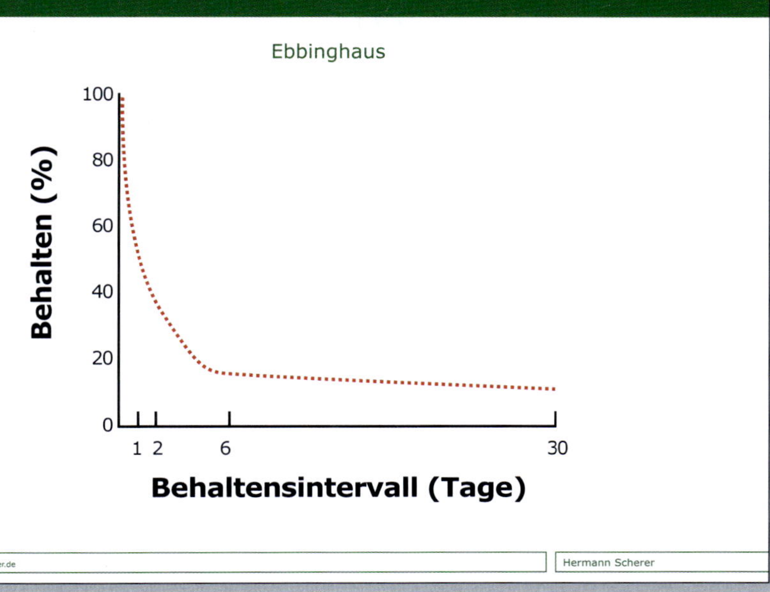

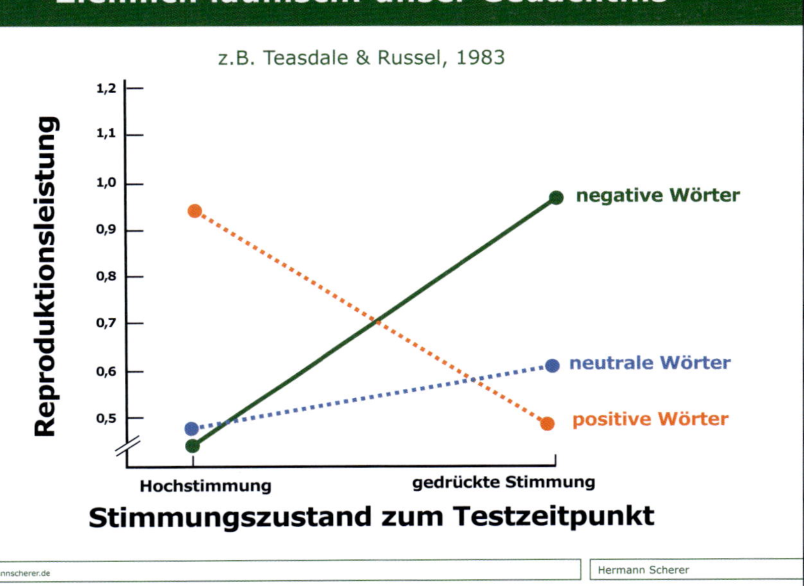

vgl. Anderson (2001, S. 229)

Ziemlich launisch: unser Gedächtnis | Wie wir selbst gestimmt sind, beeinflusst, was sich uns einprägt – wir »sehen« die Welt tatsächlich eher schwarz oder eher rosig, wie diese Studie unterstreicht: In optimistischer Stimmung fallen vor allem positive Worte auf fruchtbaren Boden, in gedrückter Stimmung dagegen negative. Man könnte also sagen, wir bestätigen uns fortwährend selbst: Wer skeptisch ist, sieht überall Hindernisse, wer zuversichtlich ist, sieht Chancen. Anlass genug, eigene pessimistische Einschätzungen (»Nicht der richtige Zeitpunkt, weil ...«, »Dagegen sprechen zahlreiche Punkte ...«) kritisch zu hinterfragen und eher ins Handeln zu kommen, statt weiter Bedenken zu wälzen. Und wenn unser Gedächtnis kein neutraler Speicher ist, sondern eher ein stimmungs- und interessegeleiteter Filter, ist die viel beschworene Erfahrung auch nicht immer ein guter Ratgeber. Wie sagte schon Kurt Tucholsky: »Erfahrung heißt gar nichts. Man kann eine Sache auch 35 Jahre lang schlecht machen.« Also: Bisherige bewährte Praxis in allen Ehren – aber manchmal muss man sich auch davon lösen und etwas Neues ausprobieren, um Dinge voranzutreiben.

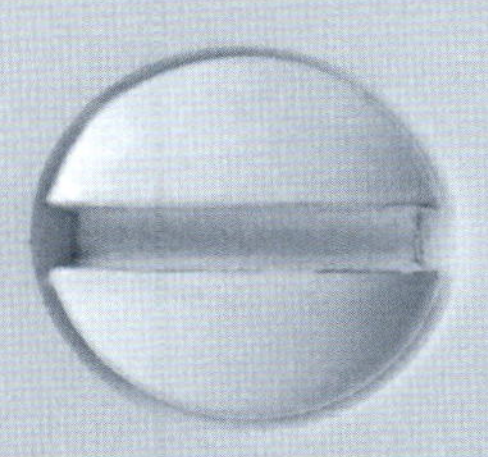

Kann man mit 90 noch Rocksänger werden? | »The Zimmers« nennt sich eine britische Rockband, deren Mitglieder im Schnitt 78 Jahre sind. Mit einer Coverversion des Who-Hits »My Generation« enterten sie 2007 die Charts. Der Leadsänger ist 90. Ein schönes Beispiel dafür, was alles möglich ist – auch gegen alle Lebenserfahrung. Wenn Sie 80-jährigen Ladys beim Zertrümmern von Gitarren zuschauen möchten: Das Video gibt's auch bei YouTube im Internet. Benannt ist die Band übrigens nach einer Gehhilfe.
www.youtube.com/watch?v=zqfFrCUrEbY

Das Eisenhower-Prinzip | Auf die Frage nach seinem persönlichen Erfolgsrezept soll US-Präsident Dwight D. Eisenhower geantwortet haben: »Wesentliches von Unwesentlichem unterscheiden zu können.« Die Differenzierung von Aufgaben in »dringlich« und »wichtig«, eine zentrale Methode im Zeitmanagement, wird daher auch Eisenhower-Prinzip genannt. Dringende und wichtige Aufgaben (A) erledigen wir in der Regel sofort, denn hier besteht die Gefahr ernsthafter Sanktionen. Was zu kurz kommt, sind häufig die wichtigen, aber nicht dringenden Aufgaben (B): beispielsweise strategische Überlegungen oder Vorhaben, die wir »eigentlich immer schon mal umsetzen wollten«, auch persönliche Lebensträume. Viele dieser B-Aufgaben werden langfristig A-Aufgaben. Und wenn wir nicht aufpassen, wird unser Alltag dominiert von dringenden, aber nicht wichtigen Aufgaben (C) oder sogar von Alibitätigkeiten, die weder wichtig noch dringend sind (D).

In Anlehnung an Stephen R. Covey: Die 7 Wege zur Effektivität

Was machen Erfolgsmenschen anders? | Außergewöhnlich erfolgreiche Menschen (und Unternehmen) verzetteln sich nicht in C- und D-Aufgaben. Sie hadern nicht mit den wichtigen A-Aufgaben, sondern erledigen Sie einfach. Aber vor allem tun Sie eines: Sie reservieren Zeit für die wirklich wichtigen strategischen Aufgaben im Quadranten B und arbeiten regelmäßig daran. Erfolgsmenschen und Erfolgsunternehmen konzentrieren sich erstens auf ihre wirklichen Stärken und gehen zweitens die wichtigen Projekte oder Vorhaben an – ob das nun persönliche Wünsche sind (wie aktiv Musik machen) oder unternehmerische Vorhaben (wie die Steigerung der Marktmacht).

Was sind Ihre großen Steine?

Eine Ergänzung zu dem Eisenhower-Prinzip wurde in einer Studie festgestellt. Und zwar gibt es in dem B-Quadranten unterschiedliche Aufgaben, sagen wir einmal »getriebene« und »nicht getriebene«, denn über die Fertigstellung Ihrer Steuererklärung müssen wir uns eigentlich keine Gedanken machen. Die schnell schmerzhaften Sanktionen des Finanzamts sind bekannt und wirkungsvoll. Es gibt jedoch auch Aufgaben, die nicht direkt eingefordert werden, jedoch hohe Relevanz zu Lebenserfolg und Lebensglück haben. Eine Prüffrage: Gibt es in Ihrem persönlichen oder beruflichen Leben Dinge, die Sie, wenn Sie diese in Angriff nehmen würden, einen signifikanten Schritt weiter bringen würden? Bitte sagen Sie nicht vorschnell »nein«, denn man könnte Sie schnell im Nirwana der Glückseligkeit vermuten. In der Regel gibt es sie, die Träume, die nicht von außen eingefordert werden und scheinbar sanktionslos oft erst am Lebensende durch Unzufriedenheit oder mangelndes Lebensglück sanktioniert werden. Das sind die Bereiche, die im B-Quadranten die »nicht getriebenen« ausmachen. Ich nenne diesen Teil den Traumquadranten, weil sich hier lang gehegte Träume verbergen, die in Erfüllung gehen können. Weise Menschen behaupten sogar, dass es keinen Wunsch gibt ohne die Möglichkeit, ihn sich zu erfüllen. Und eine umfassende Studie mit vielen Führungskräften und Unternehmern der westlichen Welt hat gezeigt, dass die Erfolgreichen unter den Erfolgreichsten sich wesentlich mehr als alle anderen in diesem Bereich aufhalten.

Ein Amerikaner hat ein wunderbares Bild dafür gefunden, wie man die wirklich wichtigen Vorhaben des Traumquadranten realisieren kann. Stellen Sie sich vor, die Zeit eines Tages, die Ihnen effektiv zur Verfügung steht, ist ein Gefäß, das exakt einen Liter fasst. Stellen Sie sich weiter vor, die vielen Aufgaben, die Sie täglich zu bewältigen haben, sind kleine Kieselsteinchen, während die bedeutenden Traumquadrant-Aufgaben schöne große Steine sind. Die Kunst besteht darin, zunächst die großen Steine unterzubringen und dann die vielen kleinen Kiesel darum herum zu gruppieren. Im Alltag füllen wir das Gefäß oft mit vielen kleinen Kieseln und wundern uns dann, dass die großen Steine nicht mehr hineinpassen. Die erfolgsentscheidende Frage lautet also: Was sind die Steine in Ihrem Traumquadranten? Was sind die großen Steine in Ihrem Leben?

Was sind Ihre »großen Steine«?

Machen Sie sich Ihre Notizen auf S. 336.

Wir sind, was wir tun … | Brutal, aber wahr: Nicht die »Eigentlich-müsste-ich-Mals« und die »Ich-sollte-endlich-mal-Wieders« bestimmen unser Leben, sondern das, was wir tatsächlich tun. Schauen Sie einfach in Ihren Kalender. Einige Menschen behaupten sogar, mit dem Blick auf fremde Kalender das Einkommen des Inhabers schätzen zu können.

Was ist Ihnen wirklich wichtig? | Fragt man Menschen danach, nennen sie oft Familie und Gesundheit an erster Stelle. Fragt man sie dann, womit sie ihre Zeit verbringen, kommen sie ins Grübeln. Bewegung und Zeit mit den Kindern stehen selten oben auf der Liste. Ganz ähnlich ist es mit den Prioritäten im Unternehmen: Natürlich »weiß« man, dass Entwicklung von Strategien und Erprobung neuer Konzepte ganz wichtig sind. Und dann verbringt man doch wieder viel Zeit mit dem Entwurf einer neuen Reisekostenregelung oder mit der Optimierung des Workflow. Und viel zu oft tut man Dinge selbst, die ebenso gut (vielleicht sogar besser) ein anderer erledigen könnte. Verschwendete Zeit ist unwiederbringlich verloren. Schaffen Sie sich Freiräume für die wirklich wichtigen Dinge.

Was ist Ihnen wirklich wichtig?

Was wir haben, ist Zeit. Das (Ver-)Planen der Zeit hängt von unseren Prioritäten und unserer »Strategie« ab.

Ihr Kalender weiß genau, was Sie wirklich interessiert. Nicht wahr?

www.hermannscherer.de | Hermann Scherer

Arbeiten Sie nicht (nur) im Unternehmen, sondern am Unternehmen! Machen Sie keine Prioritäten für Ihre Termine, sondern Termine für Ihre Prioritäten. (Keine) Zeit (zu haben) ist eine Illusion!

Ideen gibt es genug ... | Die meisten Unternehmen haben kein Ideenproblem, sondern ein Umsetzungsproblem. Viele gute Ideen versickern im Treibsand der Alltagsaufgaben. Das führt zu Frust und Sarkasmus. Als Berater höre ich dann von Mitarbeitern meiner Kunden Sätze wie: »Gute Idee, machen wir auch nicht.« Oder der Vorgesetzte kommt vom Seminar und sprüht vor Tatendrang, und im Unternehmen heißt es nur: »Aha, Chef war auf einem Seminar. Bis 10 Uhr ist der auch wieder normal.« Ein anderer Feind der Ideenumsetzung ist die Aufschieberitis. Salopp gesagt: Morgen ist der einzige Tag im Leben, der niemals stattfindet. In Essen gibt es eine schöne Kneipe, in der hängt ein großes Schild über dem Tresen: »Morgen gibt's Freibier.« Völlig risikolos für den Wirt, denn das Morgen wird nie eintreten. Ähnlich werden gute Vorsätze von einem Tag auf den nächsten vertagt. Doch es bringt wenig, auf die große Revolution zu warten. Viel wichtiger ist, die kleinen Revolutionen täglich stattfinden zu lassen. Dafür habe ich das Konzept der »bunten Monate« entwickelt – mehr dazu auf der nächsten Seite.

7 Tipps für optimalen Ideentransfer

1. Arbeiten Sie regelmäßig an Ihrem »Traumquadranten« – planen Sie feste Zeiten dafür ein, z. B. jeden Tag eine halbe Stunde.
2. Stellen Sie sich routinemäßig die Frage: »Bringt mich das, was ich gerade tue, meinen Zielen näher?«
3. Überschätzen Sie nicht, was Sie in einem Jahr erreichen können. Unterschätzen Sie nicht, was Sie in zehn Jahren erreichen können.
4. Führen Sie ein »Erfolgstagebuch«, in dem Sie die Teilerfolge beim Bewegen Ihrer großen Steine notieren. Das motiviert zum Weitermachen.
5. Diskutieren Sie weniger, handeln Sie mehr. Viele Menschen vergessen über dem Hin- und Herwälzen von (Teil-)Problemen das Tun. Besser eine 95 % perfekte Umsetzung als 100 % Nichtstun.
6. Schreiben Sie täglich einige Gedanken auf, wie Ihre Wunschzukunft aussieht.
7. Träumen Sie nicht Ihr Leben – leben Sie Ihre Träume.

Unser Morgen hängt davon ab, was wir heute denken.

Dale Carnegie

»Bunte Monate« statt Aktionismus

Viele Führungskräfte wollen zu viel auf einmal, mit dem Ergebnis, dass womöglich das ganze Projekt auf der Strecke bleibt. Man startet als Tiger, und am Ende reicht es nicht einmal mehr für den sprichwörtlichen Bettvorleger. Aussichtsreicher ist eine Politik der kleinen, aber beharrlichen Schritte. Wer zu viele Baustellen auf einmal eröffnet, läuft Gefahr, sich zu verzetteln. Setzen Sie auf einen durchdachten Aktionsplan, der Veränderungen step by step einführt. Mein Vorschlag: thematisch definierte »bunte Monate«. Das Monatsmotto gibt die Richtung vor, und durch die Konzentration auf ein Thema können sich neue Gewohnheiten einschleifen. Holen Sie für die Umsetzung Vorschläge Ihrer Mitarbeiter ein. So fühlt sich jeder verantwortlich.

Beispiele für bunte Monate

- Der rosa Monat der Freundlichkeit
- Der blaue Monat der Sauberkeit
- Der orange Monat der Schnelligkeit
- Der hellblaue Monat des aktiven Verkaufs
- Der rote Monat des Zusatzverkaufs
- Der grüne Monat der Angebotsoptimierung

Meine Empfehlung: Beginnen Sie nicht gleich mit Anspruchsvollerem wie Angebotsoptimierung oder Zusatzverkauf. Gute Startthemen sind etwa »Schnelligkeit«, »Sauberkeit« oder »Freundlichkeit«.

Setzen Sie Ihren bunten Monat farblich im ganzen Büro um: Zettel, Post-its, Plakate ... Am Monatsende gibt es ein kleines Treffen mit der Wahl des Mitarbeiters, der das Thema am besten umgesetzt hat, und gleichzeitig können Sie das neue Thema aufsetzen.

Jahresplan der »bunten« Monate

	Thema	Vorschläge für neue Gewohnheiten
blau – *Januar*		
rosa – *Februar*		
limone – *März*		
orange – *April*		
gelb – *Mai*		
hellblau – *Juni*		
magenta – *Juli*		
rot – *August*		
königsblau – *September*		
lila – *Oktober*		
moosgrün – *November*		
weiß – *Dezember*		

LEIDENSCHAFT

Nicht im Unternehmen,
sondern am Unternehmen arbeiten

»Die Vernünftigen halten bloß durch, die Leidenschaftlichen leben«,

so Nicolas Chamfort, der im 18. Jahrhundert nicht nur als Dramatiker Furore machte, sondern auch als Mitglied der Académie française, Sekretär des Prinzen von Condé, Teilnehmer an der Französischen Revolution und Leiter der Pariser Nationalbibliothek. Sein Lebensmotto lässt sich problemlos auf Unternehmen übertragen: Wo die Leidenschaft für die Sache fehlt, regieren im besten Fall die Routine des Bewährten, im schlimmsten Fall lähmende Gleichgültigkeit und Erstarrung im längst Überholten. Doch in allen Branchen gibt es auch die Überzeugungstäter, die für ihre Sache brennen und sich mit dem bloßen Durchhalten nicht zufriedengeben. Es müssen nicht immer die spektakulären Erfolgsstorys dabei herauskommen, wie etwa die des Bionade-Erfinders Dieter Leipold, der jahrelang im heimischen Schlafzimmer an seinem neuartigen Erfrischungsgetränk tüftelte und seine Provinzbrauerei in dieser Zeit nur durch den parallelen Betrieb der Dorfdisko vor dem Konkurs bewahrte. Hier gilt tatsächlich Ende gut, alles gut: Im November 2008 meldete Der Spiegel, binnen fünf Jahren sei der Bionade-Absatz von 2 Millionen Flaschen auf jährlich 250 Millionen Flaschen gewachsen. Es sind durchaus auch die stillen, leisen Typen, die beharrlich an ihrem Unternehmen arbeiten und so Erfolgsgeschichten schreiben, die kaum den Weg in die Wirtschaftspresse finden – etwa die Hamburger Bäckerei, die konsequent auf traditionelle Qualität setzt, wo andere längst industriell gefertigte Teigrohlinge aufbacken. Die Schlangen dort sind am Wochenende so lang, dass inzwischen schon diverse Zeitungsverkäufer ihre Chance entdeckt haben und mit den Wartenden gute Geschäfte machen.

Was häufig davon abhält, seine Ideen mit Leidenschaft zu verfolgen (und nicht nur davon zu träumen), ist die Angst vor dem Misserfolg und die Sorge, Fehler zu machen. Die Folge: ein Leben mit angezogener Handbremse. Zum Thema Fehler gibt es übrigens eine schöne Geschichte, die häufig dem legendären amerikanischen Unternehmer Andrew Carnegie, Stahl-Tycoon des 19. Jahrhunderts und einer der reichsten Männer seiner Zeit, zugeschrieben wird. Die Fehlentscheidung eines neuen Managers kostete sein Unternehmen Millionen. Carnegie zitierte den Mann zu sich und ließ ihn vor seinem Schreibtisch Platz nehmen. Der Mann kauerte auf der vorderen Stuhlkante und versuchte, seinem Boss zuvorzukommen: »Sie werden mich jetzt bestimmt feuern!« Darauf Carnegie: »Feuern?! Ich habe gerade Millionen in Ihre Ausbildung investiert! Da werde ich Sie jetzt bestimmt nicht gehen lassen!«

»I love this company!« | Steve Ballmer führe Microsoft »mit einer Leidenschaft, die an Besessenheit grenzt«, schrieb die Frankfurter Allgemeine Zeitung im Februar 2008. Legendär ist sein Auftritt auf einer Unternehmensveranstaltung vor einigen Jahren: Ballmer tobt zu Rockmusik über die Bühne, bevor er schließlich völlig außer Atem »I – LOVE – THIS – COMPANY!!!!« ins Mikro brüllt. So viel Begeisterung wirkt offenbar ansteckend: Microsoft zählt bis heute zu den Topmarken weltweit.

Erfolg(t) | Geht es in Seminaren um Lebensprioritäten und Zeitmanagement, fordern manche Trainer dazu auf, die eigene Grabrede zu verfassen. Meist stellt sich dann heraus, dass kaum jemand für 70 oder 80 Jahre Routine und Mittelmaß gelobt werden möchte. Farbe bekommt ein Leben durch die außergewöhnlichen Momente – und für die muss man im Allgemeinen selbst sorgen. Märchenprinzen, Lottomillionen oder erste Plätze in Superstar-Contests sind dünn gesät. Dabei zählen nicht nur nationaler Ruhm und Reichtum, sondern auch die kleinen Siege und Erfolge im Alltag – im Privatleben ebenso wie im Unternehmen. Was außergewöhnliche Menschen wie außergewöhnliche Organisationen auszeichnet, ist häufig nicht der revolutionäre Wurf, sondern die Fantasie und die Beharrlichkeit, mit der sie viele Dinge ein wenig anders, besser, konsequenter machen. Man muss es eben nur tun, getreu dem Motto »Erfolg ist, was erfolgt«.

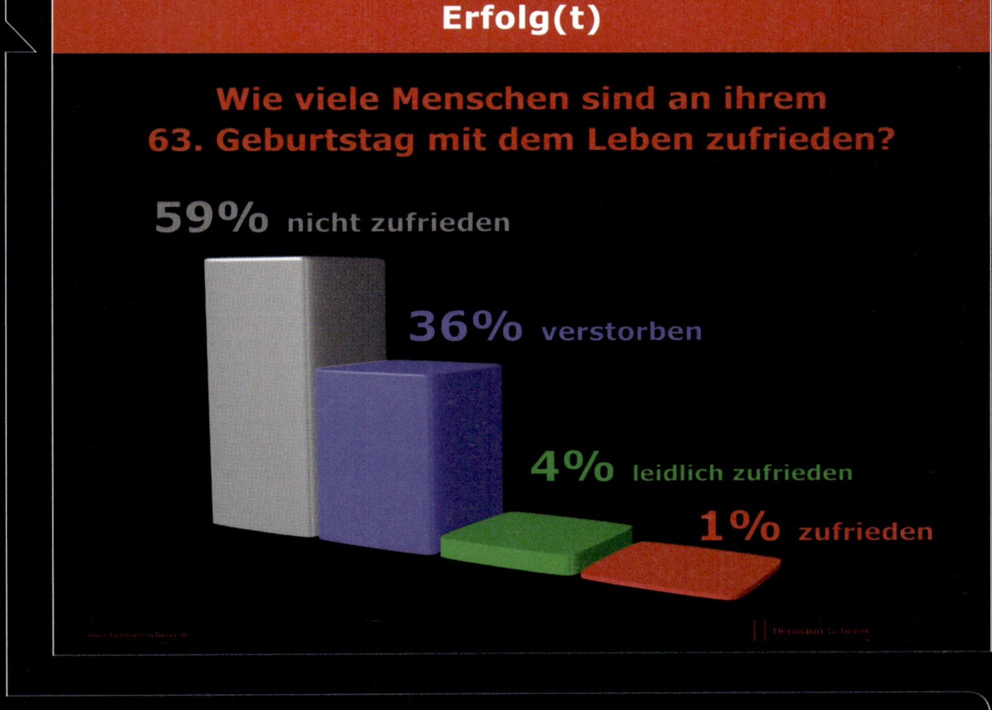

Eine Studie, die 100 Menschen von der Geburt bis zu ihrem 63. Geburtstag begleitete, mahnt ebenfalls, seine Chancen zu nutzen. Über ein Drittel erlebt diesen Geburtstag nicht mehr, und wirklich zufrieden mit seinem Leben ist gerade einmal jeder Hundertste.

Eigenmotivation

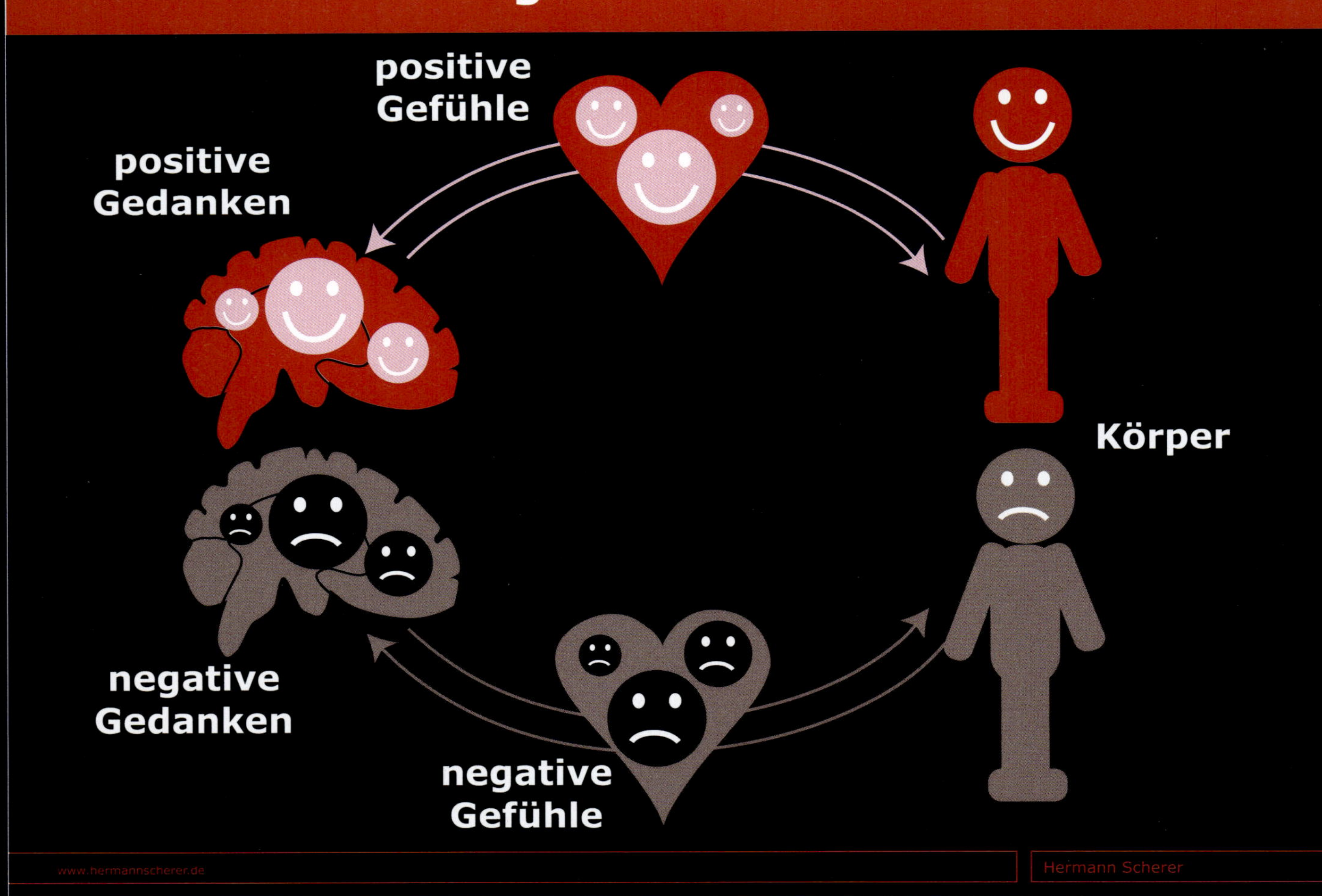

Quelle: William James

Eigenmotivation | Wie kann man sich motivieren, obwohl man gerade »schlecht drauf« ist? Der bekannte US-Psychologe William James hat darauf schon vor über 100 Jahren eine schlüssige Antwort gegeben. Für den Harvard-Professor sind wir unseren Stimmungen nicht hilflos ausgeliefert, sondern können aktiv steuern, wie es uns geht. Wie wir denken, bestimmt, was wir fühlen, und das wiederum beeinflusst auch unser körperliches Wohlbefinden. Negative Gedanken führen demnach dazu, dass wir uns schlecht fühlen und irgendwann sogar krank werden, wenn wir diese Haltung kultivieren. Positive Gedanken führen zu guten Gefühlen und Wohlbefinden. Umgekehrt können wir uns auch gezielt in positive Stimmung versetzen, um dann tatsächlich »besser drauf« zu sein – etwa, wenn wir uns selbst überreden, jetzt »gerne« joggen zu wollen, uns dann tatsächlich besser fühlen und Spaß dabei haben, sobald wir erst einmal losgelaufen sind. Also erst einmal »so tun, als ob«. Man kann das positiven Selbstbetrug nennen, oder schlicht: eine gelungene Selbstmotivation.

Welche Ideen verfolgen Sie mit Leidenschaft?

Machen Sie sich Ihre Notizen auf S. 336.

Erfolg haben … | Die Wirtschaftsgeschichte ist reich an Produkten, die exakt dieses Schicksal teilen. Zwei der prominentesten Beispiele sind die Öko-Limo »Bionade«, die ihre Erfinder lange wie saures Bier anpriesen, bevor sie zum Kultgetränk wurde, oder die Post-it-Zettel aus dem Hause 3M, ohne die heute kein Büro auskommt. Die erste Charge wurde verschenkt, weil sich niemand vorstellen konnte, wozu »so etwas« gut sein sollte …

Erfolg haben …

Die meisten erfolgreichen Ideen werden zunächst belächelt, dann bekämpft und schließlich kopiert.

www.hermannscherer.de | Hermann Scherer

»Failure is not an option« | Ein Misserfolg ist ausgeschlossen! Bei der Raumfahrtmission Apollo 12 sagte das ein Mitglied der Bodenstation, als man wegen technischer Probleme schon fast überzeugt war, die Mission sei fehlgeschlagen und das Raumschiff werde abstürzen. Wir haben ein Plakat mit diesem Motto nach der Gründung von Unternehmen Erfolg im Büro aufgehängt. Wer vom Erfolg überzeugt ist, fokussiert Chancen und Möglichkeiten; wer Angst vor dem Misserfolg hat, sieht nur Gefahren und Risiken.

Leidenschaft beweist ...

... die Apothekerin, die in ihrem Stadtteil nicht nur Medikamente verkauft, sondern für zahlreiche alte und kranke Menschen tatsächlich ein offenes Ohr hat.

... das EDV-Serviceduo, das nicht nur den neuen PC installiert, sondern ungefragt anbietet: »Sollen wir Ihnen noch rasch den DSL-Anschluss konfigurieren?«

... der Star-Dirigent Sir Simon Rattle, der mit 250 Berliner Unterschichtkindern aus 25 Nationen eine Choreografie zu Strawinskys »Le Sacre du Printemps« einstudiert und sie mit den Berliner Philharmonikern begleitet. Denn: Rhythm Is It!, so der Film dazu.

... die Umweltaktivistin, die noch mit 78 Jahren Atommülltransporte in Gorleben blockiert und es zu schätzen weiß, dass »die Polizisten mit alten Damen beim Wegtragen so behutsam umgehen«.

... der Gebäudereiniger Shinouda Ayad, den seine Tanzleidenschaft 2008 bis in die Show »Das Supertalent« führte.

... Kaija Landsberg und ihre Mitstreiter der Initiative Teach First Deutschland, die Hochschul-Eliteabsolventen für zwei Jahre als Lehrer an Schulen an sozialen Brennpunkten vermitteln – als positives Vorbild und Beitrag zu mehr Chancengerechtigkeit. Sie und die Fellows des Programms verzichten dafür auf einen klassischen (und lukrativeren) Karrierestart. **www.teachfirst.de**

... die mehr als 7.500 Experten des Senior Experten Service, die ihr Know-how kleinen Unternehmen und Organisationen im Gesundheits- und Bildungswesen und in der Entwicklungshilfe für einen geringen Obolus zur Verfügung stellen, statt ihren Ruhestand zu genießen. **www.ses-bonn.de**

... Bill Gates, als er vor Jahren die Vision formulierte, in jedem Privathaushalt einen PC zu haben.

... dass Mitarbeiter aller Branchen die Angst vor Krisen nur in homöopathischen Dosen konsumieren. Man kann aus Krisen auch gestärkt hervorgehen und zu Tode gefürchtet ist schließlich auch gestorben.

Denkanstoß: Nicht nur im Unternehmen, sondern auch am Unternehmen arbeiten!

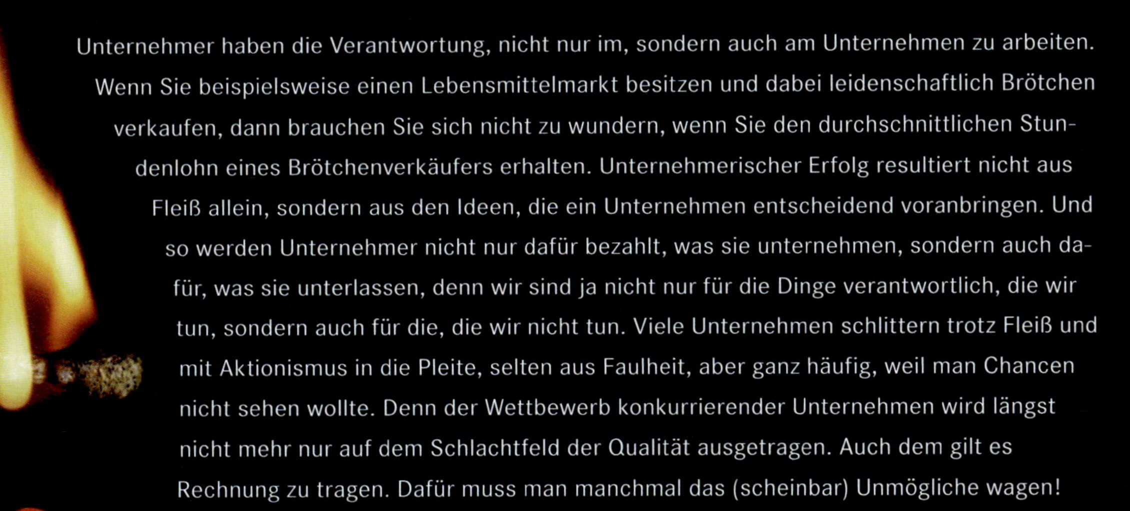

Unternehmer haben die Verantwortung, nicht nur im, sondern auch am Unternehmen zu arbeiten. Wenn Sie beispielsweise einen Lebensmittelmarkt besitzen und dabei leidenschaftlich Brötchen verkaufen, dann brauchen Sie sich nicht zu wundern, wenn Sie den durchschnittlichen Stundenlohn eines Brötchenverkäufers erhalten. Unternehmerischer Erfolg resultiert nicht aus Fleiß allein, sondern aus den Ideen, die ein Unternehmen entscheidend voranbringen. Und so werden Unternehmer nicht nur dafür bezahlt, was sie unternehmen, sondern auch dafür, was sie unterlassen, denn wir sind ja nicht nur für die Dinge verantwortlich, die wir tun, sondern auch für die, die wir nicht tun. Viele Unternehmen schlittern trotz Fleiß und mit Aktionismus in die Pleite, selten aus Faulheit, aber ganz häufig, weil man Chancen nicht sehen wollte. Denn der Wettbewerb konkurrierender Unternehmen wird längst nicht mehr nur auf dem Schlachtfeld der Qualität ausgetragen. Auch dem gilt es Rechnung zu tragen. Dafür muss man manchmal das (scheinbar) Unmögliche wagen!

Wie man Bill Clinton nach Deutschland holt

Zukunftsforum mit Bill Clinton (2001) | Dass es gelingen könnte, den 42. Präsidenten der USA für einen Vortrag nach Deutschland zu holen, wagten wir anfänglich kaum zu hoffen. Die Veranstaltung brachte Kontakte, die mit Geld kaum aufzuwiegen sind, und mehr öffentliche Aufmerksamkeit für Unternehmen Erfolg als jede noch so aufwendige Marketingkampagne. Innerhalb von sechs Wochen eine Veranstaltung mit über 5.000 Teilnehmern zu bewerben und erfolgreich zu organisieren, zahlreiche Prominente von den No Angels bis zu den Klitschko-Brüdern für eine Teilnahme zu gewinnen – all das war dank eines wirklich leidenschaftlichen Teams und der Unterstützung meines geschätzten Kollegen Jörg Löhr tatsächlich möglich. Man könnte auch sagen: Im Versuch des Unmöglichen ist das Mögliche erst entstanden!

MOTIVATION

So haben Sie Ihren inneren Schweinehund im Griff

»Nach Ägypten wär's nicht so weit. Aber bis man zum Südbahnhof kommt!«,

spottete der Publizist und Satiriker Karl Kraus einmal. Ungefähr nach diesem Motto verlaufen viele Projekte und Veränderungsvorhaben in Unternehmen: Da werden in endlosen Meetings wortreich Konzepte vorgestellt, Berater hinzugezogen, imposante Charts präsentiert – kurz: ferne, wunderbare Ziele in den schillerndsten Farben ausgemalt – und in der praktischen Umsetzung gerät das Ganze schon auf den ersten Metern ins Stocken. Gern macht man den »inneren Schweinehund« dafür verantwortlich. Er sorgt nicht nur dafür, dass der Keller daheim immer noch unaufgeräumt ist und die Steuererklärung auch dieses Jahr auf den letzten Drücker erledigt wird. Im Unternehmen tut er sich gerne mit den Schweinehündchen der Kollegen zusammen und entwickelt besondere Kreativität, wenn es darum geht, Veränderungen zu sabotieren, Projekte im Sande verlaufen zu lassen oder Verantwortung elegant auf andere abzuwälzen – Sie wissen schon: Schuld ist der Vertrieb (sagt die Entwicklungsabteilung), die Entwicklungsabteilung (sagt der Vertrieb), die Geschäftsführung, die wirtschaftliche Großwetterlage oder sogar der Kunde, der einfach nicht verstehen will, wie toll das Produkt oder die Dienstleistung ist.

Schweinehunde möchten am liebsten, dass alles beim Alten bleibt. Da weiß man schließlich, was man hat. Unglücklicherweise verträgt sich das ganz schlecht mit der Eroberung und Verteidigung einer Pole-Position im Verdrängungswettbewerb. Ein starkes Schweinehund-Team ist sozusagen die GSG 9 des organisierten Mittelmaßes. Und wie in jedem effektiven Team sind die Rollen geschickt verteilt – es gibt Besitzstandswahrer, Bedenkenträger, Prinzipienreiter, Mitläufer, Wichtigtuer und Konfliktscheue, um nur einige zu nennen. Lässt man ihnen freie Hand, bewegt sich gar nichts mehr. Viele Unternehmen haben keinen Mangel an guten Ideen, sondern ein Umsetzungsproblem. Um das zu lösen, muss man die inneren Schweinehunde überlisten, den eigenen wie die seiner Mitarbeiter. Dabei ist schon viel gewonnen, wenn man die gängigen Tricks der (Selbst-)Sabotage kennt. Beim Gegensteuern ist dann weniger Brachialität gefragt als vielmehr Behutsamkeit im Verein mit Beharrlichkeit. Gibt man dem Schweinehund was auf die Mütze, wird er erst recht rebellisch. Schließlich meint er es nur gut, will vor Ad-hoc-Aktionen, Fehlinvestitionen oder Überforderung warnen. Die Frage ist nur: Sind seine Warnungen berechtigt – oder nur eine bequeme Verteidigung des Status quo?

Ganz schön gewitzt ...

Ganz schön gewitzt ... | Unser innerer Schweinehund sabotiert Vorhaben auf ziemlich clevere Weise: Er schafft es, dass wir Dinge unterlassen, verschieben, aufgeben und uns kurzfristig auch noch gut dabei fühlen. Wie er das macht? Ganz einfach: Seine Ratschläge klingen auf Anhieb so plausibel, dass es nur vernünftig erscheint, ihnen zu folgen. Ein paar davon finden Sie unten.

Typische Schweinehund-Ratschläge:

Man weiß, was man hat, aber weiß nicht, was man kriegt.

Never change a winning team!

Und was, wenn's schiefgeht??!

Mit dieser Mannschaft ist das nicht zu machen!

Warum eigentlich immer ich? Soll sich doch ein anderer die Finger verbrennen!

Gut Ding will Weile haben, nur nichts überstürzen.

Vorher brauchen wir unbedingt noch mehr Daten (eine Studie, ein Benchmark ...)!

»Vernunft« ist die beste Tarnung der Bequemlichkeit

Der Glaube an die Unmöglichkeit des Vorhabens schützt die Berge vor dem Versetztwerden.

www.hermannscherer.de | Hermann Scherer

»Vernunft« ist die beste Tarnung der Bequemlichkeit | Nach den Gesetzen der Aerodynamik kann eine Hummel nicht fliegen: Das Verhältnis von Körpergewicht und Flügelgröße macht das unmöglich. Doch die Hummel weiß das nicht und brummt trotzdem los. Manche Menschen dagegen sind so sehr von der Unmöglichkeit jedes Wagnisses überzeugt, dass sie ihr Leben lang am Boden bleiben. (Übrigens: Inzwischen haben Physiker verstanden, warum Hummeln doch fliegen können – ihre Flügelbewegungen sind ungewöhnlich effektiv. Manches wird eben doch möglich, wenn man nur ein bisschen intensiver nachdenkt.)

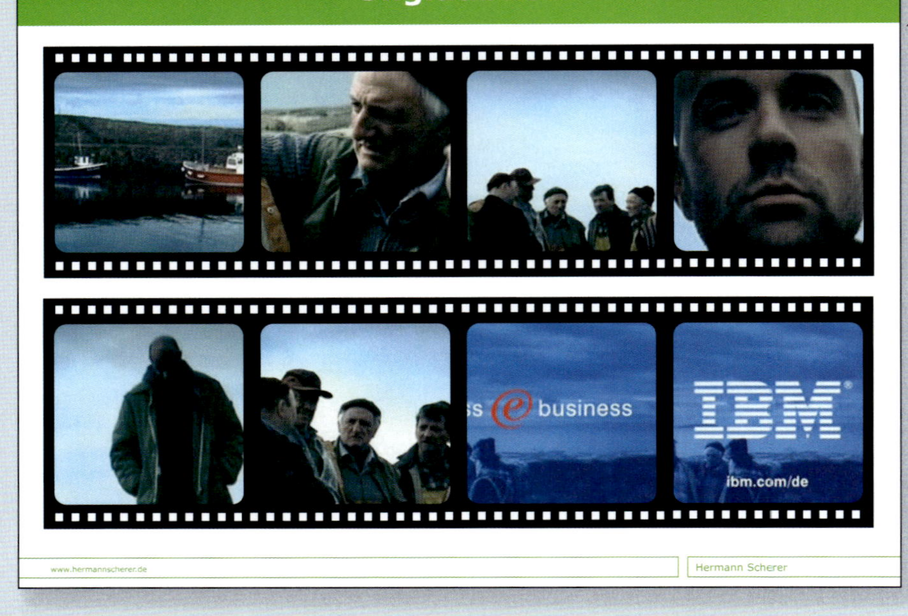

Unglaublich | Ein IBM-Werbespot verdeutlicht die Verschlossenheit vor neuen Lösungen: Während alle Fischer ihren Kollegen Eric vermissen, entwickelt sich folgendes Gespräch.

»Wo ist denn Eric?«

»Der kommt sonst immer zum Markt.«

»Böser Sturm letzte Nacht.«

»Vielleicht ist er aufs Riff?«

»Vielleicht über Bord gegangen?«

»Vielleicht ertrunken?« – »Oder Haie?«

Mitten in dieser Uneinigkeit meint ein Fischer: »Vielleicht verkauft er seinen Fang online, direkt vom Boot?« Darauf waren sich alle plötzlich einig: »Haie!«

Wireless e-business von IBM

www.ibm.de

Wohin fließt die Energie?

Wohin fließt die Energie? | Sorgen allein bewirken gar nichts, sie kosten nur Energie – die Energie, die sinnvoller in die Entwicklung von Lösungen und in deren Umsetzung investiert wäre. Hilfreich ist, sich gelegentlich zu vergegenwärtigen, was einem in den letzten zwölf Monaten den Schlaf geraubt hat und was davon tatsächlich eingetreten ist. »Eifer und Zorn verkürzen das Leben, und Sorge macht alt vor der Zeit«, heißt es schon in den Apokryphen (Sirach).

Toll, ein anderer macht's? | So übersetzen manche Zyniker das Wörtchen »Team«. Schweinehunde sind gesellige Tierchen und treffen sich gerne, auch zur Teamarbeit: Hündchen 1 findet dann, dass Hündchen 2 mehr tun müsste, Hündchen 3 kann Hündchen 4 nicht leiden und taucht ab, und Hündchen 5 will erst mal klären, »wie wir hier miteinander umgehen«. Ein Team bündelt dann nicht unterschiedliche Stärken, sondern verbrennt nutzlos Energie. Gegenstrategie: wohl überlegte Zusammensetzung und kluge Teamführung.

Weisheit der Dakota-Indianer

»Wenn du entdeckst, dass du ein totes Pferd reitest, steig ab.«

Doch im Berufsleben versuchen wir oft andere Strategien:

- Man besorgt eine stärkere Peitsche.
- Man wechselt den Reiter.
- Man gründet einen Arbeitskreis, um das Pferd zu analysieren.
- Man besucht andere Orte, um zu sehen, wie man dort tote Pferde reitet.
- Man erhöht die Qualitätsstandards für den Beritt toter Pferde.
- Man bildet eine Task-Force, um das Pferd wiederzubeleben.
- Man schiebt eine Trainingseinheit ein, um besser reiten zu können.
- Man ändert die Kriterien, die besagen, wann ein Pferd tot ist.
- Man schirrt mehrere tote Pferde zusammen, damit sie schneller werden.
- Man macht zusätzliche Mittel locker, um die Leistung toter Pferde zu erhöhen.
- Man kauft etwas zu, das tote Pferde schneller laufen lässt.
- Man erklärt, dass unser Pferd besser, schneller und billiger tot sei.
- Man bildet einen Qualitätszirkel, um eine Verwendung für tote Pferde zu finden.
- Man überarbeitet die Leistungsbedingungen für tote Pferde.
- Man richtet eine Kostenstelle für tote Pferde ein.

www.hermannscherer.de | Hermann Scherer

Quelle: SiemensWelt online

Welche Schweinehunde sabotieren Ihre Vorhaben, und mit welchen Strategien können Sie diese überlisten?

Machen Sie sich Ihre Notizen auf S. 336.

Wer weiß, wo man wirklich hinkäme!?

»Wir haben alles versucht!«

Lieber fröhlich abgebrochen, als mühsam zum Ziel gekrochen.

www.hermannscherer.de | Hermann Scherer

»Wir haben alles versucht!« | Auch so eine schöne Floskel – aber stimmt das wirklich? Wie kommt es dann, dass die Deutsche Bahn Strecken stilllegt, die private Anbieter kurz darauf mit Profit betreiben? Wie kommt es, dass Schüler, die von ihren Lehrern aufgegeben werden, in einer anderen Schule plötzlich aufblühen? Und wie kommt es, dass manche Tischler, Journalisten, Anwälte, IT-Fachleute, Buchhändler, Kfz-Werkstätten sich vor Arbeit kaum retten können, während ihre Mitbewerber die »schlechten Zeiten« beklagen?

Hier ein paar Lieblingseinflüsterungen des Schweinehundes im Unternehmensalltag:

»Schuld ist der harte Wettbewerb.«

»Unsere Ressourcen reichen dafür nicht aus.«

»Nur keine Panik. Das ist bis jetzt noch immer gut gegangen.«

»Dafür ist unsere Abteilung nicht zuständig!«

»Dafür gibt es keinen Markt.«

»Eigentlich müsste man mal neue Kunden akquirieren.«

ACHTUNG!

Gehen Sie einfach davon aus, dass Ihr Schweinehund manchmal gerissener ist als Sie selbst; dann gehen Sie ihm nicht mehr so leicht auf den Leim. Je intelligenter der Mensch, desto intelligenter sind die Ausreden seines Schweinehundes.

Unternehmer	*Unterlasser*
... heißen Unternehmer, da sie eben etwas unternehmen.	... heißen Unterlasser, da sie lieber Dinge unterlassen.
... haben eine gute Vorstellungskraft.	... können sich das alles gar nicht so richtig vorstellen.
... haben ein klares Ziel vor Augen.	... lassen sich von Sonderangeboten des Lebens ablenken.
... bleiben konzentriert bei der Sache.	... verzetteln sich gerne.
... haben Ideen.	... haben Bedenken.
... setzen Ideen in Taten um.	... sagen: »Gute Idee - machen wir auch nicht.«
... denken in Konsequenzen.	... denken in Grenzen.
... erkennen und nutzen die Chancen, die ihnen geboten werden.	... ärgern sich im Nachhinein über nicht erkannte oder nicht ergriffene Chancen.
... fühlen sich nicht nur für die Dinge verantwortlich, die sie tun, sondern auch für die, die sie unterlassen.	... sagen sich: Solange ich nichts tue, kann ich keine Fehler machen.
... unterscheiden zwischen wichtig und unwichtig.	... finden es oft sehr wichtig, über Unwichtiges zu sprechen.
... können sich eine bessere Welt (Situation) vorstellen.	... finden, dass früher sowieso alles besser war.
... sagen nicht nur das Richtige, sondern tun es auch.	... tun nichts, wissen aber, wie es andere richtig machen können.
... wissen genau: Wer heute keine Vision hat, hat morgen keinen Job oder kein Unternehmen mehr.	... werden sich morgen einmal darüber Gedanken machen, ob man das heute wirklich schon hätte wissen müssen.
... suchen neue Möglichkeiten und Wege, wenn die bisherigen Quellen erschöpft sind.	... demonstrieren erst einmal ihren Unmut über die Situation.
... wissen: Eigeninitiative, Leistungsmotivation und Engagement sind besonders wichtig. Eigeninitiative ist der Motor des eigenen Handelns. Dazu gehört, Anforderungen und Bedarfslagen selbst zu erkennen, Handlungs- und Entscheidungsspielräume zu nutzen, Verbesserungsmöglichkeiten zu suchen, Impulse zu setzen und Vorschläge zu machen, aber auch eigene Weiterbildung und Karriere selbstständig zu planen.	... warten auf Impulse von anderen und von außen, um dann einmal in Ruhe zu überlegen, ob das wirklich das Richtige für sie wäre.
... handeln.	... jammern darüber, wie wenig Möglichkeiten man ihnen bietet.
... tun, was zu tun ist.	... sind sich sicher, dass sie eigentlich zu Höherem berufen sind.
... sind sich der Zusammenhänge zwischen ihrem Tun und dessen Wirkungen bewusst.	... haben einfach immer Pech.
... denken abteilungsübergreifend.	... prüfen erst einmal, wer zuständig ist.
... verlieren nie das Große und Ganze aus den Augen.	... haben sich noch nie so ganz genau die Frage gestellt, worin denn das Große und Ganze überhaupt besteht.
... verbringen die Zeit mit Handeln.	... haben vor lauter Jammern immer wenig Zeit.
... sind sich darüber im Klaren, dass geniale Gedanken zu 1 % aus Inspiration und zu 99 % aus Transpiration bestehen.	... warten immer noch auf inspirierende Gedanken.
... haben eine hohe Frustrationstoleranz, können also mit Widerständen und Misserfolgen umgehen. Reagieren in einer solchen Lage nicht mit Motivationsverlust, Rückzug oder Aufgeben, sondern versuchen beharrlich, ihre Entscheidungen und Vorhaben umzusetzen.	... haben eine hohe Toleranz dazu, frustriert zu sein und Vorhaben beim ersten Gegenwind aufzugeben.
... fragen sich nicht, was ihr Unternehmen für sie tun kann, sondern fragen vielmehr, was sie für ihr Unternehmen tun können.	... stellen sich die gleiche Frage, nur andersrum.
... tragen die Verantwortung.	... finden immer einen Schuldigen.
... sind Problemlöser statt Problembeschreiber.	... sind Problembeschreiber statt Problemlöser
... stellen die richtige Frage: »Was mache ich, damit nichts schiefläuft?«	... stellen die falsche Frage: »Was mache ich, wenn was schiefläuft?«
... überlegen immer: »Bringt dich das, was du jetzt gerade tust, wirklich deinen Zielen näher?«	... überlegen: »Wer bringt mir meine Ziele näher?«
Unternehmer erkennen beim Lesen dieser Auflistung, dass sie sich doch manchmal - selbstkritisch betrachtet - in die rechte Spalte einordnen müssen. Sie nehmen dies zum Anlass, sich weiter zu verbessern.	**Unterlasser sind sich beim Lesen dieser Auflistung sehr sicher, dass sie Unternehmer sind.**

MODULFRAGEN

Alle Fragen aus dem Buch
für Sie zum Ausfüllen

Was sind Ihre Qualitätssurrogate? (Seite 26 – Modul 1)

Werden Sie von Ihrer Zielgruppe wahrgenommen? Und wie werden Sie wahrgenommen? (Seite 28 – Modul 1)

Wie lautet Ihre Strategie? (Seite 39 – Modul 2)

Welche Zielgruppen wollen Sie verstärkt erreichen? (Seite 41 – Modul 2)

Wie können Sie Ihr Produkt emotionalisieren? (Seite 46 – Modul 3)

Was tun Sie, um Ihre Kunden zu begeistern? (Seite 56 – Modul 4)

Welche »Probleme daneben« können Sie für Ihre Kunden lösen? (Seite 57 – Modul 4)

Welche Prozesse können Sie erobern? Welche Kundenprobleme können Sie aufdecken und lösen? (Seite 64 – Modul 5)

Welche Innovationen können Sie anschieben? (Seite 65 – Modul 5)

Sind Sie offen für Neues und nehmen Chancen wahr? (Seite 71 – Modul 6)

Wie lautet Ihr Ziel, das echten Zielmagnetismus entfaltet und Ihrem Leben (oder Ihrem Business) Richtung gibt? (Seite 73 – Modul 6)

Wo liegt Ihr Blauer Ozean? (Seite 74 – Modul 6)

Von welchen brancheneigenen und branchenfremden Unternehmen können Sie lernen? (Seite 85 – Modul 7)

Wie gut sind Sie vernetzt? Wen kennen Sie? Und viel wichtiger: Wer kennt Sie? (Seite 96 – Modul 8)

Wie professionell nutzen Sie das Internet zur Akquise? (Seite 98 – Modul 8)

Welchen virtuellen Netzwerken können Sie beitreten? (Seite 98 – Modul 8)

Welchen realen Netzwerken können Sie beitreten? (Seite 102 – Modul 8)

Wer ist Ihr Komplementärpartner, um die Zahl der Werbekontakte zu erhöhen? (Seite 110 – Modul 9)

Wer ist Ihr Komplementärpartner, um die Produktqualität zu erhöhen? (Seite 110 – Modul 9)

Durch welche Kooperationen könnten Sie Ihren Kundennutzen erheblich steigern, Marketingpartner gewinnen oder neue Produktideen verwirklichen? (Seite 112 – Modul 9)

Wie stellen Sie sicher, dass beim Entscheider von Ihrem Angebot mehr ankommt als Ihr Preis? (Seite 118 – Modul 10)

Welche negative Implikationen kann Ihr Kunde durch den Einsatz Ihres Produktes, Ihrer Dienstleistung vermeiden? (Seite 121 – Modul 10)

Welche Lösungen bieten Ihre Verkäufer an? Wodurch sind Sie darauf vorbereitet, die Kundensituation überzeugend zu analysieren? (Seite 122 – Modul 10)

Sprechen Ihre Angebote für sich? Und damit für Ihr Unternehmen? (Seite 129 – Modul 11)

Kommt Ihr USP, Ihr Alleinstellungsmerkmal, in Ihren Angeboten unübersehbar zum Ausdruck? (Seite 135 – Modul 11)

Wie zeigen Sie Ihre Referenzen auf? (Seite 136 – Modul 11)

Sind Ihre schriftlichen Angebote unwiderstehlich? (Seite 139 – Modul 11)

Wie lauten Ihre zehn Pluspunkte? (Seite 140 – Modul 11)

Wie können Sie Ihre Leistung (noch) besser darstellen? (Seite 142 – Modul 11)

Sprechen Sie verschiedene Kunden auch auf verschiedene Weise an? (Seite 144 – Modul 11)

Welche Leistung und welchen Nutzen können Sie besser kommunizieren? (Seite 153 – Modul 12)

Wofür steht Ihre Marke? Welche bewussten und sublimen Kundenwünsche spricht sie an? (Seite 161 – Modul 13)

Was ist die »Below the line«-Erwartung Ihrer Kunden? (Seite 161 – Modul 13)

Wie lautet Ihr Claim? Welche Botschaft transportiert er? (Seite 162 – Modul 13)

Wie können Sie die Köpfe und Herzen, Computer und Handys, die Meinungen und Erzählungen Ihrer Zielgruppe entern? (Seite 173 – Modul 14)

Was tun Sie, um Ihre Mitarbeiter an sich zu binden – auch emotional? (Seite 179 – Modul 15)

In welchem Bereich sind Sie »der« Experte? (Seite 185 – Modul 16)

Wie können Sie Expertenstatus aufbauen? (Seite 186 – Modul 16)

Was haben Sie in den letzten zwei Jahren getan, um den Status eines Experten zu erreichen? (Seite 189 – Modul 16)

Was sind mögliche Inhalte für Ihre Fibel? (Seite 191 – Modul 16)

Aus welchem Anlass könnte die Presse über Sie berichten? (Seite 201 – Modul 17)

Ist Ihr Internet-Auftritt up to date? (Seite 214 – Modul 18)

Wie generieren Sie mehr Traffic und Umsatz über das Internet? (Seite 217 – Modul 18)

Was könnte Ihr Trojaner sein? Womit beschäftigen sich Ihre Kunden, bevor sie den eigentlichen Kauf Ihres Produkts angehen? (Seite 243 – Modul 19)

Auf welchen »Bühnen« wollen Sie Ihr Unternehmen in Zukunft besser präsentieren? (Seite 244 – Modul 19)

Wer ist Ihr Zielgruppenbesitzer? (Seite 245 – Modul 19)

Wo sehen Sie das größte Optimierungspotenzial in Ihrer Begehrlichkeitsentwicklung? (Seite 258 – Modul 20)

Welche Lösungen bieten Ihre Verkäufer an? Wodurch sind sie darauf vorbereitet, die Kundensituation überzeugend zu analysieren? (Seite 268 –Modul 21)

Was können Sie an Ihrer Verhandlungs-Strategie ändern? (Seite 283 – Modul 22)

Was sind Ihre »großen Steine«? (Seite 299 – Modul 23)

Welche Ideen verfolgen Sie mit Leidenschaft? (Seite 308 – Modul 24)

Welche Schweinehunde sabotieren Ihre Vorhaben, und mit welchen Strategien können Sie diese überlisten? (Seite 317 – Modul 25)

Hermann Scherer | Profil

»Er zählt zu den Besten seines Faches. Seine Vorträge und Seminare sind gefragt – bei Marktführern und solchen, die es werden wollen.«

Süddeutsche Zeitung

Inhalt

Hermann Scherer | Der Redner

MEHRFACH DEN MARKTFÜHRER HERAUSGEFORDERT

Hermann Scherer, MBA, studierte Betriebswirtschaft mit den Schwerpunkten Marketing und Verkaufsförderung in Koblenz, Berlin und St. Gallen. Nach dem Studium baute er mehrere eigene Unternehmen auf, etablierte diese in der Branche, eroberte große Marktanteile von den Wettbewerbern und wurde vom Herausforderer der Branchengrößen zum Marktführer. Ein Unternehmen platzierte er nach kurzer Zeit unter den TOP 100 des deutschen Handels. Parallel dazu wurde er internationaler Unternehmensberater, Trainerausbilder und Manager of Instruction der weltweit größten Trainings- und Beratungsorganisation. Dort erhielt er den Platinum Award für höchste Qualität und höchsten Umsatz. In den weltweiten Rankings von über 10.000 Verkäufern erreichte er regelmäßig Plätze unter den TOP 10.

UNTERNEHMEN ERFOLG

Im Jahr 2000 positionierte Hermann Scherer »Unternehmen Erfolg« mit dem einzigartigen Konzept »Von den Besten profitieren« und wurde schnell zum Marktführer. Dieser Erfolg führte zu gemeinsamen Veranstaltungsreihen mit der Süddeutschen Zeitung, der Verlagsgruppe Handelsblatt, der Frankfurter Rundschau, der Stuttgarter Zeitung, dem Donaukurier, der Sächsischen Zeitung, der Verlagsgruppe Rhein Main, der Saarbrücker Zeitung, den Nürnberger Nachrichten, der Freien Presse, dem Trierischen Volksfreund, dem STANDARD in Wien, dem Handelsblatt, dem FOCUS und weiteren 30 Verlagen.

MARKTFÜHRER

Die Zusammenarbeit mit weit über 2.000 Marktführern (und solchen, die es werden wollen), nahezu allen DAX-Unternehmen, mittelständischen »Hidden Champions« und namhaften internationalen Unternehmen aus ganz Mitteleuropa haben ihm den Ruf des konsequent praxisorientierten Businessexperten eingebracht. Davon profitierten bisher beispielsweise Audi AG, BHW AG, Deutsche Post AG, Deutsche Telekom AG, DHL Express, EDEKA, FOCUS Magazin, Hilton International Hotels, La Biosthétique, LfA Förderbank Bayern, LTU Touristik, Lufthansa AG, McKinsey, Microsoft AG und Siemens AG. Als Begehrlichkeitsmacher entschlüsselte er den Mythos Markterfolg.

BILL CLINTON ZU BESUCH

Das »Von den Besten profitieren«-Konzept wurde übertroffen durch das »Zukunftsforum« mit dem 42. Präsidenten der USA, William Jefferson (Bill) Clinton. Eine spektakuläre Veranstaltung mit über 5.000 Teilnehmern, bei der unter anderem die Gebrüder Klitschko und die Popband »No Angels« mitwirkten.

»Hermann Scherer als Referent ist eine Klasse für sich. Er versteht es exzellent, mit Humor und Entertainment Sachverhalte aufzuzeigen, die mich betroffen machen. Ich werde die Impulse aus dem Vortrag integrieren.«

Frank Behling, Deutsche Post AG

AUSGEZEICHNETE QUALITÄT

Er ist Mitglied im Q-Pool 100, der offiziellen Qualitätsgemeinschaft internationaler Wirtschaftstrainer und -berater, und wurde vom Deutschen Chapter der elitären amerikanischen National Speakers Association als »Professionell Member« anerkannt. Die zahlreichen Auszeichnungen und positiven Pressestimmen weisen Hermann Scherer als Top-Experten seines Fachs aus. Unter anderem wurde er mehrfach als TOP 100 Excellent Speaker, mehrfach als TOP 10 Referent mit dem Conga Award und mit dem Excellence Award ausgezeichnet. Das Nachrichtenmagazin FOCUS zählt ihn zu den »Erfolgsmachern« und die Süddeutsche Zeitung schreibt: »Er zählt zu den Besten seines Faches«.

LEHRAUFTRÄGE

Hermann Scherer übernahm als Dozent rund ein Dutzend Lehraufträge an verschiedenen europäischen Universitäten, beispielsweise an der Friedrich-Schiller-Universität in Jena, dem Hasso-Plattner-Institut in Potsdam und der ZfU – International Business School in der Schweiz. Unter anderem hielt er Vorlesungen für Vertriebsmanagement und Verhandlungstechniken im Executive MBA in Entrepreneurial Management der Steinbeis-Hochschule Berlin in Zusammenarbeit mit der DePaul University in Chicago und der Kelly School of Business, Indiana University. Als Wissenschaftler beschäftigte er sich unter anderem mit der moralischen Wirksamkeit von Unternehmensleitlinien. Zudem hielt er Vorlesungen für Marketing im St. Galler Management Seminar der Steinbeis-Hochschule Berlin mit der Universität St. Gallen.

ZU PAPIER GEBRACHT

Hermann Scherer ist Autor und Herausgeber von mehr als 30 Büchern, die außer im deutschsprachigen Raum in Brasilien, China, Estland, Japan, Korea, Niederlande, Spanien, Taiwan oder Thailand gelesen werden. Seine Bücher wurden mehrfach, beispielsweise von der Gesellschaft für Pädagogik und Informationen e.V. mit dem Comenius-Siegel für exemplarische Bildungsmedien, ausgezeichnet. Viele Bücher erreichten auf Anhieb die TOP-10-Bestsellerlisten von Wirtschaftswoche, Manager Magazin und der Financial Times Deutschland. Das Buch »Jenseits vom Mittelmaß« wurde von managementbuch.de, der Nr.1-Buchhandlung für Wirtschaft und Management, zum Testsieger Unternehmensführung 2009 gewählt und das Hamburger Abendblatt setzte das Buch auf Platz 1 der Top-Ten-Liste des Jahres 2009.

»Wie einer unserer großen Showmaster kann ich nur sagen: ›Das war Spitze!‹ Sie hatten die undankbare Aufgabe im letzten Vortrag des Tages die Mannschaft nach vielen Eindrücken, Zahlen, Daten und Fakten aus den Gedanken ans Buffet und an den Ausklang noch einmal aufzurütteln und zu begeistern – das ist Ihnen hervorragend gelungen. Ihre Gedanken und unkonventionellen Ansätze haben uns allen sehr gut gefallen.«

Albrecht Dietrich, Interflex Datensysteme GmbH & Co. KG

MITREISSENDE LERNERLEBNISSE

Mit seinem charmant-dynamischen Vortragsstil, seiner mitreißenden Rhetorik und eindrucksvollen Beispielen versteht es Hermann Scherer, selbst komplizierte Prinzipien und Zusammenhänge einfach darzustellen und allgemein verständlich zu machen. Mit dieser Fähigkeit schafft er es, auf informative, unterhaltsame und einzigartige Weise praxisbezogene Inhalte mit motivierenden Elementen zu verknüpfen. Seine Vorträge polarisieren, stellen den »Ist-Zustand« infrage, animieren zum zielgerichteten Querdenken, provozieren und reflektieren. So wird für das Auditorium ein Lernerlebnis mit vielen Aha-Effekten und 100 % Aufmerksamkeit erreicht.

VORTRAGSERLEBNISSE

Heute lebt er in Zürich und New York und vermittelt sein Wissen als motivierender Redner bei Mitarbeiter- oder Kundenveranstaltungen, Kick-offs, Kongressen, Events oder Tagungen. Die Themen »persönlicher Erfolg«, »Unternehmenserfolg« und »Chancenintelligenz« stehen im Zentrum seiner Vorträge.

Pressestimmen

»Spitzentrainer und Highlight des Jahres.«

RTL

»Hermann Scherer begeisterte mit seinem Vortrag.«

Süddeutsche Zeitung

»Mit Humor und rhetorischer Genialität fegt Scherer über die Bühne und zeichnet dabei Beispiele für Motivation und Überzeugungskraft an die Tafel.«

Main Post

»Hermann Scherer setzt auf Menschenkenntnis, Charme und Freundlichkeit.«

Süddeutsche Zeitung

»Seine rhetorische Virtuosität und seine ›griffigen‹ und zugleich witzigen Aussprüche wurden immer wieder vom begeisterten Applaus der vielen Zuhörer begleitet.«

Schwarzwälder Bote

»Der Freisinger Unternehmensberater Hermann Scherer hat den Ex-Präsident Bill Clinton für ein Zukunftsforum in Augsburg gewinnen können. Die Veranstaltung vor 5.300 Besuchern ist sehr gut gelaufen.«

Süddeutsche Zeitung

»... einer der zehn besten Marketingexperten in Deutschland.«

Neue Westfälische Zeitung

»Mit viel Esprit und vor allem Humor verstand es der Redner, die Zuhörer zu begeistern.«

Südwestpresse

»Ein Virtuose seines Faches.«

Nordbayrischer Kurier

»Multitalent beschreibt Wege zum Erfolg ... die versammelte Unternehmerschaft applaudierte begeistert.«

Offenburger Zeitung

»Mit viel Esprit, Eloquenz und Charme wies Hermann Scherer vor kurzem rund 75 Zuhörern beim Gewerbeverband Freising den Weg aus dem ›verdammten Mittelmaß zu mutigem Management von morgen‹ – so jedenfalls lautete Scherers Referatsthema. Zu lernen gab es selbst für die Ausgefuchstesten der Freisinger Unternehmer noch einiges.«

Süddeutsche Zeitung

»Der gestrige Abend mit Herrn Scherer war ein absolutes Highlight.«

Barbara Schwartz, Lübeck und Travemünde Tourist-Service GmbH

»Ich ziehe den Hut – es war klasse und eine echte Energieleistung. Mir gehen täglich viele Gedanken aus der Vorlesung durch den Kopf.«

Isolde Fischer, Unternehmensentwicklung Elektror

Impulsive Vorträge | Jenseits vom Mittelmaß

VERANSTALTUNGEN

- Events
- Führungskräftetagungen
- Keynote-Vorträge
- Kick-off-Veranstaltungen
- Kongresse
- Kundenveranstaltungen
- Mitarbeiterveranstaltungen
- Verbandstreffen
- Vertriebsmeetings
- Dinner-Speeches
- Begehrlichkeitsberatungen

Für jeden Teilnehmer bieten die Vorträge von Hermann Scherer wertvolle, umsetzbare Impulse, Inspiration, Information und Motivation. Wie immer präsentiert er diese in humorvoller und unterhaltsamer Weise, dynamisch und voller Esprit. Speziell zugeschnitten auf Ihre Veranstaltung, Ihre Wünsche und Ihre Zielgruppe garantieren sie Begeisterung und Nachhaltigkeit.Organisieren Sie mit Hermann Scherer als Blickrichtungsveränderer, Mutmacher, Gewohnheitsgrenzenüberschreiter und Bewusstmacher einen unvergesslichen Höhepunkt Ihrer Events, Kick-offs, Kongresse, Kunden- oder Mitarbeiterveranstaltungen.

THEMEN

JENSEITS VOM MITTELMASS

Spielregeln für die Pole-Position in den Märkten von morgen

In der Zukunft, die von der Aufmerksamkeitsgesellschaft geprägt sein wird, reicht Qualität allein nicht aus, um im Verdrängungswettbewerb den Unternehmenserfolg zu sichern. Wer nicht auffällt, fällt weg. Qualität findet im Kundenkopf statt. Was nützt es, gut zu sein, wenn niemand es weiß? Was nützt es besser zu sein, wenn andere sich besser verkaufen? Es gibt zwei Möglichkeiten: differenzieren oder verlieren! Nur mit der richtigen Positionierung und einem unwiderstehlichen Angebot lassen sich Aufmerksamkeit, Begehrlichkeit und Bekanntheitsgrad gewinnen. Denn nur Mutmacher sind Marktmacher. Mutiges Management für die Märkte von morgen!

In seinem Vortrag zeigt Hermann Scherer die Geheimnisse der unternehmerischen Zukunft und die Spielregeln für die Pole-Position in den Märkten von Morgen und gibt jedem Teilnehmer wertvolle, umsetzbare Impulse, Inspiration, Information und Motivation.

CQ-CHANCENINTELLIGENZ

Was haben die anderen, was ich nicht habe?

Warum suchen manche lebenslang Chancen - während andere sie täglich nutzen? Bei der Reflektion über die eigene Zufriedenheit regiert bei den meisten Menschen der Zweckoptimismus. Es ist gut so, weil es eben nicht besser gekommen ist. Viele sind mit den Lebensresultaten nicht wirklich zufrieden, glaubend, dass es keine besseren Chancen gab. Chancenintelligenz bedeutet Chancen zu erkennen, zu nutzen oder aktiv zu erarbeiten. Dabei ist nicht jede »günstige Gelegenheit« eine echte Chance – viele sind nur scheinbare »Sonderangebote des Lebens«. In enger werdenden und immer dichter besetzten Märkten ist diese Fähigkeit aus mehrfacher Sicht wichtig: Ein hoher »CQ« befähigt privat und beruflich neue Chancen und damit neue Ideen, Vorgehensweisen, Kunden oder Märkte zu erobern.

Das Vortragserlebnis reflektiert, denkt quer sowie geradeaus, polarisiert, stellt in Frage, provoziert und beantwortet die Frage »Warum suchen manche lebenslang Chancen, während andere sie täglich nutzen?«

»Viele Trainer konnte/durfte/musste ich schon erleben, aber nach Ihrem Einstiegsbeitrag anlässlich unserer Führungskräftetagung bleibt mir nur eine zusammenfassende Beschreibung, die wirklich trifft: sensationell! Direkt, spannend, pragmatisch, rhetorisch hervorragend, inhaltlich zutreffend und dabei jederzeit zielführend – ein begeisternder Vortrag, der aufgezeigt hat, wie einfach Verkaufen eigentlich sein kann.«

Christian-Peter Witt, Raab Karcher Baustoffe GmbH

Rhetorisches Feuerwerk | Drei Redner in einem

Sie planen ein aufmerksamkeitsstarkes Event, ein innovatives Kick-off, einen spannenden Kongress, eine prägende Kundenveranstaltung, ein Meeting, eine Messe oder eine Tagung? Nun benötigen Sie noch einen Referenten – oder gleich drei!

Sie suchen einen Experten ...

doch was nutzt der beste Experte, wenn er es nicht versteht, die Zuhörer zu fesseln?

... einen motivierenden und unterhaltenden Redner ...

allerdings: Was bringt Ihnen die gute Stimmung, wenn sie nicht zielgerichtet ist?

... jemanden, der Ihre unternehmensspezifische Sprache spricht?

DENN: Was nutzen die besten Inhalte, wenn sie nicht zu Ihrem Unternehmen passen?

Wie wäre es mit jemandem, der all diese Wünsche mitreißend miteinander verbindet?

Zahlreiche Unternehmen nutzen die Vorträge von Hermann Scherer, um Motivation, Begeisterung, Kundenbeziehungen, Eigeninitiative, Eigenengagement und Aktivitäten deutlich und langfristig zu steigern.

Planen Sie mit Hermann Scherer Höhepunkte Ihrer Veranstaltungen und erfahren Sie, wie wertvolle Inhalte spannend und humorvoll präsentiert werden – verbunden mit Impulsen zum Aufstehen, Anfangen, Handeln.

HERMANN SCHERER STEHT FÜR:

- → *Ein packendes Thema*
- → *Einen mitreißenden Vortragsstil*
- → *Lebhafte Beispiele & wirkungsvolle Demonstrationen*
- → *Inhaltsreiche, spannende Rhetorik*
- → *Einsatz von Analogien oder Metaphern*
- → *Engagement und mitreißende Begeisterung*
- → *Garantiert begeisterte TeilnehmerInnen*

»Ihr Vortrag bei der IHK hat mir von seiner motivierenden Lebendigkeit her sehr gut gefallen. Ich habe so manche Anregung mitgenommen, so dass sich die Teilnahme gelohnt hat. Ihre Vortragstechnik hat mich zusätzlich im Hinblick auf die meinige bestätigt.«

Dr.-Ing. Klaus-Rainer Müller, Fachbuchautor & Managementberater, ACG Automation Consulting Group GmbH

Zitat des Networking-Experten Hermann Scherer:
»Von einem Beziehungskonto kann nur der abheben, der auch einzahlt.«

Zitat des Marketing-Experten Hermann Scherer:
»Wer nicht auffällt, fällt weg!«

Zitat des Business-Experten Hermann Scherer:
»Was nützt es Ihnen, gut zu sein, wenn keiner es weiß? – Kommunizieren Sie Nutzen!«

Zitat des Speakers Hermann Scherer:
»Verdammtes Mittelmaß! Dort, wo alle sind, ist wenig zu holen.«

Zitat des Erfolgsmachers Hermann Scherer:
»Erfolg ist nicht durch das Mit-, sondern ausschließlich durch das Voranmarschieren realisierbar.«

Zitat des Querdenkers Hermann Scherer:
»Brechen Sie die Regeln – vor allem die, die andere aufgestellt haben!
Seien Sie Querdenker, gepaart mit Mut und Leidenschaft!«

Zitat des Umsatzmachers Hermann Scherer:
»Erst Fachkenntnisse gepaart mit Soft Skills führen zur Spitzenleistung.«

Zitat des Veranstalters Hermann Scherer:
»Von den Besten profitieren.«

Zitat des Unternehmers Hermann Scherer:
»Im Versuch, das Unmögliche zu wagen, ist das Mögliche oft erst entstanden.«

Zitat des Hochschuldozenten Hermann Scherer:
»Es bleiben für die Zukunft lediglich zwei Möglichkeiten: differenzieren oder verlieren!«

Zitat des Marktführermachers Hermann Scherer:
»Die Extra-Meile von heute ist der Standard von morgen.«

Zitat des Wirtschaftsberaters Hermann Scherer:
»Sie bekommen nicht das, was Sie verdienen, sondern das, was Sie verhandeln.
Argumente schlagen Rabatte.«

Zitat des Buchautors Hermann Scherer:
»Bekanntheitsgrad hebt Nutzenvermutung.«

»Sie haben mir wertvolle, umsetzbare Impulse, Inspiration und Motivation gegeben. Nach einem vollendeten Geschäftsführerleben helfe ich jetzt auf der Ebene des Beirats, jungen Unternehmen Stabilität und Perspektive zu geben – Ihr Seminar war dazu eine große Hilfe!«

Heinz-Dieter Ebers, Seminar SchmidtColleg GmbH & Co. KG

Über 2.000 Kunden ... | Testimonials und Referenzen

Auszug aus über 2.000 Referenzen von Institutionen, Verbänden, »Hidden Champions«, namhaften internationalen Unternehmen, Marktführern und solchen, die es werden wollen.

A

- Agip AG
- Akzo Nobel GmbH
- Allfinanz Deutsche Vermögensberatung AG
- Allianz SE
- Alpenland GmbH
- alz Augenklinik München
- ArabellaSheraton Grand Hotel München
- Aral AG
- ASTRA Zeneca GmbH
- AUDI AG
- AVON Cosmetics GmbH

B

- Badischer Genossenschaftsverband e.V.
- Baxter Deutschland GmbH
- Bayer AG
- Bayerische Hypotheken- und Wechselbank AG
- BayernLB
- Bayerische Hypo- und Vereinsbank AG
- BBE Handelsberatung GmbH
- BDVT - Berufsverband der Verkaufsförderer und Trainer e.V.
- Bertelsmann AG
- Bettenring eG
- BHW Holding AG
- Bildungsnetzwerk Steiermark
- Bionorica AG
- BJU – Die Jungen Unternehmer
- BMW AG
- BP Chemicals GmbH
- Bundesverband Sekretariat und Büromanagement e.V.

C

- Carl Stahl GmbH
- CD Cartondruck AG
- Campus-Verlag GmbH
- CargoLine GmbH
- Carl Stahl GmbH
- Cartondruck AG

D

- Daimler AG
- debitel AG
- DeguDent GmbH
- Deutsche Lotteriegesellschaft
- Deutsche Lufthansa AG
- Deutsche Post AG
- Deutsche Telekom AG
- Deutsche Vermögensberatung AG
- Deutscher Sparkassen- und Giroverband e.V.
- DHL Vertriebs GmbH & Co. OHG
- DKV Deutsche Krankenversicherung AG
- Douglas Holding AG

E

- EDEKA Zentrale AG & Co. KG
- Erdgasversorgungsgesellschaft Thüringen-Sachsen mbH (EVG)

F

- Flughafen München GmbH
- FOCUS Magazin Verlag GmbH
- Frankfurter Rundschau
- Fujitsu Siemens Computers GmbH

G

- GC GRAPHIC CONSULT GMBH
- GKM AG Gesellschaft für Professionelles Kapitalmanagement AG

H

- Handwerkskammern
- HARIBO GmbH & Co. KG
- Harrison Clinical Research Deutschland GmbH
- Hasso-Plattner-Institut für Softwaresystemtechnik GmbH
- Hekatron Vertriebs GmbH
- Herweck AG
- HEXAL AG
- Hilton International GmbH
- Honeywell Deutschland Holding GmbH
- Hubert Burda Media Holding GmbH & Co. KG

»Ja ... ›Mut und Leidenschaft‹ waren einfach genial und motivierend vorgetragen. Es hat super Spaß gemacht, Ihnen zuzuhören.«

Heidi Schmitz, Sparkassen Consulting

»Es war klasse!!!! Ein super Start!«

Christiane Lohrmann, FOCUS

I

- Ifm electronic GmbH
- IHK Industrie- und Handelskammer Frankfurt am Main

K

- KOENEN GmbH
- KÖTTER GmbH & Co. KG Verwaltungsdienstleistungen
- Kraft Foods Deutschland GmbH

L

- Laboratoire Biosthétique Kosmetik GmbH & Co.
- Landesbank Baden-Württemberg
- LfA Förderbank Bayern
- Lions Club international Münchner Management Forum
- LTU Touristik GmbH

M

- MARITIM Hotelgesellschaft mbH
- Marketing-Clubs
- Marriott Hotel
- McKinsey & Company, Inc.
- MHK Group AG
- Microsoft Deutschland GmbH

N

- Nokia GmbH
- Novartis AG
- NowEsCo Immobilien
- Nutzwerk GmbH
- Nycomed Arzneimittel GmbH

P

- PeopleSoft GmbH
- Pfalzwerke AG
- PricewaterhouseCoopers AG

R

- REISSWOLF Deutschland GmbH
- REWE-Zentral-Aktiengesellschaft
- Römheld GmbH Friedrichshütte

S

- SchmidtColleg GmbH & Co. KG
- Schön Klinik Verwaltung GmbH
- Schüco International KG
- Siemens AG
- SPAR Handels AG
- Sparkassen-Finanzportal GmbH
- Sparkassenakademie Bayern
- Speakers Excellence
- St. Galler-Business School
- Steinbeis-Hochschule Berlin GmbH
- Stuttgarter Zeitung Verlagsgesellschaft mbH
- Süd-Chemie AG
- Süddeutsche Zeitung GmbH

T

- Technische Universität Graz
- Thieme Verlag
- Thomdent Dentalvertrieb GmbH
- Thüga AG
- TUI AG
- Tupperware Deutschland GmbH
- TÜV

U

- Überreuter Print und Digimedia GmbH
- Überreuther Managerakademie
- Unionplastik GmbH
- Universität St. Gallen
- Unternehmen Erfolg

V

- VDI Verein Deutscher Ingenieure e.V.
- VDKL – Verband Deutscher Kühlhäuser und Kühllogistik-unternehmen e.V.
- Verwaltungs- und Privat Bank AG
- Volks- und Raiffeisenbanken eG

W

- Welcome Hotels GmbH Warstein
- Western Store GmbH
- Wingas GmbH
- Wohnungs- und Siedlungsbau Bayern GmbH & Co. OHG
- WSW Software GmbH
- WT Schlüsselfertig-Bau GmbH
- WWK Versicherungen

Z

- ZAPF GmbH
- ZfU International Business School
- Zoo & Co. Systemzentrale
- Zwickauer Schweisstechnik GmbH

Weitere namhafte Referenzen finden Sie unter www.hermannscherer.com/referenzen.htm

»Die Resonanz auf unsere Veranstaltung war durchweg äußerst positiv. Nahezu alle eingeladenen Kunden haben in den Tagen danach angerufen und sich nochmals ausdrücklich für den gelungenen Abend bedankt. Sie haben einen wesentlichen Teil zum Gelingen dieses Events beigetragen.«

Diana Schmidt-Dühr, Marketing, VR-Bank Stuttgart eG

Zahlen

Die Betriebszahlen, wirtschaftliche Daten eines Unternehmens oder auch Jahreszahlen sind immer aussagekräftig für den Erfolg einer Firma. Gerne zeigt man die Zahlen, Anzahl der Mitarbeiter, Anzahl der Standorte, Produktanzahl oder gar die Größe des Fuhrparks. Würde man für diese Parameter die Zahlen für Hermann Scherer nennen, stünde überall »nur eine 1«.

1

Ja, **EIN** Mann mit
EINEM Standort mit
EINEM genialen Produkt und
EINEM Firmenwagen schreibt diese Zahlen:

Die Größe von Hermann Scherer:

199 cm
Redner für Ihren Erlebnisvortrag

1.527
Berichte in den Medien (Zeitungen, TV) in Summe bis heute

884
Anfragen in 2009

263
Veranstaltungen/Buchungen in 2009

35
Seminare & Coachings in 2009

12
Vorlesungen an Hochschulen und Universitäten in 2009

85.000
Zuschauer/Zuhörer in 2009

58.000
Reisemeilen 2009 quer durch Deutschland

9
in 2009 bereiste Länder

360.000
Flugmeilen in 2009

37.600
Newsletter-Leser in 2009

144
nationale Flüge in 2009

194
Hotel-Übernachtungen in 2009

111.322
verkaufte Bücher in 2009

58.219
Kunden in Summe bis heute

1.420.000
Suchergebnisse/Einträge bei Google

38
veröffentlichte Bücher in **11** Ländern bis heute in Summe

»Mit über 20-jähriger Erfahrung im Seminarbereich, als Teilnehmerin ebenso wie als Veranstalterin, glaube ich doch einiges an Erfahrung gesammelt zu haben – ich war noch nie so begeistert! Ihr Vortrag war interessant, informativ, effektiv, lebendig und humorvoll – Motivation und Genuss pur!«

Ilena Schnell, Cosmetics GmbH

Chancenblick | www.hermannscherer.com

Der E-Mail Newsletter »Chancenblick« von Hermann Scherer ist für alle, die nicht im Mittelmaß versinken, sondern mit Mut und Leidenschaft ihre Ziele verfolgen. Mit wertvollen Praxistipps und aktuellen Informationen rund um die Themen »persönlicher Erfolg«, »Unternehmenserfolg« und »Chancenintelligenz«.

Auszeichnungen

Comenius-Siegel Gesellschaft für Pädagogik und Information e.V.
CUM NOBIS »Die besten Trainer ...«
Emerald Club Award
GSA German Speakers Association
GSF Global Speakers Federation
Member of Platinum Speakers 2007, 2008, 2009, 2010
NSA National Speakers Association
Perfect Speakers
Premium-Experte »brainGuide« 2005, 2006, 2007, 2008, 2009, 2010
Q-Pool 100 2003, 2004, 2005, 2006, 2007, 2008, 2009, 2010
Qualitätsexperte Erfolgsgemeinschaft 2007, 2008, 2009, 2010
Reporting Award DCT
Speakers Excellence Gold Member
TOP 10 Referent Conga Award 2007
TOP 10 Speaker Conga Award 2008, 2009, 2010
TOP 100 Excellent Speakers 2004, 2005, 2006, 2007, 2008, 2009, 2010, 2011
Unternehmen Erfolg Excellence Award
Auszeichnung zum 5-Sterne-Redner
Best-of semigator 2010
Speaker/Experte Deutsches Rednerlexikon 2010

Q Pool 100 Zertifikat

Q Pool 100 Zertifikat

Q Pool 100 Zertifikat

ErLESENe Weiterbildung | Bücher und Hörbücher

Wie man Bill Clinton nach Deutschland holt
Networking für Fortgeschrittene

Hermann Scherer
216 Seiten, Campus Verlag, 2006

24,90 Euro

Das überzeugende Angebot:
So gewinnen Sie gegen Ihre Konkurrenz

Hermann Scherer
191 Seiten, Campus Verlag, 2006

24,90 Euro

Verkaufen mit dem inneren Schweinehund

Dr. Marco Freiherr von Münchhausen
und Hermann Scherer
Hardcover-Buch, 168 Seiten
Campus Verlag, 2007

14,90 Euro

Die kleinen Saboteure
So managen Sie die inneren Schweinehunde im Unternehmen

Dr. Marco Freiherr von Münchhausen
und Hermann Scherer
228 Seiten, Campus Verlag, 2003

24,90 Euro

Die kleinen Saboteure
So managen Sie die inneren Schweinehunde im Unternehmen

Dr. Marco Freiherr von Münchhausen
und Hermann Scherer. Taschenbuch,
Piper Verlag, 2003

9,90 Euro

Jetzt komm ich!
Wie Frauen durch Marketing in eigener Sache nach oben kommen

Sabine Asgodom
und Hermann Scherer
208 Seiten, mvg Verlag, 2001
19,90 Euro

Jeder Tag ist Schlussverkauf
Das Rabattgesetz fällt – jetzt mit Gewinn verhandeln!

Hermann Scherer
122 Seiten, GABAL Verlag, 2001

10,90 Euro

Sie bekommen nicht,
was Sie verdienen,
sondern was Sie verhandeln

Hermann Scherer
128 Seiten, GABAL Verlag, 2002

17,90 Euro

Sie bekommen nicht,
was Sie verdienen,
sondern was Sie verhandeln
Sonderauflage
Hermann Scherer
128 Seiten, GABAL Verlag, 2002

17,90 Euro

Unternehmensführerschein

Unternehmen Erfolg/
Hermann Scherer
253 Seiten, GABAL Verlag, 2005

24,90 Euro

Ganz einfach verkaufen
Die 12 Phasen des professionellen Verkaufsgesprächs

Hermann Scherer
190 Seiten, GABAL Verlag, 2003

17,90 Euro

30 Minuten für
cleveres Einkaufen

Hermann Scherer
80 Seiten, GABAL Verlag, 2006

6,50 Euro

30 Minuten für
gezielte Fragetechnik

Hermann Scherer
80 Seiten, GABAL Verlag 2003

6,50 Euro

30 Minuten für
erfolgreiches Verhandeln
im Verkauf

Hermann Scherer
80 Seiten, GABAL Verlag, 2005

6,50 Euro

30 Minuten
Von den Besten profitieren

10 Bücher à 60 Seiten
in einer Box,
GABAL Verlag, 2005

39,90 Euro

Das große
Karrierehandbuch

Hermann Scherer u.a.
307 Seiten,
Campus Verlag, 2008

24,90 Euro

Bestellungen unter www.amazon.de und www.managementbuch.de

Von den Besten profitieren, Teil I – IV

»... bietet die seltene Chance, von den Besten ihres Fachs zu lernen.«

Manager Magazin

Ganz einfach verkaufen

»Wer in der Königsdisziplin ›Verkauf‹ tätig ist und emporsteigen will zum professionellen Verkäufer, erhält in diesem Buch zahlreiche Anregungen, Tipps und Trainingsinhalte, die sehr erfolgversprechend sind. In diesem Buch wird einem sehr deutlich vor Augen geführt, wie viele nicht erahnte Bereiche der Verkaufsprozess umfasst.«

Amazon Rezension

Sie bekommen nicht, was Sie verdienen, sondern was Sie verhandeln

»... vermittelt Hermann Scherer, worauf es einem Profi in geschäftlichen Verhandlungen ankommen sollte. Das Bändchen ist eher für Fortgeschrittene geeignet als für blutjunge Anfänger.«

FAZ

Die kleinen Saboteure

»Hermann Scherer entlarvt die Tricks und Taktiken der kleinen Saboteure im Alltag und liefert handfeste Anregungen zur Zähmung des inneren Schweinehundes. Eine ideale ›Unternehmens-Motivationsdosis‹, um den Unternehmenserfolg vom Zufall zu befreien. Ein optimales Buch für Führungskräfte – aber auch Mitarbeiter, die den Unternehmens-Schweinehund erkennen und nicht zum Feind, sondern zum Freund machen.«

A. Schneider

Von den Besten profitieren I
Erfolgswissen von 12 bekannten
Management-Experten

Hermann Scherer
287 Seiten, GABAL Verlag, 2001

30,90 Euro

Von den Besten profitieren II
Erfolgswissen von 14 bekannten
Management-Experten

Hermann Scherer
250 Seiten, GABAL Verlag, 2002

30,90 Euro

Von den Besten profitieren III
Erfolgswissen von 12 bekannten
Management-Experten

Hermann Scherer
287 Seiten, GABAL Verlag, 2003

30,90 Euro

Von den Besten profitieren IV
Erfolgswissen von 12 bekannten
Management-Experten

Hermann Scherer
287 Seiten, GABAL Verlag, 2003

30,90 Euro

Von den Besten profitieren
Sammelband

Hermann Scherer
Taschenbuchformat, 1160 Seiten
GABAL Verlag, 2007

59,90 Euro

FOCUS Forum:
Die Erfolgsmacher

FOCUS, Unternehmen Erfolg
208 Seiten, Campus Verlag,
2004

19,90 Euro

FOCUS Forum:
Die Erfolgsmacher II

FOCUS, Unternehmen Erfolg
244 Seiten, Campus Verlag,
2005

19,90 Euro

Die Erfolgsmacher
Von den Besten profitieren

32 Seiten, Campus Verlag, 2004

2,00 Euro

Coaching-Brief für
Spitzenleistungen im Verkauf
Profitieren von Verkaufsexperten

Hermann Scherer
48 Seiten inklusive Basiswissen
Olzog Verlag, 2001

5,00 Euro

Internationale Bücher

Die kleinen Saboteure

Korea

Die kleinen Saboteure

Japan

Die kleinen Saboteure

Niederlande

Die kleinen Saboteure

Taiwan

Die kleinen Saboteure

Spanien

Jetzt komm ich!

Estland

Jetzt komm ich!

Korea

Die Erfolgsmacher

Brasilien

Die Erfolgsmacher

Korea

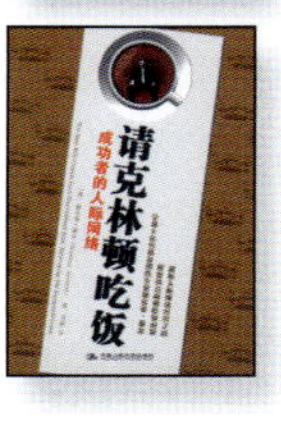

Wie man Bill Clinton
nach Deutschland holt

China

Hörbücher

Sie bekommen nicht,
was Sie verdienen,
sondern was Sie verhandeln

Hermann Scherer
Hörbuch, 3 CDs, GABAL Verlag, 2006

25,90 Euro

30 Minuten Fragetechnik

Hermann Scherer
Hörbuch, 1 Audio-CD
GABAL Verlag, 2007

16,90 Euro

Von den Besten profitieren
Erfolgswissen von 12 bekannten
Management-Experten

Hermann Scherer
Hörbuch, 6 CDs, GABAL Verlag, 2002

76,90 Euro

Wie man Bill Clinton nach
Deutschland holt
Networking für Fortgeschrittene
Hermann Scherer
Hörbuch, 2 CDs, Campus Verlag, 2005

19,95 Euro

Spielregeln für die Pole-Position
So stellen Sie sich auf für die Märkte
von morgen
Hermann Scherer
Hörbuch, 1 CD, Campus Verlag, 2005

7,95 Euro

Die kleinen Saboteure
So managen Sie die inneren
Schweinehunde im Unternehmen
Dr. Marco Freiherr von Münchhausen
und Hermann Scherer
Hörbuch, Campus Verlag, 2004

19,90 Euro

FOCUS Forum: Die Erfolgsmacher
Hermann Scherer
4 Audio-CDs
Campus Verlag, 2004

29,90 Euro

FOCUS Forum: Die Erfolgsmacher II
Hermann Scherer
4 Audio-CDs
Campus Verlag, 2005

29,90 Euro

Ganz einfach verkaufen
Die 12 Phasen des professionellen
Verkaufsgesprächs
Hermann Scherer, 3 Audio-CDs
GABAL Verlag, 2009
29,90 Euro

Zufriedenheitsgarantie

Jenseits vom Mittelmaß soll Ihre Zufriedenheit und Begeisterung sein!
Jedem Zuhörer möchte ich wertvolle, umsetzbare Impulse, Inspiration, Information und Motivation vermitteln.

Mitreißend und ansteckend – ein Erlebnisvortrag, der Sie nachhaltig mit Energie und Tatendrang stärkt.

»DIESER ERDENKREIS GEWÄHRT NOCH RAUM ZU GROSSEN TATEN.«
GOETHE, FAUST

Mein Wunsch ist, dass Sie gewohnte Denkbahnen verlassen und mit **Mut und Leidenschaft** Ihre Ideen und Ziele angehen.

Meine persönliche Garantie, dass Sie (mehr als) zufrieden sein werden.

Immer für Sie da!
Ihr Hermann Scherer

KONTAKT

Zeppelinstraße 3
85399 Hallbergmoos
www.hermannscherer.com

Ihr direkter Kontakt bei Hermann Scherer:

Yvonn Rebling
Business Management
Telefon +49 (0) 81 61.7 87 38.23
Telefax +49 (0) 81 61.7 87 38.24
y.rebling@hermannscherer.de

Weiterführende Literatur

John Christensen, Stephen C. Lundin, Harry Paul
Fish! Ein ungewöhnliches Motivationsbuch
Goldmann, 2008

Anja Förster, Peter Kreuz
Alles, außer gewöhnlich: Provokative Ideen für Manager, Märkte, Mitarbeiter
Econ Verlag, 2007

Marco von Münchhausen/Hermann Scherer
Verkaufen mit dem inneren Schweinehund.
Campus Verlag, 2007

W. Chan Kim, Renée Mauborgne, Ingrid Proß-Gill
Der Blaue Ozean als Strategie:
Wie man neue Märkte schafft, wo es keine Konkurrenz gibt
Hanser Wirtschaft, 2005

Nikolaus Knoepffler, Peter Kunzmann, Ingo Pies, Anne Siegetsleitner
Einführung in die Angewandte Ethik
Alber Verlag, 2006

Marco von Münchhausen/Hermann Scherer
Die kleinen Saboteure. So managen Sie die inneren Schweinehunde im Unternehmen.
Campus Verlag, 2003

Marco von Münchhausen/Hermann Scherer
Die kleinen Saboteure. So managen Sie die inneren Schweinehunde im Unternehmen
(2 CDs/Audiobook)
Campus Verlag, 2004

Hermann Scherer
Das überzeugende Angebot. So gewinnen Sie gegen Ihre Konkurrenz.
Campus Verlag, 2006

Hermann Scherer
30 Minuten für eine gezielte Fragetechnik
GABAL Verlag, 2003 (4. Aufl. 2007)

Hermann Scherer
30 Minuten für eine gezielte Fragetechnik
(CD/Audiobook)
GABAL Verlag, 2007

Hermann Scherer u. a.
FOCUS Forum: Die Erfolgsmacher. Von den Besten profitieren
(6 CDs/Audiobook)
Campus Verlag, 2004

Hermann Scherer
Ganz einfach verkaufen. Die zwölf Phasen des professionellen Verkaufsgesprächs.
GABAL Verlag, 2003 (3. Aufl. 2008)

Hermann Scherer
Sie bekommen nicht, was Sie verdienen,
sondern was Sie verhandeln
GABAL Verlag, 2002

Hermann Scherer
Sie bekommen nicht, was Sie verdienen, sondern was Sie verhandeln
(3 CDs/Audiobook)
GABAL Verlag, 2006

Hermann Scherer
Sie bekommen nicht, was Sie verdienen, sondern was Sie verhandeln: Strategien für die erfolgreiche Verkaufsverhandlung.
GABAL Verlag, 2009

Hermann Scherer
Spielregeln für die Pole-Position. So stellen Sie sich auf für die Märkte von morgen
(CD/Audiobook)
Campus Verlag, 2005

Hermann Scherer (Hrsg.)
Von den Besten profitieren. Erfolgswissen von 12 bekannten Management-Trainern. Bd. I – IV.
GABAL Verlag, 2007

Hermann Scherer
Wie man Bill Clinton nach Deutschland holt.
Networking für Fortgeschrittene.
Campus Verlag, 2006

Hermann Scherer
Wie man Bill Clinton nach Deutschland holt.
Networking für Fortgeschrittene
(CD/Audiobook)
Campus Verlag, 2008

Jenseits vom Mittelmaß – das Team!

Die Managerin

Wo andere Project Manager drei Bälle in der Luft halten, schafft sie virtuos fünf bis sieben. **Brigitte Heckmann** jongliert souverän mit komplexen Projekten und lässt Hermann Scherers Visionen Realität werden. »Nebenbei« leitet sie das Unternehmen Vortragsimpulse GmbH. Als Networking-Profi versteht sie es, die besten Partner und Dienstleister für jede Konzeptrealisierung zu gewinnen. Ihr angeborenes Talent für Lösungskompetenz bedeutet: Geht nicht gibt's nicht! Ihre Ideen, ihre Umsetzungsstrategien und ihr Optimismus garantieren Erfolg. *b.heckmann@hermannscherer.de*

Die Organisatorin

Mit Woman-Power scheinbar Unmögliches möglich machen – das ist die Devise von **Yvonn Rebling.** Sie verantwortet das Business Management von Hermann Scherer und setzt alle Strategien gekonnt um. Als Expertin für Termin-Koordination und Organisation gewährleistet sie den reibungslosen Ablauf von mehr als 250 Engagements pro Jahr und umfangreicher zusätzlicher Kommunikationsprojekte. Immer gut gelaunt und kompetent ist sie eine zuverlässige Ansprechpartnerin für Hermann Scherer und seine Kunden – im Ernstfall sogar rund um die Uhr. *y.rebling@hermannscherer.de*

Der Text

Jede Art zu schreiben sei erlaubt, nur nicht die langweilige, meinte einst Voltaire. Ein gutes Motto, findet **Dr. Petra Begemann.** Als Ghostwriterin und Texterin bringt sie Ihre Ideen zum Glänzen – sachkompetent und mit einem sicheren Gespür für Themen und Zielgruppen. Ihre eigenen Bücher haben sich mehr als 100.000 Mal verkauft. Kunden schätzen sie für ihren Drive und ihre exzellenten Kontakte in die Verlagbranche. Gemeinsam mit Verena Lorenz das Dream-Team für Ihre Unternehmenspublikation! *www.petrabegemann.de*

Die Gestaltung

Es regnet renommierte Design-Preise, seitdem **Verena Lorenz** ihr Gestaltungsbüro eröffnete – von der Stiftung Buchkunst bis zum red dot communication design award. Ob Buch- und Magazingestaltung, Corporate Design oder Webseite: Die Ausnahmedesignerin begeistert ihre Kunden durch ungewöhnliche Ideen, absolute Professionalität und Rundum-Sorglos-Service von der Konzeption bis zum Produkt. Das gilt auch für ihre Unternehmensbücher, die in jeder Branche für Aufsehen sorgen und Türen öffnen zu Schlüsselkunden. *www.verena-lorenz.de*

Der Verlag

Wenn manche Unternehmen großen Tankern gleichen, dann ist der GABAL Verlag ein Schnellboot. Das liegt auch an **Ute Flockenhaus,** Programmleiterin der ersten Stunde und Bücherenthusiastin mit einem sicheren Gespür für Themen, Trends und Autoren. Sie hat es nicht nur geschafft, Topautoren wie Tom Peters oder Steven Covey zu gewinnen – mit ungewöhnlichen Büchern und neuen Themen begeistert sie immer wieder Leser wie Buchhändler. *www.gabal-verlag.de*

HTNIS
GUERILLA
ARKETING
ist